权威·前沿·原创

皮书系列为
"十二五""十三五""十四五"时期国家重点出版物出版专项规划项目

B

BLUE BOOK

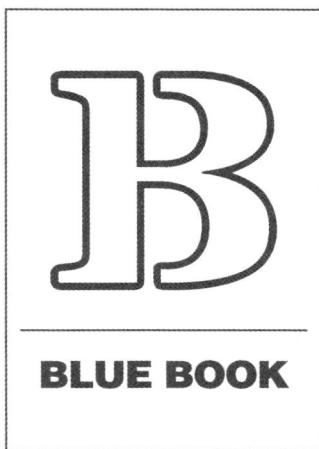

智 库 成 果 出 版 与 传 播 平 台

中国式现代化蓝皮书
BLUE BOOK OF CHINESE MODERNIZATION

中国式现代化发展报告
（2024）

REPORT ON THE DEVELOPMENT OF
CHINESE MODERNIZATION (2024)

组织编写／中央党校（国家行政学院）中国式现代化研究中心
主　编／张占斌　牛先锋
执行主编／黄　锟　蒲　实

社会科学文献出版社
SOCIAL SCIENCES ACADEMIC PRESS (CHINA)

图书在版编目（CIP）数据

中国式现代化发展报告. 2024 / 张占斌，牛先锋主编；黄锟，蒲实执行主编. -- 北京：社会科学文献出版社，2024.5（2024.7 重印）

（中国式现代化蓝皮书）

ISBN 978-7-5228-3469-6

Ⅰ. ①中… Ⅱ. ①张… ②牛… ③黄… ④蒲… Ⅲ. ①中国特色社会主义-现代化建设-研究报告-中国-2024 Ⅳ. ①D61

中国国家版本馆 CIP 数据核字（2024）第 064350 号

中国式现代化蓝皮书

中国式现代化发展报告（2024）

主　　编 / 张占斌　牛先锋
执行主编 / 黄　锟　蒲　实

出 版 人 / 冀祥德
组稿编辑 / 任文武
责任编辑 / 张雯鑫　郭　峰
责任印制 / 王京美

出　　版 / 社会科学文献出版社·生态文明分社（010）59367143
　　　　　地址：北京市北三环中路甲 29 号院华龙大厦　邮编：100029
　　　　　网址：www.ssap.com.cn
发　　行 / 社会科学文献出版社（010）59367028
印　　装 / 天津千鹤文化传播有限公司

规　　格 / 开　本：787mm×1092mm　1/16
　　　　　印　张：23.5　字　数：352 千字
版　　次 / 2024 年 5 月第 1 版　2024 年 7 月第 2 次印刷
书　　号 / ISBN 978-7-5228-3469-6
定　　价 / 128.00 元

读者服务电话：4008918866

中国式现代化蓝皮书学术委员会

中国式现代化蓝皮书编委会

主　　编　　张占斌　牛先锋

执行主编　　黄　锟　蒲　实

编委成员　（以姓氏笔画为序）

丁茂战　万代玺　王小广　王虎学　王爱民

牟明福　李江涛　李　红　李海青　吴宏政

何　伟　余甫功　张　青　周学馨　郭榛树

曹　立　梁　謇　董小君　鲍显庄　赖德胜

樊继达　潘理权　薛伟江

编写成员　（以姓氏笔画为序）

马小芳　王志立　王学凯　王海燕　王　慧

王　瑞　王　巍　吉伟伦　毕照卿　朱柯锦

刘子琦　刘旭友　孙　飞　孙文营　杜庆昊

李　庄　时若水　汪　彬　邸晶鑫　宋丽萍

张国华　张鹏洲　陈天骄　陈　驰　赵　培

徐晓明　高立菲　蒋　茜　蔡之兵　樊亚宾

主要编撰者简介

张占斌 经济学博士，第十三届全国政协委员，中央党校（国家行政学院）中国式现代化研究中心主任，中央党校（国家行政学院）马克思主义学院教授、博士生导师，中央马克思主义研究和建设重大工程、国家社会科学基金重大项目首席专家，兼任国务院学位委员会马克思主义理论学科评议组成员、国家社会科学基金评审组专家等学术职务。研究成果入选中央组织部全国党员教育培训优秀教材和中央宣传部"庆祝新中国成立70周年大型成就展"。发表学术理论文章300多篇，出版著作30余部。

牛先锋 法学博士，中央党校（国家行政学院）马克思主义学院院长、教授、博士生导师，兼任中央党校（国家行政学院）中国式现代化研究中心副主任。长期致力于马克思主义理论研究，对当代中国经济社会发展中的重大理论和现实问题展开研究。在《马克思主义研究》《马克思主义与现实》《当代世界与社会主义》等马克思主义理论界权威期刊发表论文150余篇，出版著作10余部，撰写咨询报告20余篇。

黄　锟 经济学博士，中央党校（国家行政学院）中国式现代化研究中心副主任兼秘书长，中央党校（国家行政学院）马克思主义学院当代资本主义研究所所长、教授、博士生导师，国家社会科学基金重大项目首席专家、中央党校（国家行政学院）创新工程首席专家。在《经济研究》《人民日报》等重要报刊发表论文100余篇，出版著作20余部，主持、参与中央马工程重大课题和中办、国办、国家社会科学基金等各类课题 30 余项，获首届刘诗白经济学奖、中国出版政府奖等奖项，研究成果入选中央组织部全国党员教育培训优秀教材和中央宣传部"庆祝新中国成立 70 周年大型成就展"。

蒲　实　经济学博士，应用经济学博士后，中央党校（国家行政学院）科研部副主任、研究员、博士生导师。北京师范大学中国社会管理研究院兼职教授。长期从事公共经济理论、中国经济改革与发展的研究。发表学术论文 120 余篇，出版学术专著 5 部。撰写研究报告 80 余篇，其中 60 多篇获得了党和国家领导人的重要批示和肯定。获省部级以上学术和荣誉奖励 6 项，其中，优秀成果一等奖 3 项。主持、参与社科基金课题等各类科研课题 30 余项。

摘　要

中国式现代化蓝皮书《中国式现代化发展报告（2024）》由总报告、专题研究篇和案例研究篇构成。总报告分为"2023 年中国式现代化发展报告"和"2023 年中国式现代化研究热点与展望"两个部分，其中，"2023 年中国式现代化发展报告"从中国式现代化五个独有特点出发，构建了中国式现代化指标体系，并基于分析结果，进一步提出了统筹推进中国式现代化的政策建议。"2023 年中国式现代化研究热点与展望"运用知识图谱软件，对中国知网 CNKI 数据库中的文献进行可视化分析，探究中国式现代化研究热点与趋势。研究认为，目前对于中国式现代化的研究仍处于成果数量增加及理论应用深化阶段，结合中国式现代化的当前实践和未来发展，在后续的研究中要做到"沟壑纵横"、"和而不同"以及"落地生根"。

专题研究篇以"以中国式现代化全面推进中华民族伟大复兴"为主题，集中探讨了中国式现代化的历史脉络与历史逻辑、思想脉络与理论逻辑、时代背景与现实逻辑、历史进程和演进规律、理论体系与理论品格、理论贡献与时代意义、战略目标与战略部署、中心任务与实现条件、机遇挑战与前景展望等重要内容，以及国外现代化的历史进程和演进规律。研究认为，中国共产党在新民主主义革命时期、社会主义革命和建设时期、改革开放和社会主义现代化建设时期和中国特色社会主义新时代的进程中探索形成和推进了中国式现代化，虽然积累了坚实的发展基础，但在中国式现代化推进过程中依旧面临诸多挑战，需要继续坚持党对中国式现代化的全面领导、坚持马克思主义对中国式现代化的引领指导、坚持立足本国国情推进和拓展中国式现代化、坚持以人民为中心的根本价值追求、坚持以改革开放为中国式现代化建设提供强大动力。与此同时，中国式现代化展现的强大道路优势、理论优势使中国式现代化具有更加重大的时代意义，为我国全面建设社会主义现代化国家提供了根本遵循，为发展中国家实现现代化提供了新选择，为世界社会主义的发展提供了强大活力与吸引力，为解决当今全球性难题提供了中国方案。

案例研究篇以"中国式现代化的实践探索"为主题，重点介绍了南京、坪山、文昌、亦庄、毕节、长治、中色大冶和北元集团等在推进中国式现代化进程中的实践与探索。南京立足高水平科技自立自强，发挥在创新力、都市圈、产业链和数字化方面积累的优势，打造中国式现代化的城市范例。坪山构建以人民为中心、共建共治共享的基层治理格局，走出了一条较好满足民生诉求的"七全融合"新道路，基层治理能力现代化水平不断提升。文昌具有高质量发展的实践基础，以中国特色自由贸易港建设、文昌国际航天城建设为引领，努力推动经济社会高质量发展。亦庄经过多年探索实践，形成了以高质量党建引领高质量发展的"一领两队两支撑"工作布局。毕节作为多党合作示范区，探索形成了统一战线参与贫困治理、多党合作服务改革发展的"毕节经验"，为国家治理现代化提供了重要的实践启示。长治围绕实施乡村振兴战略，构建了发展新型农村集体经济的制度体系，对于探索农村的中国式现代化实现路径具有重要意义。中色大冶加快建立现代企业制度，以提高绿色高质量发展为重点，以提高核心竞争力和增强核心功能为方向，谋划新一轮国有企业改革。北元集团践行以循环低碳、绿色发展理念构建产业链，将绿色发展作为推动企业高质量发展的重要引擎。

本书集知识性、理论性、实践性、政策性于一体，以习近平新时代中国特色社会主义思想为指导，以中国式现代化发展中亟待解决的现实问题为导向。本书主要创新之处在于坚持理论与实践相结合，系统梳理了中国式现代化的发展脉络、研判了中国式现代化未来发展的机遇挑战，并做出了前景展望，在习近平新时代中国特色社会主义思想指导下持续聚焦各地中国式现代化实践探索，把握发展的历史、现状、未来走势，总结经验模式和发展规律。

关键词： 中国式现代化　中国式现代化综合评价　道路优势

目　录 ⟋⟍

I　总报告

II　专题研究篇

Ⅲ 案例研究篇

皮书数据库阅读**使用指南**

总 报 告

B.1
2023年中国式现代化发展报告

黄 锟 刘子琦*

摘 要: 党的二十大擘画了以中国式现代化全面推进中华民族伟大复兴的宏伟蓝图。本报告从中国式现代化5个特征出发,构建了中国式现代化指标体系,涵盖5个一级指标、13个二级指标、55个三级指标。采用平均赋权法对2022年省级中国式现代化发展水平进行综合评价。结果表明,在中国式现代化的五个独有特点中,人与自然和谐共生的现代化分值最高,全体人民共同富裕的现代化次之,人口规模巨大的现代化、物质文明和精神文明相协调的现代化、走和平发展道路的现代化紧随其后;同时,各省(自治区、直辖市)推进中国式现代化存在一定发展差距,东部地区中国式现代化推进水平明显优于中部地区、西部地区和东北地区。基于此,报告提出了统筹推进中国式现代化的政策建议。

---

* 黄锟,中央党校(国家行政学院)中国式现代化研究中心副主任兼秘书长,中央党校(国家行政学院)马克思主义学院当代资本主义研究所所长、教授、博士生导师,主要研究方向为发展经济学、政府经济管理;刘子琦,中央党校(国家行政学院)公共管理教研部博士,主要研究方向为政府经济管理。

关键词： 中国式现代化　中国式现代化指标体系　综合评价

一　西方现代化指标体系和中国式现代化
指标体系的研究现状

（一）西方现代化指标体系的研究现状

西方现代化指标体系的研究随着现代化进程和现代化理论的演进而不断发展。世界现代化指标研究可以划分为 3 个历史阶段，即现代化指标研究的准备期（20 世纪 40~50 年代），1949 年《联合国统计年鉴》的出版标志着国际统计指标体系正式建立；现代化指标研究的起步期（20 世纪 60 年代），联合国统计司分别于 1975 年、1989 年发布《社会和人口统计体系》《社会指标手册》，现代化定量分析受到学界重视；现代化指标研究的发展期（20 世纪 70 年代至今），统计指标研究、发展指标研究、现代化指标研究全面发展，相关研究逐步从定性指标转变为定量和综合指标。[①]

当前，国际社会形成一系列现代化指标体系，比较有代表性的是英格尔斯（Alex Inkeles）构建了由人均国民生产总值、农业产值占国民生产总值比例、服务业占国民生产总值比例、非农业劳动力占总劳动力比例、城市人口比例、人口预期寿命等 11 个判定指标组成的现代化指标体系[②]，这些指标体系得到广泛认可和应用。在近代日本箱根会议上，30 多位专家讨论提出城市化、能源非生命化、民主化、社会流动化、全球化等 8 个现代化指标体系，形成了"箱根模型"[③]。

---

① 何传启、刘雷、赵西君：《世界现代化指标体系研究》，《中国科学院院刊》2020 年第 11 期。
② Alex Inkeles, *Becoming Modern：Individual Change in Six Developing Countries*（Cambridge：Harvard University Press, 1974）.
③ 杨伯江：《当代中国的日本研究（1981—2020）》，中国社会科学出版社，2021。

联合国等国际组织也主导制定了现代化指标体系，如联合国可持续发展指标体系（DSR），包含 17 个维度 200 项指标；联合国 2030 年可持续发展议程包含 17 个维度 169 项具体目标；联合国人类发展指数（HDI），包含 3 个维度 4 项具体指标；世界银行世界发展指标（WDI），包含 20 个维度 1500 项具体指标。上述指标体系依托完整的量化数据，且更具国际可比性，为各国评估本国现代化水平提供了重要参考。此外，部分发达国家基于自身国情构建了现代化发展指标体系，如加拿大幸福指数（CIW）、澳大利亚国家发展指数（ANDI）等。

在我国，何传启团队自 1998 年起对现代化理论和战略展开定性和定量研究，他认为构建现代化指标体系需要统筹考虑两次现代化（第一次现代化和第二次现代化）以及两类国家（发达国家和发展中国家）现代化的实际情况，立足第二次现代化理论、现代化科学原理，参考经济合作与发展组织国家概览指标体系、世界银行世界发展指标体系等，构建了世界现代化指标体系，涉及经济、社会、政治、文化、环境、个人生活 6 个领域的 15 个主题 35 个亚主题，共 100 个具体指标。[1]

众多学者将现代化指标体系应用至具体国家的现代化程度测评研究中，并在此过程中根据具体国家实际不断优化和调整现代化指标体系。Crittenden 构建了由政治制度、城市化水平、收入、就业、受教育程度、人口出生率、人口密度等指标组成的现代化指标体系，并使用因子分析法对美国各联邦州的现代化水平进行了测量。[2] Felice 等依据人类发展指数（HDI），结合预期寿命、教育、人均国内生产总值，提出了意大利现代化发展指标体系，用以解释意大利不同区域主动和被动现代化的区别，并评估其现代化程度。[3] Estes

[1] 何传启主编《国家现代化的原理与治理方法——中国现代化报告概要（2001~2021）》，北京大学出版社，2022。

[2] John Crittenden, "Dimensions of Modernization in the American States," *American Political Science Review* 4 (1967): 989-1001.

[3] Emanuele Felice, Michelangelo Vasta, "Passive Modernization? The New Human Development Index and Its Components in Italy's Regions (1871-2007)," *European Review of Economic History* 1 (2015): 44-66.

等构建了社会进步指数（ISP），并于2015年继续优化指数模型，基于10个维度共41个指标衡量国家发展程度，重点对1970~2011年40多年间不同国家特别是发展中国家的社会进步情况进行了评估。[①]

（二）中国现代化指标体系的研究现状

一是对中国现代化整体发展情况构建指标体系。一方面，在中国现代化指标体系的构建上，宏观经济研究院课题组等使用多项指标综合评价法，建立了现代化标准评价指标体系，包含经济发展、社会进步、人口素质和生活水平三大类别、15个指标[②]。中国科学院何传启团队基于现代化科学和第二次现代化理论，自2001年开始对中国现代化问题开展专门性研究，分别出版政府现代化、国防现代化、工业现代化、金融现代化等22个部门的现代化研究报告，以及政治现代化、经济现代化、社会现代化、文化现代化、生态现代化、人的现代化、国际现代化共7个领域的现代化研究报告，比较系统地对中国20多年来的现代化建设情况进行了深入研究。[③] 姜玉山等将我国需要实现的现代化划分为经济现代化、社会现代化、科技现代化、城市现代化、国民素质现代化、国民经济和社会发展信息化、生活质量现代化和生态环境优良化共8个维度、27个子目标。[④] 汪青松等认为，社会主义现代化强国的基本内涵体现为经济现代化、政治现代化、文化现代化、社会现代化、生态现代化、治理现代化6个核心特征，并将核心特征细化为19个二级指标和63个三级指标，构建了社会主义现代化强国评价指标体系。[⑤] 新发展理念贯穿经济社会

① Richard J. Estes, "The Index of Social Progress: Objective Approaches," Graciela Tonon, *Global Handbook of Quality of Life*: *Exploration of Well-Being of Nations and Continents* (Germany: Springer, 2015): 159-205.
② 宏观经济研究院课题组、叶剑峰：《现代化标准研究》，《宏观经济研究》2000年第4期。
③ 何传启主编《国家现代化的原理与方法：中国现代化报告概要（2001~2021）》，北京大学出版社，2022。
④ 姜玉山、朱孔来：《现代化评价指标体系及综合评价方法》，《统计研究》2002年第1期。
⑤ 汪青松、陈莉：《社会主义现代化强国内涵、特征与评价指标体系》，《毛泽东邓小平理论研究》2020年第3期。

发展各领域，李旭辉等①、徐银良等②、范永穆等③基于创新、协调、绿色、开放、共享5个维度构建了现代化指标体系，并进行了深入探讨。另一方面，党的二十大报告明确了中国式现代化的总体目标后，众多学者围绕中国实现现代化的宏大命题构建指标体系。如任保平等构建了包含经济、社会进程、城乡区域、生态文明、治理能力五大方面、29个二级指标、46个三级指标的中国式现代化评价指标体系。④ 赵西君等构建了包含经济现代化、社会文明现代化、科技教育现代化、生态现代化、生活质量现代化五大领域、15个分领域和32个具体指标的中国式现代化指标体系。⑤ 马晓河等构建了包含经济高质量发展、精神文明富裕、社会和谐和睦、绿色生态发展、公共服务普及普惠5个维度的中国式现代化评价指标体系。⑥ 卢江等构建了包含经济、政治、文化、社会、生态文明5个一级指标、15个二级指标、48个三级指标的中国式现代化指标体系。⑦

二是聚焦中国现代化的某一具体领域或某一具体地区构建指标体系。吕承超等⑧构建了现代化经济体系；张小允等⑨、邸菲等⑩、国务院发展研究中心农村

---

① 李旭辉、朱启贵、夏万军等：《基于五大发展理念的经济社会发展评价指标体系研究——基于二次加权因子分析法》，《数理统计与管理》2019年第3期。

② 徐银良、王慧艳：《基于"五大发展理念"的区域高质量发展指标体系构建与实证》，《统计与决策》2020年第14期。

③ 蒋永穆、李想、唐永：《中国式现代化评价指标体系的构建》，《改革》2022年第12期。

④ 任保平、张倩：《构建科学合理的中国式现代化的评价指标体系》，《学术界》2022年第6期。

⑤ 赵西君、郭剑锋、季小妹等：《中国式现代化指标体系构建与实证研究》，《社会科学家》2023年第7期。

⑥ 马晓河、周婉冰：《中国式现代化：评价指标体系构建及统计测度》，《贵州社会科学》2023年第8期。

⑦ 卢江、郭子昂：《中国式现代化指标体系构建、水平测算与人口关联效应》，《统计与决策》2023年第18期。

⑧ 吕承超、崔悦、杨珊珊：《现代化经济体系：指标评价体系、地区差距及时空演进》，《上海财经大学学报》（哲学社会科学版）2021年第5期。

⑨ 张小允、许世卫：《我国农业农村现代化评价指标体系研究》，《农业现代化研究》2022年第5期。

⑩ 邸菲、胡志全：《我国农业现代化评价指标体系的构建与应用》，《中国农业资源与区划》2020年第6期。

经济研究部课题组等①构建了农业现代化指标体系；唐天伟等②构建了政府治理现代化指标体系；谢春等③、李明秋等④从工业化与城市化角度衡量了现代化发展程度；陈友华⑤构建了人口现代化评价指标体系；谈松华等⑥、高丙成⑦则聚焦教育现代化构建评价指标体系。上述研究构成了中国式现代化指标体系的重要部分。

三是关于中国现代化指标的应用和实证研究。国内众多学者借鉴西方现代化指标体系或基于学者自身构建的中国现代化指标体系开展量化分析和实证研究，以期掌握我国现代化发展水平，发现推进中国式现代化中的短板弱项，并不断优化形成成熟完备的中国式现代化指标体系。姜玉山等采用量化值加权函数法、层次分析法以解决现代化评价指标体系权重问题和指标的无量纲处理问题，并采用线性加权和函数方法计算了现代化实现程度的综合评价结果，以期让中国现代化指标体系更加科学可信。⑧ 刘耀彬构建了现代化水平评价指标体系和信号指标体系，并分析了中国 31 个省（自治区、直辖市）的现代化水平并比较分析其现代化进程。⑨ 朱强等利用排序多元离散选择模型，基于《中国现代化报告 2007》对我国 31 个省（自治区、直辖市）的现代化排名进行分析，以评估现代化指标的科学性。⑩ 李旭辉等基于构建的现代化评价体系，引入二次加权因子分析法、聚类分析法对 16 个地级市

---

① 国务院发展研究中心农村经济研究部课题组、叶兴庆、程郁等：《中国农业现代化与农村现代化协调发展战略研究》，《农业经济问题》2023 年第 4 期。

② 唐天伟、曹清华、郑争文：《地方政府治理现代化的内涵、特征及其测度指标体系》，《中国行政管理》2014 年第 10 期。

③ 谢春、李健：《我国新型工业化指标体系构建及评价方法》，《财经理论与实践》2011 年第 4 期。

④ 李明秋、郎学彬：《城市化质量的内涵及其评价指标体系的构建》，《中国软科学》2010 年第 12 期。

⑤ 陈友华：《人口现代化评价指标体系研究》，《中国人口科学》2003 年第 3 期。

⑥ 谈松华、袁本涛：《教育现代化衡量指标问题的探讨》，《清华大学教育研究》2001 年第 1 期。

⑦ 高丙成：《我国教育现代化评价指标体系的构建与应用》，《教育科学研究》2019 年第 7 期。

⑧ 姜玉山、朱孔来：《现代化评价指标体系及综合评价方法》，《统计研究》2002 年第 1 期。

⑨ 刘耀彬：《中国省区现代化水平及进程测度研究》，《科技进步与对策》2008 年第 6 期。

⑩ 朱强、俞立平：《中国现代化指标体系评价的实证研究》，《求索》2010 年第 6 期。

经济社会发展进行分项评价和综合评价。① Zhang 等从可持续发展角度出发，基于工业化、城镇化、信息化、农业现代化、绿色化协调发展维度构建现代化指标体系，基于 2006~2015 年 283 个地级城市面板数据评估中国现代化水平。② He 等构建了中国省（自治区、直辖市）现代化水平评价体系，包含 5 个维度 21 个指标，并使用 2007~2017 年中国 31 个省（自治区、直辖市）的原始指数数据，采用改进熵权法，对城市地区进行了现代化水平的评价。③

在对中国式现代化指标体系的实证研究上，赵西君等在构建中国式现代化评价指标体系的基础上，使用熵值法综合测度了中国 2010~2020 年现代化程度，并参考世界银行高收入国家值和 20 个样本国家综合竞争力平均水平，使用趋势外推分析法预测我国 2023 年和 2050 年主要指标和发展目标。④ 邹红等阐述了生产发展、生活富裕和生态良好协同发展与中国式现代化的内在关系，并用"三生"协同指标测度中国式现代化发展情况，结果显示 2011~2019 年我国"三生"协同的现代化发展水平和结构得分呈稳定上升和优化趋势，反映了我国在现代化发展方面取得了重大成就。⑤ 马晓河等测度得出当前中国式现代化进度达到 67%。⑥ 卢江等采用改进的熵权法分别测度了 2007~2021 年经济、政治、文化、社会、生态文明现代化水平以及中

---

① 李旭辉、朱启贵、夏万军等：《基于五大发展理念的经济社会发展评价指标体系研究——基于二次加权因子分析法》，《数理统计与管理》2019 年第 3 期。

② Pingdan Zhang, Haoming Yuan, Xin Tian, "Sustainable Development in China: Trends, Patterns, and Determinants of the 'Five Modernizations' in Chinese Cities," *Journal of Cleaner Production* 214 (2019): 685-695.

③ Xiaoyu He, Sheng Jia, "New Evaluation System for the Modernization Level of a Province or a City Based on an Improved Entropy Method," *Environmental Monitoring and Assessment* 192 (2020): 1-10.

④ 赵西君、郭剑锋、季小妹等：《中国式现代化指标体系构建与实证研究》，《社会科学家》2023 年第 7 期。

⑤ 邹红、杨晗硕、喻曦：《中国式现代化的理论内涵与测度指标体系——基于生产发展、生活富裕和生态良好的协同发展研究》，《经济学家》2023 年第 10 期。

⑥ 马晓河、周婉冰：《中国式现代化：评价指标体系构建及统计测度》，《贵州社会科学》2023 年第 8 期。

国式现代化综合水平。①

综上所述，在构建中国的现代化指标体系方面，可分为中国现代化指标体系的构建和中国式现代化指标体系的构建两个阶段，前者研究成果更具多样性但不够成熟、全面，突出表现为经济指标权重较大，容易忽视现代化的其他方面；而后者研究尚处于起步阶段，还未形成令人普遍信服、适用的中国式现代化指标体系。从实证研究方面看，过往研究以测度现代化发展程度、对比不同省（自治区、直辖市）现代化水平为主，且相关研究数量还不太多。在对中国现代化指标体系的权重确定方面，学者大多采用了主观赋权法或客观赋权法，如专家打分法、熵值法、主成分分析法、层次分析法、因子分析法等，以提升指标体系的科学性和准确性。

二　中国式现代化指标体系的构建

现代化话语权长期被资本主义国家垄断，宣扬资本主义现代化模式成为现代化的唯一道路。而中国式现代化不仅有各国现代化的共同特征，更有基于自身国情的中国特色，是将现代化普遍原理与中国的发展阶段、时代特征、实践经验相结合的现代化模式的创新。中国式现代化开创了人类文明新形态，证明了每个国家都可根据本国情况独立探索现代化路径。面对中国式现代化这一创造性的现代化模式，要理清中国式现代化指标体系的理论依据，构建更加贴合中国发展实际，全面反映中国式现代化内涵、特点和重点的中国式现代化指标体系，不断开创中国式现代化研究新境界。

一是中国学者对西方现代化理论的借鉴和思考。尽管西方现代化理论本身存在不足，但长期以来形成了"经典现代化理论""依附理论""后现代

---

① 卢江、郭子昂：《中国式现代化指标体系构建、水平测算与人口关联效应》，《统计与决策》2023年第18期。

化理论"等丰富的现代化理论，经由中国本土学者的批判性转化和应用，可在一定程度上为中国式现代化指标体系的建立提供借鉴。

二是马克思主义现代化思想的指引。马克思论述了"现代资产阶级社会""现代大工业""现代生产力"等一系列现代化概念，阐释了资本逻辑运动规律，揭示了资本逻辑现代化的固有矛盾和弊端，做出了社会主义现代化必将取代资本主义现代化的论断。同时，中国式现代化道路的推进和拓展，就是不断推进马克思主义中国化、时代化的过程，是当代中国马克思主义和 21 世纪马克思主义关于现代化思想的最新成果。

三是中国特色社会主义现代化道路的实践探索和理论成果。历代党中央都以建设社会主义现代化国家为目标，在社会主义革命和建设时期，提出了"四个现代化"的任务目标，在改革开放和社会主义现代化建设新时期，提出了"中国式的现代化""发展才是硬道理""科学发展观"等理论，立足中国国情探寻切实可行的现代化发展道路，实现了马克思主义中国化的两次历史性飞跃。

四是习近平新时代中国特色社会主义思想和中国式现代化理论。自党的十八大以来，以习近平同志为核心的党中央实现理论和实践上的创新突破，成功推进和拓展了中国式现代化，习近平总书记先后提出"创新、协调、绿色、开放、共享"的新发展理论，成为新时代推进社会主义现代化建设的核心理念，为实现中国式现代化指明了方向。

党的二十大概括提出并深入阐述了中国式现代化理论，明确概括了中国式现代化具有人口规模巨大的现代化、全体人民共同富裕的现代化、物质文明和精神文明相协调的现代化、人与自然和谐共生的现代化、走和平发展道路的现代化这 5 个方面的中国特色，深刻揭示了中国式现代化的科学内涵，这既是理论概括，又是实践要求，为全面建成社会主义现代化强国、实现中华民族伟大复兴指明了一条康庄大道，也为构建中国式现代化指标体系提供了根本遵循和直接依据（见图1）。

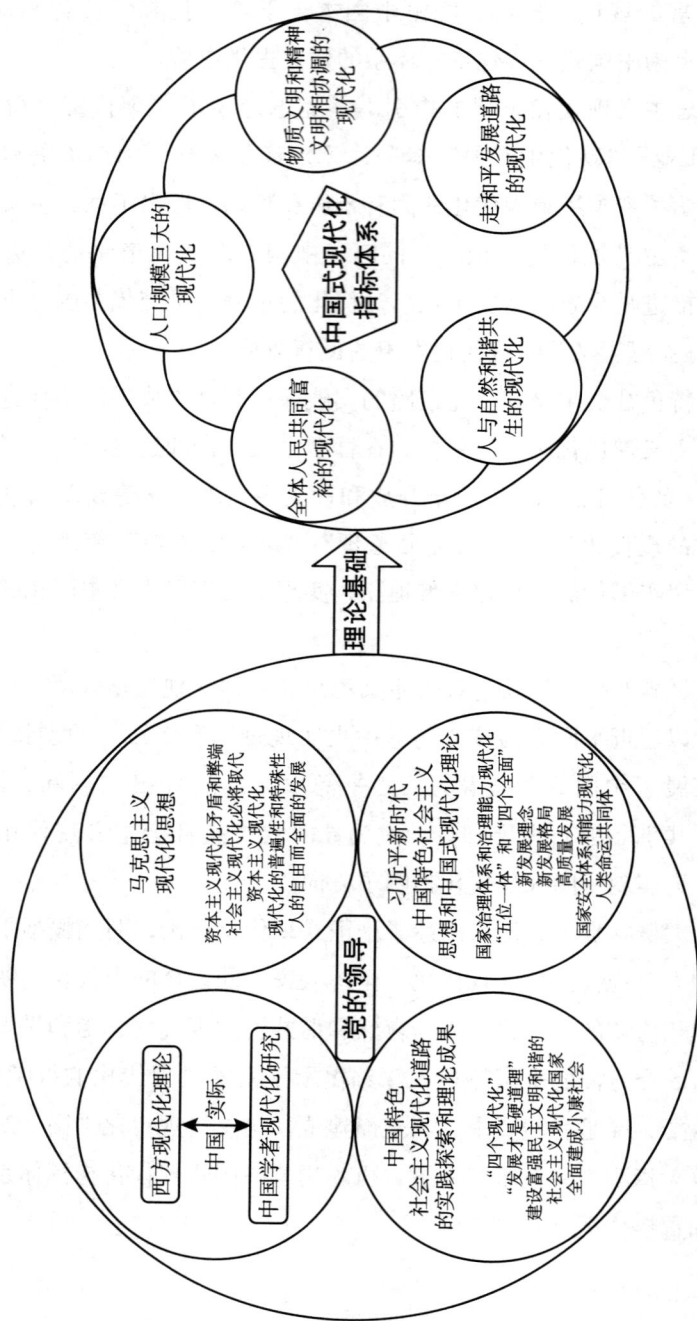

图 1 构建中国式现代化指标体系的理论依据

　　本报告依据中国式现代化的中国特色，结合中国式现代化指标体系的理论依据，分别将中国式现代化5个方面的特征设置为中国式现代化指标体系的5个一级指标，并继续设置13个二级指标、55个三级指标。最终形成了如表1所示的中国式现代化指标体系。

表1　中国式现代化指标体系

一级指标	二级指标	三级指标	指标说明
人口规模巨大的现代化	人口规模、结构和素质	人口数量	年末常住人口数（万人）
		消费能力	社会消费品零售总额（亿元）
		年龄结构	65岁及以上人口数/年末常住人口数（%）
		劳动人口比重	15~64岁人口数/年末常住人口数（%）
		失业率	人口登记失业率（%）
		教育水平	6岁及以上人口平均受教育年限（年）
	创新发展	劳动年龄人口素质	15~64岁人口平均受教育年限（年）
		教育预算占公共财政支出比例	财政教育支出/财政一般预算支出（%）
		普通高等学校在校人数	普通高等学校在校人数（万人）
		R&D经费投入强度	R&D经费支出/GDP（%）
		R&D人员投入力度	R&D人员数/全体从业人员数（%）
		人均专利占有量	国内三种专利授权数/年末常住人口数（件/万人）
全体人民共同富裕的现代化	起点公平	城乡经济发展水平差距	市辖区人均GDP/非市辖区人均GDP（%）
		城乡生产技术差距	单位城市人口非农产业产值/单位农村人口农业产值（%）
		地区经济发展差距	地区人均GDP（元）
		地区教育差距	小学师生比、初中师生比的平均值（%）
		地区医疗差距	每万人拥有执业（助理）医生数（人）

一级指标	二级指标	三级指标	指标说明
全体人民共同富裕的现代化	过程公平	劳动者报酬占GDP比重	城镇单位就业人员工资总额/GDP(%)
		最低工资标准	当地地区月最低工资标准(元)
		居民收入增长情况	人均可支配收入增速/GDP增速(%)
		城乡基本养老保险覆盖率	城乡居民社会养老保险年末参保人数/年末常住人口数(%)
		城镇基本医疗保险覆盖率	城镇基本医疗保险年末参保人数/年末常住人口数(%)
		城乡人均一般性转移支付	转移支付数/年末常住人口数(元/人)
	结果公平	城乡居民收入差距	城镇居民人均可支配收入/农村居民人均可支配收入(%)
		基尼系数	按照基尼系数的公式测算
物质文明和精神文明相协调的现代化	物质富足	人均消费性支出	全体居民人均消费支出(元)
		人均住房建筑面积	人均住房建筑面积(平方米/人)
		恩格尔系数	食品支出总额/家庭或个人消费支出总额(%)
		工业发展程度	规模以上工业企业单位利润总额(亿元)
		高新技术产业占规模以上工业产值比重	高新技术产业产值/规模以上工业产值(%)
	精神富有	公共文化财政支出占比	文化、体育与传媒财政支出/一般公共预算支出(%)
		文化产业发展情况	文化、体育及旅游相关产业增加值/GDP(%)
		互联网普及率	互联网用户数占常住人口比重(%)
		电视节目综合人口覆盖率	电视节目综合人口覆盖率(%)
		每万人拥有公共文化设施数量	图书馆、博物馆数量/年末常住人口数(处/万人)
		艺术表演团体国内演出场次	艺术表演团体国内演出场次(万场次)
人与自然和谐共生的现代化	生态环境保护	地方财政环境保护支出占比	财政环境保护支出/一般公共预算支出(%)
		森林覆盖率	森林覆盖率(%)
		国家级自然保护区面积	国家级自然保护区面积(万公顷)
		生活垃圾无害化处理率	生活垃圾无害化处理率(%)

一级指标	二级指标	三级指标	指标说明
人与自然和谐共生的现代化	资源高效利用	单位 GDP 能耗	全社会能源消费总量/GDP（吨标准煤/万元）
		单位 GDP 水耗	总用水量/GDP（立方米/万元）
		绿色专利获得数	绿色专利获得数（项）
		二氧化碳排放量	二氧化碳排放量（百万吨）
	人居环境改善	建成区绿化覆盖率	建成区绿化覆盖率（%）
		地级及以上城市 $PM_{2.5}$ 平均浓度	地级及以上城市 $PM_{2.5}$ 平均浓度（微克/立方米）
		公共厕所数量	每万人拥有公共厕所（座）
走和平发展道路的现代化	贸易畅通	外贸开放程度	地区进出口总额/GDP（%）
		企业贸易情况	外商投资企业进出口总额（万美元）
	资金融通	外商直接投资	外商直接投资总额（百万美元）
		外商投资企业数	外商投资企业数（家）
		对外经济投资	各地区上市公司对外投资总额（万美元）
		对外承包工程	对外承包工程合同营业额（万美元）
	人员相通	来华留学生数量	学历和非学历来华留学生总数（人）
		对外劳务合作情况	年末在境外从事劳务合作人数（人）

注：①教育水平公式为（6 岁及以上小学人口数×6+6 岁及以上初中人口数×9+6 岁及以上高中人口数×12+6 岁及以上大专及以上人口数×16）/6 岁及以上人口数；②劳动年龄人口素质公式为（6 岁及以上小学人口数×6+6 岁及以上初中人口数×9+6 岁及以上高中人口数×12+6 岁及以上大专及以上人口数×16）/15~64 岁人口数；③基尼系数借鉴胡祖光在 2004 年对基尼系数的公式得出（胡祖光：《基尼系数理论最佳值及其简易计算公式研究》，《经济研究》2004 年第 9 期）。

（一）人口规模巨大的现代化维度

人口规模巨大是中国式现代化的首要特征，巨大的人口规模带来了充足的人口红利和人才红利，孕育了超大规模的国内市场和世界上最完备、门类最齐全的工业生产体系，但同时也面临超大人口规模与有限资源环境承载力的矛盾，以及人口红利减弱与老龄化程度加深的矛盾。让中国 14 亿多人迈入现代化，规模超过全部发达国家的人口总和，没有能够借鉴的经验和教训，其艰巨性和困难性前所未有。

这一维度包含人口规模、结构和素质以及创新发展两个二级指标。一是反映中国式现代化显著特征的人口规模、结构和素质的指标。推进中国式现代化必须首先考虑人口基数问题，本报告用人口数量来表示。但同时，人口规模巨大的现代化也内含超大规模市场的独特优势，14 亿多人口收入水平的提高和消费潜力的释放为超大规模市场的形成奠定了基础，本报告用消费能力来表示。当前，我国人口数量和人口结构已发生历史性转变，2022 年我国总生育率跌破 1.1，并出现了人口负增长现象，具体表现为在人口老龄化趋势不断加深的同时，人口数量红利逐渐消退，进入"未富先老""老龄化和少子化并存"的状态，对此，本报告用年龄结构和劳动人口比重来表示。人口规模巨大必须注意充分就业的实现，一个人不就业，就无法融入社会，更无法获得支撑个人和家庭发展的必要资源，对此本报告用失业率来表示。"现代化的本质是人的现代化"[1]，人口要素的现代化是国家现代化的最终归宿，充分发挥教育"培养人"的主导作用尤其重要，本报告用教育水平表示。二是表示中国式现代化将创造出人口大国发展新路径的创新发展指标。党的二十大报告指出，"教育、科技、人才是全面建设社会主义现代化国家的基础性、战略性支撑"，要求加快建设教育强国、科技强国、人才强国，本报告以劳动年龄人口素质、教育预算占公共财政支出比例、普通高等学校在校人数表示教育强国和人才强国的建设情况，用 R&D 经费投入强度、R&D 人员投入力度、人均专利占有量来表示科技创新优势。

（二）全体人民共同富裕的现代化维度

西方现代化是两极分化的现代化，以追求资本无限增值与剩余价值绝对化为根本逻辑，导致了国家贫富分化、中产阶层塌陷、社会撕裂、政治极化等问题。[2] 而中国式现代化是实现全体人民共同富裕的现代化，旨在通过现代化建设提高人民生活水平、实现人的全面发展，摒弃了以资本为中心的现

---

① 中共中央文献研究室：《十八大以来重要文献选编（上）》，中央文献出版社，2014。
② 习近平：《扎实推动共同富裕》，《求是》2021 年第 20 期。

代化道路。全体人民共同富裕突出表现在"共同"上，在本质上是要实现分配公平，即起点公平、过程公平、结果公平，要求我们"自觉主动解决地区差距、城乡差距、收入差距"①，让现代化建设成果更多更公平地惠及全体人民。因而全体人民共同富裕的现代化这一维度应包括起点公平、过程公平、结果公平3个二级指标。

一是聚焦城乡、区域协调发展的起点公平指标。当前，我国城乡、区域发展不平衡问题十分突出，成为制约起点公平的主要因素。一方面，城乡差距成为制约起点公平的最重要因素，马克思和恩格斯认为"一切发达的、以商品交换为媒介的分工的基础，都是城乡的分离"②，城乡分离和城乡利益对立是每个国家在特定发展阶段都将面临的问题，但同时他们也指出，随着生产力的进一步提升，城乡关系将实现协调平衡和融合发展。新中国成立后，在城乡二元分割体制下，农业农村为实现快速工业化和国家现代化提供了有力支撑，但也导致了城乡差距的持续扩大，本报告用城乡经济发展水平差距、城乡生产技术差距来表示。另一方面，区域发展不平衡也是影响起点公平的因素，本报告用地区经济发展差距来表示。公平是机会均等的状态，具体表现在教育机会、社会公共资源等方面的分配公平上，本报告用城乡义务教育阶段师生比来表示地区教育差距，用每万人拥有执业（助理）医生数来表示地区医疗差距。

二是聚焦收入分配的过程公平指标。人们在判断资源分配是否公平时不仅关注结果，还要考虑分配的过程，即聚焦收入分配的公平程度，分配制度是促进共同富裕的基础性制度，要构建初次分配、再分配、第三次分配协调配套的制度体系。其中，初次分配坚持居民收入增长和经济增长基本同步，更加关注劳动报酬在初次分配中的比重，本报告用劳动者报酬占GDP比重、最低工资标准、居民收入增长情况表示；再分配是通过税收和社会保障等手段对居民收入进行调整以促进社会公平，本

① 习近平：《把握新发展阶段，贯彻新发展理念，构建新发展格局》，《求是》2021年第9期。
② 中共中央马克思恩格斯列宁斯大林著作编译局编译《马克思恩格斯文集》第5卷，人民出版社，2009。

报告用城乡基本养老保险覆盖率、城镇基本医疗保险覆盖率、城乡人均一般性转移支付来表示。

三是聚焦共享发展成果的结果公平指标。无论是起点公平还是过程公平，其最终目的都是实现发展成果由全体人民共同享有，具体表现在城乡间、地区间、行业间发展差距缩小，本报告用城乡居民收入差距和基尼系数来表示。

（三）物质文明和精神文明相协调的现代化维度

西方文化中存在重物质、个人至上的文化传统，如色诺芬强调"财富就是具有使用价值的东西"①，西方物质主义膨胀的现代化极易导致物质和精神的失衡和撕裂，极易引起公民的精神崩塌、道德滑坡、价值失序。而中国式现代化既要求实现物质资料的极大丰富，为精神文明建设提供坚实物质保障，又要求丰富人民精神世界，为物质文明发展提供动力支持，实现物质文明建设与精神文明建设统筹规划、齐头并进。所以，物质文明和精神文明相协调的现代化这一维度包含物质富足、精神富有 2 个二级指标。

一是反映现代化一般规律的物质富足指标。物质贫困不是社会主义，只有具备了物质生产基础，人们才可能从事教育、科学、艺术等其他精神文化生活，实现物质富足归根到底是要不断解放和发展生产力，本报告用人均消费性支出、人均住房建筑面积、恩格尔系数、工业发展程度来表示。需要特别注意的是，进入新发展阶段，物质资料的积累将更多依靠科技进步，故本报告设置了高新技术产业占规模以上工业产值比重予以测度。

二是反映中国式现代化特色的精神富有指标。精神贫乏不是社会主义，实现中国式现代化需要强大的精神力量，广泛践行社会主义核心价值观，丰富人民群众的精神文化生活，推进文化事业和文化产业繁荣发展，本报告用公共文化财政支出占比来表示公共部门对精神文明建设的重视程度，用文化、体育及旅游相关产业增加值的 GDP 占比衡量文化产业发展情况，用互

---

① 〔古希腊〕色诺芬：《经济论雅典的收入》，张伯建译，商务印书馆，1961。

联网普及率、电视节目综合人口覆盖率、每万人拥有公共文化设施数量、艺术表演团体国内演出场次表示文化事业发展情况。

（四）人与自然和谐共生的现代化维度

在追求现代化的过程中，西方资本主义国家以资本为中心、以经济理性为绝对主导，选择了"先污染、后治理"的现代化道路，不仅造成了本国环境污染和生态破坏，还将高污染、低附加值的产业转移至欠发达国家，给全世界和全人类带来了无法依靠自然力量消解的生态危机。中国共产党领导下的中国式现代化遵循马克思主义生态观，践行"绿水青山就是金山银山""既要绿水青山也要金山银山"的理念，有效化解自然资源的有限性与需求的无限性之间的矛盾，处理好人与自然的关系，注重同步推进物质文明建设和生态文明建设。①

人与自然和谐共生的现代化维度包含生态环境保护、资源高效利用、人居环境改善 3 个二级指标。

其一，节约资源和保护环境是我国的基本国策，我们要像保护眼睛一样保护自然和生态环境，本报告用地方财政环境保护支出占比、森林覆盖率、国家级自然保护区面积、生活垃圾无害化处理率等来表示生态环境保护情况。

其二，处理好生态环境保护和经济发展的关系是一个世界性难题，要在有限的自然资源和生态环境前提下实现经济社会发展，提高资源利用效率、倡导绿色低碳发展是必由之路，本报告用单位 GDP 能耗、单位 GDP 水耗来表示，并加入绿色专利获得数、二氧化碳排放量两个指标来表示"碳达峰""碳中和"实现情况。

其三，中国式现代化是以人为核心的现代化，人与自然和谐共生将带来人居环境改善，让人民群众感受到切实成效，本报告用建成区绿化覆盖率、地级及以上城市 $PM_{2.5}$ 平均浓度、公共厕所数量来表示。

---

① 习近平：《努力建设人与自然和谐共生的现代化》，《求是》2022 年第 11 期。

（五）走和平发展道路的现代化维度

西方现代化的历史就是一部写满战争、殖民、掠夺的历史。资本主义国家发展初期通过殖民掠夺完成资本原始积累，之后又不断对外转嫁经济危机，利用强权政治干涉他国内政、挑起局部战争、制定有利于自身的国际规则等方式，维持优势国际地位。时至今日，西方现代化国家仍然信奉"强国必霸"的政治逻辑，并将此强行套用至中国的现代化道路上，试图抹黑、妖魔化中国形象，甚至千方百计遏制中国现代化进程。而中国式现代化道路坚持走和平发展、合作共赢的道路，倡导和平、发展、合作、共赢，主张让世界各国人民共同享有中国现代化发展成果。尽管当今世界国际形势风云变幻，但开放和发展的历史大势不会变，经济全球化的时代潮流不可逆转，和平与发展依然是当今时代的主题，在此背景下，对外开放成为中国实现和平发展、和平崛起的唯一正确选择，对于中国各地来说，更应扎实推进高水平对外开放，畅通国际、国内循环，提升对外投资贸易合作水平。

本报告用外贸开放程度、企业贸易情况 2 个指标来表示贸易畅通情况，用外商直接投资、外商投资企业数、对外经济投资、对外承包工程 4 个指标来表示资金融通情况。同时，中国式现代化倡导积极构建人类命运共同体，追求不同文明和平共处、和谐共生，故本报告加入来华留学生数量、对外劳务合作情况 2 个指标来表示人员相通情况。

三 数据来源与测度方法

（一）数据来源

本报告的评价范围包括除港澳台地区、西藏自治区外的全国共 30 个省（自治区、直辖市）。在数据来源方面，本报告选取 2022 年省级数据进行研究。其中，城乡经济发展水平差距、城乡生产技术差距、城乡居民收入差距等指标的数据，来源于《中国农村统计年鉴》《中国城市统计年鉴》；计算 R&D 经费投入强度、R&D 人员投入力度、人均专利占有量等指标的数据，来源于《中国科技统计年鉴》；计算单位 GDP 能耗等指标的数据来源于《中国能源统计年鉴》；规模以上工业企业单位利润总额、规模以上工业企业产值、高新技术产业产值等数据来源于《中国工业统计年鉴》；计算二氧化碳排放量指标的数据来源于 CEADs 中国碳核算数据库；绿色专利获得数指标数据来源于 CNRDS 中国研究数据服务平台；当年地区月最低工资标准数据来源于人力资源和社会保障部报告；人均住房建筑面积相关数据来源于《2020 年中国人口普查年鉴》；对外经济投资中各地区上市公司对外投资总额来源于 Wind 数据库；对外承包工程、对外劳务合作情况相关数据来源于《中国贸易外经统计年鉴》；来华留学生数量来源于教育部国际合作与交流司发布的《来华留学生简明统计》。其余测度指标所用到的数据均来源于国家统计局《中国统计年鉴》、分省年度数据以及各省统计年鉴。在数据采集过程中，部分数据未更新至 2022 年，主要通过采用 2021 年统计数据或使用年平均增长趋势进行计算补充。

（二）测度方法

根据构建的中国式现代化指标体系，本报告采用平均赋权法对各指标进行赋权，采用熵值法对平均赋权结果进行检验，进而综合测度和评价各省（自治区、直辖市）中国式现代化发展情况。

平均赋权法是一种多指标决策分析方法，用于综合考虑多个指标以评估或比较不同对象的综合表现。在这种方法中，每个指标被赋予相同的权重，反映了对各个指标重要性的均等看待。具体步骤如下。

第一步，标准化指标值。由于各个指标可能具有不同的量纲和范围，故对原始数据进行标准化处理，使数据在同一量级（通常是 0 到 1）上进行比较。

正向指标标准化，即数值越大表现越好：

$$Y_{ij} = \frac{X_{ij}}{max(X_j)} \qquad (1)$$

反向指标标准化，即数值越小表现越好：

$$Y_{ij} = 1 - \frac{X_{ij}}{max(X_j)} \qquad (2)$$

适中指标标准化，在某个特定范围内最优的指标：

$$Y_{ij} = 1 - \frac{1}{1 + Q - X_{ij}} \qquad (3)$$

其中，Y_{ij} 是第 i 个实体的第 j 个指标的标准化值。X_{ij} 是第 i 个实体的第 j 个指标的原始值。$max(X_j)$ 是第 j 个指标所有数据中的最大值。Q 为该指标的适中值。

第二步，根据一级指标的数量（5个）进行平均赋权，即每个一级指标权重均为0.2，再将一级指标的权重平均分配到其下的二级、三级指标，使一级指标权重为其下二级指标的简单加总，二级指标权重为其下三级指标的简单加总，本报告通过计算得出各个指标的权重（见表2）。

表 2　中国式现代化指标体系赋权情况

一级指标	二级指标	三级指标	指标类型	指标权重
人口规模 巨大的 现代化 （0.2）	人口规模、 结构和素质 （0.1）	人口数量	正向（+）	0.0167
		消费能力	正向（+）	0.0167
		年龄结构	负向（-）	0.0167
		劳动人口比重	正向（+）	0.0167
		失业率	负向（-）	0.0167
		教育水平	正向（+）	0.0167
	创新发展 （0.1）	劳动年龄人口素质	正向（+）	0.0167
		教育预算占公共财政支出比例	正向（+）	0.0167
		普通高等学校在校人数	正向（+）	0.0167
		R&D 经费投入强度	正向（+）	0.0167
		R&D 人员投入力度	正向（+）	0.0167
		人均专利占有量	正向（+）	0.0167

一级指标	二级指标	三级指标	指标类型	指标权重
全体人民共同富裕的现代化（0.2）	起点公平（0.0769）	城乡经济发展水平差距	负向（−）	0.0154
		城乡生产技术差距	负向（−）	0.0154
		地区经济发展差距	正向（+）	0.0154
		地区教育差距	正向（+）	0.0154
		地区医疗差距	正向（+）	0.0154
	过程公平（0.0924）	劳动者报酬占GDP比重	正向（+）	0.0154
		最低工资标准	正向（+）	0.0154
		居民收入增长情况	正向（+）	0.0154
		城乡基本养老保险覆盖率	正向（+）	0.0154
		城镇基本医疗保险覆盖率	正向（+）	0.0154
		城乡人均一般性转移支付	正向（+）	0.0154
	结果公平（0.0308）	城乡居民收入差距	负向（−）	0.0154
		基尼系数	负向（−）	0.0154
物质文明和精神文明相协调的现代化（0.2）	物质富足（0.0909）	人均消费性支出	正向（+）	0.0182
		人均住房建筑面积	正向（+）	0.0182
		恩格尔系数	负向（−）	0.0182
		工业发展程度	正向（+）	0.0182
		高新技术产业占规模以上工业产值比重	正向（+）	0.0182
	精神富有（0.1092）	公共文化财政支出占比	正向（+）	0.0182
		文化产业发展情况	正向（+）	0.0182
		互联网普及率	正向（+）	0.0182
		电视节目综合人口覆盖率	正向（+）	0.0182
		每万人拥有公共文化设施数量	正向（+）	0.0182
		艺术表演团体国内演出场次	正向（+）	0.0182
人与自然和谐共生的现代化（0.2）	生态环境保护（0.0728）	地方财政环境保护支出占比	正向（+）	0.0182
		森林覆盖率	正向（+）	0.0182
		国家级自然保护区面积	正向（+）	0.0182
		生活垃圾无害化处理率	正向（+）	0.0182
	资源高效利用（0.0728）	单位GDP能耗	负向（−）	0.0182
		单位GDP水耗	负向（−）	0.0182
		绿色专利获得数	正向（+）	0.0182
		二氧化碳排放量	负向（−）	0.0182
	人居环境改善（0.0546）	建成区绿化覆盖率	正向（+）	0.0182
		地级及以上城市$PM_{2.5}$平均浓度	负向（−）	0.0182
		公共厕所数量	正向（+）	0.0182

续表

一级指标	二级指标	三级指标	指标类型	指标权重
走和平发展道路的现代化（0.2）	贸易畅通（0.0500）	外贸开放程度	正向(+)	0.0250
		企业贸易情况	正向(+)	0.0250
	资金融通（0.1000）	外商直接投资	正向(+)	0.0250
		外商投资企业数	正向(+)	0.0250
		对外经济投资	正向(+)	0.0250
		对外承包工程	正向(+)	0.0250
	人员相通（0.0500）	来华留学生数量	正向(+)	0.0250
		对外劳务合作情况	正向(+)	0.0250

注：①对中国式现代化建设有正向影响的用"+"表示，对中国式现代化建设产生负向影响的用"–"表示。

②由于四舍五入的原因，以上数据加总时可能有微小的差异。

第三步，计算综合得分。将每个指标的标准化值乘以其指标权重，然后将所有结果相加，得到中国式现代化综合得分。

为验证平均赋权法的科学性，本报告使用熵值法再次对中国式现代化指标体系进行赋权和指数计算。熵值法属客观赋权法，是一种根据指标本身所提供的信息，利用各个指标的差异程度进行赋权的权重确定方法，有助于减少主观因素的干扰，增强测度结果的客观合理性。具体步骤如下。

第一步，选取 n 个省份，m 个指标，则矩阵 X_{jk} 表示为第 j 省的第 k 个指标数据（$j=1, 2, \cdots, n$；$k=1, 2, \cdots, m$）。

第二步，使用极差法对原始数据进行标准化处理，消除各指标量纲方面的差异。其中 $X_{\max k}$ 和 $X_{\min k}$ 分别表示第 k 个指标在 n 个省份中的最大值与最小值，

$$X'_{jk} = \frac{X_{jk} - X_{\min k}}{X_{\max k} - X_{\min k}} \tag{4}$$

$$X'_{jk} = \frac{X_{\min k} - X_{jk}}{X_{\min k} - X_{\max k}} \tag{5}$$

第三步，计算第 j 省的第 k 项指标的比重 P_{jk}，

$$P_{jk} = \frac{X'_{jk}}{\sum_{j=1}^{n} X'_{jk}} \tag{6}$$

第四步，计算第 k 项指标的熵值 e_k，

$$e_k = -\frac{1}{\ln(rn)} \sum_{j=1}^{n} p_{jk} \ln p_{jk} \tag{7}$$

第五步，计算第 k 项指标的差异系数 g_k，

$$g_k = 1 - e_k \tag{8}$$

第六步，计算每个指标的权重 w_k，

$$w_k = \frac{g_k}{\sum_{k=1}^{m} g_k} \tag{9}$$

第七步，计算中国式现代化指标综合得分 s_j，

$$s_j = \sum_{k=1}^{m} w_k X'_{jk} \tag{10}$$

四　推进中国式现代化综合评价的基本情况

（一）推进中国式现代化的总体情况

中国式现代化指数只是一个相对值，并不具备直接可比性，需进行不同地区、不同维度间的对比分析，才能表现出定量评价数值的相对意义。基于构建的中国式现代化指标体系，本报告测度了 2022 年中国 30 个省（自治区、直辖市）中国式现代化发展情况，并进行了排序，结果如表 3 和图 2 所示。得分排名靠前的省份为北京、广东、江苏、浙江、山东、上海、福建等，得分排名靠后的省份为甘肃、吉林、青海、山西、内蒙古、新疆、宁夏等。全国中国式现代化指数分布在 0.3773~0.6390，平均值为 0.4609，得分最高的为 0.6390（北

京），得分最低的为 0.3773（宁夏），前者是后者的 1.69 倍，表明不同省（自治区、直辖市）推进中国式现代化程度存在一定差距，但总体差距不大。

表 3　中国式现代化指数

地区	人口规模巨大的现代化	全体人民共同富裕的现代化	物质文明和精神文明相协调的现代化	人与自然和谐共生的现代化	走和平发展道路的现代化	总分
北京	0.1378	0.1261	0.1425	0.1423	0.0903	0.6390
天津	0.1057	0.1114	0.0941	0.1027	0.0450	0.4590
河北	0.0995	0.1050	0.0890	0.1036	0.0247	0.4218
山西	0.0955	0.1073	0.0967	0.0923	0.0122	0.4040
内蒙古	0.0786	0.1097	0.1017	0.1039	0.0051	0.3989
辽宁	0.0921	0.0947	0.0890	0.0981	0.0416	0.4155
吉林	0.0818	0.1027	0.0884	0.1185	0.0150	0.4064
黑龙江	0.0843	0.1123	0.0871	0.1115	0.0123	0.4075
上海	0.1156	0.1034	0.1138	0.1129	0.0834	0.5290
江苏	0.1324	0.1110	0.1203	0.1157	0.0832	0.5627
浙江	0.1254	0.1091	0.1350	0.1263	0.0651	0.5609
安徽	0.1083	0.1088	0.1062	0.1106	0.0542	0.4881
福建	0.1144	0.1051	0.1092	0.1474	0.0499	0.5259
江西	0.1060	0.1031	0.0989	0.1303	0.0291	0.4673
山东	0.1198	0.1048	0.1085	0.0943	0.1087	0.5361
河南	0.1058	0.1065	0.1008	0.1016	0.0397	0.4545
湖北	0.1085	0.1084	0.0960	0.1128	0.0613	0.4870
湖南	0.1058	0.1058	0.0952	0.1137	0.0185	0.4390
广东	0.1398	0.1042	0.1209	0.1299	0.1365	0.6314
广西	0.1012	0.1040	0.0796	0.1121	0.0157	0.4126
海南	0.0778	0.1048	0.0942	0.1313	0.0137	0.4218
重庆	0.0979	0.1054	0.0972	0.1244	0.0136	0.4386
四川	0.0979	0.1104	0.0976	0.1166	0.0274	0.4499
贵州	0.0873	0.1123	0.0895	0.1191	0.0081	0.4162
云南	0.0942	0.0988	0.0881	0.1306	0.0121	0.4236
陕西	0.1020	0.1040	0.1050	0.1213	0.0216	0.4540
甘肃	0.0823	0.1054	0.0992	0.1132	0.0065	0.4066
青海	0.0739	0.1070	0.0901	0.1312	0.0041	0.4063
宁夏	0.0734	0.1084	0.0930	0.0975	0.0050	0.3773
新疆	0.0913	0.1065	0.0939	0.0847	0.0097	0.3861

注：由于四舍五入的原因，以上数据加总时可能有微小差异，全书同类表同。

在排名靠前的省（自治区、直辖市）中，北京总得分最高，为 0.6390，在全体人民共同富裕的现代化与物质文明和精神文明相协调的现代化两个一级指标的得分排名第一，在创新发展、物质富足、资源高效利用、人员相通等二级指标的得分排名第一，这说明，北京已进入经济社会高质量发展时期，在实现中国式现代化中领先优势明显。广东总得分为 0.6314，在全部省（自治区、直辖市）中排名第二，在人口规模巨大的现代化和走和平发展道路的现代化维度排名第一，广东在对外开放和国际贸易中具备的得天独厚的优势极大地带动了广东现代化发展。随后的江苏、浙江总得分差距不大，均在 0.5600 左右，且各个地区有其独特的发展优势，浙江作为我国共同富裕示范区，在起点公平和结果公平两个二级指标中均排名靠前，其人均GDP、城乡居民收入水平在全国保持领先地位，且在此基础上更加重视丰富居民文化生活、提供优质文化产品和服务。

在排名靠后的省（自治区、直辖市）中，多出现由于某一个指标排位靠后而拉低了该省（自治区、直辖市）中国式现代化整体排名的现象。如广西在物质文明和精神文明相协调的现代化维度表现不佳，河北在人与自然和谐共生的现代化维度表现不佳，辽宁在全体人民共同富裕的现代化维度表现不佳。在推进中国式现代化中表现中游的省（自治区、直辖市）中，既有实现中国式现代化的长处，也存在发展短板，如黑龙江在全体人民共同富裕的现代化维度排名靠前，在缩小城乡差距、收入差距方面表现比较突出，但在物质文明和精神文明相协调的现代化维度排名相对靠后。此外，部分省（自治区、直辖市）在推进中国式现代化进程中，也存在某一维度发展程度较高从而拉高了该省（自治区、直辖市）中国式现代化整体水平的现象。如海南、青海、云南、江西在人与自然和谐共生的现代化维度表现突出，特别是在生态环境保护二级指标中得分较高，间接拉高了上述省（自治区、直辖市）推进中国式现代化整体情况的排名；再如上海、福建、山东等省（自治区、直辖市），得益于优越的地理位置，在走和平发展道路的现代化维度，特别是贸易畅通、资金融通等二级指标得分较高。

省份	指数
北京	0.6390
广东	0.6314
江苏	0.5627
浙江	0.5609
山东	0.5361
上海	0.5290
福建	0.5259
安徽	0.4881
湖北	0.4870
江西	0.4673
天津	0.4590
河南	0.4545
陕西	0.4540
四川	0.4499
湖南	0.4390
重庆	0.4386
云南	0.4236
河北	0.4218
海南	0.4218
贵州	0.4162
辽宁	0.4155
广西	0.4126
黑龙江	0.4075
甘肃	0.4066
吉林	0.4064
青海	0.4063
山西	0.4040
内蒙古	0.3989
新疆	0.3861
宁夏	0.3773

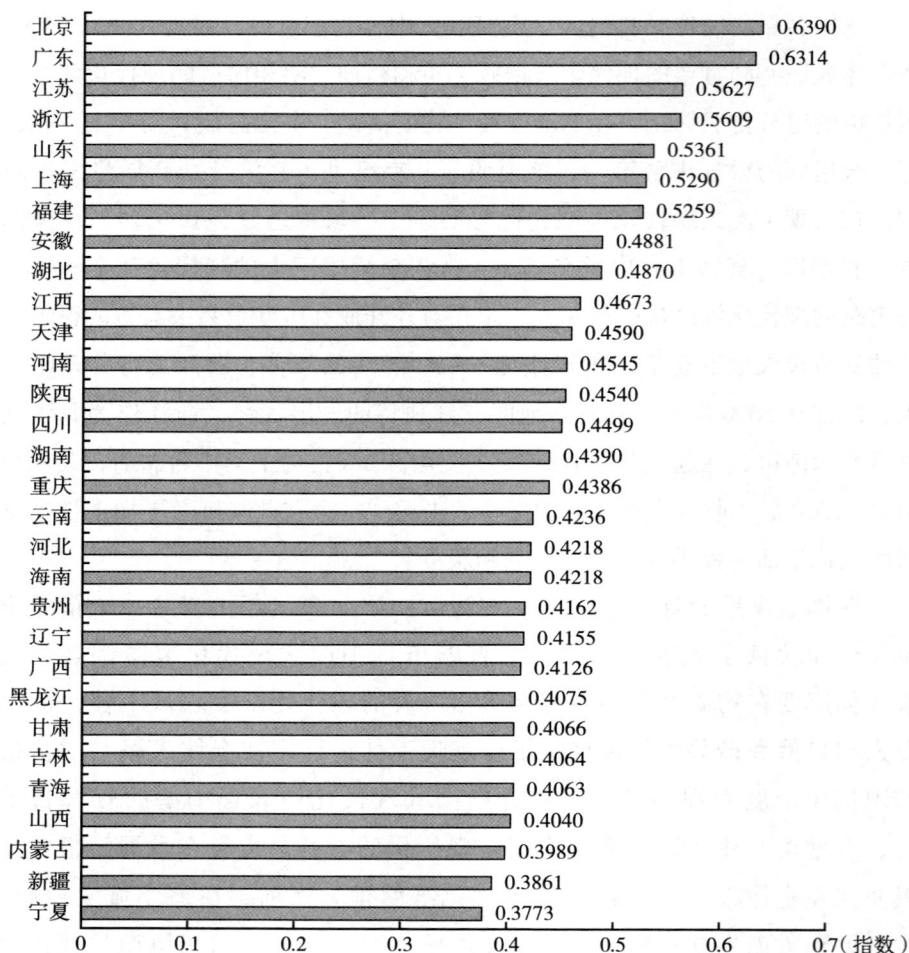

图2　各省（自治区、直辖市）中国式现代化指数

（二）五个维度：中国式现代化推进情况

五个维度的平均值介于0.1855~0.5745，按照平均值高低排序分别为人与自然和谐共生的现代化、全体人民共同富裕的现代化、人口规模巨大的现代化、物质文明和精神文明相协调的现代化、走和平发展道路的现代化（见表4）。

表4　中国式现代化一级指标、二级指标情况

指标名称	平均值	最大值	最小值	标准差
人口规模巨大的现代化	0.5050	0.6977	0.3662	0.0883
人口规模、结构和素质	0.5403	0.6884	0.4101	0.0664
创新发展	0.4698	0.8243	0.2593	0.1337
全体人民共同富裕的现代化	0.5339	0.6300	0.4731	0.0259
起点公平	0.6307	0.7305	0.4921	0.0587
过程公平	0.5621	0.6867	0.4530	0.0575
结果公平	0.2072	0.3649	0.0298	0.0764
物质文明和精神文明相协调的现代化	0.5029	0.7118	0.3978	0.0695
物质富足	0.4198	0.7054	0.2932	0.0983
精神富有	0.5722	0.7602	0.4643	0.0636
人与自然和谐共生的现代化	0.5745	0.7361	0.4229	0.0729
生态环境保护	0.5480	0.7705	0.3572	0.0831
资源高效利用	0.6069	0.9367	0.2587	0.1464
人居环境改善	0.5667	0.7672	0.4566	0.0837
走和平发展道路的现代化	0.1855	0.6826	0.0207	0.1696
贸易畅通	0.2195	0.6991	0.0628	0.1840
资金融通	0.1629	0.7676	0.0042	0.1812
人员相通	0.1968	0.7928	0.0045	0.2191

　　人与自然和谐共生的现代化维度平均值为0.5745，最大值为0.7361、最小值为0.4229，标准差为0.0729。这反映了我们党将生态文明建设作为关系中华民族永续发展的根本大计，坚持"绿水青山就是金山银山""既要绿水青山也要金山银山"的理念，明确提出"碳达峰""碳中和"目标，追求经济社会发展与生态文明保护协调发展。其中，资源高效利用二级指标平均值较生态环境保护、人居环境改善更高，我国资源总量大、品类丰富，但人均占有量偏少，这一客观现实决定了必须坚持节约优先，促进资源科学配置和节约高效利用，但这个二级指标标准差较高，为0.1464，说明我国各地在资源高效利用方面存在较大差距，发达省（自治区、直辖市）往往具有更高资源节约、集约利用能力，而欠发达省（自治区、直辖市）则尚未完全转变粗放发展方式。同时，党的十八大以来，我国在生态环境保护、人

居环境改善方面也取得了显著成效，通过持续深入打好污染防治攻坚战，着力解决大气、水、土壤污染等长期难以解决的问题，保障人民群众呼吸上新鲜的空气、喝上干净的水、吃上放心的食物、生活在宜居的环境中。

全体人民共同富裕的现代化维度平均值为 0.5339，最大值为 0.6300、最小值为 0.4731，标准差为 0.0259，是 5 个维度中标准差最小的维度，说明相较于其他 4 个维度，省域间在实现全体人民共同富裕方面的发展程度比较一致，发展差距较小。反映出共同富裕是中国特色社会主义的本质要求，我们党坚持将实现人民对美好生活的向往作为现代化建设的出发点和落脚点，通过合理的制度安排正确处理好增长与分配的关系，推动改革发展成果更多、更公平惠及全体人民。起点公平和过程公平 2 个二级指标平均得分更高，印证了我国收入分配制度改革的正确性和有效性，但结果公平指标平均得分相对较低，主要是受城乡居民人均可支配收入差距较大、区域间居民收入差距较大的影响，说明我国发展不平衡不充分的问题依然存在，促进全体人民共同富裕是一项长期任务，不可能一蹴而就，也不可能齐头并进。

人口规模巨大的现代化维度平均值为 0.5050，最大值为 0.6977、最小值为 0.3662，标准差为 0.0883，反映了中国庞大人口规模带来的特有挑战和机遇，平衡好人口规模与资源环境承载力的关系，需要提高创新能力和人力资本水平。人口规模、结构和素质指标得分标准差较小，反映出我国在人口年龄结构、劳动力人口素质、人口受教育水平方面差距不大，但也要注意我国人口发展正呈现少子化、老龄化、区域人口增减分化的趋势性特征。相较于人口规模、结构和素质指标，创新发展指标分值较低，且标准差较大。近年来，我国深入实施科教兴国战略、人才强国战略、创新驱动发展战略，对于发挥人口超大规模优势起到了积极促进作用，但省域间差距较大，特别是在表示科技创新能力的 R&D 经费投入强度、R&D 人员投入力度、人均专利占有量 3 个方面，发达省（自治区、直辖市）与欠发达省（自治区、直辖市）差距更大，间接拖累了欠发达地区的人口高质量发展。

物质文明和精神文明相协调的现代化维度平均值为 0.5029，最大值为 0.7118、最小值为 0.3978，标准差为 0.0695，建设社会主义现代化强国，物质文明和精神文明建设缺一不可。精神富有指标平均值高于物质富足指标平均值，并非因为物质文明建设落后，而是由于进入新发展阶段，我们党以更大决心推进物质文明和精神文明协调发展，更加重视社会文明程度的提高，持续加大对文化基础设施的投入力度，繁荣发展文化事业和文化产业，广泛践行和宣传社会主义核心价值观，不断丰富人民群众的精神文化需求，互联网普及率迅速提高，电视节目综合人口覆盖率接近100%，拉高了精神富有指标分值。同时，在物质富足指标中，由于省（自治区、直辖市）间在高新技术产业、规模以上工业产值等方面存在一定发展差距，拉低了这一维度的平均得分。

走和平发展道路的现代化维度平均值为0.1855，最大值为0.6826、最小值为0.0207，标准差为0.1696，中国始终奉行独立自主的和平外交政策，探索走出一条与西方资本主义国家崛起不同的和平发展道路，在和平与发展的国际背景下，推进高水平对外开放是走和平发展道路的重要抓手。当今世界正处于百年未有之大变局，国际环境日趋复杂，不稳定性和不确定性加大，经济全球化遭遇逆流，单边主义、保护主义盛行，对这一维度的分值产生了负面影响。同时，省（自治区、直辖市）间在实现贸易畅通、资金融通、人员相通3个二级指标间存在较大的发展差距，欠发达省（自治区、直辖市）特别是内陆地区得分很低，进而拉低了这一维度的平均值。

1. 人口规模巨大的现代化维度

在人口规模巨大的现代化维度中，发展水平最高的为广东（0.6977），得分最低的为宁夏（0.3662），前者是后者的1.9倍，两者间存在一定发展差距。广东、北京、江苏、浙江、山东、上海、福建、湖北、安徽、江西位居前十，分数介于0.5291~0.6977；辽宁、新疆、贵州、黑龙江、甘肃、吉林、内蒙古、海南、青海、宁夏位居后十，分数介于0.3662~0.4595。在考察的30个省（自治区、直辖市）中，有14个省（自治区、直辖市）超过了平均值，占总数的46.67%，接近一半，我国正在努力实现劳动力数量优势向人才优势的转变。人口规模、结构和素质平均值为0.5403，广东、浙江、江苏、福建、江西等得分排名靠前，这可能是由于上述省（自治区、直辖市）人口结构比较合理，人口整体素质较高，劳动力人口数量更加充足。创新发展平均值为 0.4698，北京、广东、江苏、山东、天津等得分排名靠前，说明上述省（自治区、直辖市）在科技、创新、教育等方面领先于其他省（自治区、直辖市）。人口规模、结构和素质整体发展情况略优于创新发展的整体发展情况，未来需更加重视提升创新驱动能力，以更好地发挥巨大人口规模带来的发展优势，实现人口大国向人才强国的转变（见表5）。

表5 人口规模巨大的现代化指数

地区	排名	人口规模巨大的现代化				
		总分	人口规模、结构和素质		创新发展	
			分数	排名	分数	排名
广东	1	0.6977	0.6884	1	0.7071	2
北京	2	0.6876	0.5509	14	0.8243	1
江苏	3	0.6609	0.6330	3	0.6888	3
浙江	4	0.6258	0.6387	2	0.6130	6
山东	5	0.5979	0.5632	13	0.6325	4
上海	6	0.5769	0.5459	16	0.6080	7
福建	7	0.5707	0.6213	4	0.5202	9
湖北	8	0.5413	0.5872	8	0.4955	10
安徽	9	0.5405	0.5913	6	0.4897	11
江西	10	0.5291	0.6092	5	0.4490	17
湖南	11	0.5280	0.5829	9	0.4730	12
河南	12	0.5278	0.5284	17	0.5271	8
天津	13	0.5273	0.4247	29	0.6298	5
陕西	14	0.5089	0.5500	15	0.4678	15
广西	15	0.5050	0.5888	7	0.4213	19
河北	16	0.4964	0.5224	19	0.4704	14
重庆	17	0.4888	0.5233	18	0.4542	16
四川	18	0.4886	0.5064	20	0.4707	13
山西	19	0.4763	0.5747	12	0.3779	20
云南	20	0.4699	0.5768	11	0.3630	22
辽宁	21	0.4595	0.4858	23	0.4332	18
新疆	22	0.4556	0.5828	10	0.3285	26
贵州	23	0.4354	0.4970	21	0.3737	21

地区	排名	人口规模巨大的现代化				
		总分	人口规模、结构和素质		创新发展	
			分数	排名	分数	排名
黑龙江	24	0.4205	0.4916	22	0.3495	25
甘肃	25	0.4105	0.4700	25	0.3510	24
吉林	26	0.4081	0.4553	28	0.3609	23
内蒙古	27	0.3922	0.4698	26	0.3146	29
海南	28	0.3883	0.4600	27	0.3165	28
青海	29	0.3689	0.4784	24	0.2593	30
宁夏	30	0.3662	0.4101	30	0.3222	27
平均值		0.5050	0.5403		0.4698	

注：见表2。

2. 全体人民共同富裕的现代化维度

在全体人民共同富裕的现代化维度中，发展水平最高的为北京（0.6300），得分最低的为辽宁（0.4731），前者是后者的1.33倍，表明各省（自治区、直辖市）在实现全体人民共同富裕方面发展水平差距不大（见表6）。北京、贵州、黑龙江、天津、江苏、四川、内蒙古、浙江、安徽、宁夏位居前十，分数介于0.5414~0.6300；海南、山东、广东、陕西、广西、上海、江西、吉林、云南、辽宁位居后十，分数介于0.4731~0.5237，有13个省（自治区、直辖市）超过了平均值，占全部省（自治区、直辖市）的43.33%。共同富裕要求在"做大蛋糕"的基础上"分好蛋糕"，富裕是基础，公平是关键。贵州、黑龙江等地在实现共同富裕方面得分较高，但城乡居民收入水平较低，两省人均可支配收入分别位居全国第29位和第22位。而江苏、浙江、上海、广东等发达地区在经济社会发展中势头强劲，但过程公平程度却相对落后，这可能是由于虽然上述地区市场活力更足，是率先富起来的省（自治区、直辖市），但存在一定的城乡、区域、行业间差距，需更加重视共享发展成果。

表6 全体人民共同富裕的现代化指数

地区	排名	全体人民共同富裕的现代化						
		总分	起点公平		过程公平		结果公平	
			分数	排名	分数	排名	分数	排名
北京	1	0.6300	0.7197	4	0.6728	3	0.2773	5
贵州	2	0.5612	0.5781	25	0.6752	2	0.1770	22
黑龙江	3	0.5611	0.6889	6	0.5361	21	0.3166	3
天津	4	0.5566	0.7263	2	0.4791	27	0.3649	1
江苏	5	0.5546	0.7244	3	0.5186	24	0.2383	10
四川	6	0.5516	0.6186	18	0.5919	8	0.2632	8
内蒙古	7	0.5479	0.7305	1	0.5334	22	0.1345	27
浙江	8	0.5448	0.7004	5	0.4762	29	0.3615	2
安徽	9	0.5436	0.5757	26	0.6006	6	0.2923	4
宁夏	10	0.5414	0.6415	13	0.5636	14	0.2246	12
湖北	11	0.5414	0.6206	17	0.5677	13	0.2643	7
山西	12	0.5358	0.6651	8	0.5476	19	0.1772	21
青海	13	0.5344	0.4921	30	0.6867	1	0.1831	19
新疆	14	0.5322	0.6313	15	0.5477	18	0.2381	11
河南	15	0.5322	0.6021	20	0.5917	9	0.1789	20
湖南	16	0.5287	0.5896	22	0.5860	10	0.2047	16
重庆	17	0.5266	0.5997	21	0.5938	7	0.1421	25
甘肃	18	0.5264	0.5788	24	0.6482	4	0.0298	30
福建	19	0.5250	0.6623	10	0.5154	25	0.2106	14
河北	20	0.5245	0.6150	19	0.5689	12	0.1651	23
海南	21	0.5237	0.6632	9	0.5141	26	0.2038	17
山东	22	0.5235	0.6372	14	0.5563	16	0.1409	26
广东	23	0.5205	0.6468	12	0.5367	20	0.1564	24
陕西	24	0.5195	0.6570	11	0.5561	17	0.0659	29
广西	25	0.5195	0.5396	29	0.6117	5	0.1924	18
上海	26	0.5163	0.6275	16	0.5225	23	0.2197	13
江西	27	0.5149	0.5828	23	0.5608	15	0.2075	15
吉林	28	0.5131	0.6846	7	0.4530	30	0.2646	6
云南	29	0.4933	0.5622	27	0.5736	11	0.0803	28
辽宁	30	0.4731	0.5595	28	0.4783	28	0.2416	9
平均值		0.5339	0.6307		0.5621		0.2072	

3.物质文明和精神文明相协调的现代化维度

在物质文明和精神文明相协调的现代化维度中，发展水平最高的为北京（0.7118），分数最低的为广西（0.3978），前者是后者的1.79倍，表明各省（自治区、直辖市）在实现物质文明和精神文明相协调的现代化方面的差距不大。北京、浙江、广东、江苏、上海、福建、山东、安徽、陕西、内蒙古位居前十，分数介于0.5078～0.7118；新疆、宁夏、青海、贵州、河北、辽宁、吉林、云南、黑龙江、广西位居后十，分数介于0.3978～0.4691。共有11个省（自治区、直辖市）超过了平均值，占全部省（自治区、直辖市）的36.67%。在精神富有二级指标排名靠前的地区中，北京、浙江、福建此类已实现物质富足的发达地区已基本实现物质文明和精神文明协调发展；河南、甘肃等拥有悠久历史文化的省份基于独有的文化资源禀赋，在精神富有中表现突出，但在实现物质富足中处于中游或下游位置。湖北、江西、内蒙古等省（自治区）在物质富足和精神富有2个二级指标下表现比较均衡，整体水平处于中游位置（见表7）。

表7　物质文明和精神文明相协调的现代化指数

| 地区 | 排名 | 物质文明和精神文明相协调的现代化 | | | | |
| | | 总分 | 物质富足 | | 精神富有 | |
			分数	排名	分数	排名
北京	1	0.7118	0.7054	1	0.7172	2
浙江	2	0.6742	0.5709	4	0.7602	1
广东	3	0.6039	0.6438	2	0.5707	15
江苏	4	0.6008	0.6117	3	0.5917	10
上海	5	0.5682	0.5377	5	0.5937	9
福建	6	0.5455	0.4678	6	0.6103	6
山东	7	0.5417	0.4574	7	0.6120	5
安徽	8	0.5305	0.3793	18	0.6564	3
陕西	9	0.5247	0.4241	9	0.6085	7
内蒙古	10	0.5078	0.4111	12	0.5884	11
河南	11	0.5037	0.3567	22	0.6262	4

地区	排名	物质文明和精神文明相协调的现代化				
		总分	物质富足		精神富有	
			分数	排名	分数	排名
甘肃	12	0.4957	0.3609	21	0.6080	8
江西	13	0.4938	0.3896	17	0.5807	14
四川	14	0.4877	0.4175	11	0.5462	20
重庆	15	0.4854	0.4214	10	0.5387	23
山西	16	0.4832	0.3918	16	0.5593	18
湖北	17	0.4794	0.3939	15	0.5507	19
湖南	18	0.4754	0.3942	14	0.5431	22
海南	19	0.4706	0.3508	23	0.5704	16
天津	20	0.4701	0.4471	8	0.4892	28
新疆	21	0.4691	0.3344	27	0.5814	12
宁夏	22	0.4645	0.3439	26	0.5650	17
青海	23	0.4501	0.2932	30	0.5808	13
贵州	24	0.4470	0.3311	28	0.5436	21
河北	25	0.4447	0.3631	20	0.5126	25
辽宁	26	0.4444	0.4028	13	0.4790	29
吉林	27	0.4417	0.3777	19	0.4950	27
云南	28	0.4398	0.3482	24	0.5162	24
黑龙江	29	0.4350	0.3478	25	0.5077	26
广西	30	0.3978	0.3182	29	0.4643	30
平均值		0.5029	0.4198		0.5722	

注：见表2。

4. 人与自然和谐共生的现代化维度

在人与自然和谐共生的现代化指维度中，发展水平最高的为福建（0.7361），得分最低的为新疆（0.4229），前者是后者的1.74倍，福建、北京、海南、青海、云南、江西、广东、浙江、重庆、陕西位居前十，分数介于0.6061~0.7361；安徽、内蒙古、河北、天津、河南、辽宁、宁夏、山东、山西、新疆位居后十，分数介于0.4229~0.5522。共有14个省（自治区、直辖市）得分超过了平均值，占全部省（自治区、直辖市）的

46.67%。在生态环境保护二级指标中，青海是 30 个省（自治区、直辖市）中唯一分数超过 0.7 的省份，在生态环境保护方面较其他省（自治区、直辖市）具有显著优势，这是由于青海承担着我国生态保护和生态涵养的特殊使命，森林覆盖率高、国家级自然保护区面积广，设置了严格的生态保护政策，但其在资源高效利用和人居环境改善方面表现并不突出。在 3 个二级指标中，资源高效利用指标平均值最高，说明处理好保护与发展、人与自然的关系，关键在于提高资源利用效率，降低单位 GDP 能耗、单位 GDP 水耗，同等生产效率下二氧化碳排放量更低，形成绿色发展模式（见表 8）。

表 8　人与自然和谐共生的现代化指数

地区	排名	人与自然和谐共生的现代化						
		总分	生态环境保护		资源高效利用		人居环境改善	
			分数	排名	分数	排名	分数	排名
福建	1	0.7361	0.6273	4	0.8779	2	0.6922	4
北京	2	0.7107	0.5869	10	0.9367	1	0.5745	13
海南	3	0.6559	0.6067	7	0.6607	10	0.7153	3
青海	4	0.6553	0.7705	1	0.6466	13	0.5134	19
云南	5	0.6521	0.6004	8	0.6409	14	0.7360	2
江西	6	0.6506	0.6707	2	0.6264	15	0.6561	5
广东	7	0.6491	0.5993	9	0.7617	3	0.5652	14
浙江	8	0.6308	0.5815	11	0.7151	5	0.5843	11
重庆	9	0.6216	0.6224	5	0.7023	6	0.5129	20
陕西	10	0.6061	0.6172	6	0.6180	16	0.5754	12
贵州	11	0.5947	0.5338	18	0.6106	18	0.6548	6
吉林	12	0.5919	0.5715	12	0.6067	19	0.5994	9
四川	13	0.5822	0.5436	17	0.6731	9	0.5124	22
江苏	14	0.5781	0.4188	29	0.6867	8	0.6457	7
湖南	15	0.5682	0.5503	16	0.6527	12	0.4792	27
甘肃	16	0.5654	0.5255	19	0.5731	22	0.6085	8
上海	17	0.5640	0.4247	27	0.7490	4	0.5032	24
湖北	18	0.5632	0.5182	22	0.6532	11	0.5034	23
广西	19	0.5601	0.5688	13	0.5859	21	0.5139	18
黑龙江	20	0.5569	0.6288	3	0.4633	26	0.5860	10

地区	排名	人与自然和谐共生的现代化						
		总分	生态环境保护		资源高效利用		人居环境改善	
			分数	排名	分数	排名	分数	排名
安徽	21	0.5522	0.4976	24	0.6143	17	0.5423	16
内蒙古	22	0.5191	0.5232	20	0.3289	28	0.7672	1
河北	23	0.5175	0.5516	15	0.4767	25	0.5263	17
天津	24	0.5132	0.3572	30	0.6943	7	0.4797	26
河南	25	0.5074	0.4442	26	0.5996	20	0.4689	28
辽宁	26	0.4900	0.4759	25	0.5271	24	0.4594	29
宁夏	27	0.4871	0.5147	23	0.4079	27	0.5558	15
山东	28	0.4711	0.4221	28	0.5309	23	0.4566	30
山西	29	0.4613	0.5658	14	0.3281	29	0.4994	25
新疆	30	0.4229	0.5197	21	0.2587	30	0.5128	21
平均值		0.5745	0.5480		0.6069		0.5667	

注：见表2。

5. 走和平发展道路的现代化维度

在走和平发展道路的现代化维度中，发展水平最高的为广东（0.6826），得分最低的为青海（0.0207），前者是后者的33倍，两者差距很大，说明在该维度，受限于地理位置条件，沿海城市和内陆城市之间存在巨大的发展差异。广东、山东、北京、上海、江苏、浙江、湖北、安徽、福建、天津位居前十，分数介于0.2250~0.6826；重庆、黑龙江、山西、云南、新疆、贵州、甘肃、内蒙古、宁夏、青海位居后十，分数介于0.0207~0.0680。共12个省（自治区、直辖市）得分超过了平均值，占全部省（自治区、直辖市）的40%。走和平发展道路的现代化维度指数低于其他4个维度指数，但不能由此得出我国在这一维度发展水平低的结论：其一，本报告基于数据可得性原则，选取的指标多为反映经济社会对外开放程度的指标，倡导和构建国际新秩序、推动构建人类命运共同体等方面为国家整体战略布局，中国是世界上唯一将"坚持和平发展道路"写入宪法的国家，始终牢牢把握和平与发展的时代主题，走和平发展道路已成为实现中国式现代化的必然选择。其二，近年来，受经济逆全球化、贸易保护主义、单边主义等影响，全球经济增长乏力，对我国对外贸易和人员往来产生了不利影响。其三，我国幅员辽阔，不同省（自治区、直辖市）所处的地理环境将客观影响贸易畅通、资金融通、人员相通，沿海地区天然具备发展对外贸易的优势，而中部、西部地区往往因身居内陆而与外界交往不便，这一维度指数在不同省（自治区、直辖市）间差距很大，间接拉低了整体得分（见表9）。

表9　走和平发展道路的现代化指数

| 地区 | 排名 | 走和平发展道路的现代化 | | | | | |
| | | 总分 | 贸易畅通 | | 资金融通 | | 人员相通 | |
			分数	排名	分数	排名	分数	排名
广东	1	0.6826	0.5207	5	0.7676	1	0.6745	2
山东	2	0.5436	0.6991	1	0.4719	3	0.5317	5
北京	3	0.4513	0.5502	3	0.2310	8	0.7928	1
上海	4	0.4168	0.5301	4	0.2980	6	0.5409	4
江苏	5	0.4159	0.3677	7	0.4335	4	0.4287	6
浙江	6	0.3257	0.3411	8	0.3483	5	0.2651	8
湖北	7	0.3067	0.0781	26	0.4821	2	0.1847	10
安徽	8	0.2708	0.5946	2	0.2173	9	0.0541	21
福建	9	0.2493	0.2053	10	0.1143	15	0.5633	3
天津	10	0.2250	0.3748	6	0.1622	11	0.2008	9
辽宁	11	0.2080	0.2975	9	0.0648	17	0.4049	7
河南	12	0.1987	0.1083	20	0.2591	7	0.1682	11
江西	13	0.1454	0.1101	19	0.2122	10	0.0469	22
四川	14	0.1368	0.1011	21	0.1529	13	0.1404	13
河北	15	0.1237	0.1255	16	0.1561	12	0.0571	20
陕西	16	0.1081	0.0716	27	0.1373	14	0.0864	18
湖南	17	0.0923	0.1145	17	0.0809	16	0.0928	17
广西	18	0.0783	0.1595	12	0.0299	23	0.0940	16
吉林	19	0.0750	0.1310	15	0.0124	26	0.1444	12
海南	20	0.0683	0.1672	11	0.0387	19	0.0286	25
重庆	21	0.0680	0.1423	14	0.0355	20	0.0587	19
黑龙江	22	0.0616	0.0816	24	0.0322	21	0.1006	15

续表

地区	排名	走和平发展道路的现代化						
		总分	贸易畅通		资金融通		人员相通	
			分数	排名	分数	排名	分数	排名
山西	23	0.0612	0.1457	13	0.0455	18	0.0079	28
云南	24	0.0603	0.0653	29	0.0302	22	0.1155	14
新疆	25	0.0483	0.1110	18	0.0252	24	0.0318	23
贵州	26	0.0404	0.0914	22	0.0234	25	0.0236	27
甘肃	27	0.0325	0.0801	25	0.0096	27	0.0307	24
内蒙古	28	0.0254	0.0628	30	0.0071	28	0.0247	26
宁夏	29	0.0250	0.0863	23	0.0044	29	0.0048	29
青海	30	0.0207	0.0698	28	0.0042	30	0.0045	30
平均值		0.1855	0.2195		0.1629		0.1968	

注：见表 2。

（三）推进中国式现代化的区域特征

根据上述研究，中国式现代化总体得分的标准差为 0.0687，平均值为 0.4609，表明中国式现代化推进情况在不同省（自治区、直辖市）间存在发展差异。本报告借鉴魏敏等[①]的分类标准，依据得分平均值（M）与标准差（SD）的关系，将 30 个省（自治区、直辖市）划分为"领先型"、"同步型"和"追赶型"三类，其中"领先型"指得分高于 M + 0.5SD 的省（自治区、直辖市）、"同步型"指得分介于 M − 0.5SD 至 M + 0.5SD 的省（自治区、直辖市）、"追赶型"指得分低于 M − 0.5SD 的省（自治区、直辖市）（见表 10）。

---

① 魏敏、李书昊：《新时代中国经济高质量发展水平的测度研究》，《数量经济技术经济研究》2018 年第 11 期。

表 10　各省（自治区、直辖市）推进中国式现代化类型划分

类型	地区	总得分	划分标准
领先型	北京	0.6390	大于 0.4953
	广东	0.6314	
	江苏	0.5627	
	浙江	0.5609	
	山东	0.5361	
	上海	0.5290	
	福建	0.5259	
同步型	安徽	0.4881	介于 0.4266~0.4953
	湖北	0.4870	
	江西	0.4673	
	天津	0.4590	
	河南	0.4545	
	陕西	0.4540	
	四川	0.4499	
	湖南	0.4390	
	重庆	0.4386	
追赶型	云南	0.4236	小于 0.4266
	河北	0.4218	
	海南	0.4218	
	贵州	0.4162	
	辽宁	0.4155	
	广西	0.4126	
	黑龙江	0.4075	
	甘肃	0.4066	
	吉林	0.4064	
	青海	0.4063	
	山西	0.4040	
	内蒙古	0.3989	
	新疆	0.3861	
	宁夏	0.3773	

　　为进一步分析中国东部、中部、西部和东北地区中国式现代化综合水平区域差距规律，本报告分别计算了三个类型、四大区域中国式现代化指数的

平均值。

从整体上看，领先型省（自治区、直辖市）中国式现代化指数平均值为 0.5693，同步型省（自治区、直辖市）中国式现代化指数平均值为 0.4597，追赶型省（自治区、直辖市）中国式现代化指数平均值为 0.4075。领先型地区发展程度优于同步型地区和追赶型地区，与后两个类型的发展差距分别为 0.1096 和 0.1618，在实现中国式现代化的进程中，解决好发展的不平衡问题、推进高质量发展是实现中国式现代化的重点方面。

北京、广东、江苏、浙江、山东、上海、福建共 7 个省（自治区、直辖市）为领先型地区，其中国式现代化指数高于 0.4953，占考察省（自治区、直辖市）总数的 23.3%。除了北京，其他领先型地区均分布在东部沿海地区，且与 GDP 排名靠前的发达省（自治区、直辖市）基本吻合，在中国式现代化的 5 个维度中均得分较高，能够有效将人口红利转化为人才红利，统筹好做大"蛋糕"和分好"蛋糕"、物质资料生产和精神文明建设、经济发展和生态保护、高水平对外开放和保障国家安全等重要关系。其中，北京作为我国首都中国式现代化指数最高，在现代化进程中处于最前列，与落后地区中国式现代化推进程度相比具有显著领先优势，为其他省（自治区、直辖市）推进中国式现代化发挥了示范带头作用。安徽、湖北、江西、天津、河南、陕西、四川、湖南、重庆共 9 个省（直辖市）为同步型地区，中国式现代化指数介于 0.4266~0.4953，占考察省份总数的 30%。这一类别的地区在中国式现代化的 5 个维度中表现适中且各自具备发展优势，但也存在一定提升空间，如天津在人口规模巨大的现代化维度下的创新发展指标得分较高，说明其在培养高素质人才、加快科技创新、实施创新驱动发展方面取得了更好成果；再如安徽在走和平发展道路的现代化维度下的资金融通指标得分较高，说明安徽在吸引外商直接投资和对外经济投资方面表现突出，这也与安徽近年来进出口规模屡创新高相符。云南、河北、海南、贵州、辽宁、广西、黑龙江、甘肃、吉林、青海、山西、内蒙古、新疆、宁夏共 14 个省（自治区）为追赶型地区，其中国式现代化指数小于 0.4266，占考察省份总数的 46.7%。追赶型地区推进中国式现代化的基础比较薄弱、水平相对滞后，存在发展不平衡不充分的问题，但此类省份发展潜力巨大、发展势头强劲，尤其是甘肃、山西、云南、宁夏等省（自治区），2022 年度 GDP 增长率分别达到 4.7%、4.4%、4.3%、4%，高于全国平均水平。

从中国式现代化不同水平类型的分布看，东部、中部、西部和东北地区[1]中国式现代化发展水平存在明显区域差异（见表 11）。

其一，总体上，东部地区推进中国式现代化水平最优，中部地区次之、西部地区再次、东北地区最后。东部地区中国式现代化指数平均值为 0.5288，中部、西部和东北地区推进中国式现代化指数平均值分别为 0.4566、0.4155 和 0.4098，东部地区在一定程度上领先于全国均值（0.4609），领先 0.0679，中部、西部和东北地区均在一定程度上落后于全国均值，分别落后 0.0043、0.0454 和 0.0511，东部地区中国式现代化指数平均值分别高于中部、西部地区、东北地区 0.0722、0.1133、0.1190。中国式现代化指数平均值由东部地区向西部地区逐渐降低。进一步将中国式现代化指数隶属于领先型、同步型、追赶型的省（自治区、直辖市）按照所在区域进行划分，发现领先型省（自治区、直辖市）全部分布在东部地区，且除北京外均为东部沿海城市，占东部地区全部省份的 70%，中部、西部和东北地区则均为同步型和追赶型省（自治区、直辖市），说明东部沿海地区发展程度明显优于西部内陆地区，东南地区发展程度显著优于东北地区，中西部欠发达地区推进中国式现代化的进程相对缓慢。

其二，从不同地区内部看，首先，东部地区内部不同省（自治区、直辖市）间存在中国式现代化发展差距，东南部地区发展程度明显较高，天津为同步型直辖市，河北为追赶型省份，均位于东部地区的靠北位置，其推进中国式现代化水平指数分别为 0.4590、0.4218，均落后于东部地区均值，

---

[1] 统计中所涉及东部、中部、西部和东北地区的具体划分为：东部地区包括北京、天津、河北、上海、江苏、浙江、福建、山东、广东、海南 10 个省（直辖市）；中部地区包括山西、安徽、江西、河南、湖北、湖南 6 个省；西部地区包括内蒙古、广西、重庆、四川、贵州、云南、陕西、甘肃、青海、宁夏、新疆 11 个省（自治区、直辖市）；东北地区包括辽宁、吉林、黑龙江 3 个省。

特别是河北近年来受制于产业升级转型困难、环境污染和生态破坏问题严重，大幅落后于东部地区推进中国式现代化的整体进程，落后幅度为0.1070，落后于领先型地区的幅度达0.1475，推进中国式现代化必须首先弥补上述短板弱项。其次，中部地区省均为同步型和追赶型省，整体发展水平较高，且省间发展差距不是十分明显，排名靠后的山西中国式现代化指数为0.4040，与中部地区整体水平平均值相差0.0526。再次，西部地区省（自治区、直辖市）均为同步型和追赶型省（自治区、直辖市），追赶型省（自治区、直辖市）占该类型全部省（自治区、直辖市）的73%，且各省（自治区、直辖市）推进中国式现代化水平受国家整体战略影响明显，该地区推进中国式现代化水平相对较高的四川（0.4499）、重庆（0.4386）是成渝地区双城经济圈布局地区，也是长江经济带省（自治区）之一，而陕西（0.4540）是"一带一路"建设重要节点省份，未来，推进西部地区省（自治区、直辖市）中国式现代化建设需更多区域发展战略的部署和执行。最后，东北地区推进中国式现代化的整体水平偏低，全部为追赶型省，地区平均值为0.4098，东北是我国重要的工业和农业基地，但近年来，受制于传统能源枯竭、产业转型升级困难、生态环境破坏、外向型经济发展水平较低，加之人力资源外流严重等问题，东北地区在推进中国式现代化中动力不足，故整体落后于东部和中部地区，因此加快形成新质生产力、增强发展新动能对于东北地区提高中国式现代化发展水平至关重要。

表11　东、中、西部和东北地区推进中国式现代化各类型情况

地区	领先型	同步型	追赶型	地区平均值
东部	北京、广东、江苏、浙江、山东、上海、福建	天津	河北、海南	0.5288
中部	—	安徽、湖北、江西、河南、湖南	山西	0.4566

续表

地区	领先型	同步型	追赶型	地区平均值
西部	—	四川、重庆、陕西	新疆、甘肃、云南、宁夏、青海、广西、贵州、内蒙古	0.4155
东北	—	—	黑龙江、吉林、辽宁	0.4098
类型平均值	0.5693	0.4597	0.4075	—

五　结论和建议

本报告在回顾和总结国内外现代化指标研究的基础上，构建了中国式现代化指标体系，借助平均赋权法和熵值法对我国除港澳台地区、西藏自治区外共 30 个省（自治区、直辖市）推进中国式现代化水平进行了测度，并分别分析各省（自治区、直辖市）在实现人口规模巨大的现代化、全体人民共同富裕的现代化、物质文明和精神文明相协调的现代化、人与自然和谐共生的现代化、走和平发展道路的现代化 5 个维度的基本情况，以及东部、中部、西部和东北地区推进中国式现代化的发展水平和特点。主要得出以下结论。

第一，从各省（自治区、直辖市）推进中国式现代化的整体水平看，全国推进中国式现代化指数分布介于 0.3773~0.6390，平均值为 0.4609，标准差为 0.0687，最高值是最低值的 1.69 倍，不同省（自治区、直辖市）推进中国式现代化程度存在一定差距，但总体差距不大。排名靠前的省（自治区、直辖市）与我国经济社会发展程度较高的发达省（自治区、直辖市）基本重合，在实现中国式现代化的五大维度中得分均较高，而在排名靠后的省（自治区、直辖市）中，可能出现由于某一个或几个指标排名靠后而拉低了该省（自治区、直辖市）整体排名的现象，也可能出现由于某一个或几个指标排名靠前而拉高了该省（自治区、直辖市）整体排名的现象。

第二，从推进中国式现代化的五个维度看，五个维度的总得分介于

0.1855~0.5745，按照平均值高低排序分别为人与自然和谐共生的现代化、全体人民共同富裕的现代化、人口规模巨大的现代化、物质文明和精神文明相协调的现代化、走和平发展道路的现代化。除走和平发展道路的现代化外，其余4个维度的平均值均在0.5以上，且相差不大，因而我国推进中国式现代化的整体情况比较均衡。同时，中国始终奉行独立自主的和平外交政策，探索走出一条与西方资本主义国家崛起不同的和平发展道路，走和平发展道路已成为实现中国式现代化的必然选择。

第三，从推进中国式现代化的类型差异看，领先型省（自治区、直辖市）7个，同步型省（自治区、直辖市）9个，追赶型省（自治区、直辖市）14个，领先型省（自治区、直辖市）数量最少，追赶型省（自治区、直辖市）数量最多，这与我国正处于社会主义初级阶段的现实国情基本相符。当前，我国已完成第一个百年奋斗目标，全面建成了小康社会，而全面建成社会主义现代化强国、全面推进中华民族伟大复兴不可能一蹴而就，各省（自治区、直辖市）推进中国式现代化指数高低不同，说明其推进中国式现代化的阶段和程度各异，实现中国式现代化必须瞄准目标、持续奋斗。

第四，从推进中国式现代化地区差异看，东部地区推进中国式现代化水平最高，中部地区次之、西部地区再次、东北地区最低。东部、中部、西部地区和东北地区推进中国式现代化指数平均值分别为0.5288、0.4566、0.4155和0.4098，东部地区分别高于中部、西部、东北地区0.0722、0.1133、0.1190。经过对30个省（自治区、直辖市）中国式现代化发展水平的分类发现，领先型省（自治区、直辖市）全部位于东部地区，中部、西部、东北地区则以同步型、追赶型省（自治区、直辖市）为主，解决好发展不平衡不充分问题、推进高质量发展是实现中国式现代化的重点方面。

推进中国式现代化是一项前无古人的开创性事业，是一项系统工程，依据本报告上述研究，提出以下政策建议。

（一）推进高质量发展，着力解决发展不平衡不充分问题

在多个中国式现代化指标中，均出现了省（自治区、直辖市）、地区之

间差距较大的问题，即发展不平衡不充分问题，这是推进中国式现代化需要重点解决的难题，主要体现在经济内部结构不协调、地区间发展失衡，以及发展质量和效益不高、全面性不足等。要解决上述问题，必须推进高质量发展。高质量发展是全面建设社会主义现代化国家的首要任务，推进中国式现代化需要坚实的物质基础，高质量发展就是体现新发展理念的发展，因而建设社会主义现代化强国，必须贯彻创新、共享、协调、绿色、开放的新发展理念。以创新发展促进人口规模巨大的现代化，以共享发展促进全体人民共同富裕的现代化，以协调发展促进物质文明和精神文明相协调的现代化，以绿色发展促进人与自然和谐共生的现代化，以开放发展实现走和平发展道路的现代化。

（二）聚焦收入分配公平，让人民群众共享中国式现代化建设成果

在全体人民共同富裕的现代化维度，结果公平指标分数低于起点公平、过程公平，说明我国区域间、城乡间、行业间仍存在较大发展差距，直接反映在居民可支配收入高低上，故需要继续完善基本分配制度，提高人民群众收入水平，缩小城乡人均可支配收入差距，并实现劳动报酬与劳动生产率同步提高，居民收入增长与经济增长基本同步，提高广大人民群众生活质量。同时，要着力调整收入分配调节制度，特别是要着力优化再分配方式和政策体系，扭转再分配的逆调节趋势，形成有利于缩小收入差距的调节方式和政策体系。此外，建立健全公平教育制度，构建全面、公平、容易进入的充分就业体系，完善公平竞争机制和社会流动机制，让每一个公民都可拥有平等的发展机会。要坚持实施区域重大战略、区域协调发展战略、主体功能区战略、新型城镇化战略，实现区域间良性互动和城乡融合发展，逐步缩小区域、城乡差距。

（三）促进人口高质量发展，将人口规模转化为中国式现代化动力

中国人口发展呈现少子化、老龄化、区域人口增减两极分化的趋势和特征，提高人口素质是适应我国人口发展新形势的现实需要。在人口规模巨大

的现代化维度，创新发展指标得分略低于人口规模、结构和素质指标，反映出提高人口素质，塑造素质优良、总量充裕、结构优化、分布合理的现代化人力人才资源的重要性和紧迫性。要大力实施科教兴国战略、人才强国战略、创新驱动发展战略，完善教育体制，健全普惠制托育和学前教育，深化高等教育改革，制定实施职业教育振兴计划，面向实际需要加强劳动者技能培训，广泛宣传和践行社会主义核心价值观，提升全体公民道德水准和文明素养，真正实现由"人口红利"向"人才红利"转变。

（四）统筹好对外开放与国家安全，构建高水平对外开放新格局

中国式现代化道路是合作共赢、包容互鉴的现代化道路。当前，我国正面临经济全球化遭遇逆流、国际贸易中保护主义盛行、全球治理中单边主义加剧等复杂严峻的国际形势，但中国开放的大门只会越开越大。在中国式现代化的5个维度中，在走和平发展道路的现代化维度各省（自治区、直辖市）差距最大，仅沿海地区发展程度较高是远远不够的，要在维护好国家安全的基础上，持续扩大对外开放，构建多元平衡、安全高效的对外开放体系。中部、西部和东北地区应积极融入全球化发展布局，积极参与"一带一路"建设，扩大沿边开放，推动边境贸易。同时，鼓励自由贸易区和沿海开放城市积极参与国际大循环，吸引更多外资企业进入中国市场，形成新的经济增长点。

B.2
2023年中国式现代化研究热点与展望

吉伟伦　王志立*

摘　要： 中国式现代化这条探索全面建成社会主义现代化强国的新道路，发展于理论传承与延续、历史磨炼与见证、实践失败与成功的共同交互作用之中，不断成为国内外学界的重点研究主题。本报告利用知识图谱软件，对中国知网 CNKI 数据库中的文献进行可视化分析，探究中国式现代化研究热点与趋势。在研究时间变化方面，中国式现代化研究的数量历经了"爆发增长—增速相对放缓"两个阶段。在研究热点方面，近年中国式现代化的研究主要集中于发展历程、内涵特征、获取成就、宝贵经验及时代意义等方面。在研究学者、机构方面，中国式现代化的研究处于研究者（院校）数量多、分布广，但合作性较弱的状态。目前对于中国式现代化的研究仍处于成果数量增加及理论应用深化阶段，结合中国式现代化的当前实践和未来发展，在后续的研究中要做到"沟壑纵横"、"和而不同"以及"落地生根"。

关键词： 中国式现代化　研究热点　研究展望　可视化分析

现代化作为人类社会发展的标志性产物，从来不是一成不变的，从19世纪40年代，中国历经鸦片战争被迫从闭关锁国卷入世界历史的现代化旋涡之中，到1921年7月中国共产党成立，中国的现代化发展新征程

---

* 吉伟伦，中央党校（国家行政学院）公共管理教研部博士研究生，主要研究方向为中国式现代化、乡村振兴与新型城镇化；王志立，中共河南省委党校（河南行政学院）公共管理部副主任、教授，主要研究方向为中国式现代化。

正式开启；从 1949 年 10 月新中国成立，中国的现代化开始有基础、有底气地踏上光明大道，到 1964 年 12 月全国人大三届一次会议召开，新的"四个现代化"正式提出，"两步走"发展战略的正式确定，中国的现代化发展开始驶入快车道；从 1979 年 12 月邓小平在会见日本首相大平正芳时提出的"中国式的现代化"，到 2012 年 11 月党的十八大召开，以习近平同志为核心的党中央坚持锚定建设什么样的社会主义现代化强国、怎样建设社会主义现代化强国这一划时代课题，为中国的现代化建设开辟了一片更为光明的新天地。在中国范围内的现代化不仅基于有中国特色的发展道路而不断深化和拓展，而且得到了国内外众多学者的广泛关注和研究。

2020 年 10 月，习近平总书记在党的十九届五中全会上首次概括了中国式现代化（Chinese Modernization）的五大特征。2021 年 7 月，习近平总书记在庆祝中国共产党成立 100 周年大会上的讲话中明确提出"中国式现代化新道路"。2021 年 11 月，党的十九届六中全会再次用"中国式现代化新道路"诠释中国共产党百年奋斗的重大意义。2022 年 10 月，党的二十大对推进中国式现代化进行全面部署，深刻阐明中国式现代化的中国特色、本质要求、重大原则及战略安排，明确提出中国共产党的中心任务就是团结带领全国各族人民全面建成社会主义现代化强国、实现第二个百年奋斗目标，以中国式现代化全面推进中华民族伟大复兴。现如今的"中国式现代化"历经成千上万学者的接续研究，其理论体系得到了大幅度的完善与优化，中国式现代化理论正借助越来越多的研究成果，在已有理论体系的基础上，不断地进步与发展。

那么，从 2019 年至 2023 年国内对中国式现代化研究领域有哪些研究热点与发展趋势？为了回答这一问题，本报告利用知识图谱软件，对中国知网 CNKI 数据库中的文献进行可视化分析，对处于关键节点或聚类中的文献进行综述，从而探究中国式现代化研究热点与趋势，以期为关注中国式现代化的研究者与实践者提供一定的理论依据与现实借鉴。

一　研究方案

（一）研究工具与方法

CiteSpace 是一款基于 JAVA 语言开发的文献可视化软件，共引分析（Co-citation Analysis）和寻径网络算法（Pathfinder Network Scaling，PFNET）等是 CiteSpace 的基本算法理论，对指定学科领域的文献进行定量分析，以求将指定学科领域的研究路径演化和研究转折点通过一系列分析图谱进行可视化展现。[①] CiteSpace 主要功能按钮有关键词（Keyword）、机构（Institution）、作者被引（Cited Author）、文献被引（Cited Reference）等，其中关键词作为一篇学术论文的关键内核和精髓，运用关键词共现分析，能精确捕捉到指定学科领域的研究热点。[②]

本报告运用的是 CiteSpace. 6. 2. R2 对中国式现代化研究进行可视化分析，具体分析步骤如下。首先，运用 CiteSpace 内置的数据转化功能，将从中国知网 CNKI 数据库中导出的 Refwords 格式的 .txt 文件转化为 CiteSpace 可识别的数据文件，施引文献（Node Types）选择关键词共现分析，运用此模块进行分析可显示中国式现代化研究过去及当前文献中产生的研究热点，并基于已有研究热点来分析中国式现代化研究未来的发展趋势。其次，将时间阈值（Time Slicing）设置为 "From 2019 to 2023"，间隔为 1 年，连线阈值（Links）设置为夹角余弦距离（Cosine）类型，设置阈值（c、cc、ccv，其中 c 为该时间切片中文献的出现或者被引频次，cc 为该时间切片中文献的共现次数或者共被引频次，ccv 为文献之间的共被引率或者共现率）为（2、2、20）；节点阈值（Selection Criteria）设置为 Top N = 25，即表示

---

① 陈悦、陈超美、刘则渊等：《CiteSpace 知识图谱的方法论功能》，《科学学研究》2015 年第 2 期。

② 闫守轩、朱宁波、曾佑来：《十二年来我国课程研究的热点主题及其演进——基于 2001－2012 年 CSSCI 数据库关键词共现知识图谱的可视化分析》，《全球教育展望》2014 年第 3 期。

2019~2023年在中国知网CNKI数据库中，中国式现代化研究文献每一年被引频次或出现频次最高的前25个节点数据，通过对数似然率（Log-likelihood Ratio，LLR）聚类分析得出结果。再次，设置知识图谱的剪切连接方式（Pruing）为寻径网络算法，目的是简化"中国式现代化研究热点"知识图谱的复杂网络结构，只保留所有可能存在的"两个研究热点之间"的路径中最强的路径链接，突出中国式现代化研究的重要特征。最后，采用聚类静态（Cluster View-static）和展示整个网络（Show Merged Network）的可视化方式呈现最终知识图谱。

（二）数据来源及实施框架

本报告对中国式现代化研究的可视化分析及评述的实施框架主要有5个步骤。第一步，将中国知网CNKI的学术期刊数据库和博士、硕士学位论文数据库作为检索对象，以"中国式现代化"为主要主题，以SCI、EI、CSSCI、CSCD及北大核心期刊论文为检索类型，检索截止日期为2023年12月15日，所得出的2510篇（经筛选剔除）文献作为研究样本。第二步和第三步，运用CiteSpace. 6. 2. R2对上述文献进行可视化分析，具体包括作者（机构）分布图谱分析、关键词共现图谱分析、关键词聚类图谱分析、时间线图谱分析、关键词突现性分析。第四步，根据上述可视化分析得出的图谱结果，有针对性地进行文献研读。第五步，根据可视化分析结果，清楚把握中国式现代化研究的热点和趋势；根据文献研读笔记，对中国式现代化已有研究进行深刻评述，并基于热点和趋势及研究评述，对中国式现代化的未来研究方向进行展望（见图1）。

二 中国式现代化研究的时空知识图谱分析及思考

（一）中国式现代化的概念界定

为了能科学、严谨地对中国式现代化研究进行深入探究，在进行正式可视化分析之前，需对中国式现代化的概念进行界定。

```
①样本收集  ⟹  将中国知网CNKI数据库中以"中国式
              现代化"为主要主题的2510篇
              （经筛选剔除）文献作为研究样本
                        ↓
②数据处理  ⟹  运用CiteSpace.6.2.R2进行
              可视化分析
                        ↓
          ┌─────────────────────────────────┐
          │  关键词共现        关键词聚类      │
          │  图谱分析          图谱分析        │
③结果分析 ⟹│                                 │
          │  关键词突现性      作者（机构）     │
          │  分析              分布图谱分析     │
          │                                 │
          │  时间线图谱                       │
          │  分析                            │
          └─────────────────────────────────┘
                        ↓
④文献研读  ⟹  根据可视化分析进行有针对性的
              文献研读
                        ↓
⑤结论展望  ⟹  中国式现代化研究热点与趋势、
              评述与展望
```

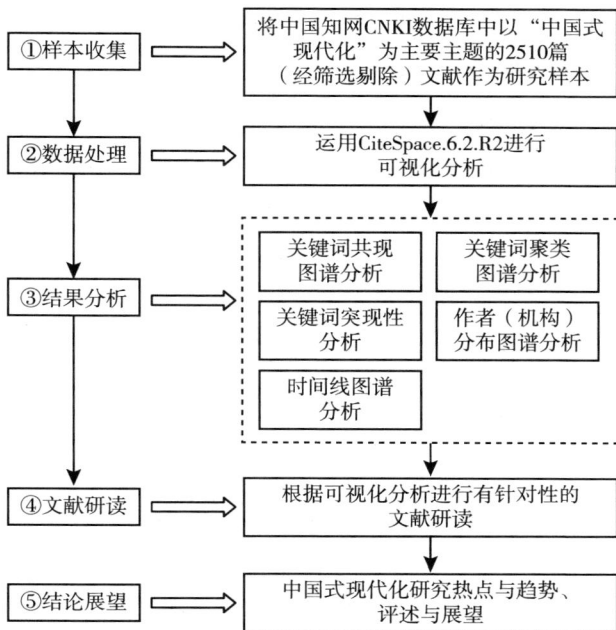

图1 中国式现代化研究的可视化分析及评述实施框架

中国式现代化分为广义的中国式现代化和狭义的中国式现代化。由于在"中国式现代化"概念正式提出之前，"中国现代化"、"中国的现代化"和"中国式的现代化"经常在同一主题论文中同时使用。因此，广义的中国式现代化指以"中国现代化""中国的现代化""中国式的现代化""中国式现代化"等相关概念共同表述的中国式现代化的相关研究，即"中国式现代化/中国现代化/中国的现代化/中国式的现代化"。狭义的中国式现代化仅以"中国式现代化"概念为唯一表述方式，其他三个不作为中国式现代化的表述方式。在本报告中，广义的中国式现代化以"中国式现代化相关研究"来表述，狭义的中国式现代化以"中国式现代化"来表述。为提高本报告的针对性，研究仅对狭义的中国式现代化详细展开。

（二）中国式现代化研究的时间总体分析

为了能更全面、更直观地了解关于中国式现代化研究文献的时间分布情况，考虑到国内的权威期刊能收录的文献数量有限，在进行正式可视化分析之前，将所有类型的文献再进行一次统计分析，此次检索将4个高频出现的概念，按照广义的中国式现代化和狭义的中国式现代化的概念范围分为两组，以主题①"中国式现代化/中国现代化/中国的现代化/中国式的现代化"、主题②"中国式现代化"为检索条件，检索截止日期为2023年12月15日，对上面所列举的主题①和主题②进行检索得出以下结果（见表1）。

表1　2018~2023年两种主题论文发表数量及变化情况

	2018年（篇）	2019年（篇）	同比变化（%）	2020年（篇）	同比变化（%）	2021年（篇）	同比变化（%）	2022年（篇）	同比变化（%）	2023年（篇）	同比变化（%）
主题①	16	20	25	30	50	110	266	574	422	1891	229
主题②	0	1	–	6	500	74	1133	561	658	1868	233

为了确保检索的权威性，在已有检索类型、条件的基础上，有针对性地检索CSSCI期刊收录的与"中国式现代化相关研究"的论文发表数量及变化情况（见表2）。

表2　2018~2023年CSSCI期刊收录的与"中国式现代化相关研究"的论文发表数量及变化情况

单位：篇，%

年份	发文量	同比变化
2018	14	
2019	15	7.1
2020	24	60.0
2021	105	337.5
2022	528	402.9
2023	1639	210.4

从表1和表2的数据变化情况可得知，无论是关于"中国式现代化相关研究"，还是关于"中国式现代化"的研究，发文数量都历经了"爆发增长—增速相对放缓"两个阶段，中国式现代化研究不断受到不同专业领域学者的关注和重视。

2019~2020年，由于"中国式现代化"概念被正式提出和诠释，"中国现代化"、"中国的现代化"和"中国式的现代化"的关注度和使用量明显下降，这也标志着关于中国式现代化的研究逐步迈上正轨，但是此阶段的中国式现代化体系建设处于初期水平，关于中国式现代化的研究发展仍较为缓慢。

2021年"中国式现代化新道路"在庆祝中国共产党成立100周年大会上的讲话中被明确提出，同年的党的十九届六中全会再次用"中国式现代化新道路"诠释中国共产党百年奋斗的重大意义，正式将中国式现代化研究推向高潮。从2021年到2023年，关于中国式现代化研究的CSSCI发文数量增长了1461%，标志着中国式现代化已经成为国内相关领域研究的一个热点，在一定程度上体现了研究的热度与政策导向的关系。

（三）中国式现代化研究的空间分布图谱分析

1. 作者（机构）分布图谱分析

通过作者分布共现分析，能够从宏观上识别出指定专业领域内的核心作者及作者之间的合作强度与互引关系。① 本报告使用CiteSpace.6.2.R2对筛选后的文献发文作者进行分析，得到2019~2023年发表与"中国式现代化"相关研究的作者分布图谱（见图2），图谱中共显示150个节点、10处连接，网络密度是0.0009，图谱中"圆圈"越大则说明作者出现的次数越多，频次越高。从图中可以看出，出现次数最多的3位作者分别是任保平、张占斌和洪银兴，发文量分别是18篇、16篇和14篇（见表3），紧接着是吴忠民、齐卫平、周文、胡鞍钢、韩喜平、陈金龙等，发文量大于等于10篇的作者一共有12位。

从作者（机构）分布图谱可以看出，在中国式现代化研究的核心领域内，作者集中度较高，核心作者的相关研究夯实了中国式现代化的研究基础，如任保平、张占斌、洪银兴等，他们的相关研究对中国式现代化理论体系的建立与发展做出了突出的贡献，其他作者也在核心作者研究的基础上，从不同视角，运用不同研究方法，对中国式现代化的具体实践做出了贡献。

---

① 郑吉峰：《中国式现代化研究：现状与展望》，《探索》2023年第2期。

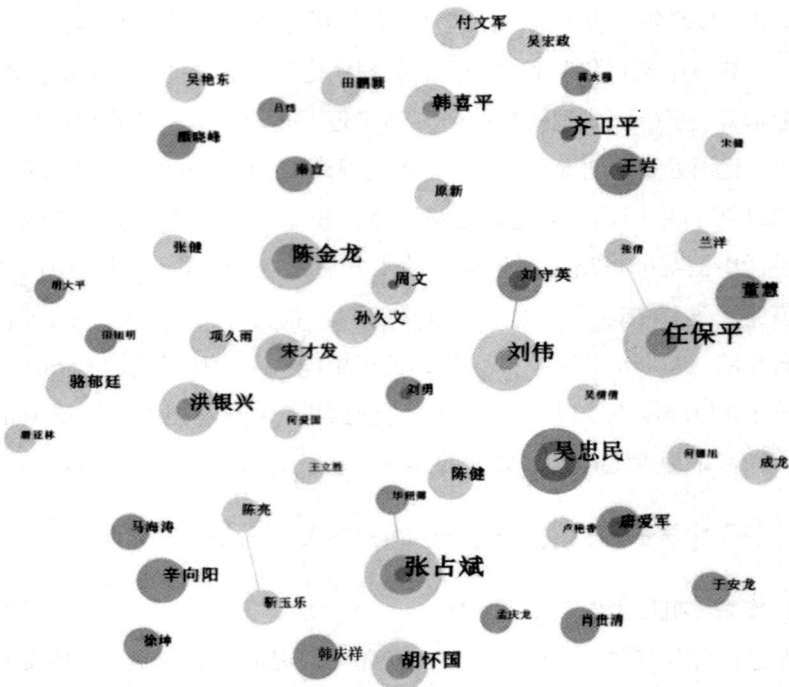

图 2　2019~2023 年发表与"中国式现代化"相关研究的作者分布

表 3　2019~2023 年发表与"中国式现代化"相关研究的作者及其机构（前 30 名）

序号	发文量（篇）	作者	单位	序号	发文量（篇）	作者	单位
1	18	任保平	西北大学	16	8	董慧	华中科技大学
2	16	张占斌	中共中央党校	17	8	颜晓峰	天津中特研究中心
3	14	洪银兴	南京大学	18	8	王立胜	中国社会科学院大学
4	13	吴忠民	中共中央党校	19	8	陈健	东华大学
5	13	齐卫平	华东师范大学	20	7	顾海良	北京大学
6	12	周文	复旦大学	21	7	秦宣	中国人民大学
7	11	胡鞍钢	清华大学	22	7	刘勇	同济大学
8	11	韩喜平	吉林大学	23	6	罗必良	华南农业大学
9	11	陈金龙	华南师范大学	24	6	蒋永穆	四川大学
10	10	韩庆祥	中共中央党校	25	6	王岩	南京航空航天大学
11	10	项久雨	武汉大学	26	6	宋才发	中央民族大学
12	10	田鹏颖	东北大学	27	6	赵秀玲	中国社会科学院大学
13	9	公丕祥	南京师范大学	28	6	兰洋	中国人民大学
14	8	刘守英	中国人民大学	29	5	魏后凯	中国社会科学院大学
15	8	辛向阳	中国社会科学院大学	30	5	原新	南开大学

从作者之间的合作强度与互引关系来看，中国式现代化研究处于研究者数量多、分布广但合作性较弱的状态，绝大多数研究通常是同一院校机构的学者完成，主要的作者合作群是中共中央党校的张占斌、吴忠民、韩庆祥等组成的学术团队，中国人民大学的刘守英、刘伟等组成的学术团队，西北大学的任保平、张倩等组成的学术团队。不同学术团队、不同作者之间较弱的合作强度与互引关系对中国式现代化研究的高质量、可持续发展是非常不利的。

2. 发文机构分布图谱分析

通过发文机构共现分析，能够从宏观上识别出指定专业领域内的院校机构及院校之间的合作强度与互引关系。① 本报告使用 CiteSpace. 6. 2. R2 对筛选后的文献发文院校机构进行分析，得到 2019~2023 年发表与"中国式现代化"相关研究的发文机构分布图谱（见图3），图谱中共显示 183 个节点、72处连接，网络密度是 0.0043，图谱中"圆圈"越大则说明机构出现的次数越多，频次越高。虽然图3中有较多的连接线，但是大部分连接线处于同一院校内部的不同研究院，不同院校之间的联系还是较弱，缺乏必要的学术交流。

其中，中国人民大学马克思主义学院出现次数最多，其次是中共中央党校（国家行政学院）马克思主义学院和北京大学马克思主义学院。从地域分布来看，虽然"中国式现代化"是党中央提出的覆盖全中国各方面发展的战略方针，但对中国式现代化的研究还是主要集中于北京地区的院校，这在一定程度上说明了中国式现代化的研究偏向性与区域政治性集中水平之间的正相关性。

从院校机构出现次数来看，出现次数大于等于 50 次的院校有 14 所（见表4）。其中，中国人民大学出现次数居第一，多达 203 次；第二是中央党校，达 166 次；第三是北京大学，达 108 次；从第四名开始，出现次数在 90 次以下，这说明中国式现代化研究院校之间的科研能力差异比较大。

---

① 胡泽文、孙建军、武夷山：《国内知识图谱应用研究综述》，《图书情报工作》2013 年第 3 期。

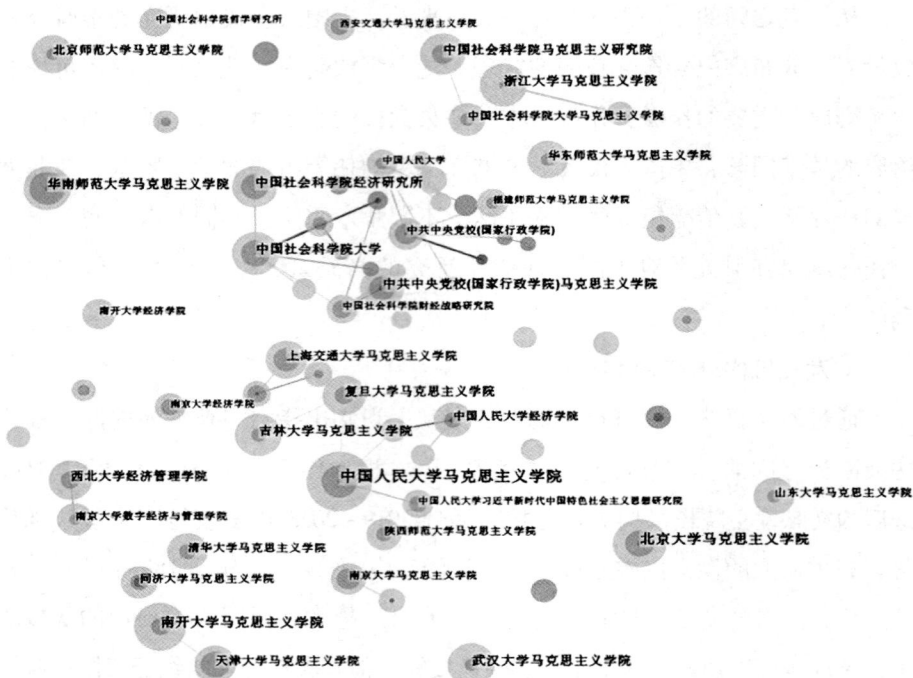

图3　2019～2023年发表与"中国式现代化"相关研究的发文机构分布

表4　2019～2023年发表与"中国式现代化"相关研究的院校（前16名）

单位：次

序号	出现次数	院校名称	序号	出现次数	院校名称
1	203	中国人民大学	9	74	武汉大学
2	166	中共中央党校	10	73	复旦大学
3	108	北京大学	11	66	山东大学
4	89	中国社会科学院大学	12	65	华东师范大学
5	83	华东师范大学	13	57	吉林大学
6	83	清华大学	14	55	华中师范大学
7	81	南开大学	15	49	浙江大学
8	79	北京师范大学	16	39	西北大学

　　结合表3的发文量情况，在发文机构分布图谱中出现了3个"另类"现象。一是虽然任保平的发文量较多，但是西北大学经济管理学院的出现次数比较少，这说明在西北大学经济管理学院中，除了任保平主要研究中

国式现代化，其他学者的研究重点并不在中国式现代化上。二是虽然中国社会科学院大学同一学者发表的有关中国式现代化的论文数量不多，但在发文量前30名学者中（见表3）就有4位来自中国社会科学院大学，这也决定了中国社会科学院大学在中国式现代化研究中的影响力之大。三是中国人民大学与中国社会科学院大学的情况类似，虽然单一作者发文量不多，但是中国人民大学马克思主义学院、经济学院、习近平新时代中国特色社会主义思想研究院等都有学者对中国式现代化进行研究，同时《中国式现代化》① 在学界的影响力也比较大。

（四）对时空知识图谱分析的思考

论文发表数量及变化情况表明：中国式现代化研究具有十分重要的价值，研究成果从2019年开始正式出现，在2021年进入大规模、爆发式增长阶段，受到了广泛的关注。随着中国式现代化研究成果整体呈现成倍上升趋势，与"中国式现代化"相关的主题，如"中国现代化""中国的现代化""中国式的现代化"等的研究成果不断下降，鉴于"中国式现代化"是个包容性很强的研究主题，在未来的研究中，一方面既要保持关于中国式现代化的研究热度、广度和深度，另一方面又要在明晰"中国式现代化"与"中国现代化""中国的现代化""中国式的现代化"等主题的不同之处的基础上，对它们进行交叉融合研究，只有这样，才能做到"一脉相承"和"携手共进"。

发文机构分布图谱表明：进行中国式现代化研究的院校机构较多，研究学者队伍日益壮大，虽然有中国人民大学、中央党校等重点研究院校，也有任保平、张占斌等重点研究学者，但这些院校机构之间或学者之间合作较少。在未来的研究中，既要有重点院校机构和学者的宏观方向引领，还要建立院校之间和学者之间合作的研究成果归属保障机制和良好的对话机制，从多方面促进中国式现代化研究的良性循环，打破现有的学科壁垒。

---

① 刘守英、范欣、刘瑞明：《中国式现代化》，中国人民大学出版社，2022。

三 中国式现代化研究的内容知识图谱分析及思考

（一）中国式现代化研究的关键词共现图谱分析

作为一篇论文主题的高度概括，关键词是论文的核心观点，因此对中国式现代化研究的相关文献的关键词进行分析能有效挖掘中国式现代化研究领域中的热点和趋势。本报告使用 CiteSpace. 6. 2. R2 对筛选后文献的关键词进行分析，将分析时间区间设定为 2019～2023 年，时间分割单位为 1 年，在施引文献（Node Types）选择"关键词"（Keyword），得出 2019～2023 年"中国式现代化"相关研究的关键词共现图谱（见图 4）。图谱中共显示 353 个节点、1102 处连接，网络密度是 0.0177，图谱中"圆圈"越大则说明该关键词出现次数越多，频次越高。

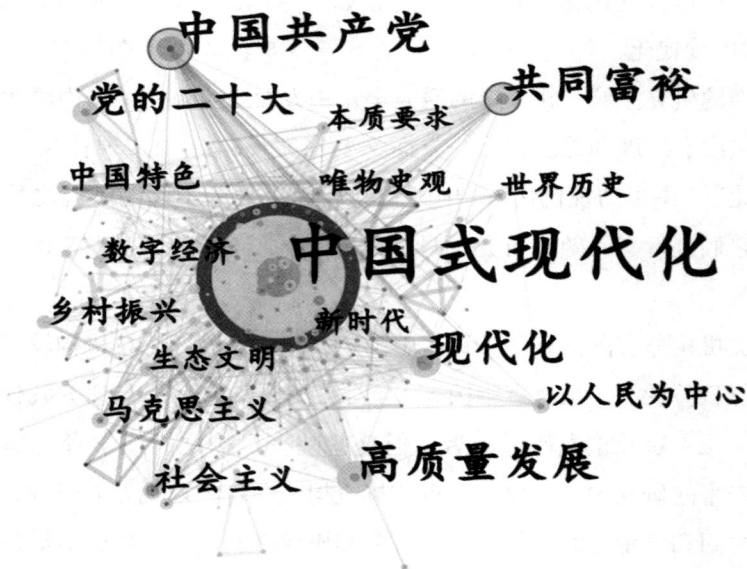

图 4　2019～2023 年"中国式现代化"相关研究的关键词共现

以 2019~2023 年为一个时间段，从图 4 可以看出，"中国式现代化"作为最大的关键节点（母节点），主要有四个枝状展开方向（子节点），分别是"中国共产党"、"共同富裕"、"高质量发展"和"现代化"，结合表 5 的关键词频次及中心度数据可以看出中国式现代化研究领域在 2019~2023 年的研究热点。

表 5 2019~2023 年"中国式现代化"相关研究的关键词（前 10 名）

序号	频次	中心度	关键词	序号	频次	中心度	关键词
1	1357	1.05	中国式现代化	6	52	0.03	党的二十大
2	149	0.43	中国共产党	7	30	0.17	社会主义
3	105	0.24	共同富裕	8	26	0.12	马克思主义
4	102	0.15	高质量发展	9	24	0.05	以人民为中心
5	89	0.18	现代化	10	23	0.05	乡村振兴

"中国共产党"、"共同富裕"、"高质量发展"和"现代化"4 个子节点作为高频次、高中心度的关键词，表明在中国式现代化研究领域中，上述 4 个研究方向被众多学者所关注，同时由这 4 个研究方向衍生了非常具有中国特色的研究内容，在构建中国式现代化理论体系中起到了重要的纽带作用。

（二）中国式现代化研究的关键词聚类图谱分析

关键词共现分析的主要作用是可以很直观地展现某个研究主题的关注度和其在学界的影响力，但关键词共现分析所得出的结果是相对分散的，而关键词聚类分析则能很好地弥补共现分析的不足之处，关键词聚类分析的主要作用就是能体现某一个领域知识产生的结构化特征，能将特定的研究对象按照性质分为不同的群组，最后依据群组来进行可视化呈现。①

本报告在完成对中国式现代化研究的关键词共现分析后，重新设置了 CiteSpace 的参数，分析阈值从原本的 25% 调整为 30%，时间分割单位仍为

① 郭昭、郝保权：《党的建设的研究脉络及趋势展望——基于知识图谱下 Citespace 的可视化分析》，《西南民族大学学报》（人文社会科学版）2022 年第 2 期。

1年，选择使用对数似然率（LLR）进行聚类分析，最后设置显示前10个聚类得出结果（见图5）。

聚类模块值（Modularity，Q值）和聚类平均轮廓值（Silhouette，S值）是评估关键词聚类分析可信度水平的主要指标。一般认为Q>0.3意味着聚类结构显著，S>0.5意味着聚类是合理的，S>0.7意味着聚类是令人信服的。本次关键词聚类分析的Q=0.7622，S=0.9232，该结果表示本次聚类不仅结构显著，且令人信服。

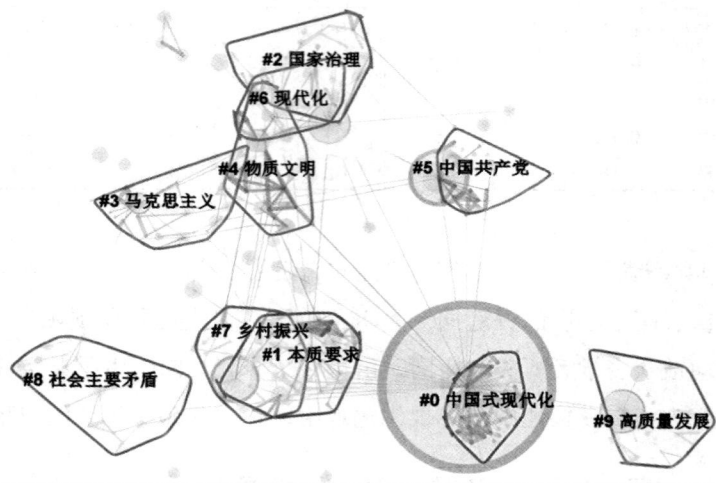

图5　2019~2023年"中国式现代化"相关研究的关键词聚类

在关键词聚类分析中，判断聚类中包含了多少个关键词的要素就是聚类名称前的序号，序号越小，包含的关键词就越多。此次显示的聚类所包含的关键词由多至少分别是：#0 中国式现代化、#1 本质要求、#2 国家治理、#3 马克思主义、#4 物质文明、#5 中国共产党、#6 现代化、#7 乡村振兴、#8 社会主要矛盾、#9 高质量发展，这10个聚类内容大致构筑了中国式现代化研究的重要理论基础，具体涵盖了中国式现代化的中国特色、科学内涵、实践路径、时代意义等内容。

在中国式现代化的"中国特色"的历史和实践磨炼与见证方面，

毛泽东指出，帝国主义列强侵入中国的目的，绝不是要把封建的中国变成资本主义的中国。帝国主义列强的目的和这相反，它们是要把中国变成它们的半殖民地和殖民地。[①] 毛泽东在论述中国发展道路时再次指出，一个不是贫弱的而是富强的中国，是和一个不是殖民地半殖民地的而是独立的，不是半封建的而是自由的、民主的，不是分裂的而是统一的中国，相联结的。在一个半殖民地的、半封建的、分裂的中国里，要想发展工业，建设国防，福利人民，求得国家的富强，多少年来多少人做过这种梦，但是一概幻灭了。[②] 臧峰宇指出，近代以来中国遭到西方践踏，原先的宗法制社会组织正式瓦解，逐步成为半殖民地半封建社会，原本的闭关锁国、故步自封的农耕文明被动地与西方现代文明发生联系，中国的先进人士也运用不同的方式开始了对中国式的现代化的探索。[③] 王治东指出，近现代以来无数仁人志士对中国现代化发展道路的持续探索，为中国式现代化的产生与发展提供了肥沃的历史与实践土壤，从鸦片战争的爆发，到中国共产党的成立，中国革命的面貌日新月异，从党的十一届三中全会改革开放的提出，到党的二十大对推进中国式现代化进行全面部署，中国正沿着社会主义道路不断开辟实现中国式现代化的光明前景。[④] 刘清云对中国式现代化的实践道路进行了深入阐述，从探索中国特色社会主义物质文明、政治文明、精神文明、社会文明和生态文明五条发展道路，诠释了只有走在这条符合中国国情并具有中国特色的中国式现代化发展道路上，才能力克万难，不断取得更多的现代化事业发展成果。[⑤]

在中国式现代化的"科学内涵"的方面，一是中国式现代化是中国共产党领导的现代化。党的二十大报告明确提出，中国式现代化是中国共产

---

① 《毛泽东选集》第二卷，人民出版社，1991。
② 《毛泽东选集》第三卷，人民出版社，1991。
③ 臧峰宇：《马克思的现代性思想与中国式现代化的实践逻辑》，《中国社会科学》2022 年第 7 期。
④ 王治东：《论中国式现代化新道路的三重逻辑特性》，《思想理论教育》2021 年第 11 期。
⑤ 刘清云：《建党百年视域下中国式现代化新道路的三重逻辑》，《中共福建省委党校（福建行政学院）学报》2022 年第 1 期。

党领导的社会主义现代化。① 习近平总书记在学习贯彻党的二十大精神研讨班上进一步对中国式现代化是中国共产党领导的现代化进行了阐释，他明确指出，这是对中国式现代化定性的话，是管总、管根本的。② 黄锟指出，中国共产党的领导是中国式现代化最本质的特征，实现了党的领导和中国特色社会主义的辩证统一，同时还强调，只有中国共产党，才能真正担当起中国特色社会主义事业领导核心的历史重任。③ 王骏等指出，中国式现代化最突出的特点就是坚持党的领导，最明确的目标就是实现全面发展，最重要的原则是坚持独立自主。④ 袁银传等虽也认为中国式现代化最突出的特点就是坚持党的领导，但他补充阐述了中国式现代化的价值理念是人民至上，本质属性是社会主义现代化。⑤ 既然中国共产党的领导是中国式现代化的核心内涵之一，对于如何健全中国共产党的领导制度体系，进一步完善中国式现代化理论与实践体系，习近平总书记给出了准确的阐述，他指出，推动党对社会主义现代化建设的领导在职能配置上更加科学合理、在体制机制上更加完备完善、在运行管理上更加高效。⑥

二是中国式现代化是社会主义的现代化。党的二十大报告明确提出："十年来，我们经历了对党和人民事业具有重大现实意义和深远历史意义的三件大事：一是迎来中国共产党成立一百周年，二是中国特色社会主义进入新时代，三是完成脱贫攻坚、全面建成小康社会的历史任务，实现第一个百年奋斗目标。这是中国共产党和中国人民团结奋斗赢得的历史性胜利，是彪

---

① 习近平：《高举中国特色社会主义伟大旗帜 为全面建设社会主义现代化国家而团结奋斗》，《人民日报》2022 年 10 月 17 日。
② 《习近平：正确理解和大力推进中国式现代化》，《创造》2023 年第 3 期。
③ 黄锟：《中国式现代化道路的原创性贡献》，《中国社会科学报》2022 年 6 月 7 日。
④ 王骏、李晓光：《论中国式现代化的科学内涵、鲜明特征及其世界意义》，《贵州社会科学》2022 年第 12 期。
⑤ 袁银传、蒋彭阳：《中国式现代化的核心要义、基本特征和历史意义》，《中南民族大学学报》（人文社会科学版）2023 年第 4 期。
⑥ 习近平：《论把握新发展阶段、贯彻新发展理念、构建新发展格局》，中央文献出版社，2021。

炳中华民族发展史册的历史性胜利，也是对世界具有深远影响的历史性胜利。"① 张跃国指出，中国式现代化的发展离不开中国特色社会主义，中国也是在自身特有的社会主义的助推下才能顺利踏上真正的现代化发展之路。② 确实如此，中国特色社会主义在新时代伟大实践的成功，有力地推进了中国式现代化朝着更好的方向发展。

三是中国式现代化是实现全面发展的、整体的现代化。对于"中国式现代化是实现全面发展的、整体的现代化"这一内涵特征，习近平总书记在不同场合多次进行了深入阐述，例如习近平总书记在"七一"重要讲话中指出："我们坚持和发展中国特色社会主义，推动物质文明、政治文明、精神文明、社会文明、生态文明协调发展，创造了中国式现代化新道路，创造了人类文明新形态。"③ 对于习近平总书记的重要论述，学界也进行了全面的研究。郑吉峰指出，中国式现代化最重要的属性莫过于其的全面性，经济、政治、文化、社会和生态的全面协调发展新格局，就是中国式现代化理论体系建构至今的发展成果，同时，中国式现代化的全面性也体现在其注重推进实现全体人民共同富裕，满足人们对美好生活的精神需要和物质需要上。④ 詹国辉等从世界发展的视角进行了论述，认为中国与西方国家无论是在国情，还是在资源上都存在较大差异，在中国的场域内，不能一味复制西方国家现代化的"串联式"发展，必须要结合中国的实际情况，整体地发展中国式现代化，实现中国式现代化"并联式"发展，并为后发性国家提供切实可行的参考与引领。⑤

在中国式现代化的"实现路径"方面，对于实现路径的研究是中国式

---

① 习近平：《高举中国特色社会主义伟大旗帜 为全面建设社会主义现代化国家而团结奋斗》，《人民日报》2022 年 10 月 17 日。
② 张跃国：《中国式现代化理论的生成逻辑："术语的革命"与"集义所生"》，《开放时代》2023 年第 2 期。
③ 习近平：《在庆祝中国共产党成立 100 周年大会上的讲话》，《人民日报》2021 年 7 月 2 日。
④ 郑吉峰：《中国式现代化研究：现状与展望》，《探索》2023 年第 2 期。
⑤ 詹国辉、王啸宇：《中国式现代化：本质内涵、特征意蕴与路径选择》，《理论月刊》2023 年第 4 期。

现代化研究的最终目的，只有探索出科学的、清晰的实现路径，中国式现代化才能更好地促进中国梦的实现。韩保江等围绕中国共产党的中心工作，展开论述了中国式现代化的实现路径，即坚持和加强党的全面领导，坚持建设现代化经济体系和构建新发展格局，坚持全面深化改革，坚持推进国家治理体系和治理能力现代化，坚持全面依法治国，坚持全面从严治党以及坚持推进国家安全体系和能力现代化。① 李锋指出，全过程人民民主是中国式现代化的本质特质之一，是走中国式现代化道路的政治优势，更是实现中国式现代化的路径之一，只有将全过程人民民主的制度优势有效地转化为提升国家治理效能的动力，才能在发展的每个环节更快更好地实现中国式现代化。② 黄文虎从"五条重要原则"和"三大主要任务"分析了中国式现代化的实现路径，"五条重要原则"即坚持党的全面领导、坚持中国特色社会主义道路、坚持以人民为中心、坚持改革开放、坚持发扬斗争精神；"三大主要任务"即强化教育、科技和人才的支撑作用，增进民生福祉，全面从严治党。③ 黄群慧以分析中国式现代化的价值超越为索引，搭建了中国式现代化实现路径的宏观框架，即以高质量发展为动力，夯实中国实体经济根基，建设有中国特色的现代化经济体系。④ 庞金友指出，中国式现代化是多维立体的现代化，未来 5~30 年是中国式现代化的关键节点，只有找准实现中国式现代化的突破口和着力点，才能有效地实现中国式现代化。⑤

在中国式现代化的"时代意义"方面，一是从中国现代化发展史的角度看，中国式现代化系统性研究成为中华民族从站起来、富起来到强起来这一伟大进程的"助推器"，具有价值超越性意义。中国式现代化作为"后发型现代化"的代表，与 1840 年鸦片战争中国被动"陷入"西方现代化"旋

---

① 韩保江、李志斌：《中国式现代化：特征、挑战与路径》，《管理世界》2022 年第 11 期。
② 李锋：《全过程人民民主是中国式现代化的必然要求和实现路径》，《当代世界与社会主义》2023 年第 3 期。
③ 黄文虎：《中国式现代化的特质和实现路径》，《唯实》2023 年第 6 期。
④ 黄群慧：《中国式现代化的理论价值及实现路径》，《北京工业大学学报》（社会科学版）2023 年第 4 期。
⑤ 庞金友：《中国式现代化的政治意蕴与实现路径》，《人民论坛·学术前沿》2022 年第 24 期。

涡"不同，中国式现代化从无数仁人志士的牺牲中，历经了被动到主动、从自发到自觉、从量变到质变的"痛苦"过程，发展至今。习近平总书记早在庆祝改革开放40周年大会上就明确指出，经过长期浴血奋斗，完成了新民主主义革命，建立了中华人民共和国，确立了社会主义基本制度，成功实现了中国历史上最深刻最伟大的社会变革，为当代中国一切发展进步奠定了根本政治前提和制度基础。掌握着自己命运的中国人民焕发出前所未有的积极性、主动性、创造性，在改革开放和社会主义现代化建设中展现出气吞山河的强大力量。以数千年大历史观之，变革和开放总体上是中国的历史常态。中华民族以改革开放的姿态继续走向未来。① 于安龙指出，中国式现代化对于中国当代的发展具有历史性贡献，它阐述了中国特色社会主义的本质属性，诠释了中国特色社会主义的基本特征，指明了中国特色社会主义的发展方位，明确了中国特色社会主义的战略目标和部署，确定了中国特色社会主义的领导力量，论析了中国特色社会主义的价值旨归。② 同时，于安龙经过不断的深入研究进一步指出，中国式现代化的发展道路仍处在频繁演化、高速发展和不断超越的历程中，虽然它不仅有别于资本主义的现代化，还有别于中国传统的现代化，但是单就它自身高度具有中国特色、符合中国实际发展情况的特征能说明，中国式现代化不仅对于中国现代化的发展甚至对于世界现代化的发展都具有深远意义。③

二是从世界现代化发展史的角度看，中国式现代化系统性研究开辟了后发型国家实现现代化的新道路。关于此方面的意义，习近平总书记已用3个词做出了高度的概括，他指出："中国式现代化是绝无仅有、史无前例、空前伟大的。"④ 中共中央宣传部编纂的《中国共产党的历史使命与行动价值》强调，作为世界上后发型国家现代化的"中国样本"，中国式现代化以其自

---

① 习近平：《在庆祝改革开放40周年大会上的讲话》，《人民日报》2018年12月19日。
② 于安龙：《习近平关于中国式现代化重要论述的新贡献》，《经济学家》2022年第3期。
③ 于安龙：《论中国式现代化道路的文化底蕴、实践经验与世界意义》，《思想教育研究》2022年第7期。
④ 中共中央文献研究室：《习近平关于社会主义生态文明建设论述摘编》，中央文献出版社，2017。

身特有的原创性和先见性，帮助世界上发展中国家实现了最伟大的经济与社会转型，在世界现代化政治发展史的壮丽画卷上画上了浓墨重彩的一笔。①作为人类社会的一次创新性巨变，中国式现代化不仅延续了中华民族特有的历史发展规律，还进一步放眼世界，探索符合发展中国家特点的普遍发展规律，不仅创造了人类文明新形态，还展现了具有中国特色的强大生命力，用"中国智慧"打破了"零和博弈论""文明冲突论"等论断，为世界文明的可持续发展做出贡献。②

（三）中国式现代化研究的发展轨迹

关键词共现分析和聚类分析虽然有着各自的优势，但劣势和局限性也是非常明显的，两者的共同劣势就是不能反映指定研究领域的动态变化特征，为了能更全面地梳理中国式现代化研究轨迹，在完成关键词共现分析和聚类分析后，借助 CiteSpace 的 "Burstness" 功能选项，将 Y [0，1] 设置为0.8、Minimum Duration 设置为1，进行关键词突现性分析，得出"中国式现代化"相关研究的关键词突现词图谱（见图6）。

从关键词突现词图谱中的变化情况可以看出，近年来学界关于中国式现代化的研究呈现"一脉相承，接续发展"的特征，即一个关键词的突显预示着另一个相关关键词的出现，且所有关键词直至2023年都没有被学界明显地边缘化。在图6显示的13个关键词突现词中，尤其需要关注"新道路"、"社会主义"、"文明新形态"和"习近平总书记"，这4个关键词突现词不仅突现强度较高，而且都从2021年持续至2023年，说明在中国式现代化研究中这4个关键词得到了国内学者广泛、持续的关注。同时，"时代价值"、"理论逻辑"、"特征"和"方法论"这4个关键词突现词于2022年才显示突现，虽然突现强度暂时不高，但这4个关键词将会是未来几年的研究前沿热点。

---

① 中共中央宣传部：《中国共产党的历史使命与行动价值》，人民出版社，2021。
② 黄锟：《正确认识和把握中国式现代化的社会主义性质》，《国家治理》2022年第15期。

关键词	年份	强度	统计开始年份	统计截止年份	2019~2023
全面现代化	2020	2.54	2020	2021	
中国共产党	2020	10.52	2021	2021	
新道路	2021	4.39	2021	2023	
社会主义	2021	3.14	2021	2023	
文明新形态	2021	2.92	2021	2023	
现代化	2021	2.85	2021	2021	
人类文明	2021	1.96	2021	2021	
新发展阶段	2021	1.92	2021	2021	
习近平总书记	2021	1.87	2021	2023	
时代价值	2022	1.84	2022	2023	
理论逻辑	2022	1.75	2022	2023	
特征	2022	1.47	2022	2023	
方法论	2022	1.47	2022	2023	

图6　2019~2023年"中国式现代化"相关研究的关键词突现词

注：在关键词突现词图谱中，"统计开始年份"代表"2019~2023"中深色部分的开始时间，"统计截止年份"代表"2019~2023"中深色部分的截止时间。在"2019~2023"中无色部分代表该关键词尚未突现的时间段，在"2019~2023"中浅色部分代表该关键词突现后逐渐减弱的时间段。

（四）对内容知识图谱分析结果的思考

关键词共现图谱与聚类图谱表明：虽然在关键词共现图谱中连接多达1102处，但是网络密度只有0.0177，虽然"中国共产党"、"共同富裕"、"高质量发展"和"现代化"4个子节点与"中国式现代化"联系非常紧密，但是子节点之间的联系较少。关键词聚类图谱也存在此类问题。在未来的研究中，一方面要继续拓展中国式现代化的研究深度与广度，结合国家的发展趋势，拓展延伸出更多对中国式现代化研究有帮助的研究子对象；另一方面也要强化研究子对象间的关系，提升中国式现代化研究的系统性与整体性。

关键词突现词图谱表明：当前中国式现代化研究前沿主要体现在"时

代价值"、"理论逻辑"、"特征"和"方法论"等领域，从"全面现代化""人类文明"到"新发展阶段""新道路"，这些领域不仅印证了中国社会的发展轨迹，也展现了中国式现代化研究的主要特点——紧跟国家的发展和政策的演进。

但结合关键词共现与聚类图谱来纵观当前中国式现代化研究，关于"中华优秀传统文化"的研究主题始终未真正被纳入学者们的重点研究内容中。中国式现代化不仅是引领中国高质量发展的现代化，更是传承和弘扬中华优秀传统文化的现代化，习近平总书记明确强调，独特的文化传统，独特的历史命运，独特的基本国情，注定了我们必然要走适合自己特点的发展道路。中华优秀传统文化已经成为中华民族的基因，植根在中国人内心，潜移默化影响着中国人的思想方式和行为方式。[1] 将中华优秀传统文化与马克思主义基本原理相结合，不仅是马克思主义中国化的应有之义，更是中国式现代化的应有之义，新时代中国的发展无不体现出民为邦本、实事求是等传统观念与文化，无论未来中国式现代化研究进展到什么程度，都不能忽视作为中国式现代化建设的思想源泉——中华优秀传统文化。

四　中国式现代化的研究展望

（一）"沟壑纵横"：中国式现代化研究既要拓展宽度，也要增进深度

通过对中国式现代化研究文献的梳理可知，当前对于中国式现代化的研究贯穿管理学、经济学、政治学、历史学、社会学等众多领域，可谓是"多点开花"，但是研究的宽度和深度都暂时仅限于此。随着新时代中国各方面的高质量发展，中国式现代化已经不仅局限于经济范畴内的传统现代化，它已经快速发展成为辐射政治、经济、文化、社会、生态、国防、外交等众多领域的新型现代化。

---

① 《习近平谈治国理政》第一卷，外文出版社，2018。

首先，在中国式现代化快速发展的新背景之下，学界应积极对中国式现代化研究进行由点至面、由单一学科领域到交叉学科领域、由独立应用环境到综合应用环境、由单一研究方法到复合研究方法的延伸，拓展中国式现代化研究的宽度。其次，未来的中国式现代化研究也不能局限于对其宏观领域的研究，必须要深入其中，进行微观的制度体系、运行机制、应用场景等方面的具体研究。再次，中国式现代化不断丰富的内涵表明了其使命和追求也在随着时代的发展而深入，因此学界需要在现有的中国式现代化发展历程、内涵特征、时代意义等方面的研究基础上，高度概括其发展的科学规律与动力机制，提升中国式现代化研究的辩证思维。最后，对于中国式现代化的研究，不能单纯局限于对各重要会议文件、政策文件的精神解读，而要大兴调查研究之风，大力开展实地调研，深入地方一线，借助中国式现代化现阶段的实际应用场景，在实践中挖掘问题，剖析问题产生的原因，找到符合实际情况的解决问题的方式方法，增进中国式现代化研究的深度。

（二）"和而不同"：中国式现代化研究既要"多点开花"，也要强化合作

结合作者之间的合作强度与互引关系分析情况可知，当前的中国式现代化研究处于研究者数量多、分布广但合作性较弱的状态，绝大多数的研究通常是由同一院校机构的学者完成，但是中国式现代化研究绝不能固守一隅、故步自封，要打破已有的学科壁垒、学院壁垒，加强不同学科、不同院校、不同学者之间的对话与融通。各学科、各院校、各学者之间应构建畅通、健康的对话形式和合作机制，借鉴和吸收不同学科、不同院校、不同学者的研究方法和研究范式，在跨学科、跨院校的交流与合作中，汇聚新时代的中国式现代化研究的总体合力和磅礴伟力。

（三）"落地生根"：中国式现代化研究既要理论研究，也要结合实际

通过对现有的中国式现代化研究文献进行梳理可知，当前学界更多的是

对中国式现代化发展历程、内涵特征、获取成就、宝贵经验及时代意义进行研究，更多的是聚焦中国式现代化理论体系的构建。不可否认构建中国式现代化理论体系会在很大程度上推进对中国式现代化的内涵延伸和价值挖掘，但是想要进一步丰富和完善中国式现代化道路在新时代、新征程中能发挥的实际作用，想要更好地应对新时代日益复杂的外部环境和国际局势，就必须重视中国式现代化与中国实际发展和建设情况的结合，聚焦中国式现代化的实践发展路径。只有不断在实践中落实细化党的二十大提出的各项战略决策安排，才能保证党的二十大精神和对中国式现代化的决策部署真正实现"落地生根"。

中国式现代化理论层面的研究，主要是探讨中国式现代化"是什么"的问题，对于中国式现代化"怎么办"的问题的解释力是较弱的，与中国现代化建设实际的紧密性是较差的，只是论述了宏观层面的中国式现代化，没有聚焦微观层面的中国式现代化。在踏上全面建成社会主义现代化强国的新征程后，如何引领拥有 14 亿多人口的中国高质量、可持续发展，已经不是曾经的改革开放时期的现代化理论可以很好解决的问题了，党中央适时提出走中国式现代化新道路，不是针对某一个领域或者某一个发展环节，而是针对中国整体的发展，所谓的整体，就是既要有生产力层面的现代化，又要有生产关系层面的现代化，更要有上层建筑层面的现代化，这就注定了只有紧密结合中国实际发展情况，才能让中国式现代化的研究更好地服务于我国复杂、系统、全面的现代化建设与发展。

专题研究篇

B.3
中国式现代化的历史脉络与历史逻辑

张占斌　高立菲*

摘　要： 　中国是一个文明古国，近代却错失工业革命、科技革命的机遇。自从鸦片战争开始，中国逐渐沦为半殖民地半封建社会，并且被动地开启了现代化探索，形成了以洋务运动、戊戌维新运动、辛亥革命等为标志的现代化运动。然而，在旧中国的历史背景下是不可能实现现代化的。1921年，中国共产党应运而生，中国的现代化由被动转为主动。在四个历史时期的进程中，中国共产党探索形成和推进了中国式现代化，朝着实现中华民族伟大复兴的宏伟目标不断前进，以中国式现代化全面推进中华民族伟大复兴。

关键词： 　新民主主义革命时期　社会主义革命和建设时期　改革开放和社会主义现代化建设时期　新时代中国特色社会主义时期

---

* 张占斌，第十三届全国政协委员、中央党校（国家行政学院）中国式现代化研究中心主任、马克思主义学院教授，主要研究方向为马克思主义政治经济学、发展经济学；高立菲，中国科学技术交流中心助理研究员，主要研究方向为公共政策。

现代化是人类文明的一种进步，从全球视野来看，现代化表现为传统农业社会转型为现代工业社会、信息社会的过程。在西方社会影响下，中国被动卷入现代化进程。中国共产党成立后，中国的现代化进程进入主动探索阶段，后在四个历史时期的探索中形成中国式现代化。

一 近代中国现代化探索的历程及重大转折

中国是一个拥有五千多年历史的文明古国，但是，明朝后期开始实行闭关锁国政策，后来又错失工业革命、科技革命的机遇，中国在内部矛盾和西方现代化浪潮冲击下逐渐走向衰落。

从鸦片战争到抗日战争以前，中国的反侵略战争无不以失败告终，究其根本原因，正如毛泽东所说："一是社会制度腐败，二是经济技术落后。"[①]因此，只有通过反帝反封建的民主革命赢得民族独立、人民解放，中国才有可能集中力量进行现代化建设。为此，农民阶级、地主阶级洋务派和资产阶级维新派先后从各自的立场出发，提出各种救国方案，但都未能改变中国半殖民地半封建的社会性质。

19世纪60年代初期，在经历了两次鸦片战争和太平天国运动的洗礼后，封建地主阶级的统治岌岌可危。封建士大夫阶层在应对"三千年未有之大变局"时，把中学与西学之间的关系称为"体"与"用"的关系，提出了近代中国最早的现代化口号——"中学为体，西学为用"，强调学习西方先进技术对于维护封建统治的重要性，以此发起了"师夷长技"以达到"求强""求富"的洋务运动，凭借所掌握的国家权力集中力量优先发展军事工业，同时也发展若干民用企业。洋务运动的兴起，本质上是要通过学习西方先进的技术，探索实现工业现代化，进而提升我国的军事实力和经济实力，达到维护清政府统治的目的。曾国藩甚至认为，"轮船之速，洋炮之远，在英、法夸其所独有，在中华则震于所罕见。若能陆续购买，据为己

---

① 《毛泽东文集》第八卷，人民出版社，1999。

物，在中华则惯而不惊，在英、法，亦渐失其所恃"。① 然而，洋务运动本身是一次自上而下的工业现代化运动，加上洋务运动的发起人是清政府的官僚，所以洋务运动不可能将中国带领上"自强求富"之路。但是，洋务运动开始了近代中国工业的探索，加快了工业化发展，预示着近代中国工业化的缓慢开展。经过30多年的洋务运动，近代中国不仅在军事和技术方面迈出了现代化发展的重要一步，而且开启了探索工业现代化的尝试。随着"中体西用"社会思潮的形成，西方社会的科学技术被引入近代中国用于发展民用工业。中国在推动工业化进程中客观上也推动了封建官僚资本和民族资本的发展，逐渐使近代中国社会阶级结构发生改变。在此过程中，民族资产阶级和无产阶级逐渐产生，阶级关系产生新变化，为近代中国探索政治现代化和文化现代化奠定了阶级基础。

19世纪末20世纪初，随着中国社会变化，近代中国逐渐开启探索政治现代化的步伐。这一时期，"中体西用"的社会思潮逐渐被"中西互补""中西调和"思想取代，政治制度的改革与革新是这一阶段重点讨论与实践的问题。如资产阶级维新派认为，既要学习西方社会的科学技术，又要学习其政治制度和理论学说，主张实行君主立宪制度，维护封建专制制度的统治，通过戊戌维新运动探索政治现代化。在"中西互补"思想的指导下，维新派认为君主专政是中国贫弱的根源，主张进行政治制度改革，开展了戊戌维新运动。戊戌维新运动突破洋务派"中体西用"思想的局限，主张用君主立宪制度取代君主专制制度，是一场资产阶级性质的政治改良运动。遗憾的是，由于自身的不成熟未能撼动旧制度，维新派依靠清政府变法改变中国现状的幻想破灭。维新派探索政治现代化的实践证明，依靠落后腐朽的封建政权，以政治制度改革的形式逐渐实现现代化在当时的中国走不通。20世纪初，民族资本主义得到初步发展，民族资产阶级的力量不断壮大。资产阶级革命派认为，清政府已成为"洋人的朝廷"，是中国人民探索政治现代化发展道路上的阻碍。因而，主张通过革命手段清除通

① 〔清〕曾国藩：《挺经·冰鉴》，中国友谊出版公司，2014。

往现代化道路上的主要障碍，推动中国的现代化进程。在"中西调和"思想的指导下，革命派提出了三民主义等现代化发展方案。然而，由于民族资产阶级先天不足，具有妥协性，无法建立资产阶级社会，也不能领导中国人民实现社会现代化。

辛亥革命结束了几千年的君主专制制度，但是帝国主义绝不容许中国建立一个独立、富强的资产阶级共和国。辛亥革命的失败使中国的先进知识分子得出新的认识：要从思想上铲除封建专制的根源，就必须在文化领域发动新文化运动，探索实现现代化发展的可能性。新文化运动自此轰轰烈烈地展开，撼动了封建君主专制思想的统治地位，加快了中国走向近代思想文化的步伐。新文化运动进入成熟发展时期，恰逢俄国十月革命，近代中国知识分子开始学习马克思主义，大力推动了中国现代化的发展。

近代中国的现代化探索均以失败告终，真正的转折源于中国共产党的成立。1917年，俄国十月革命的胜利为中国现代化发展带来了新思路。因此，"十月革命的开创性功能实际表现在世界现代化进程的矛盾运动中，虽然十月革命的主观动机是引爆世界无产阶级的革命，但其客观结果却是为落后国家的非资本主义现代化提供了一个范例"。[1] 在中华民族和中国人民的伟大觉醒中，中国共产党诞生了。由此，中国共产党便始终坚持马克思主义思想的指导地位，提出并逐渐确定了"一种以社会主义为价值取向的现代化发展新模式"[2]，把发展社会主义与实现现代化的目标联系起来，确立了崭新的现代化发展方向，不仅使中国革命的面貌焕然一新，也对近代中国探索现代化的方向产生根本性影响。五四运动后，无产阶级登上政治舞台，中国逐渐确立了中国共产党的领导地位，明确了近代中国探索现代化的核心。在理论上，中国人民有了马克思主义理论的指引；在实践上，俄国开辟现代化的经验，让我们看到了独立自主探索现代化的可能性，中国现代化道路的探索终于进入自主的历史阶段。

---

[1] 武克全：《现代化扩展中的世界与中国》，学林出版社，1999。

[2] 汪建丰：《略论1921~1949年党对中国现代化进程的重大作用》，《宁波大学学报》（人文科学版）2004年第1期。

二　新民主主义革命时期的探索

1921 年 7 月，中国共产党成立伊始就把为中国人民谋幸福、为中华民族谋复兴作为自己的初心使命，把通过革命与建设实现现代化作为不懈奋斗的伟大目标。中国共产党深刻认识到，近代中国社会的主要矛盾是帝国主义和中华民族的矛盾、封建主义和人民大众的矛盾。毛泽东指出："没有中国共产党的努力，没有中国共产党人做中国人民的中流砥柱，中国的独立和解放是不可能的，中国的工业化和农业近代化也是不可能的。"① 在新民主主义革命时期，中国共产党带领人民，通过北伐战争、土地革命战争、抗日战争、解放战争等一系列伟大斗争，推翻"三座大山"，建立了新中国，真正实现了民族独立、人民解放。

在新民主主义革命时期，以毛泽东为代表的中国共产党人对现代化的构想是结合民族复兴愿望与社会革命展开的，集中体现在围绕新民主主义革命中的政治、经济、文化等方面探索和实践中国现代化道路，目的"在于建设一个中华民族的新社会和新国家"②。这一阶段的现代化探索根本上呈现为"主动的现代化"，表现出了自觉性、独立性与局部性的特点。自觉性表现为将马克思列宁主义基本原理同中国实际相结合，并开辟了正确的现代化道路；独立性表现为依靠自身力量主动领导现代化探索；局部性表现为不是在全国范围，而主要是在革命根据地推进现代化。

基于此，中国共产党初步形成了建设现代化的基本方案。一是政治现代化。毛泽东集中在《新民主主义论》中完整地阐明了革命的政治纲领是要建立"无产阶级领导下的一切反帝反封建的人们联合专政的民主共和国，这就是新民主主义的共和国"，"国体——各革命阶级联合专政，政体——民主集中制"③。新民主主义政治纲领的核心理念是人民当家作主，既能通

① 《毛泽东选集》第三卷，人民出版社，1991。
② 《毛泽东选集》第二卷，人民出版社，1991。
③ 《毛泽东选集》第二卷，人民出版社，1991。

过国体形式确立人民享有广泛的民主权利，又能通过与之相适应的政体保证人民行使主人的权力。这是中国共产党对民主政治的正确选择，有力指明了中国社会现代化过程中民主政治建设的发展方向。从此，中国的历史进入一个完全新的时代——人民民主时代。① 二是经济现代化。中国共产党在新民主主义革命时期把革命战争、经济建设与实现经济现代化相联系，提出革命的目的就是要实现工业化和农业的近代化。毛泽东深刻认识到旧中国在帝国主义和封建主义的压迫下，社会生产力非常落后。新民主主义经济纲领的实施就是为了解决中国社会的经济问题，解放和发展生产力，为国家工业化的实现奠定经济基础。三是文化现代化。建设一个具有高度现代文明的国家是毛泽东在新民主主义革命时期早已确定的目标。与新民主主义革命相适应的新民主主义文化"就是无产阶级领导的人民大众的反帝反封建的文化"，是"民族的科学的大众的"②。

新民主主义革命的胜利实现了中国从几千年封建专制政治向人民民主的伟大飞跃，"中国人民站起来了，中华民族任人宰割、饱受欺凌的时代一去不复返了"③，从而为实现现代化创造了根本社会条件。

三 社会主义革命和建设时期的探索

1949 年中华人民共和国成立开启了中国历史发展的新纪元，为中国实现现代化奠定了政治基础。自此，中国共产党带领中国人民开始向国家富强、人民富裕的新使命迈进。如何在中国这样一个落后的东方大国建立社会主义制度，开辟一条适合中国国情的社会主义建设道路，进行现代化建设，成为摆在中国共产党面前的首要任务。在社会主义革命和建设时期，中国共产党面临的主要任务是，实现从新民主主义到社会主义的转变，进行社会主义革命，推进社会主义建设。习近平总书记指出："新中国成立后，我们党

---

① 《刘少奇选集》（上），人民出版社，1981。
② 《毛泽东选集》第二卷，人民出版社，1991。
③ 习近平：《在庆祝中国共产党成立 100 周年大会上的讲话》，人民出版社，2021。

团结带领人民进行社会主义革命，消灭在中国延续几千年的封建制度，确立社会主义基本制度，实现了中华民族有史以来最为广泛而深刻的社会变革，建立起独立的比较完整的工业体系和国民经济体系，社会主义革命和建设取得了独创性理论成果和巨大成就，为现代化建设奠定根本政治前提和宝贵经验、理论准备、物质基础。"①

新中国成立之初，自然经济和半自然经济大量存在，生产力水平低，科学技术和文化教育都十分落后。毛泽东对此有着清醒的认识，曾形象地把当时的国情概括为"一穷二白"。经过全国人民3年的努力，到1952年，我国国民经济得到了恢复并有了一定程度的发展，科教文卫体各项事业有了新气象，国家政权得以初步巩固。

国民经济恢复完成之后，实现新民主主义向社会主义过渡成为一个现实问题。1951年，党中央编制的"一五"计划经过反复修改和补充，决定在1953年正式执行第一个五年计划，号召全国人民同心同德，为实现工业化而积极奋斗。同年，中国共产党正式提出过渡时期总路线，毛泽东首次提出了四个现代化的设想，"实现国家的社会主义工业化，就可以促进农业和交通运输业的现代化，就可以建立和巩固现代化的国防"。② 1954年周恩来在全国人大一次会议上的《政府工作报告》中提出了建设现代化工业、现代化农业、现代化交通运输业和现代化国防四个现代化的思想。到1956年底，"一五"计划提前完成，社会主义改造基本完成，过渡时期正式结束，在各方面都取得了很大的成就，极大地解放和发展了社会生产力。

1956年社会主义三大改造基本完成后，虽然党中央依照苏联工业化模式实施的第一个五年计划取得了巨大成就，为中国社会主义现代化建设初步奠定了基础，但我们党在实践中也发现了苏联模式的弊端。毛泽东说："解放后，三年恢复时期，对搞建设，我们是懵懵懂懂的。接着搞第一个五年计

① 《习近平在学习贯彻党的二十大精神研讨班开班式上发表重要讲话强调 正确理解和大力推进中国式现代化》，《人民日报》2023年2月8日。

② 《建国以来重要文献选编》第四册，中央文献出版社，1993。

划，对建设还是懵懵懂懂的"①，"因为我们不懂，完全没有经验，横竖自己不晓得，只好搬"②。但是，照搬照抄苏联经验不符合中国国情，"一切都抄苏联"，"缺乏创造性，缺乏独立自主的能力"，"总觉得不满意，心情不舒畅"③，"不应当是长久之计"④。

在苏共二十大闭幕后不久，以毛泽东同志为核心的党的第一代中央领导集体带领中国共产党对独立自主地建设社会主义的道路开始了新的艰辛探索。1956年4月，毛泽东在一次会议上提出："现在是社会主义革命和建设时期，我们要进行第二次结合，找出在中国怎样建设社会主义的道路。"⑤1956年，党的八大正确分析了国内外形势和主要矛盾的变化，提出我国"二五"计划的中心任务仍然是优先发展重工业，并制定了全面推进社会主义工业化建设的宏伟纲领。此外，在这个时期的现代化探索中，我们党还对中国工业化道路、社会主义发展阶段、"四个现代化"战略目标等重大现代化理论问题提出了重要思想观点。比如，"四个现代化"由过去的现代化工业、现代化农业、现代化交通运输业和现代化国防，改成了工业现代化、农业现代化、科学技术现代化和国防现代化。

在中国建设社会主义是个全新的课题。经过"大跃进"的挫折，毛泽东对中国式现代化的艰巨性、长期性有了新的认识，对现代化建设的战略实施步骤安排也进行了调整，提出了较为完整的"两步走"设想，"第一步，建立一个独立的、比较完整的工业体系和国民经济体系，使我国工业大体接近世界先进水平；第二步，使我国工业走在世界前列，全面实现农业、工业、国防和科学技术的现代化"。⑥"两步走"战略设想提出后，由于"文化大革命"的发生而未能按计划付诸实践。1975年四届人大一次会议召

① 《毛泽东文集》第八卷，人民出版社，1999。
② 逢先知、金冲及主编《毛泽东传（1949—1976）》（上），中央文献出版社，2003。
③ 《毛泽东文集》第八卷，人民出版社，1999。
④ 《建国以来重要文献选编》第十五册，中央文献出版社，1997。
⑤ 《毛泽东年谱一九四九——一九七六》第二卷，中央文献出版社，2013。
⑥ 中央财经领导小组办公室编《中国经济发展五十年大事记（1949.10—1999.10）》，人民出版社、中共中央党校出版社，1999。

078

开，周恩来抱病参会做《政府工作报告》，他在报告中重申，我们要实现工业、农业、国防和科学技术四个现代化。这也说明，虽然我们犯过错误，走过曲折道路，但一直惦记着中国式现代化这件事情。

在对社会主义建设道路的艰辛探索过程中，以毛泽东同志为核心的党的第一代中央领导集体虽然遇到了严重挫折，但中国的现代化建设仍然取得了举世瞩目的伟大成就。在这段历史进程中，既有非常成功的经验，也有严重失误的教训，而这都是我们党和国家的宝贵财富。特别是在这一历史时期，提出了要"全面实现农业、工业、国防和科学技术的现代化，使我国经济走在世界的前列"，明确了"四个现代化"的探索阶段，构成中国式现代化的重要篇章。

四　改革开放和社会主义现代化建设时期的探索

1978 年 12 月，中国共产党召开十一届三中全会，果断结束"以阶级斗争为纲"，实现党和国家工作中心战略转移，开启了改革开放和社会主义现代化建设新时期，实现了新中国成立以来中国共产党的历史上具有深远意义的伟大转折。这一时期，我们党将马克思主义与中国实际相结合，形成了邓小平理论、"三个代表"重要思想、科学发展观等既一脉相承又与时俱进的理论成果，对中国式现代化的理论和实践有了更为全面的认识。这三大理论成果所解答的问题既有共同之处，又各有侧重，具有内在的演进逻辑。

党的十一届三中全会实现了伟大的历史转折，以邓小平同志为主要代表的中国共产党人重新确立实事求是的思想路线，做出工作中心转移的重大决策，科学判断和平与发展的时代主题，深刻认识社会主义初级阶段的基本国情，提出党在社会主义初级阶段的基本路线、社会主义根本任务和发展战略理论、社会主义改革开放和社会主义市场经济理论、社会主义本质理论等重大创新成果。1979 年 3 月，邓小平首次提出"中国式的现代化道路"，强调"过去搞民主革命，要适合中国情况，走毛泽东同志开辟的农村包围城市的道路。现在搞建设，也要适合中国情况，走出一条中国式的现代化道路"；指出"中国式的现代化，必须从中国的特点出发"①。

以往的社会主义现代化建设之所以遇到严重挫折，一个根本原因就是对社会主义本质的理解出现了问题。通过反思，邓小平认为，不应再将纯粹公有制与计划经济的传统经济结构视为社会主义的本质。那么，社会主义本质是什么呢？邓小平在南方谈话中深刻指出："社会主义的本质，是解放生产力，发展生产力，消灭剥削，消除两极分化，最终达到共同富裕。"② 换言之，发展生产力、实现共同富裕是社会主义应该具有的功能与价值。按照这种功能主义的本质观，生产力落后的中国自然处于社会主义初级阶段。基于初级阶段的基本国情，邓小平提出了改革开放的基本国策，做出了"社会主义也可以搞市场经济"的重要论断，描绘了小康社会的发展蓝图，即中国现代化建设"三步走"的战略构想。按照这一本质观，要推进中国的现代化建设，不应拘泥于本本、束缚于教条，而是要解放思想，推动各领域制度机制立改废。从功能而非结构的角度看待社会主义的本质为中国式现代化的推进提供了强大的理论依据，中国共产党终于开始找到一条适合自己国情的现代化之路，并集中精力专注于此。

在党的十三届四中全会上，以江泽民同志为主要代表的中国共产党人高举邓小平理论的伟大旗帜，对社会主义现代化建设有了新的认识，丰富和发展了邓小平的现代化思想。这一时期党对中国式现代化认识的深化主要表现在四个方面：以社会主义市场经济推进中国经济现代化、以依法治国方略推进中国政治现代化、以精神文明建设推进中国文化现代化、以执政党的建设推进中国政党现代化。

从改革开放到 21 世纪初，中国经济社会迅速发展，物质水平有了极大提高，但发展过程中的不平衡、不协调、不可持续的问题也日益凸显。正是在这种发展形势下，以胡锦涛同志为主要代表的中国共产党人提出了五位一体、

---

① 《邓小平文选》第二卷，人民出版社，1994。
② 《邓小平文选》第三卷，人民出版社，1993。

统筹兼顾、以人为本、构建和谐社会的科学发展观，对以往的现代化模式与发展模式进行了反思调整，深化了对现代化的内容、目标、路径特别是现代化整体性的认识，在邓小平理论和"三个代表"重要思想的基础上，进一步拓展了社会主义现代化建设的视野。科学发展观回答了"实现什么样的发展、怎样发展"，在21世纪更进一步推进了中国社会主义现代化。

五 新时代中国特色社会主义的探索

党的十八大以来，中国特色社会主义进入新时代，党面临的主要任务是，实现第一个百年奋斗目标，开启实现第二个百年奋斗目标新征程，最终实现中华民族伟大复兴。围绕解决现代化建设中存在的突出矛盾和问题，"我们党在已有基础上继续前进，不断实现理论和实践上的创新突破，成功推进和拓展了中国式现代化"。[①]

其一，认识上不断深化，形成了习近平新时代中国特色社会主义思想，构建了中国式现代化理论体系。习近平新时代中国特色社会主义思想的创立为我们提供了认识世界、改造世界的强大思想武器。党的十八大以来，党对中国式现代化的中国特色、本质要求和重大原则、重大关系进行了顶层设计。习近平总书记指出："世界上既不存在定于一尊的现代化模式，也不存在放之四海而皆准的现代化标准。"[②] 这说明，要走向现代化不仅要遵循现代化发展的一般规律，更要结合具体实际，立足基本国情。习近平新时代中国特色社会主义思想，特别是构建的中国式现代化理论体系，为中国式现代化提供了根本遵循。

其二，以"五位一体"总体布局和"四个全面"战略布局全面推进现代化。党的十八大明确以"五位一体"总体布局推进中国特色社会主义现

---

① 《习近平在学习贯彻党的二十大精神研讨班开班式上发表重要讲话强调 正确理解和大力推进中国式现代化》，《人民日报》2023年2月8日。
② 《高举中国特色社会主义伟大旗帜 奋力谱写全面建设社会主义现代化国家崭新篇章》，《人民日报》2022年7月28日。

代化事业，党的十九大对这一总体布局又做出了新的战略部署。习近平指出，"五位一体"总体布局"是我们党对社会主义建设规律在实践和认识上不断深化的重要成果。我们要按照这个总布局，促进现代化建设各方面相协调，促进生产关系与生产力、上层建筑与经济基础相协调"①。"五位一体"总体布局是从全局的高度做出的重大部署，"四个全面"战略布局则是涉及总体布局中的四个基本问题，是总体布局的突破口。党的十八大以来，习近平不断探索、持续思考，逐步提出并形成了"四个全面"战略布局，即全面建成小康社会（全面建设社会主义现代化国家）、全面深化改革、全面依法治国、全面从严治党。2021 年，全面建成小康社会的目标实现以后，"第一个全面"作为目标任务，内涵就相应与时俱进，发展为"全面建设社会主义现代化国家"。

其三，擘画中国式现代化发展蓝图，推动中国式现代化进入全面建设社会主义现代化国家新阶段。立足新时代，中国式现代化的发展明确了"两步走"发展战略。"两步走"战略目标使得我国建设社会主义现代化强国有了"路线图"和"时间表"。党的十九大报告贯通设计"两个一百年"奋斗目标，对未来 30 多年的奋斗目标做出了"两步走"的战略部署，擘画和规划了从全面建成小康社会到基本实现现代化，再到全面建成社会主义现代化强国的宏伟蓝图和实现路径。新时代中国式现代化的推进和拓展标志着现代化阶段的跃升，实现"全面建设社会主义现代化国家"是继"全面建成小康社会"后的重要发展阶段，是中国共产党领导中国人民实现中国式现代化的最鲜明标志。

参考文献

《习近平著作选读》第一卷、第二卷，人民出版社，2023。

---

① 《习近平谈治国理政》第一卷，外文出版社，2018。

《习近平关于中国式现代化论述摘编》，中央文献出版社，2023。

《〈中共中央关于党的百年奋斗重大成就和历史经验的决议〉辅导读本》，人民出版社，2021。

《中国共产党第二十次全国代表大会文件汇编》，人民出版社，2022。

罗荣渠、牛大勇编《中国现代化历程的探索》，北京大学出版社，1992。

B.4
中国式现代化的思想脉络和理论逻辑

牛先锋　时若水*

摘　要： 现代化的本来含义是由传统社会向现代社会的转变过程，是生产力推动下经济社会发展进步的过程。任何一个民族要走出传统、走向现代，都要经历一个现代化的历程，中华民族同样如此。中国传统社会向现代社会的转变与近代以来中华儿女追求民族复兴的脚步同行。在实现现代化的过程中，中华民族在中国共产党的领导下走出了一条不同于西方现代化模式的中国式现代化之路。建立在中国实践基础上的中国式现代化理论随着党对现代化的探索实践而逐步完善。

关键词： 中国式现代化　理论逻辑　历史演进

一　新民主主义革命时期

现代化是由传统社会向现代社会的转变过程。由于资本主义经济的兴起，16~17 世纪的欧洲一跃成为现代化的起源地。它萌生和发展于资本主义生产关系之中，是生产力推动下的经济社会发展进步的过程，没有明确的发展终点。世界上任何一个民族、任何一个国家，要想突破传统社会的桎梏走向现代社会，都要经历现代化，中国社会也同样遵循这一社会历史

* 牛先锋，中共中央党校（国家行政学院）马克思主义学院院长、教授、博士生导师，兼任中共中央党校（国家行政学院）中国式现代化研究中心副主任，主要研究方向为马克思主义基本原理；时若水，中共中央党校（国家行政学院）马克思主义学院博士研究生，主要研究方向为马克思主义基本原理。

发展规律。中国传统社会向现代社会的转变与近代以来中华儿女追求民族复兴的脚步同行。在实现现代化的过程中，中华民族在中国共产党的领导下走出了一条不同于西方现代化模式的中国式现代化之路。建立在中国实践基础上的中国式现代化理论随着党对现代化探索实践而逐步完善。

在新民主主义革命时期，我们党受革命形势的影响，较少考虑现代化的问题，对"现代化"的认识也不够深入，但对中国建设现代化的社会主义性质已经明确，并初步确定了新中国由农业国转向工业国的现代化建设目标。

（一）初步确定中国现代化道路的社会主义性质

纵观人类现代化的历史，现代化首先发生在西欧社会，与资本主义生产方式的出现密切相关。那么，作为现代化初始版本的西欧现代化历程是否意味着"现代化＝西方化""现代化＝资本主义"呢？对于这一问题，我们党在新民主主义革命时期进行了积极探索，给予了明确的回答。

1840 年，鸦片战争的爆发改变了中国的社会性质，成为中国近代历史的开端。中西文明在战火中激烈交锋的过程也是传统文明与现代文明碰撞的过程。在挽救民族危亡的艰辛探索中，中国人民意识到只有突破传统社会的桎梏走向现代社会，才能真正实现民族复兴。中国共产党成立之前，国内先进知识分子以西方资本主义现代化为蓝本在器物、思想、制度等方面进行学习、变革。然而，以瓜分世界、资源掠夺为实质的第一次世界大战彻底暴露了西方资本主义现代化掠夺式的发展逻辑。这让中国社会对西方现代化道路的正义性与合理性产生了质疑。以马克思主义为指导的俄国十月革命使中国看到了一种不同于资本主义现代化的新文明。中国共产党成立之后，坚持运用马克思主义的立场、观点、方法指导中国革命的具体实践，创造性地提出了中国革命"两步走"的战略步骤和最终走向社会主义的光明前途。1940 年，毛泽东在《新民主主义论》中明确指出"中国革命的历史进程，必须分为两步，其第一步是民主主义的革命，其第二步是社会主义的革命，这是性质不同的两个革命过程"①，中国革命的"第一步、第一阶段，绝不是也不能建立中国资产阶级专政的资本主义的社会，而是要建立以中国无产阶级为首领的中国各个革命阶级联合专政的新民主主义的社会，以完结其第一阶段。然后，再使之发展到第二阶段，以建立中国社会主义的社会"。②这就明确了中国共产党领导的新民主主义革命在为资本主义扫清道路之时，也在为社会主义创造前提，中国革命的前途是社会主义而非资本主义。中国共产党对革命前途的分析，实际上已经在思想上淘汰了中国走资本主义现代化的方案，总体上明确了社会主义基本方向。

1949 年，毛泽东在党的七届二中全会的报告中指出："中国的现代性工业的产值虽然还只占国民经济总产值的 10% 左右，但是它却极为集中，最大的和最主要的资本是集中在帝国主义者及其走狗中国官僚资产阶级的手里。没收这些资本归无产阶级领导的人民共和国所有，这使人民共和国掌握了国家的经济命脉，使国营经济成为整个国民经济的领导成分。这一部分经济，是社会主义性质的经济，不是资本主义性质的经济。谁要是忽视或轻视了这一点，谁就要犯右倾机会主义的错误。"③ 这里对我国当时现代工业的本质属性进行了分析，初步规定了新中国进行现代化建设的社会主义属性，明确我国官僚资本主义性质的现代工业必须收归国有变为社会主义性质的经济。

经过 28 年的浴血奋战，党领导人民取得了新民主主义革命的胜利。新民主主义革命的胜利决定性地改变了近代中国现代化的性质与方向。近代以来处于帝国主义和封建主义压迫之下的资本主义现代化方案就此退场。新民主主义革命因其彻底地完成了反帝反封建的历史使命而使中国避免沦为资本主义世界体系的附庸，为中国的现代化进程确定了社会主义现代化的全新历

---

① 《毛泽东选集》第二卷，人民出版社，1991。
② 《毛泽东选集》第二卷，人民出版社，1991。
③ 《建党以来重要文献选编》第 26 册，中央文献出版社，2011。

史方向。① 总的来说，党在这一阶段排除了中国走资本主义现代化的选择，从思维上确认了中国式现代化的社会主义方向。

（二）提出新中国"由农业国转变为工业国"的目标

现代化是人类文明由传统向现代的发展进程，工业革命在其中发挥了深刻的推动作用，工业化常常被视为现代化的核心要素。中华民族在争取民族解放的过程中受到了现代工业文明的影响。党在领导新民主主义革命军事斗争的同时，清醒地认识到稳步把我国由落后的农业国转变为工业国是实现中华民族伟大复兴的必要条件，提出了实现工业化的建设目标。

1945 年 4 月，党的七大将毛泽东思想确立为党的指导思想，毛泽东在会上做《论联合政府》的报告，指出"实现中国的工业化和农业近代化"是党要解决的主要问题。他认为，在新民主主义的政治条件获得之后，中国人民及其政府必须采取切实的步骤，在若干年内逐步地建立重工业和轻工业，使中国由农业国变为工业国。新民主主义的国家，如无巩固的经济做它的基础，如无进步的比较现时发达得多的农业，如无大规模的在全国经济比重上占极大优势的工业以及与此相适应的交通、贸易、金融等事业做它的基础，是不能巩固的。② 这就明确了政治革命胜利之后我国由农业国向工业国转化的经济建设目标。

1949 年 3 月，在新中国成立前夕，中国共产党第七届中央委员会第二次全体会议在西柏坡召开。毛泽东在报告中客观评估了当时中国工业的实际发展水平，对新中国的现代化建设做了初步的设想。他指出："中国已经有大约百分之十左右的现代性的工业经济，这是进步的，这是和古代不同的。"③ 然而，"中国还有大约百分之九十左右的分散的个体的农业经济和手工业经济，这是落后的，这是和古代没有多大区别的，我们还有百分之九十

---

① 张晓萌、张潇梦：《社会主义现代化：中国式现代化的历史求索与本质特征》，《首都师范大学学报》（社会科学版）2023 年第 4 期。

② 《毛泽东选集》第三卷，人民出版社，1991。

③ 《建党以来重要文献选编》第 26 册，中央文献出版社，2011。

左右的经济生活停留在古代。古代有封建的土地所有制，现在被我们废除了，或者即将被废除，在这点上，我们已经或者即将区别于古代，取得了或者即将取得使我们的农业和手工业逐步地向着现代化发展的可能性。但是，在今天，在今后一个相当长的时期内，我们的农业和手工业，就其基本形态来说，还是和还将是分散的和个体的，即是说，同古代近似的"。[①]他充分肯定了我国由传统社会向现代工业社会发展的基础，也看到了我国经济发展整体落后而未突破古代社会的基本情况，并认为对封建落后所有制的废除又为我国的农业、手工业现代化发展提供了可能性。新中国成立前，中国共产党把社会主义工业化的目标即"使中国稳步地由农业国转变为工业国，把中国建设成一个伟大的社会主义国家"作为建国方略提出。新中国成立后，党在实践中进一步深化了对社会主义建设规律的认识，逐步明确并完善国家现代化建设的战略性目标。

概括地讲，党在新民主主义革命时期初步规定了中国现代化建设的社会主义方向，提出了我国由农业国转向工业国的目标，这是中国式现代化的理论先声。半殖民地半封建社会的旧中国显然是无法实现现代化的。党团结带领人民在新民主主义革命时期的斗争实践，实现了民族独立、人民解放，为实现现代化创造了根本社会条件。

二　社会主义革命和建设时期

如果说在新民主主义革命时期，中国共产党初步选择了社会主义作为中国建设现代化的基本方向，那么在社会主义革命和建设时期，我们党对现代化道路的性质问题则有了更为明确的答案。与此同时，党在理论与实践中深入分析并突破已有的现代化的模式，在内容上不断丰富现代化的维度，提出"四个现代化"的目标。

---

① 《建党以来重要文献选编》第26册，中央文献出版社，2011。

（一）明确中国现代化的社会主义性质

新中国成立标志着我国实现了民族解放，中国探索现代化道路有了最根本的社会条件。"三大改造"的完成则标志着我国确立了社会主义制度，中国建设坚持现代化道路明确了最根本的社会主义方向。1956年9月27日中国共产党第八次全国代表大会指出，社会主义制度在我国基本建立起来，"我们对农业、手工业和资本主义工商业的社会主义改造，就是要变革资产阶级所有制，变革产生资本主义根源的小私有制。现在这种社会主义改造已经取得决定性胜利，这就表明，我国的无产阶级同资产阶级之间的矛盾已经基本上解决，几千年来的剥削制度的历史基本结束，社会主义的制度在我国已经基本建立起来了"。① 毋庸置疑，中国的现代化是社会主义现代化，而不是其他任何性质的现代化，中国选择了一条与资本主义现代化截然不同的道路，也自此避免了沦为资本主义现代化附庸的命运。

（二）突破苏联现代化模式，提出"走中国自己的工业化道路"

新中国成立后，我国的现代化建设正式开启。我国社会的主要矛盾也逐步由阶级矛盾转化为生产力与生产关系之间的矛盾，建设社会主义现代化成为我国的重要任务。但是受历史条件的限制，建设社会主义现代化并没有丰富成熟的经验可供我们学习借鉴，主要是"以俄为师"。"以俄为师"是我国探索社会主义现代化建设模式的初始状态。我们主要实施重工业优先的工业化发展道路，依靠强大的国家计划指令，构建全国完整的工业和国防体系。值得肯定的是，"一五"计划的实施使我国在"一穷二白"的基础上建立起了独立的工业体系，奠定了我国工业化的基础，加速推进了中国现代化的步伐。

但是随着现实的发展，20世纪50年代后期，苏联高度集中的计划经济体制的弊端在我国的现代化建设实践中日益凸显，片面发展重工业的结果是

---

① 《复兴文库第三编》第三卷第一册，中华书局，2022。

轻工业和农业的发展动力不足。苏共二十大报告对于斯大林模式的批判也引起了党内的反思。1956年4月，毛泽东在《论十大关系》中从中国国情出发，提出"以苏为鉴"，要"适当地调整重工业和农业、轻工业的投资比例，更多地发展农业、轻工业"①。党领导人民探索现代化模式从"以俄为师"到"以苏为鉴"，认为对"苏联的经验只能择其善者而从之，其不善者不从之"②，应致力于探索符合中国具体国情的建设之路，走出一条中国自己独特的工业化道路，在以重工业为经济建设的中心的同时，兼顾农业、轻工业的发展，关注重工业、农业、轻工业三者之间的产业结构均衡问题。对苏联模式的反思及对我国国情的分析是我们党独立探索现代化建设的开始，也是"中国式现代化"的起点。党深入分析总结现代化建设的历史经验，清晰地认识到建设现代化要结合各国具体国情，实现现代化也必然存在不同的模式选择。

（三）提出"四个现代化"目标和"两步走"战略安排

现代化的目标关乎现代化的大局和方向。中国共产党对现代化目标的认识有一个从"工业化"到"四个现代化"逐步深化的过程。

新中国成立之初，我国仍然是落后的农业国，而世界上发达国家已进入工业社会。面临国内外复杂形势，党中央初步把现代化定位于"工业化"。1953年，党中央正式提出"一化三改"的过渡时期总路线，明确规定了实现国家工业化和完成社会主义改造是党的中心任务，并把工业化作为"一化三改"的首要目标确立下来。通过重点发展工业化来进一步发展生产力，通过变革生产关系反过来推动工业化发展，在生产力与生产关系的良性互动中确立社会主义制度，为我国现代化建设奠定了制度基础。

1954年，第一届全国人民代表大会召开。我们党设想在10年到15年间实现我国由农业国向工业国的转变，并初次提出了以工业、农业、交通运

---

① 《毛泽东文集》第七卷，人民出版社，1999。
② 《毛泽东文集》第七卷，人民出版社，1999。

输业和国防为主要内容的现代化奋斗目标。毛泽东同志致开幕词："准备在几个五年计划之内，将我们现在这样一个经济上文化上落后的国家，建设成为一个工业化的具有高度现代文化程度的伟大的国家。"① 周恩来在这次会上所做的《政府工作报告》中明确指出："我国的经济原来是很落后的。如果我们不建设起强大的现代化的工业、现代化的农业、现代化的交通运输业和现代化的国防，我们就不能摆脱落后和贫困，我们的革命就不能达到目的。"② 这是周恩来代表党中央第一次提出的关于"四个现代化"的构想，在内容上丰富了现代化的目标，由单一的工业化追求丰富至实现"现代化的工业、现代化的农业、现代化的交通运输业和现代化的国防"③。从工业化到"四个现代化"，反映了党对现代化认识的深化。

党领导人民在进行社会主义工业化建设之时，对发展科学文化也提出了新的要求，把现代科学文化纳入我国实现现代化的整体构想之中。1956 年 1 月 25 日，毛泽东在最高国务会议第六次会议上指出，社会主义革命的目的是解放生产力，"要在几十年内，努力改变我国在经济上和科学文化上的落后状况，迅速达到世界的先进水平"。④ 1957 年他在《关于正确处理人民内部矛盾的问题》中指出要将我国建设成为"一个具有现代工业、现代农业和现代科学文化的社会主义国家"。⑤ 1959 年底，毛泽东在阅读苏联《政治经济学教科书》时进一步强调国防现代化是国家现代化内容之一，"建设社会主义，原来要求是工业现代化，农业现代化，科学文化现代化，现在要加上国防现代化"。⑥ 这是我们党第一次提出以工业、农业、科技文化、国防为主的现代化建设为发展核心。

1957 年 8 月，周恩来在主持国务院常务会议时曾说明工业是"包括交通运输在内"，因而交通运输业现代化不再被单独作为一个现代化的概念。

---

① 《建国以来重要文献选编》第五册，中央文献出版社，1993。
② 《建国以来重要文献选编》第五册，中央文献出版社，1993。
③ 《建国以来重要文献选编》第五册，中央文献出版社，1993。
④ 《建国以来重要文献选编》第八册，中央文献出版社，1994。
⑤ 《建国以来重要文献选编》第十册，中央文献出版社，1994。
⑥ 《毛泽东文集》第八卷，人民出版社，1999。

1960 年 2 月，周恩来在阅读苏联《政治经济学教科书》的发言中将"科学文化现代化"改为"科学技术现代化"。至此，我们党完整提出了"四个现代化"的基本内容。

1964 年底至 1965 年初，第三届全国人民代表大会召开，"现代农业、现代工业、现代国防和现代科学技术"作为"四个现代化"的内容被明确下来。周恩来在《政府工作报告》中代表党中央、国务院宣布："在不太长的历史时期内，把我国建设成为一个具有现代农业、现代工业、现代国防和现代科学技术的社会主义强国，赶上和超过世界先进水平。"① 党制定了实现"四个现代化"和"两步走"的战略安排，即从第三个五年计划开始，第一步，用 15 年的时间建成一个独立的、比较完整的工业体系和国民经济体系；第二步，到 20 世纪末全面实现农业、工业、国防和科学技术的现代化，使中国经济走在世界前列。

1975 年，周恩来在四届人大一次会议上重申"四个现代化"的宏伟目标，并细化了"两步走"的具体时间安排。

从工业化到"四个现代化"，中国共产党根据国际形势及国内发展变化，不断完善社会主义现代化的战略目标，形成"四个现代化"理论。"两步走"战略安排的确立则为中国探索建设社会主义现代化提供了基本步骤。两者是中国式现代化理论的重要内容，有力指导了中国现代化建设实践。

概括地讲，党在社会主义革命和建设时期通过确立社会主义基本制度进一步明确了我国现代化的社会主义根本属性；从"以俄为师"到"以苏为鉴"的思维转变中艰辛探索，开启了走中国自己的工业化之路；在实践中不断深化对现代化的认识，提出"四个现代化"战略目标和"两步走"的战略安排。党领导人民在"一穷二白"的新中国开展社会主义建设实践，建立起独立完整的工业体系和国民经济体系，在国防科技领域实现创新突破。党在这一时期取得的理论创新与实践成就，为我国的现代化建设提供了宝贵经验、理论准备、物质基础。

---

① 《周恩来选集》下卷，人民出版社，1984。

三 改革开放和社会主义建设新时期

在改革开放和社会主义建设新时期，中国共产党总结社会主义现代化建设正反两方面的经验和教训，对社会主义现代化建设的相关问题进行了深入的思考，进一步深化了对社会主义、现代化及两者之间的关系的认识，推动社会主义现代化的实践探索，在方向上坚持社会主义现代化的指导方针，在实践上加快了对现代化建设的道路探索，逐步形成了"中国式的现代化"理论。

党的十一届三中全会召开以后，我国踏上了改革开放和社会主义建设新征程。如何实现社会主义现代化建设成为进入新时期之后必须要解决的历史课题，其首要问题则是怎么认识社会主义现代化的问题。

（一）提出"中国式的现代化"的时代命题

1979 年 3 月 21 日，邓小平在会见英中文化协会执行委员会代表团时，第一次明确提出了社会主义现代化的目标："我们定的目标是在本世纪末实现四个现代化。我们的概念与西方不同，我姑且用个新说法，叫做中国式的四个现代化。""中国式的四个现代化"这一重要命题突出了现代化的中国特色，强调在中国实现现代化与西方实现现代化不可能相同。

之后，邓小平同志在党的理论工作务虚会上的讲话指出："我们当前以及今后相当长一个历史时期的主要任务是什么？一句话，就是搞现代化建设。能否实现四个现代化，决定着我们国家的命运、民族的命运。"[1] 而且在讲话中强调："过去搞民主革命，要适合中国情况，走毛泽东同志开辟的农村包围城市的道路。现在搞建设，也要适合中国情况，走出一条中国式的现代化道路。"[2]

---

① 《邓小平文选》第二卷，人民出版社，1994。
② 《邓小平文选》第二卷，人民出版社，1994。

1982 年，党的十二大召开，邓小平指出："我们的现代化建设必须从中国实际出发。无论是革命还是建设，都要注意学习和借鉴外国经验。但是照搬别国经验、别国模式，从来不能得到成功。这方面我们有过不少教训。把马克思主义的普遍真理同我国的具体实际结合起来，走自己的道路，建设有中国特色的社会主义，这是我们总结长期历史经验得出的基本结论。"[①] 这是我们党首次使用"中国特色的社会主义"这一概念来阐释中国的现代化建设方向。

这一时期，党和国家面临该往何处去的深刻问题。一方面，党的十一届三中全会以来我国的发展形势向好，慢慢步入经济发展正轨；另一方面，长时期的政治斗争影响了我国经济状况，进而影响了社会稳定发展态势，导致党和国家面临诸多困难，例如经济发展缓慢，经济体制亟须调整，社会政治秩序不稳定，党的建设亟须加强等。因此，邓小平在深刻理解社会主义现代化建设的前提下，将党和国家建设任务与中国式的"四个现代化"相结合，赋予了中国式的现代化新的时代意义，并正式提出了中国式的现代化的概念，并由此开启了新时期对中国式现代化的进一步理论与实践探索。

（二）阐发"中国式的现代化"的战略设想

1979 年 12 月，邓小平与日本首相大平正芳会晤时强调："我们要实现的四个现代化，是中国式的四个现代化。我们的四个现代化的概念，不是像你们那样的现代化的概念，而是'小康之家'。到本世纪末，中国的四个现代化即使达到了某种目标，我们的国民生产总值人均水平也还是很低的。要达到第三世界中比较富裕一点的国家的水平，比如国民生产总值人均 1000 美元，也还得付出很大的努力。所以，我只能说，中国到那时也还是一个小康的状态。"[②] 在这次会见中，邓小平第一次用"小康"这一带有中国传统文化色彩的词勾勒了中国现代化的蓝图，中国现代化在语言上与西方大工业

---

① 《十一届三中全会以来重要文献选读》上册，人民出版社，1987。
② 《邓小平与外国首脑及记者会谈录》，台海出版社，2011。

化、大机械化不同，显示了与西方现代化的区分，突出了中国特色与独立自主发展的态度；在内涵上与西方现代化标准的不同，体现了对全盘西化思想的纠正，强调应根据中国国情制定切实可行的发展目标。

在这一框架下，邓小平先后阐发了社会主义初级阶段理论、"三步走"战略思想等。此后，中国共产党在中国社会主义现代化建设实践中不断丰富现代化建设目标的内涵，并与时俱进地调整实现现代化的战略部署安排。

1982年，党的十二大确定分"两步走"到20世纪末实现小康社会的战略目标。

1987年，党的十三大立足国际国内发展现状，提出实现中国现代化的"三步走"战略部署："第一步，实现国民生产总值比一九八〇年翻一番，解决人民的温饱问题，这个任务已经基本实现。第二步，到本世纪末，使国民生产总值再增长一倍，人民生活达到小康水平。第三步，到下个世纪中叶，人均国民生产总值达到中等发达国家水平，人民生活比较富裕，基本实现现代化。然后，在这个基础上继续前进。"①

1997年，党的十五大召开，"三步走"战略的第二步即将实现，党进一步细化了第三步的阶段性目标，即到2010年国民生产总值比2000年翻一番、到2020年全面建成小康社会、到2050年基本实现现代化。这就是新的"三步走"战略部署。

2002年，党的十六大召开，人民生活总体达到小康水平。站在新的历史起点上，党首次规划了"全面建设小康社会"的宏伟蓝图，为中国现代化建设确立了新的更高的奋斗目标。

2007年，党的十七大从中国经济发展与社会发展相协调的角度出发，对全面建设小康社会提出新的更高的要求，并提出要把我国建设成"富强民主文明和谐的社会主义现代化国家"，进一步丰富了现代化建设目标的内涵，我国社会主义现代化建设的布局也由"三位一体"提升为"四位一体"。

---

① 《十三大以来重要文献选编》上，中央文献出版社，2011。

这些战略构想是我们党在改革开放的环境下，对社会主义现代化建设所进行的思考，极大地丰富了现代化理论。

（三）再次明确"中国式的现代化"的社会主义性质

中国式现代化是不同于西方资本主义性质现代化的社会主义现代化。社会主义是中国式现代化的本质属性，这是不容置疑和否定的。

改革开放之后，西方思潮快速涌入，在政治、经济、文化等方面的相对差异下，社会民众中掀起了"全盘西化"的思想浪潮，甚至党内少数同志也存在这种思想倾向。同一时期的姓"资"姓"社"问题的探讨也加速了这种思潮的演变。

针对"全盘西化"的现代化思潮，邓小平在 1987 年重申了社会主义现代化中的社会主义性质，指出："我们干四个现代化，人们都说好，但有些人脑子里的四化同我们脑子里的四化不同。我们脑子里的四化是社会主义的四化。他们只讲四化，不讲社会主义。这就忘记了事物的本质，也就离开了中国的发展道路。这样，关系就大了。在这个问题上我们不能让步。"① 并在多个场合重申了这一观点，例如"我们搞的四个现代化，是社会主义的四个现代化。只有社会主义，才能有凝聚力，才能解决大家的困难，才能避免两极分化，逐步实现共同富裕"。②

中国式的现代化不是西方资本主义现代化的翻版，更不是苏联社会主义现代化的套版，而是立足于自身发展现状的基础上，不断完善自身、发展自身的现代化，是中国共产党领导的社会主义现代化。对社会主义性质的强调，明确了在中国搞现代化建设，只能依靠社会主义，不能依靠资本主义，从根本上规定了中国式的现代化的社会主义本质属性，为中国式的现代化建设指明了行进方向。

概括地讲，我们党在改革开放和社会主义现代化建设新时期提出了

---

① 《邓小平文选》第三卷，人民出版社，1994。
② 《邓小平文选》第三卷，人民出版社，1994。

"中国式的现代化"的命题，开启了中国式现代化的新长征。在总结现代化建设现实与过往理论和实践经验的基础上，阐明中国式现代化的战略构想，强调中国式现代化的社会主义性质，不断深化中国式现代化理论，为中国的现代化建设提供了强大的理论支持，为中国的现代化进程注入了强大的理论动力。这一时期的现代化建设实践完成了从温饱不足到总体小康的跨越，为中国式现代化提供了快速发展的物质基础。

四　中国特色社会主义新时代

2012 年，党的十八大召开，中国特色社会主义进入新时代。中国共产党围绕现代化建设中存在的突出问题，实现了实践基础上的理论创新，创立了习近平新时代中国特色社会主义思想，提出了关于中国式现代化的科学内涵、本质要求、战略安排，以及推进中国式现代化需要把握的重大原则、重要关系，使中国式现代化在理念上更加清晰科学，成功推进和拓展了中国式现代化。

（一）提出中国式现代化的科学内涵

习近平总书记指出："一个国家选择什么样的现代化道路，是由其历史传统、社会制度、发展条件、外部环境等诸多因素决定的。国情不同，现代化途径也会不同。实践证明，一个国家走向的现代化，既要遵循现代化一般规律，更要符合本国实际，具有本国特色。"[1] 中国式现代化是具有中国特色的现代化，是区别于以往任何国家的现代化。党的二十大报告旗帜鲜明地指出了中国式现代化的中国特色，深刻阐发了中国式现代化的科学内涵。

中国式现代化是人口规模巨大的现代化。"现代化的本质是人的现代化"[2]，人的现代化是中国式现代化追求的价值目标。迄今为止，全球实现

---

[1] 《习近平关于中国式现代化论述摘编》，中央文献出版社，2023。
[2] 《习近平关于中国式现代化论述摘编》，中央文献出版社，2023。

现代化的地区的人口占世界人口的 13%，约为 10 亿人。我国约 14 亿人口，占世界人口的 18%，是世界上人口最多的国家之一。在这样人口规模巨大的国家实现现代化是世界性难题。"中国实现现代化，是人类历史上前所未有的大变革。中国实现了现代化意味着比现在所有发达国家人口总和还要多的中国人民将进入现代化行列。"① 人口规模巨大是我国现代化的鲜明特征，人类历史上并没有先例可循，这意味着中国式现代化的实现将彻底改写世界现代化版图，深刻影响人类文明进程；也意味着我国实现现代化面临难以想象的艰巨性和复杂性问题，这是西方现代化未经历的新问题，也是其以资本逻辑为内核的现代化历程中不予考虑的问题。事实上，中国式现代化是人类历史上规模最大的现代化，也是难度最大的现代化。在唯物史观指引下的中国共产党遵循人本逻辑，其所领导的中国式现代化以人的自由发展为终极目标，坚持以人民为中心的发展思想，在人口素质、人口健康等方面都对中国式现代化的人口质量提出了更高的要求。习近平总书记在福建考察时提到"人民健康是社会主义现代化的重要标志"。② 他在二十届中央财经委员会第一次会议上指出，"人口发展是关系中华民族伟大复兴的大事，必须着力提高人口整体素质，以人口高质量发展支撑中国式现代化"。③

中国式现代化是全体人民共同富裕的现代化。实现共同富裕是马克思主义的基本目标。共同富裕是中国式现代化最鲜明的特征，也是中国式现代化区别于西方现代化的显著标志。"共同富裕是社会主义的本质要求，是中国式现代化的重要特征。我们说的共同富裕是全体人民共同富裕，是人民群众物质生活和精神生活都富裕，不是少数人富裕，也不是整齐划一的平均主义。"④ 党的二十大报告指出："中国式现代化是全体人民共同富裕的现代化。共同富裕是中国特色社会主义的本质要求，也是一个长期的历史过程。我们坚持把实现人民对美好生活的向往作为现代化建设的出发点和落脚点，

---

① 《习近平关于中国式现代化论述摘编》，中央文献出版社，2023。
② 《习近平关于中国式现代化论述摘编》，中央文献出版社，2023。
③ 《习近平关于中国式现代化论述摘编》，中央文献出版社，2023。
④ 《习近平关于中国式现代化论述摘编》，中央文献出版社，2023。

着力维护和促进社会公平正义，着力促进全体人民共同富裕，坚决防止两极分化。"① 与以资本为中心的西方现代化不同，中国式现代化坚持以人民为中心，突出现代化方向的人民性，坚持发展为了人民、发展依靠人民、发展成果由人民共享。根据我国经济发展现状，习近平总书记指出促进共同富裕要把握好四个原则：鼓励勤劳创新致富、坚持基本经济制度、尽力而为量力而行、坚持循序渐进。

中国式现代化是物质文明和精神文明相协调的现代化。高度文明是现代化国家的显著标志。"我国现代化是物质文明和精神文明相协调的现代化。我国现代化坚持社会主义核心价值观，加强理想信念教育，弘扬中华优秀传统文化，增强人民精神力量，促进物的全面丰富和人的全面发展。"② 西方在实现现代化过程中受资本贪婪本性驱使，不择手段积累财富而忽略精神文明建设，致使信仰缺失、精神贫乏。中国式现代化追求物质文明和精神文明协调发展，为实现人的自由全面发展协同发力。党的二十大明确指出："物质富足、精神富有是社会主义现代化的根本要求。物质贫困不是社会主义，精神贫乏也不是社会主义。"③ 中国式现代化不仅是社会主义现代化，更是区别于西方的现代化、物质文明和精神文明建设并行发展的现代化。习近平总书记指出："当高楼大厦在中国大地上遍地林立时，中华民族精神的大厦也应该巍然耸立。我们将不断提高人民物质生活和精神生活水平，做到家家仓廪实衣食足，又让人人知礼节明荣辱。"④ 当今世界百年未有之大变局加速演进，世界进入动荡变革期，我们格外需要坚定文化自信，建设高度的社会主义精神文明。

中国式现代化是人与自然和谐共生的现代化。回顾资本主义工业化发展历史，自然工具化的现象突出。资本主义为盲目追求物质财富而无休止地掠夺自然资源。它在创造巨大物质财富的同时，也对生态环境造成了不可逆的

---

① 《十九大以来重要文献选编》（下），中央文献出版社，2023。
② 《习近平著作选读》第二卷，人民出版社，2023。
③ 《习近平著作选读》第一卷，人民出版社，2023。
④ 《十八大以来重要文献选编》，中央文献出版社，2016。

创伤。中国式现代化坚持新发展理念，统筹推进经济社会发展和生态环境保护，确保可持续发展。党的十八大以来，党中央把生态文明建设摆在社会主义现代化进程中的突出位置，生态文明理念日益深入人心。我国已然成为全球生态文明建设的重要参与者、贡献者、引领者，主张加快构建尊崇自然、绿色发展的生态体系，共建清洁美丽的世界。2022年10月，党的二十大报告明确指出："中国式现代化是人与自然和谐共生的现代化。人与自然是生命共同体，无止境地向自然索取甚至破坏自然必然会遭到大自然的报复。我们坚持可持续发展，坚持节约优先、保护优先、自然恢复为主的方针，像保护眼睛一样保护自然和生态环境，坚定不移走生产发展、生活富裕、生态良好的文明发展道路，实现中华民族永续发展。"2023年2月，习近平总书记进一步强调"尊重自然、顺应自然、保护自然，促进人与自然和谐共生，是中国式现代化的鲜明特点"①，"要牢固树立和践行'绿水青山就是金山银山'的理念，坚持山水林田湖草沙一体化保护和系统治理，推进生态优先、节约集约、绿色低碳发展，加快发展方式绿色转型，提升生态系统多样性、稳定性、持续性，积极稳妥推进碳达峰、碳中和，以高品质的生态环境支撑高质量发展"。②

中国式现代化是走和平发展道路的现代化。中国式现代化开辟了和平崛起的国家富强之路。西方资本主义现代化以对外殖民血腥掠夺、对内残酷剥削人民为基础。历史上著名的英国圈地运动、美国西进运动等都表现了资本主义现代化的暴力血腥。西方以其掠夺式的现代化发展逻辑提出了"中国威胁论"，认为中国实现现代化也必然要建立霸权。但中华民族自古就有崇尚和平的文化基因，中国的现代化也绝不走通过掠夺实现现代化的西式老路。中国共产党领导的中国式现代化始终坚持走和平发展之路。党的二十大报告明确指出："中国式现代化是走和平发展道路的现代化。我国不走一些国家通过战争、殖民、掠夺等方式实现现代化的老路，那种损人利己、充满

---

① 《习近平关于中国式现代化论述摘编》，中央文献出版社，2023。
② 《习近平关于中国式现代化论述摘编》，中央文献出版社，2023。

血腥罪恶的老路给广大发展中国家人民带来深重苦难。我们坚定站在历史正确的一边、站在人类文明进步的一边，高举和平、发展、合作、共赢旗帜，在坚定维护世界和平与发展中谋求自身发展，又以自身发展更好维护世界和平与发展。"① 历史已经并将持续证明，中国从一个积贫积弱的国家发展成为世界第二大经济体，靠的是人民群众的辛勤劳动、创新创造，而不是对外军事侵略、殖民掠夺。

（二）明确中国式现代化的本质要求

由于历史传统、文化和国情的不同，各国走向现代化的过程中会形成各自内在的质的规定性。党领导的中国式现代化也必然有其本质要求。

党的二十大报告立足于我国现代化建设实际，明确提出，"中国式现代化的本质要求是：坚持中国共产党领导，坚持中国特色社会主义，实现高质量发展，发展全过程人民民主，丰富人民精神世界，实现全体人民共同富裕，促进人与自然和谐共生，推动构建人类命运共同体，创造人类文明新形态"。② 中国式现代化的本质要求突出了中国式现代化的领导核心，肯定了中国式现代化的正确道路，阐明了中国式现代化的内在规定性，明确了经济建设、政治建设、文化建设、社会建设、生态文明建设的核心要义和根本追求，指明了推进中国式现代化对人类文明和世界发展的重要意义所在。习近平总书记指出，"党的二十大报告对中国式现代化的本质要求作出科学概括。这个概括是党深刻总结我国和世界其他国家现代化建设的历史经验，对我国这样一个东方大国如何实现现代化在认识上不断深入、战略上不断完善、实践上不断丰富而形成的思想理论结晶，我们要深刻领会、系统把握，特别是要把这个本质要求落实到各项工作之中。"

（三）做出中国式现代化的战略安排

习近平总书记指出："战略问题是一个政党、一个国家的根本性问题。

---

① 《习近平关于中国式现代化论述摘编》，中央文献出版社，2023。
② 《习近平著作选读》第一卷，人民出版社，2023。

战略上判断得准确，战略上谋划得科学，战略上赢得主动，党和人民事业就大有希望。"① 新时代意味着新使命、新目标，党在新的历史时期所作的科学规划部署为实现中国式现代化的目标指明了发展方向，提供了切实可行的实践遵循。

党的十九大报告在提出建党 100 年、新中国成立 100 年 "两个一百年" 奋斗目标的基础上，系统规划了全面建成小康社会之后的发展阶段即从 2020 年至 21 世纪中叶分两个阶段建设社会主义现代化。全面建成小康社会不是终点，而是全面建成社会主义现代化的新起点。党的二十大则进一步明确了实现全面建成社会主义现代化强国的 "两步走" 战略："从二〇二〇年到二〇三五年基本实现社会主义现代化；从二〇三五年到本世纪中叶把我国建成富强民主文明和谐美丽的社会主义现代化强国。"②

关于中国式现代化的阶段任务，我们党以党的二十大的时间节点和战略安排为基点，详细部署了未来 5 年、2035 年、21 世纪中叶三个时间节点的任务目标，形成依次接力的任务链。

一是到 2027 年，党的二十大报告指出："未来五年是全面建设社会主义现代化国家开局起步的关键时期，主要目标任务是：经济高质量发展取得新突破，科技自立自强能力显著提升，构建新发展格局和建设现代化经济体系取得重大进展；改革开放迈出新步伐，国家治理体系和治理能力现代化深入推进，社会主义市场经济体制更加完善，更高水平开放性经济新体制基本形成；全过程人民民主制度化、规范化、程序化水平进一步提高，中国特色社会主义法治体系更加完善；人民精神文化生活更加丰富，中华民族凝聚力和中华文化影响力不断增强；居民收入增长和经济增长基本同步，劳动报酬提高与劳动生产率提高基本同步，基本公共卫生服务均等化水平明显提升，多层次社会保障体系更加健全；城乡人居环境明显改善，美丽中国建设成效显著；国家安全更为巩固，建军一百年奋斗目标如期实现，平安中国建设扎实

---

① 《习近平谈治国理政》第四卷，外文出版社，2022。
② 《习近平著作选读》第一卷，人民出版社，2023。

推进；中国国际地位和影响进一步提高，在全球治理中发挥更大作用。"①

二是到 2035 年，"我国发展的总目标是：经济实力、科技实力、综合国力大幅跃升，人均国内生产总值迈上新的大台阶，达到中等发达国家水平；实现高水平科技自立自强，进入创新型国家前列；建成现代化经济体系，形成新发展格局，基本实现新型工业化、信息化、城镇化、农业现代化；基本实现国家治理体系和治理能力现代化，全过程人民民主制度更加健全，基本建成法治国家、法治政府、法治社会；建成教育强国、科技强国、人才强国、文化强国、体育强国、健康中国，国家文化软实力显著增强；人民生活更加幸福美好，居民人均可支配收入再上新台阶，中等收入群体比重明显提高，基本公共服务实现均等化，农村基本具备现代生活条件，社会保持长期稳定，人的全面发展、全体人民共同富裕取得更为明显的实质性进展；广泛形成绿色生产生活方式，碳排放达峰后稳中有降，生态环境根本好转，美丽中国目标基本实现；国家安全体系和能力全面加强，基本实现国防和军队现代化"。②

三是到 21 世纪中叶，"在基本实现现代化的基础上，我们要继续奋斗，到本世纪中叶，把我国建设成为综合国力和国际影响力领先的社会主义现代化强国"。③"到那时，我国物质文明、政治文明、精神文明、社会文明、生态文明将全面提升，实现国家治理体系和治理能力现代化，成为综合国力和国际影响力领先的国家，全体人民共同富裕基本实现，我国人民将享有更加幸福安康的生活，中华民族将以更加昂扬的姿态屹立于世界民族之林。"④

党的二十大根据我国现代化建设的实际，做出了符合社会历史发展规律的现代化战略安排，把基本实现社会主义现代化的时间提前了 15 年，为以中国式现代化推进中华民族伟大复兴指明了方向、规划了蓝图。

---

①《习近平著作选读》第一卷，人民出版社，2023。
②《习近平著作选读》第一卷，人民出版社，2023。
③《习近平著作选读》第一卷，人民出版社，2023。
④《习近平新时代中国特色社会主义思想学习纲要》，学习出版社、人民出版社，2023。

（四）强调推进中国式现代化需把握的五大原则

以中国式现代化推动中华民族伟大复兴是一次伟大而艰巨的远征。当前，世界进入动荡变革期，我国的现代化建设面临着难以预料的风险与挑战。前进路上只有未雨绸缪，强化忧患意识，才能经受住风高浪急的重大考验。

党的二十大报告强调推进中国式现代化必须牢牢把握住五大原则。一是坚持和加强党的全面领导。中国共产党是中国特色社会主义事业的领航者，推进中国式现代化必须坚持和加强党的领导，百年历程的实践已经证明并将继续证明，我们党始终是全体人民最可靠的主心骨，始终是凝聚强大政治力量、组织力量、群众力量的核心所在，必须把党的领导落实到党和国家事业各领域、各方面、各环节。习近平总书记指出："为什么要强调党在中国式现代化建设中的领导地位？这是因为，党的领导直接关系中国式现代化的根本方向、前途命运、最终成败。"① 党的领导为推进中国式现代化提供发展方向、注入强劲动力，确保我国现代化事业乘风破浪、行稳致远。二是坚持中国特色社会主义道路。道路决定命运，中国特色社会主义道路既不是我们凭空想象的空中楼阁，也不是我们仿制西方的翻版方案，而是党带领人民群众一步一步走出的正确实践。因此，中国式现代化走的是具有中国特色的社会主义道路，必须要"坚持以经济建设为中心，坚持四项基本原则，坚持改革开放，坚持独立自主、自力更生，坚持道不变、志不改，既不走封闭僵化的老路，也不走改旗易帜的邪路，坚持把国家和民族发展放在自己力量的基点上，坚持把中国发展进步的命运牢牢掌握在自己手中"。② 三是坚持以人民为中心的发展思想。以人的现代化为根本追求是中国式现代化的应有之义。辩证唯物主义告诉我们人民群众是社会历史的创造者，而在推进中国式现代化的过程中，人民是最坚实的基础、最深厚的力量。推进中国式现代化

---

① 习近平：《中国式现代化是中国共产党领导的社会主义现代化》，《求是》2023 年第 11 期。
② 《习近平著作选读》第一卷，人民出版社，2023。

必须"维护人民根本利益，增进民生福祉，不断实现发展为了人民、发展依靠人民、发展成果由人民共享，让现代化建设成果更多更公平惠及全体人民"。① 四是坚持深化改革开放。改革是社会主义国家的自我调整，更是社会主义国家的第二次革命，对社会主义现代化具有伟大意义。而全面深化改革开放正是推进中国式现代化、全面建成社会主义现代化强国的关键举措。党的二十大报告明确指出，推进中国式现代化必须"坚持深化改革开放。深入推进改革创新，坚定不移扩大开放，着力破解深层次体制机制障碍，不断彰显中国特色社会主义制度优势，不断增强社会主义现代化建设的动力和活力，把我国制度优势更好转化为国家治理效能"。② 五是坚持发扬斗争精神。中国式现代化任务艰巨，不可避免要进行新的伟大斗争。推进中国式现代化，必须"坚持发扬斗争精神。增强全党全国各族人民的志气、骨气、底气，不信邪、不怕鬼、不怕压，知难而进、迎难而上，统筹发展和安全，全力战胜前进道路上各种困难和挑战，依靠顽强斗争打开事业发展新天地"。③

中国式现代化五大原则的提出深刻揭示了中国式现代化的领导力量、正确道路、价值立场、动力源泉、意志品质，为新征程上中国人民建设中国式现代化的伟大实践提供了理论遵循。

（五）指明推进中国式现代化需处理的六对关系

推进中国式现代化是一项机遇与风险并存的伟大开创性事业，必须正确处理好推进现代化过程中的诸多重大关系。习近平总书记明确指出，"推进中国式现代化是一个系统工程，需要统筹兼顾、系统谋划、整体推进，正确处理好一系列重大关系"④，即要正确处理好顶层设计与实践探索、战略与策略、守正与创新、效率与公平、活力与秩序、自立自强与对外开放六对重

---

① 《习近平著作选读》第一卷，人民出版社，2023。
② 《习近平著作选读》第一卷，人民出版社，2023。
③ 《习近平著作选读》第一卷，人民出版社，2023。
④ 《习近平关于中国式现代化论述摘编》，中央文献出版社，2023。

要关系。

一是正确处理好顶层设计与实践探索的关系。在顶层设计上，我们党正确提出了中国式现代化的科学内涵、本质要求和重大原则，在理论上为我们进行现代化建设规划了蓝图。然而，"摸着石头过河"是我们党总结的伟大实践经验所在，因此在实现现代化的伟大征程中，同样需要坚持这一经验并且进行锲而不舍的实践探索。因此，推进中国式现代化，需要我们处理好顶层设计与实践探索的关系。中国式现代化是分阶段、分领域推进的，实现各个阶段发展目标、落实各个领域发展战略同样需要进行顶层设计。进行顶层设计，需要深刻洞察世界发展大势，准确把握人民群众的共同愿望，深入探索经济社会发展规律，使制定的规划和政策体系体现时代性、把握规律性、富于创造性，做到远近结合、上下贯通、内容协调。同时，推进中国式现代化是一项探索性事业，还有许多未知领域需要我们在实践中大胆探索，通过改革创新来推动事业发展，绝不能刻舟求剑、守株待兔。各地区各部门要结合各自具体实际开拓创新，特别是在前沿实践、未知领域，鼓励大胆探索、敢为人先，寻求有效解决新矛盾、新问题的思路和办法，努力创造可复制、可推广的新鲜经验。① 只有正确把握好顶层设计与实践探索的关系，才能实现政策落实有序、方案执行有力、推进建设有效、实践反馈有道。

二是正确处理好战略与策略的关系。战略是从全局、长远、大势上做出判断和决策，策略是在战略指导下为战略服务的。在推进中国式现代化的过程中，两者是辩证统一的。"战略与策略是我们党领导人民改造世界、变革实践、推动历史发展的有力武器。正确运用战略和策略，是我们党创造辉煌历史、成就千秋伟业、战胜各种风险挑战，不断从胜利走向胜利的成功秘诀。推进中国式现代化，必须把这一成功秘诀传承好、运用好、发展好。要增强战略的前瞻性，准确把握事物发展的必然趋势，敏锐洞悉前进道路上可能出现的机遇和挑战，以科学的战略预见未来、引领未来。增强战略的全局性，谋划战略目标、制定战略举措、作出战略部署，要着眼于解决事关党和

① 《习近平关于中国式现代化论述摘编》，中央文献出版社，2023。

国家事业兴衰成败、牵一发而动全身的重大问题。增强战略的稳定性，战略一经形成，就要长期坚持、一抓到底、善作善成，不要随意改变。做到这些，需要我们提高政治站位，树立世界眼光，胸怀"国之大者"，把历史、现实、未来贯通起来，把中国和世界连接起来，增强战略思维能力，使我们制定的战略符合实际、行之有效，为中国式现代化提供强大的战略支撑。策略为战略实施提供科学方法。实施战略的环境条件随时都在发生变化，每时每刻都会遇到新情况新问题，这就需要我们把战略的原则性和策略的灵活性有机结合起来，灵活机动、随机应变、临机决断，在因地制宜、因势而动、顺势而为中把握战略主动。"① 只有保持好战略性思维，执行好策略性方针，才能使中国式现代化在世界潮流中把握战略主动、赢得策略先机。

三是正确处理好守正与创新的关系。守正创新是我们党在新时代探索出的治国理政新方法。守正才能不迷失方向、不犯颠覆性错误，创新才能把握时代、引领时代。"中国式现代化的探索就是一个在继承中发展、在守正中创新的历史过程。在推进中国式现代化的新征程上，首先要守好中国式现代化的本和源、根和魂，毫不动摇坚持中国式现代化的中国特色、本质要求和重大原则，坚持党的基本理论、基本路线、基本方略，坚持党的十八大以来的一系列重大方针政策，确保中国式现代化的正确方向。同时，要把创新摆在国家发展全局的突出位置，顺应时代发展要求，着眼于解决重大理论和实践问题，积极识变应变求变，大力推进理论创新、实践创新、制度创新、文化创新以及其他各方面创新，不断开辟发展新领域新赛道，塑造发展新动能新优势。积极营造崇尚创新、鼓励创新、勇于创新的浓厚氛围，让创新在全社会蔚然成风。各级领导干部要加快转变不适应创新发展要求的思想观念、思维方式、行为方式和工作方法，真正成为创新的引领者、推动者。"② 只有坚持在守正基础上的创新，才能实现中国式现代化的长效推进与成效稳固。

---

① 《习近平关于中国式现代化论述摘编》，中央文献出版社，2023。
② 《习近平关于中国式现代化论述摘编》，中央文献出版社，2023。

　　四是正确处理效率与公平的关系。中国式现代化摒弃了西方以资本逻辑为核心的现代化方案，既要追求比资本主义社会更高的效率，又要更加有效地维护社会公平，更好实现效率与公平相兼顾、相促进、相统一，从而完成对西方资本主义现代化的全面超越。过去几十年的社会主义市场经济发展，已经证明也将继续证明效率与公平不是西方资本主义经济学家口中非此即彼的难题，而是辩证统一的关系问题。因此，推进中国式现代化，必须正确处理效率与公平的关系，必须在总结以往发展经验的基础上，"坚持和完善社会主义基本经济制度，毫不动摇巩固和发展公有制经济，毫不动摇鼓励、支持、引导非公有制经济发展，充分发挥市场在资源配置中的决定性作用，更好发挥政府作用。构建全国统一大市场，深化要素市场化改革，建设高标准市场体系，营造市场化、法治化、国际化营商环境，持续优化劳动、资本、土地、资源等生产要素配置，着力提高全要素生产率。加快建立以权利公平、机会公平、规则公平为主要内容的社会公平保障体系，保证人民平等参与、平等发展权利。深入推进司法体制改革，努力让人民群众在每一项法律制度、每一个执法决定、每一宗司法案件中都感受到公平正义。破除阶层固化的体制机制障碍，畅通社会上升通道。健全基本公共服务体系，提高公共服务水平，增强均衡性和可及性，扎实推进共同富裕取得更为明显的实质性进展"。①只有正确处理好效率与公平的关系问题，才能避免中国落入中等收入国家陷阱，真正实现全体人民的共同富裕。

　　五是正确处理好活力与秩序的关系。一个具有高度现代化文明的社会，应该既充满活力又拥有良好的秩序，呈现活力与秩序的有机统一。中国式现代化应当而且能够实现活而不乱、活跃有序的动态平衡。而这种动态平衡的实现"要深化各方面体制机制改革，充分释放全社会创造潜能，鼓励科学家、企业家、文艺家等各方面人才特别是青年人才创新、创造。积极发展党内民主，保障党员权利，采取切实有效措施解决不愿担当、不敢担当、不善担当等问题，充分调动广大党员干部干事创业的积极性。加强社会舆论引

---

① 《习近平关于中国式现代化论述摘编》，中央文献出版社，2023。

导，形成劳动创造财富、实干创造业绩、奋斗创造幸福的正确导向，防止轻视劳动、不劳而获、一夜暴富、坐享其成、消极躺平等不良思想滋长蔓延，充分激发全社会创造活力。统筹发展和安全，贯彻总体国家安全观，健全国家安全体系，增强维护国家安全能力，坚定维护国家政权安全、制度安全、意识形态安全和重点领域安全。提高公共安全治理水平，完善社会治理体系，提升社会治理效能。发展全过程人民民主，正确处理新形势下人民内部矛盾，努力把矛盾纠纷化解在基层、化解在萌芽状态，教育引导人民群众通过理性合法途径表达利益诉求、维护合法权益。强化社会治安整体防控，依法严惩群众反映强烈的各类违法犯罪活动，确保人民安居乐业"。① 只有正确把握活力与秩序的辩证关系，才能充分保障社会发展与稳定的协同并进，为推进中国式现代化提供更加广阔的发展空间与发展基础。

六是正确处理好自立自强与对外开放的关系。独立自主是中华民族精神之魂和我们立党立国的重要原则。中国式现代化正是在党领导人民群众独立自主历经百年探索出来的正确的现代化方案，不仅证明了中国式现代化的可行性，更加证明了独立自主这一伟大经验的重要性。当今世界该往何处去的世界之问，正在不断推动全球国家走向合作联合，各国在全球发展过程中不能够再袖手旁观。因此，推进中国式现代化必须正确处理好自立自强与对外开放的关系，"必须坚持独立自主、自立自强，坚持把国家和民族发展放在自己力量的基点上，坚持把我国发展进步的命运牢牢掌握在自己手中。要加快构建新发展格局，实现内部可循环，并依托我国超大规模市场优势吸引全球资源要素，增强国内国际两个市场两种资源联动效应。维护好经济安全特别是粮食安全、能源安全、产业链供应链安全。健全新型举国体制，强化国家战略科技力量，以国家战略需求为导向，集聚力量进行原创性引领性科技攻关，坚决打赢关键核心技术攻坚战。不断扩大高水平对外开放，提升贸易投资合作质量和水平，稳步扩大规则、规制、管理、标准等制度型开放，推动共建"一带一路"高质量发展，优化区域开放布局，实施自由贸易试验

---

① 《习近平关于中国式现代化论述摘编》，中央文献出版社，2023。

区提升战略，扩大面向全球的高标准自由贸易区网络，深度参与全球产业分工和合作，维护多元稳定的国际经济格局和经贸关系，拓展中国式现代化的发展空间"。① 只有在坚持自立自强基础上的对外开放，才能有效保障中国在世界发展潮流中的独立性、自主性与韧性，能够在有效抵御外来风险的同时，避免中国式现代化走上西方现代化的老路。

新时代我们党围绕解决现代化建设中存在的几对关键问题，进一步深化了对中国式现代化的内涵和本质的认识，提炼概括出中国式现代化的重大原则和重要关系，构建了中国式现代化的理论体系雏形，实现了对中国式现代化理论的创新与发展。

中国式现代化理论的发展过程与中国共产党带领中国人民建设现代化的实践过程高度统一，与党的理论创新过程高度统一。中国式现代化理论深化了对现代化规律的认识，实现了对西方现代化理论的重大超越，创造了人类文明新形态，为人类文明发展贡献了中国智慧。

---

① 《习近平关于中国式现代化论述摘编》，中央文献出版社，2023。

B.5
中国式现代化的时代背景与现实逻辑

毕照卿*

摘　要： 党的十八大以来，中国式现代化的成功推进和拓展，开启了全面建设社会主义现代化国家的新征程。从国内看，中国式现代化的持续快速发展积累了坚实的发展基础；从国际看，当前国际发展格局、大国关系及国际秩序正经历着深刻调整。同时，推进中国式现代化面临着有效需求不足、创新能力不适应高质量发展要求、现代化发展空间差距较大、外部风险挑战增多、全球经济增长面临新问题等挑战。继续推进和拓展中国式现代化必须坚持中国共产党对中国式现代化的全面领导、坚持马克思主义对中国式现代化的引领指导、坚持立足本国国情推进和拓展中国式现代化、坚持以人民为中心的根本价值追求、坚持以改革开放为中国式现代化建设提供强大动力。

关键词： 中国特色社会主义新时代　机遇与挑战　实践路径

党的十八大以来，我们党在已有基础上继续前进，不断实现理论和实践上的创新突破，成功推进和拓展了中国式现代化。随着在中华大地上全面建成小康社会、第一个百年奋斗目标的完成，中国式现代化开启了全面建设社会主义现代化国家的新征程。新时代新征程决定了中国式现代化的推进和拓展必然面临新情况、新形势、新任务，既有已经塑造的发展优势，也有需要面临的困难挑战。中国式现代化的发展正处于一个复杂多变的时代背景下，

---

* 毕照卿，中央党校（国家行政学院）马克思主义学院讲师，兼任中国马克思主义哲学史学会"21世纪马克思主义研究分会"理事、公共经济研究会理事，主要研究方向为马克思主义经济思想史。

国内正在经历社会结构的深刻变化，人口老龄化、城镇化加速等这些变化对教育、就业、社会保障等方面提出了新的挑战，国际上全球化与地缘政治的变化，经济、文化、科技等领域的国际交流日益加深，但同时也伴随着地缘政治局势的紧张和国际关系的变化，特别是科技的快速发展，尤其是在人工智能、大数据、生物科技等领域的突破，正在引领新一轮科技革命和产业变革。机遇与挑战并存的时代发展背景，意味着当前发展站在新的历史起点，决定了中国式现代化必然导向不同的现实逻辑与实践指向。

一 推进和拓展中国式现代化的重要机遇

中国共产党百年来团结带领中国人民进行的一切奋斗，就是为了把我国建设成为现代化强国，实现中华民族伟大复兴。在这个过程中，我们党对建设社会主义现代化国家在认识上不断深入、在战略上不断成熟、在实践上不断丰富，开创了中国式现代化道路。中国特色社会主义进入新时代，面对世界百年未有之大变局和中华民族伟大复兴的战略全局，以习近平同志为核心的党中央坚持以中国式现代化推进中华民族伟大复兴，坚持把国家和民族发展放在自己力量的基点上、把中国发展进步的命运牢牢掌握在自己手中，成功推进和拓展了中国式现代化。在新的历史起点上，习近平总书记做出了"当前和今后一个时期，我国发展仍然处于重要战略机遇期"这一重大判断。这一重大判断着眼于国际国内大势，是对当前面临的战略机遇综合分析后形成的科学判断。

从国内看，中国式现代化的持续快速发展积累了坚实的发展基础。一是雄厚的物质基础。雄厚的物质基础是经济和社会发展的重要基石，也是推进和拓展中国式现代化的底气所在。自1978年改革开放以来，中国经历了快速的经济增长和社会发展，2022年中国经济总量达18万亿美元，稳居世界第二位。根据世界银行和国际货币基金组织（IMF）的数据，中国的国内生产总值（GDP）在全球经济中占比显著提升，是推动世界经济增长的最大引擎。同时，中国是世界最大的货物贸易国和第二大服务贸易国，出口和进口总额均位居世界前列，不仅反映出当前中国所具备的强大的生产能力，也表明中国经济与全球市场已经实现了深度融合。此外，中国拥有世界最大规模的外汇储备。2022 年末中国外汇储备余额达到 31277 亿美元。外汇储备的稳定和充足对于应对外部经济冲击、维持金融市场稳定及保持经济持续健康发展具有重要意义，也是参与全球经济治理的重要基础。与此同时，中国不断增加人民币在国际贸易和金融交易中的使用，越来越多的国家和地区接受使用人民币进行跨境交易，以人民币计价的金融产品和服务数量不断增加。这些变化共同表明，随着中国经济的持续增长和国际影响力的扩大，人民币国际化正在稳步推进。二是完整的产业体系。中国拥有全球最完整、规模最大的工业体系，制造业覆盖了几乎所有的工业分类，包括但不限于纺织品、电子产品、机械设备、汽车、化工产品等。在许多领域，中国不仅是最大的生产国，也是主要的出口国。与此相适配，中国拥有全球最完整和复杂的供应链网络，覆盖了从原材料供应、零部件制造到最终产品组装的整个生产流程。同时，以服务业为代表的第三产业增加值在中国 GDP 中占比也不断增长，尤其是金融服务、电子商务、旅游业等领域发展迅速，正在成为经济增长的重要驱动力，显示经济结构的多元化与产业不断升级的潜力。三是强大的科技实力。近年来，中国的科技实力得到了显著提升，在人工智能、量子计算、5G 通信、生物技术等领域已经取得了一系列重要成果。科技成果的发展推动了高科技产业的快速发展，在电子信息、新能源、新材料等领域，中国企业以科技成果为依托展现强大的市场竞争力和影响力。科技成果的涌现与高科技产业的发展，反映了国家科技实力的系统性进步，加之政府和企业在科研和技术创新方面的投入不断增加，不仅促进了科技产业的发展，也提升了整个产业体系的技术水平和竞争力。这也意味着随着科技人才的培养力度加大和吸引力不断提升，以及包括国家实验室、科技园区、孵化器等在内的国家创新体系的构建，我国形成了从基础研究到应用研究再到产业化的完整创新链，政府推动的国家战略科技项目实现了一系列关键技术的突破和应用。四是全球最大最有潜力的市场。世界现代化历程已经证明，庞大的内需市场是现代化发展的重要支撑。中国有 14 亿多人口，是世界上人口最多的国家。人口众多意味着市场需求多样化，为各种产品和服务提供了庞大的消费者基础，从而能够支持各种类型的企业和产业。更为重要的是，随着近年来经济发展，中等收入群体的不断扩大，消费升级的趋势明显，为经济转型和高质量发展提供了强大动力。在此背景下，中国政府积极推动国内统一大市场的建立，推行了一系列旨在鼓励投资和贸易的政策，为构筑全球最大最有潜力的市场奠定了重要基础。以上这些既是中国式现代化发展所取得的成就，也是中国推动经济发展和抵御外部风险的根本依托。

从国际看，当前国际格局、大国关系及国际秩序正经历着深刻调整。其一，和平、发展、合作、共赢的历史潮流不可阻挡。在全球化的背景下，国家间的互相依赖日益加深。和平不仅是每个国家内部稳定的基础，也是国际社会合作与发展的前提。发展是解决包括贫困、不平等、环境问题等世界上许多问题的关键。在面对如气候变化、疫情、恐怖主义等全球性挑战时，促进世界和平与发展的主题尤为重要。这些挑战要求国际社会合作，而合作的基础是稳定的国际秩序和各国的经济发展。同时，我们也要看到促进世界和平与发展所面对的复杂性不断上升，俄乌冲突等事件凸显了地缘冲突风险的加剧，导致全球发展面临重大风险。其二，新一轮科技革命和产业变革深入发展。在新一轮科技革命和产业变革中，信息技术迅猛发展，发挥着核心作用，不仅极大地推动了新产品、新服务和新商业模式的创造，改变了生产、分销和消费的方式，而且提高了生产效率，有助于生产企业更好实现资源配置和管理。不仅如此，习近平总书记指出："信息技术、生物技术、新能源技术、新材料技术等交叉融合正在引发新一轮科技革命和产业变革。"[1] 产业交叉融合成为新一轮科技革命和产业变革的突出特征，推动新兴技术不断形成。其三，人类命运共同体理念深入人心。随着全球化的深入发展，世界各国在政治、经济、文化等方面的相互依赖日益加深，也更加需要协调和合作来应对共同的挑战。面对风云变幻的世界局势，习近平主席提出构建人类

---

[1]　习近平：《让工程科技造福人类、创造未来——在 2014 年国际工程科技大会上的主旨演讲》，《人民日报》2014 年 6 月 4 日。

命运共同体理念，成为新时代中国特色大国外交的总目标、引领时代潮流和人类前进方向的鲜明旗帜，是对世界之问、历史之问、时代之问给出的中国答案。人类命运共同体理念之所以能够深入人心，是因为它不仅符合时代发展的趋势，也回应了全球化背景下各国共同面对的挑战和机遇。这一理念强调的是相互尊重、公平正义、合作共赢，这对于构建一个更加和平、稳定、繁荣的世界具有重要意义。

二 推进和拓展中国式现代化的困难挑战

新时代推进和拓展中国式现代化仍然面临着不少困难和挑战。由于中国的现代化进程是独特的，历史、文化、政治和经济背景与其他国家有所不同，其所面对的困难和挑战也不同。特别是中国式现代化发展所呈现的"并联式"特征，也就是现代化的时空高度压缩特性，决定了当前发展困难和挑战的独特性。

其一，有效需求不足。消费是国内需求的重要组成部分，也是直接体现国内需求的重要方面。首先，有效需求不足表现之一即消费疲软，也就是在一定时期内消费者的购买意愿和购买能力下降，导致整体消费水平降低的经济现象。2022 年 1~12 月，社会消费品零售总额 439733 亿元，同比下降 0.2%。其中，除汽车以外的消费品零售额 393961 亿元，同比下降 0.4%。按经营单位所在地分，2022 年城镇消费品零售额 380448 亿元，比上年下降 0.3%；乡村消费品零售额 59285 亿元，与上年基本持平。按消费类型分，2022 年商品零售额 395792 亿元，比上年增长 0.5%；餐饮收入 43941 亿元，比上年下降 6.3%。其次，工业生产和投资需求下降也是有效需求不足的一个表现。在此方面，工业生产和投资需求下降表现为工业生产总量减少，尤其是在重工业和制造业中更为明显，工厂和生产设施的利用率降低，生产能力未得到充分释放，企业接到的新订单数量下降，未售出的产品库存增加。最后，有效需求不足还表现为就业压力增大，即失业率上升或就业市场不稳定。有效需求不足的产生原因有多方面：一是消费支出减少。由于经济增长放缓、就业市场不稳定或未来收入预期下降等因素，消费者可能会减少消费支出，以应对未来不确定性，直接表现为存款储蓄率上升。2023 年，全年人民币存款增加 25.74 万亿元，同比少增 5101 亿元。其中，住户存款增加 16.67 万亿元，非金融企业存款增加 4.22 万亿元，财政性存款增加 7924 亿元，非银行业金融机构存款增加 1.64 万亿元。同年 12 月，人民币存款增加 868 亿元，同比少增 6402 亿元。二是投资不足。出于金融市场的波动、信贷条件收紧或预期收益下降等原因，政府与民营单位的投资减少，从而直接导致总体需求下降。三是外部经济环境影响。国际贸易紧张、全球经济放缓等因素导致出口需求下降，从而间接导致国内下降。2023 年受到世界经济复苏乏力影响，特别是全球贸易整体表现比较低迷，外需的疲弱对我国出口形成了直接冲击，导致我国外贸出口增速明显下降。全年货物进出口总额 417568 亿元，比上年增长 0.2%。其中，出口总额 237726 亿元，比上年增长 0.6%；进口总额 179842 亿元，比上年下降 0.3%。有效需求不足对经济的影响是多方面的，涵盖了从宏观经济到微观企业、从短期效应到长期发展的各个层面，事关中国式现代化物质基础的构建。

其二，创新能力不适应高质量发展要求。高质量发展需要创新支撑，但现阶段我国的创新能力与高质量发展要求还存在一定差距。从创新指数看，世界知识产权组织发布的《2023 年全球创新指数报告》显示，在全球 131 个经济体中，中国居全球创新指数榜单第 12 位，比上年上升 2 位次。在追求高质量发展过程中，创新能力的提升被视为核心驱动力。虽然中国创新能力总体已经居世界前列，但是仍然存在一系列问题，例如基础研究的投入相对较少，进而限制了创新的深度和广度，而基础研究是推动长期科技进步和突破性创新的基石；企业创新动力不足，企业的研发投入和创新能力不足以满足高质量发展的需要；创新生态系统不成熟及资源分配不均等，即政策支持、金融服务、知识产权保护支持力度不足，以及资金、人才、技术等创新资源在地区和行业之间分配不均，导致一些潜力领域和关键技术的创新发展受限。在推动中国式现代化不断发展的进程中，创新特别是科技创新起着至关重要的作用，对于实现高水平科技自立自强具有决定性影响。创新能力不足也反映了在以往现代化发展进程中存在的教育体系问题、市场驱动力问题、对关键技术依赖进口问题等，以及发展阶段转变带来的现实问题。

其三，现代化发展空间差距较大。我国国土广阔，不同地区的自然资源禀赋、经济发展基础等存在较大差异，对中国式现代化的空间布局提出了新的挑战。从城乡差距来看，城市地区通常拥有更高的人均收入、更多的就业机会和更发达的工业和服务业。相比之下，农村地区经济较为依赖农业，工业化和现代化程度较低，人均收入水平相对较低。从区域发展来看，东部与西部地区发展绝对差距仍然较大，北方部分地区经济发展活力不足，特殊类型地区振兴发展仍有困难，区域生产力布局调整任务艰巨。从公共服务来看，发达与欠发达地区间、城市与农村地区间在教育资源、医疗卫生服务、基础设施、社会福利与保障方面仍然存在客观差异，并且直接导致了社会不平等和地区发展不平衡。这些空间差距既源于长期以来的城乡二元结构政策造成的资源和发展机会的不平等分配，也源于快速的工业化和城镇化进程吸引了大量农村劳动力迁移到城市使城乡发展不平衡加剧，还源于市场机制下，资本和人才容易流向经济发展水平更高、回报率更高的城市。这一系列现代化发展的空间差距不仅影响了社会稳定、导致了社会问题的产生，而且影响了经济结构的稳定性与平衡性等，对推进和拓展中国式现代化提出了新的挑战与要求。

其四，外部风险挑战增多。世界百年未有之大变局加速演变，外部环境日趋错综复杂直接导致了外部风险挑战的增多。全球范围内贸易保护主义抬头，以及主要经济体之间的贸易摩擦，对国际贸易和投资活动构成威胁，经济全球化发展面临方向问题。大国之间的战略竞争加剧，特别是在科技、军事和经济领域竞争加剧，"黑天鹅""灰犀牛"等事件频发，局部冲突和政治不稳定情况对全球安全和稳定构成挑战。气候变化带来的极端天气事件、海平面上升和生态系统破坏，对全球经济和社会稳定构成长期威胁，同时，环境污染加剧和自然资源的过度开采对生态平衡和可持续发展造成影响。新一轮科技革命和产业变革深入发展，人工智能、生物技术等快速发展的新技术，带来了伦理和法律问题，数字化的发展也对网络安全问题提出了挑战。这些外部风险和挑战对中国式现代化的世界发展提出了更高要求。

其五，全球经济增长面临新问题。在过去的几十年里，全球经济增长在很大程度上依赖技术创新、全球化，以及劳动力和资源的有效配置。当前这些增长动力正遭遇挑战。技术创新可能正在遇到边际收益递减的问题，而全球化进程则因为政治和贸易摩擦而放缓。此外，许多发达国家面临人口老龄化的问题，这限制了劳动力市场的发展潜力，进而影响经济增长。与经济增长动能不足相伴的是金融市场风险持续累积，自 2008 年国际金融危机以来，新的金融市场风险不断出现，例如加密货币市场的波动、高杠杆借贷，以及一些新兴市场的金融不稳定，特别是全球利率环境的变化可能会导致资本流动性降低，给全球金融市场带来压力。经济与金融的背后则是全球产业链和供应链加快调整，全球贸易紧张和保护主义的上升也在迫使许多公司和国家重新考虑其供应链结构，进而寻求更多元化和更有弹性的供应链解决方案。总体而言，全球经济增长面临的新问题是多方面的，涉及经济、政治、技术等多个领域，为中国式现代化的新时代发展带来了系列挑战。

三　推进和拓展中国式现代化的实践指向

党的二十大明确了中国式现代化的中国特色、本质要求和重大原则，为推进和拓展中国式现代化指明了前进方向，提供了实践指南。全面建设社会主义现代化国家的新征程已然开启，站在历史新起点，要继续推进中国式现代化建设，向到 2035 年基本实现社会主义现代化远景目标、到 2050 年把我国建成富强民主文明和谐美丽的社会主义现代化强国的战略目标不断前行。

一是坚持中国共产党对中国式现代化的全面领导。中国的社会主义现代化建设离不开中国共产党的全面领导。历史经验显示，强大的领导核心对现代化至关重要。在世界现代化浪潮下，中国共产党领导走出了一条独特的现代化道路，以四个历史时期的持续探索创造了中国式现代化的整体性方案。自 1840 年以来，尽管洋务运动和资产阶级革命等尝试过实现中国的现代化，但最终证明只有中国共产党能真正带领中国实现现代化。

二是坚持马克思主义理论对中国式现代化的引领和指导。在推进社会主义现代化的进程中，必须坚持马克思主义理论的引领和指导。马克思主义不仅深刻揭示了世界现代化发展的普遍规律，而且确立了世界现代化的根本要求。这些理论构成了中国式现代化道路的理论基础和指导思想。中国共产党在理论与实践的结合过程中，创造性地将马克思主义理论同中国具体实际相结合，逐步形成了毛泽东思想、邓小平理论、"三个代表"重要思想、科学发展观、习近平新时代中国特色社会主义思想一系列具有指导意义的理论成果。这些理论成果体现了马克思主义在中国的具体应用和发展，为中国特色社会主义现代化的发展方向提供了科学的理论支撑和明确指引。

三是坚持立足本国国情推进和拓展中国式现代化。走适应本国国情的社会主义现代化道路是推动现代化不断发展的关键。现代化过程并不存在一个普遍适用的模式或固定的标准。由于各国在资源禀赋、发展阶段、历史文化等方面均存在显著差异，因此，每个国家在追求现代化的道路上必然且应当形成包含自己独特理解的方案。尽管发达国家在现代化方面拥有一定的成功经验，但历史和现实已经证明，盲目模仿或照搬这些经验，忽视国家自身特定国情的做法，往往会导致发展困境，甚至产生社会动荡。中国作为一个仍处于社会主义初级阶段并且是世界上最大的发展中国家，其基本国情决定了在推进现代化进程中，必须紧密依靠自身的实际情况。因此，制定符合中国国情的发展战略，采取适应中国特色的社会主义现代化道路，对于实现国家的长期稳定和持续发展具有至关重要的意义。

四是坚持以人民为中心的根本价值追求。现代化的根本目标是实现人的全面发展，物质文明的进步应为人的全面发展服务。在此意义上，人的自由而全面的发展不仅是现代化的终极目标，也是其本质要求。中国共产党自成立以来，就把为中国人民谋幸福、为中华民族谋复兴确立为自己的初心使命，始终将人民的福祉作为工作的出发点和落脚点，不仅引领人民实现了民族独立和解放，而且引导人民走向物质富裕和国家强盛。中国共产党与人民的利益高度一致，人民的追求即党的追求。进入新时代，这一以人民为中心

119

的发展理念得到了更加深刻的体现和实践。随着我国人均 GDP 超过 1 万美元,中等收入群体规模扩大至 4 亿人以上,以及绝对贫困的历史性解决,人民群众的获得感、幸福感、安全感得到了显著提升。因此,中国式现代化的价值追求的关键在于坚持人的现代化,始终围绕以人民为中心的发展思想展开。

五是坚持以改革开放为中国式现代化建设提供强大动力。现代化不仅是一个理念或口号,而且需要通过实际行动和具体政策来实现。改革开放以来,中国共产党在中国式现代化的探索中,始终将改革开放视为推动社会和经济发展的主要驱动力。这一过程涉及对生产关系的持续调整,以适应生产力的不断发展和变化提出的新要求。进一步深化中国式现代化进程需继续深化改革,实施更高水平的开放政策。深化改革开放不仅能够促进国内社会经济的全面发展,而且有助于实现国家的自立自强,同时也为全人类的发展和进步做出更大的贡献。

参考文献

《习近平著作选读》第一卷、第二卷,人民出版社,2023。

《习近平关于中国式现代化论述摘编》,中央文献出版社,2023。

《习近平谈治国理政》第一卷至第四卷,外文出版社,2018、2017、2020、2022。

中共中央宣传部:《习近平新时代中国特色社会主义思想学习纲要(2023 年版)》,学习出版社、人民出版社,2023。

《中国共产党第二十次全国代表大会文件汇编》,人民出版社,2022。

B.6
国外现代化的历史进程和演进规律

王学凯　宋丽萍*

摘　要： 以 16 世纪英国农业革命和欧洲商业革命为起点，世界现代化分为萌芽期、加速期、升级期三个阶段。从演进规律看，工业化是现代化的根本动力，城市化是现代化的重要载体，市场化是现代化的内在要求，民主化是现代化的重要条件，法治化是现代化的必然要求，国际化是现代化的必然结果。纵览现代化与人类社会变迁，可以总结出一些趋势性的特征，即现代化具有不同的实现模式，现代化与人类社会变迁呈非线性特点，且以生产力变革为根本动力，并具有世界影响。

关键词： 世界现代化　工业化　人类社会变迁

西方史学对现代化的开端存在不同看法[①]，狭义现代化通常指的是 18 世纪 60 年代第一次工业革命后人类文明所发生的一种深刻变化，广义现代化则指的是 16 世纪英国农业革命和欧洲商业革命开始后人类文明所发生的巨大变革。

---

* 王学凯，管理学博士，中央党校（国家行政学院）马克思主义学院副研究员，主要研究方向为宏观经济、政治经济学；宋丽萍，政治教育学学士，中共枣庄市委党校（枣庄行政学院）副教授，主要研究方向为政治与法治建设、经济法学。

① 关于现代化阶段的开端，有的学者认为可以追溯至 1450 年前后，有的学者认为至少晚于 1500 年，也有的学者将 15~18 世纪称为现代史，将 19 世纪以来称为当代史，参见 Shafer 等著作 *History Study in the West*，1998。

一 世界现代化的历史进程

以 16 世纪英国农业革命和欧洲商业革命为起点，参考罗荣渠关于人类文明演进阶段的相对年代[①]、何传启关于第二次现代化的阶段划分[②]，可将迄今为止的世界现代化历史划分为萌芽期、加速期、升级期三个阶段。

第一个阶段是现代化的萌芽期（16 世纪至 18 世纪 60 年代）。15 世纪后期英国掀起了圈地运动，这场改变土地关系的"农业革命"，也极大地促进了农业生产技术变革，包括新作物种植、耕作制度的进步、人工肥料和化肥的施用、排水技术的发展、农具改良和农业机械的采用、畜种的改良、农业科学的发展等。[③] 与此同时，随着大航海时代的来临，欧洲也出现了商业革命，具体表现为欧洲资本和商品流通迅速增加，出现了一些新的商业性质和经营方式。现代化在英国农业革命和欧洲商业革命中凸显，许多国家出现了现代化萌芽。在生产力的物质技术基础方面，能源从木材转变为煤炭；在生产方式方面，传统农业出现转变，工场手工业开始出现；在交换方式方面，世界市场初步显现，商品经济开始发展。

第二个阶段是现代化的加速期（18 世纪 60 年代至 20 世纪 70 年代）。18 世纪 60 年代，英国开启了第一次工业革命，人类进入"蒸汽时代"；19 世纪 60 年代，欧洲国家和美国、日本等开启了第二次工业革命，人类进入"电气时代"；20 世纪 40 年代，美国、欧洲国家等开启了第三次工业革命，人类进入"信息时代"。这三次工业革命是历史性变革，极大地促进了现代化的发展，世界现代化以前所未有的速度快速推进。在生产力的物质技术基础方面，实现了从煤炭到蒸汽、电力、石油到原子能等的转变；在生产方式方面，出现了专门化与社会化的现代工业经济；在交换方式方面，全球市场初具雏形，商品经济十分发达。

---

① 罗荣渠：《现代化新论——世界与中国的现代化进程》，北京大学出版社，1993。
② 何传启主编《第二次现代化理论与中国现代化》，《世界科技研究与发展》1999 年第 6 期。
③ 王章辉：《英国农业革命初探》，《世界历史》1990 年第 1 期。

第三个阶段是现代化的升级期（20 世纪 70 年代以来）。从第一次工业革命到 20 世纪 70 年代，现代化保持了 200 多年的快速发展，创造和衍生了现代化的经济、政治、文化、社会，影响着人的现代化的方方面面。在信息时代，"由于科学技术的发展，世界运行方式发生了根本变化。长途电信价格下降，计算机的普及，全球网络的出现，以及生物技术、材料科学和电子工程等领域的发展，创造出 10 年前根本不可想象的新产品、新服务系统、新兴行业和新的就业机会，这就是当今人们称之为的知识革命"。[①] 现代化也开始从高速发展进一步升级，步入所谓的知识时代。以知识时代的知识经济为例，知识密集型企业是标识，高科技产业是主导，高技术是推动传统产业知识化的杠杆，服务业需要以高技术为武装，知识成为新的增长理论的基础，以现代管理理论和技术为依托，以教育和学习为根本，以当代人文精神为保障。[②]

二 国外现代化的演进规律

从农业社会转向工业社会，未来还将转向更高阶段的知识和信息社会，这是现代化的核心要义。从演进规律看，现代化是工业化、城市化、市场化、民主化、法治化、国际化等的结合。

（一）工业化是现代化的根本动力

狭义现代化的开端是第一次工业革命，正是一波波的工业化浪潮将人类从农业社会推入工业社会和更高阶段的社会，工业化是现代化的核心和根本动力。

第一次工业革命助推英国登上世界霸主地位。荷兰一度是"海上马车夫"，但终因没有在国内爆发工业革命而未能成为世界霸主。英国是近现代以来首个真正意义上的世界霸主，其成功主要得益于第一次工业革命中的工

---

① 王文静编译《用科学技术架构发展桥梁——〈美国国家知识评估大纲〉简介（一）》，《中国科学报》1997 年 8 月 4 日。

② 王兴成：《知识革命与知识经济》，《科学学研究》1998 年第 3 期。

业化成果。早在 17 世纪，英国就率先建立了现代科学体制，包括建立专利制度、筹建英国皇家学会的科学组织等，这都为后来英国登上世界霸主地位奠定了坚实的基础。1785 年，英国发明家瓦特改良了蒸汽机，并在纺织、煤炭、冶金、交通运输等许多部门迅速推广应用，人类由此进入"蒸汽时代"。凭借"先发"的科技优势，1840 年英国工业产量约占世界总产量的45%；1850 年英国棉纺织品、金属制品和铁产量约占世界总产量的一半，煤炭产量占比超过 2/3。

第二次工业革命助推德国在电气化中快速崛起。德国真正统一之时，恰逢第二次工业革命。德国紧紧抓住机遇，先从英国、比利时等国家引进棉毛麻纺产业的新型机器、蒸汽机、机车等，用于构建自己的工业体系，同时德国十分重视教育体制改革，以及天气和大气、物理和地质学、造船、水利工程等专门的研究机构的发展，建立了包含公共、私人与混合型科研机构，以及大型工业企业等在内的系统的科学技术组织，鼓励高等院校、科研院所独立开展科学研究。从德国人西门子制成发电机到本茨等制造出内燃机驱动的汽车，德国本土涌现出一大批科学家和技术发明家。据统计，1864～1869年，世界生理学 100 项重大发现中，德国有 89 项；1855～1870 年，德国在光学、电学和热力学等方面的重大发明高达 136 项，而英国和法国两个国家合计仅有 91 项；到 1895 年，德国的文盲人口占总人口比重不到 1%；20 世纪前 10 年前后，德国约有 3 万名工程师从学院或大学毕业，同期美国仅为2.1 万名。

第三次工业革命支撑美国的发展优势。美国的发展最开始源于欧洲的科技成果，美国特别擅长将欧洲的发明成果延伸至符合自己需求的实际应用，在第一次工业革命中确立了从农业向工业发展的转变思路，在第二次工业革命中确立了世界创新中心的地位，特别需要指出的是，美国本土是大国中唯一免遭两次世界大战影响的国家，第二次世界大战之后美国迅速成为第三次工业革命的引领者。美国联邦政府在第二次世界大战之后成为支持科学技术的主要角色，逐步创建了由大学、大企业、高科技小公司（硅谷）、国家实验室组成的现代高效动态的美国科技创新体系，并成为引领全球的创新中心。美国诞生了无线电、半导体、互联网等科技产品，当时全球研发支出的1/3 左右由美国贡献，全球约一半的诺贝尔奖得主来自美国。

（二）城市化是现代化的重要载体

随着生产的扩大，物质水平极大提升，人口数量急剧增加；随着生产的集中，人口也开始聚集，形成了城市。从 18 世纪中叶开始，城市化主要经历了三个阶段。

第一个阶段是城市化阶段（18 世纪中叶至 20 世纪中叶）。这个阶段与世界现代化的加速期基本重叠，可以说城市化成为现代化的重要载体。中世纪产生了许多城堡、城邦，主要职责是军事防御、政治管理，但是早在第一次工业革命之前，许多城堡和城邦已经逐步演化为生产经营、贸易交往的城市。1750 年世界城市化水平约为 3%，到 1950 年已经上升至将近30%，特别是西欧等地的发达国家城市化水平上升较快，早在 1850 年英国的城市化水平就超过了 50%（同期世界城市化水平只有 6.4%）。随着工业革命在各国的开展，西欧和北美等主要国家城市化快速发展，城市人口从1850 年的 0.4 亿人增至 1950 年的 4.5 亿人，城市化水平已达到了 51.8%，其中英国达到 79%。[①]

第二个阶段是逆城市化与城市化并行阶段（20 世纪中叶至 20 世纪 90年代）。这个阶段与世界现代化的加速期末段、升级期初段相重叠，加速期需要继续城市化，但升级期就出现了逆城市化。在第二次世界大战之后，城市化在不同类型国家呈现不同特点。在发达国家，出现了逆城市化。1977年美国经济地理学家布莱恩·贝利在《城市化与逆城市化》中首次提出"逆城市化"概念，具体有三个方面的表现，一是城市化的进程中出现了人口密度过大、环境污染、交通堵塞、房价高昂、就业困难及治安混乱等"大城市病"；二是非城市人口增长率远高于城市人口增长率，人口从城市向郊区和乡村流动；三是经济和政治功能、基础设施、公共服务等向郊区和

---

① 周跃辉：《西方城市化的三个阶段》，《理论导报》2013 年第 2 期。

农村迁移。[①] 1980 年美国纽约的城市人口总数约为 707.2 万人，与 1970 年相比减少约 20 万人，许多发达国家的大城市不同程度地出现了逆城市化。在发展中国家，依然推进城市化。第二次世界大战之前，许多发展中国家曾沦落为殖民地，城市化发展极为缓慢；第二次世界大战之后，发展中国家城市化进程大大加快，1960~1990 年，印度尼西亚的城市化水平从 14.6% 上升至 30.6%，韩国从 27.7% 上升至 73.8%，巴西从 46.1% 上升至 73.9%。

第三个阶段是再城市化阶段（20 世纪 90 年代至今）。这个阶段处于现代化的升级期，城市也相应地出现了许多硬件和软件的升级，使得人们再次进城，进入再城市化状态。到 20 世纪 90 年代，西欧、北美、东亚等地的主要发达国家城市化水平达到 80% 甚至更高，已经进入成熟的城市化阶段。针对此前出现的"大城市病"，这些主要发达国家开始注重城市规划、完善公共交通、提升基础设施水平、提高环境治理水平、优化城市治理等，这些改变使得人口从郊区和农村再次流向城市，即所谓的再城市化。与此同时，广大发展中国家也快速开展城市化，不断提高城市化水平，1990~2022 年，印度尼西亚的城市化水平从 30.6% 上升至 57.9%，韩国从 73.8% 上升至 81.4%，巴西从 73.9% 上升至 87.6%，许多发展中国家也逐步进入相对成熟的城市化阶段，各国都致力于解决"大城市病"问题，注重提升城市化的质量。

（三）市场化是现代化的内在要求

市场不仅是资源配置的方式，还是人的生存方式。现代化就是要从自然经济转向市场经济，让市场在资源配置中起决定性作用，市场化是现代化的内在要求，这是国外现代化呈现的重要规律。

从理论看，西方经济学关于政府和市场关系的讨论，与资本主义国家实践紧密结合。从重商主义到古典经济学、从新古典经济学到凯恩斯主义，大致形成国家干预主义和经济自由主义两类，在不同阶段发挥着一定的作用。

---

① 王宇冰、张丽莉：《西方逆城市化实质及启示》，《合作经济与科技》2021 年第 24 期。

国家干预主义认为，市场只在某些特定条件下才有效，市场失灵必然存在；整个社会存在公共利益，理论上可以通过个人偏好得出社会福利函数，政府能够实现社会福利最大化。经济自由主义则信奉市场是有效配置资源的唯一手段；所谓公共利益是虚幻的存在，政府本身的低效只会使干预更无效。以2008年国际金融危机为例，国家干预主义与经济自由主义对危机的可能性、发展趋势、危机原因、应对政策等皆持不同见解。国家干预主义和经济自由主义皆存在一定的局限性，市场失灵和政府失灵时有发生。① 当然不可否认，市场机制对现代化起着至关重要的作用，正是因为市场机制发挥作用，工业化、城市化、国际化等才得以快速推进。

从实践看，"华盛顿共识"是重要概念。1989年，美国经济学家威廉姆森总结拉美国家减少政府干预、促进贸易和金融自由化的经验，执笔完成"华盛顿共识"，主要包括加强财政纪律、调整政府开支、开展税制改革、实施利率市场化、采用有竞争力的汇率制度、实施贸易自由化、放松外资限制、实施私有化、放松政府管制、保护私人财产权10项内容，其核心观点就是自由化。在具体实践中，当代发达国家的市场经济模式主要包括以美国为代表的"自由市场经济模式"、以德国为代表的"社会市场经济模式"和以日本为代表的"政府主导型经济模式"，一些拉美国家盲目模仿发达国家的市场经济模式，忽视本国国情，付出了惨痛的教训；苏联和东欧国家不加区分地盲目实施西方的"休克疗法"，结果使重工业部门失去政策支持，回报率出现大幅下降，生产要素也不断流出，而其他部门并未得到很好发展。

（四）民主化是现代化的重要条件

现代化伴随着民主化，许多西方国家从封建体制转变为民主体制，民主化是现代化的一个重要条件。"民主化正在成为一个全球现象……民主现在已经成为唯一具有普遍正当性的政府形式……这些年来，国际上发生了许多

---

① 张占斌、王学凯：《构建适应社会主义现代化国家的宏观调控制度体系》，《中国行政管理》2022年第3期。

戏剧性的事件，既关系到每个国家的国内政治，又关系到这些国家所在的地区乃至全世界的国际关系。"①

从进程看，西方民主化经历过三次浪潮。早在 1688 年，英国就通过光荣革命建立了君主立宪制，此后西方民主化大致经历三次浪潮。第一次民主化浪潮（18 世纪末至 20 世纪初）主要发生在早期资本主义国家，法国在 1789～1794 年爆发大革命，波旁王朝及其统治下的君主制很快土崩瓦解，制定了《人权宣言》和《市民宪章》，建立了以民主化为特点的资产阶级政权。美国在 18 世纪后半叶出现了包括独立战争在内的多次革命，直到 1776 年发表《独立宣言》，正式确立了以民主化为特点的体制。同期拉丁美洲许多国家以法国、美国两国的宪法为蓝本，引进了西方的代议制民主政治方案并纷纷召开议会。第二次民主化浪潮（1929 年"大萧条"特别是第二次世界大战之后）主要发生在被殖民国家，过去被早期资本主义国家殖民掠夺的国家，在第二次世界大战之后努力寻求国家独立，通过革命战争、变革等方式，纷纷建立了以民主化为特点的政治体制。第三次民主化浪潮（20 世纪 80 年代末至今），东欧剧变、苏联解体等事件，使得社会主义国家阵营被肢解，这些国家纷纷采取西方的民主化体制，同期拉丁美洲许多国家也实现了从军人独裁统治到文人民主统治的过渡。②

从实践看，西方民主化呈现霸道底色。启蒙运动时期，西方民主化理论和实践让位于对内集权和对外扩张，直到 19 世纪一些主要国家才实行从理论到实践、观念到制度的转变。第二次世界大战之后，在政界、学界和媒体等的综合炒作下，西方民主化逐渐成为一种与自由市场经济相类似的国际话语。但是，西方民主呈现神圣化、宗教化、工具化、功利化、标签化、碎片化、庸俗化、手段化、绝对化、终极化等特点，面临着一个从"神化""泛

---

① 〔美〕霍华德·威亚尔达：《民主与民主化比较研究》，榕远译，北京大学出版社，2004。
② 曾昭耀：《政治西化的道路走不得——从亨廷顿世界民主化进程三浪潮看拉美民主化》，《中国社会科学报》2014 年 10 月 15 日。

化"再到"异化""极化"的过程①，西方民主化的"神话"开始破灭，民主开始退潮。

（五）法治化是现代化的必然要求

如果探寻源头，西方法治可以追溯至亚里士多德。西方在现代化的过程中，将法治化作为重要方向，建立了法治体系。

从模式看，西方法治化包括国内和国际两种模式。② 国内模式主要指的是建立什么样的国内法律秩序。英国法律最早形成于 12~13 世纪，美国从 18 世纪以来逐渐成熟，这两个国家采取判例法，形成所谓"英美法系"。法国 1804 年编纂形成《法国民法典》，德国 1900 年制定《德国民法典》，这两个国家都依靠规则统一的成文法，形成所谓"大陆法系"。两种法系的共同特征是反对封建特权、主张人权、主张法律平等。国际模式主要指的是建立什么样的世界法律秩序。1648 年欧洲战争结束，各国签订《威斯特伐利亚和约》，确立了国际关系的主权原则，但在宗主国和殖民地之间不存在主权和平等关系，殖民地的立法、司法、行政都受到宗主国的管理控制。第二次世界大战后，广大亚洲、非洲、拉丁美洲国家纷纷成为主权国家，这些国家陆续编纂民法典，并在《联合国宪章》下独立开展国际活动。

从特征看，西方法治化包括形式法治与实质法治。形式法治的主要特征包括强调依法统治、法律自治、法律面前人人平等，坚持法律的一般性和普遍性，主张司法独立和法律稳定性，维护个人自由，形式法治反对专制特权，其与放任的自由市场经济相关联，尽管在理论上存在一些局限，在实践中也面临一些挑战，但形式法治在很大程度上有利于维护实体权利。实质法治的主要特征包括强调依法治国，所有人都在法律之下和法律之内，强调防止恶法；重视法律平等即形式平等，反对政府对个人自由随意干预，为确保

① 张树华：《西式民主的退潮与"神话"的破灭》，《人民论坛》2018 年第 27 期。
② 朱景文：《西方法治模式和中国法治道路》，《人民论坛·学术前沿》2022 年第 2 期。

个人自由和尊严提供必要条件；主张基本权利不可剥夺，个人自由不可通约；主张法律始终与道德、经济、社会和文化条件相关联。

（六）国际化是现代化的必然结果

随着生产力的快速发展，世界市场逐渐形成，经济全球化特征十分明显，现代化呈现国际化的规律。

从理论看，世界市场的形成有内在原因。从威廉·配第的"世界市场"到亚当·斯密的"世界商场""大商业共和国货币"，再到大卫·李嘉图和西斯蒙第的世界市场，马克思在对前人成果批判性借鉴的基础上，提出了世界市场理论。① 从基本前提看，集市的兴起是城市的发展的基本前提。城堡和城邦中的生产经营、贸易交往，形成了集市，"凡是这些产品汇集以便进行交换的地方，都变成了世界市场的城市；在发现美洲大陆以前，世界市场主要是以这种形式存在的。在 14 世纪和 15 世纪，这就是君士坦丁堡、意大利各城市、布鲁治和伦敦"。② 从历史条件看，新航路的开辟是历史条件。14~15 世纪欧洲探险家进行地理大探险，新航路的开辟使得地中海、波罗的海等区域性贸易快速增加，也使得欧洲与美洲、亚洲等全球性贸易快速扩张，世界各地从相对封闭转变为相互联系的统一市场。从根本驱动看，工业革命是根本驱动。工业革命很重要的一个特点就是商品生产加速、商品数量丰富，在主要发达国家内部相对过剩的商品需要寻求销路，主要发达国家也需要从其他国家寻找更廉价的初级产品，两者相结合就促进了世界市场的形成，可以说没有工业革命就很难有世界市场。从技术条件看，交通运输、通信的发展是技术条件。由于交通工具的惊人发展，远洋轮船、铁路、电报、苏伊士运河第一次真正地形成了世界市场。③ 同时，诸如电话电报、无线电等国际通信技术的发明应用，大大缩短了距离、提高了沟通效率，世界更加

① 杨圣明、王茜：《马克思世界市场理论及其现实意义——兼论"逆全球化"思潮的谬误》，《经济研究》2018 年第 6 期。
② 《马克思恩格斯全集》第 42 卷，人民出版社，1979。
③ 《马克思恩格斯全集》第 25 卷，人民出版社，1974。

紧密地联系在一起。

从实践看,经济全球化经历了三个阶段。① 一是殖民扩张和世界市场形成阶段。西方国家由于率先开展工业化,建立了强大的优势,它们依靠巧取豪夺、强权占领、殖民扩张等手段,将世界进行瓜分,到第二次世界大战时,世界各地区各民族都被卷入世界体系之中。二是两个平行世界市场阶段。第二次世界大战结束后,以苏联为代表的社会主义国家,和以美国、西欧的国家等为代表的资本主义国家,形成了社会主义和资本主义两大阵营,两大阵营在经济交往、贸易往来等方面相对封闭,世界市场相对割裂。三是经济全球化阶段。20 世纪 90 年代东欧剧变、苏联解体,两大阵营的对立不复存在,世界市场的相对割裂也开始弥合,全球经济交往、贸易往来快速发展,经济全球化达到了前所未有的发展程度。

三 现代化与人类社会变迁

从人类诞生至今,人类文明大致经历了原始社会、农业社会、工业社会、知识社会,现代化与人类社会变迁螺旋演进,每一次社会变迁,都必然历经现代化的过程,每一次现代化之后,也会进入新的社会。目前少数国家已经步入第二次现代化,大多数国家仍然处于第一次现代化。未来,大多数国家将完成第二次现代化,世界也将迈入新阶段的现代化。纵览现代化与人类社会变迁,可以总结出一些趋势性的特征。

第一,现代化具有不同的实现模式。② 在历史进程中,通向现代化的多样化道路可大致概括成两大类不同起源,从而形成内生和外生两种不同类型的现代化模式。③ 内生的现代化模式指的是推进社会变革的力量来自内部,在漫长的社会变革中实现现代化,具有自发性、自下而上、渐进变革的特点。在资本主义发展早期,借助资本增值的内在本性,一些西方国家从内

---

① 习近平:《深入理解新发展理念》,《求是》2019 年第 10 期。
② 张占斌:《构建中国式现代化"强起来"的政治经济学》,《社会科学辑刊》2023 年第 5 期。
③ 罗荣渠:《现代化新论——世界与中国的现代化进程》,北京大学出版社,1993。

部积累了一定数量的资本，本国资产阶级开启了工业化进程，市场在经济生活中发挥自我调节功能，政府确保经济活动的自由运转。西方发达国家是内生的现代化模式的典型代表，这些国家通过原生动力启动和维系现代化建设基础动力，通过提升能力不断升级换代现代化建设能力，通过调适能力做好现代化建设安全环境的保障、开拓现代化建设动能的释放路径，最终组成了西方发达国家现代化的内生动力。① 外生的现代化模式指的是在外部冲击之下，社会出现变革，进而实现现代化，具有偶发性、由外而内、剧烈变革的特点。随着西方发达国家在世界影响力越来越强，而内生动力偏弱的国家又没有推进现代化的能力，许多国家主动或被动地选择了外生的现代化模式。拉丁美洲是外生的现代化模式的代表，"拉丁美洲是一个不发达地区；造成本地区不发达的原因是单一作物的出口经济与封建经济和封建社会并存，这种单一作物的出口经济是从 19 世纪开始发展起来的，是一种'外向型'发展模式，即以出口初级产品、进口制成品为基础的发展模式"。②

第二，现代化与人类社会变迁呈非线性特点。③ 1925 年苏联经济学家康德拉季耶夫在美国发表《经济生活中的长波》，提出 50~60 年的康德拉季耶夫周期理论。从工业化至今，世界经济大致经历了"早期机械化"技术革命、"蒸汽动力和铁路"技术革命、"电力和重型工程"技术革命、"福特制和大生产"技术革命、"信息和通信"技术革命等五个长周期，每个周期一般为 50 年（前 25 年繁荣，后 25 年衰退）。④ 现代化的发展浪潮与经济周期基本对应，既有波峰也有波谷，呈波浪式跳跃推进，人类社会在经济周期与现代化浪潮中不断变迁。

第三，现代化与人类社会变迁以生产力变革为根本动力。现代化的根本动力是生产力的变革，因为生产力决定生产关系，生产力出现变革，生产关

---

① 吴忠民：《论现代化内生动力》，《教学与研究》2020 年第 11 期。
② 〔巴西〕特奥托尼奥·多斯桑托斯：《帝国主义与依附》，杨衍永译，社会科学文献出版社，1999。
③ 罗荣渠：《现代化新论——世界与中国的现代化进程》，北京大学出版社，1993。
④ 张其佐：《论世界经济周期的变化》，《经济日报》2003 年 1 月 13 日。

系也会出现变化，生产关系随生产力不断演变，也就意味着现代化与人类社会随之演变。生产力的变革最主要体现为经济领域的工业生产力，工业生产力的升级不断推进经济领域快速发展，并将现代化引向政治、文化、社会、生态、人等各个领域、各个层面，最终推动整个社会迈向现代化。①

第四，现代化与人类社会变迁具有世界影响。现代化发源于某个国家，但这种影响会扩散至整个世界。英国、美国等西方发达国家率先进入现代化，取得了显著的发展成就，对其他国家形成了示范效应，许多国家开始跟进，或是照抄照搬西方发达国家现代化的现成模式，或是开拓创新适合本国国情的新模式，原先因地缘政治而割裂的各个国家，出于发展需求而被纳入国际分工体系，形成目标一致的世界经济体。

参考文献

〔匈〕伊万·拜伦德：《20世纪欧洲经济史：从自由放任到全球化》，徐昂译，格致出版社，2020。

〔意〕阿尔伯特·马蒂内利、何传启主编《世界现代化报告：新时期的现代化和多样性》，科学出版社，2017。

丁立群主编《现代性与全球化问题研究》，社会科学文献出版社，2019。

李工真：《德意志道路——现代化进程研究》，武汉大学出版社，2021。

李力：《全球化与法制现代化》，法律出版社，2016。

刘益东、高璐、李斌：《科技革命与英国现代化》，山东教育出版社，2020。

钱乘旦主编《世界现代化历程（总论卷）》，江苏人民出版社，2012。

---

① 张占斌：《构建中国式现代化"强起来"的政治经济学》，《社会科学辑刊》2023年第5期。

B.7
中国式现代化的理论体系与理论品格

赵　培*

摘　要： 中国式现代化理论体系由许多重要部分组成，包括理论体系的形成过程、基本框架、科学方法、理论品格等。中国式现代化理论体系具有重大现实意义，使中国式现代化实践更加清晰、更加科学、更加可感可行，是理论体系的理论品格的生动表现。深入研究中国式现代化的理论体系与理论品格，对于在实践基础上不断丰富和发展中国式现代化理论，以中国式现代化实现中华民族伟大复兴具有重要意义。

关键词： 中国式现代化　人类文明新形态　中华民族伟大复兴

中国式现代化的理论体系，是中国共产党在探索符合中国国情的现代化道路的历史进程中，特别是在党的十八大以来推进和拓展中国式现代化道路的伟大实践中，逐渐形成并发展完善的。习近平总书记立足于中国共产党新时代新征程的使命任务，着眼于实现中华民族伟大复兴战略全局和世界百年未有之大变局，对中国式现代化做了许多重要论述。他指出，概括提出并深入阐述中国式现代化理论，是党的二十大的一个重大理论创新，是科学社会主义的最新重大成果；新时代中国特色社会主义思想，实现了马克思主义中国化时代化新的飞跃，为中国式现代化提供了根本遵循；深化了对中国式现代化的内涵和本质的认识，概括形成中国式现代化的中国特色、本质要求和重大原则，初步构建了中国式现代化的理论体系，使中国式现代化更加清

---

* 赵培，中央党校（国家行政学院）马克思主义学院副教授，主要研究方向为马克思主义理论研究。

晰、更加科学、更加可感可行。① 习近平总书记关于中国式现代化的重要论述，反映了中国共产党对中国式现代化认识的不断深化，特别是提出"初步构建中国式现代化的理论体系"重要论断，明确了从理论体系建构的视角，丰富和发展中国式现代化理论的研究路径；"使中国式现代化更加清晰、更加科学、更加可感可行"，明确了中国式现代化的理论体系应具备的理论功能和实践价值，突出了中国式现代化理论的理论品格。因此，深化对中国式现代化理论体系的形成过程、基本框架、科学方法、理论品格的研究，为全面准确把握习近平总书记关于中国式现代化的重要论述提供了整体性视角，为中国式现代化理论体系的丰富和发展夯实了理论基础，为全面建成社会主义现代化强国、推进中华民族伟大复兴提供了科学理论指引，具有重要的理论意义和实践价值。

一　理论形成：对实现中华民族伟大复兴正确道路的科学总结

中国式现代化的实践从建设社会主义现代化强国开始，与实现中华民族伟大复兴的伟大实践相互交融。中国式现代化理论体系是在总结实现中华民族伟大复兴正确道路的基础上逐渐形成发展的。正如习近平总书记指出，中国式现代化，是我们为如何唤醒"睡狮"，实现民族复兴这个重大历史课题所给出的答案。

（一）反思近代中国早期现代化探索的失败教训

中华民族有着 5000 多年的文明历史，但在肇始于西方的现代化进程中，由于旧中国封建专制统治的腐朽，西方列强殖民入侵，中华民族饱受劫难，中华文明开始落后于世界现代化潮流。自 1840 年鸦片战争后，中华民族被

---

① 《习近平在学习贯彻党的二十大精神研讨班开班式上发表重要讲话强调正确理解和大力推进中国式现代化》，《人民日报》2023 年 2 月 8 日。

卷入现代化潮流中。马克思对此做过论述，他指出："满族王朝的声威一遇到英国的枪炮就扫地以尽，天朝帝国万世长存的迷信破了产，野蛮的、闭关自守的、与文明世界隔绝的状态被打破，开始同外界发生联系。"① 与现代文明世界联系起来，"开眼看世界"的中国人意识到，曾经先进的中华文明，已经落后于时代。

为了赶上时代潮流，实现民族复兴，中华民族开始了现代化探索。许多仁人志士、各种政治力量纷纷登上历史舞台。太平天国运动、洋务运动、戊戌变法、义和团运动、辛亥革命等现代化运动相继开展。它们有的侧重于从"器物"上向西方学习，有的强调从"制度"上效仿西方，有的寄希望于在"文化"上向西方靠拢，有些运动甚至表现出激烈的革命性，甚至推翻了中国几千年的君主专制制度。但是，这些探索最终均以失败告终。

近代中国早期的现代化探索何以失败？中国共产党已做了科学回答。《中共中央关于党的百年奋斗重大成就和历史经验的决议》指出："近代中国社会主要矛盾是帝国主义和中华民族的矛盾、封建主义和人民大众的矛盾。实现中华民族伟大复兴，必须进行反帝反封建斗争。"② 近代中国虽然以现代化为民族复兴之手段，但没有抓住"反帝反封建"这一中国社会主要矛盾，没有改变中国半殖民地半封建的社会性质。在封建主义、帝国主义、官僚资本主义的三重阻碍下，中国的现代化与民族复兴缺乏根本条件。深究近代中国早期现代化探索的失败原因，归根结底，一是没有科学理论为指导，二是缺乏坚强有力的政治领导和领导组织。近代中国现代化实践的失败教训充分说明，"中国迫切需要新的思想引领救亡运动，迫切需要新的组织凝聚革命力量"③。

中国式现代化的实践，汲取了近代中国早期现代化探索的经验教训。中国式现代化理论，以总结反思前人经验教训为起点。习近平总书记指出：

---

① 中共中央马克思恩格斯列宁斯大林著作编译局编译《马克思恩格斯选集》第 1 卷，人民出版社，2012。
② 《中共中央关于党的百年奋斗重大成就和历史经验的决议》，人民出版社，2021。
③ 《中共中央关于党的百年奋斗重大成就和历史经验的决议》，人民出版社，2021。

"实现中华民族伟大复兴是近代以来中国人民的共同梦想，无数仁人志士为此苦苦求索、进行各种尝试，但都以失败告终。探索中国现代化道路的重任，历史性地落在了中国共产党身上。"①

（二）总结中国共产党百年奋斗史蕴含的中国式现代化的探索与实践

中国式现代化理论生成的重要路径之一是总结中国共产党百年奋斗历史。中国共产党的百年奋斗创造的伟大历史成就为中国式现代化实践的形成与发展开辟了道路，奠定了基础，创造了一系列历史条件。深入研究中国式现代化理论的形成过程必然要回到中国共产党的百年奋斗历史中。

新民主主义革命的伟大成就为中国式现代化道路的开辟创造了根本社会条件。中国式现代化与近代早期中国的现代化探索有着根本不同。其一，中国式现代化建立在彻底的社会变革的基础上；其二，中国共产党的领导改变了中国一盘散沙的面貌。现代化不再是个别精英和少数阶级的探索，而是全体人民共同的实践；其三，中国共产党以马克思主义为理论武装，为中国式现代化提供了科学理论指导。毛泽东指出："没有中国共产党的努力，没有中国共产党人做中国人民的中流砥柱，中国的独立和解放是不可能的，中国的工业化和农业近代化也是不可能的。"② 习近平总书记强调："在新民主主义革命时期，我们党团结带领人民，浴血奋战、百折不挠，经过北伐战争、土地革命战争、抗日战争、解放战争，推翻帝国主义、封建主义、官僚资本主义三座大山，建立了人民当家作主的中华人民共和国，实现了民族独立、人民解放，为实现现代化创造了根本社会条件。"③

社会主义革命和建设的伟大成就为中国式现代化建设奠定了根本政治前提，并提供了宝贵经验、理论准备和物质基础。社会主义革命的胜利确立了

---

① 《习近平在学习贯彻党的二十大精神研讨班开班式上发表重要讲话强调正确理解和大力推进中国式现代化》，《人民日报》2023 年 2 月 8 日。

② 《毛泽东选集》第三卷，人民出版社，1991。

③ 《习近平在学习贯彻党的二十大精神研讨班开班式上发表重要讲话强调正确理解和大力推进中国式现代化》，《人民日报》2023 年 2 月 8 日。

社会主义基本制度，为中国式现代化奠定了根本政治前提。中国共产党领导全国各族人民积极推进社会主义工业化，建立了较为完备的工业体系和国民经济体系，为建设社会主义现代化奠定了物质基础，积累了宝贵经验。在总结实践经验的基础上，中国共产党持续探索社会主义现代化一般规律，在发展工业、农业、交通运输业现代化的基础上，明确提出了"四个现代化"的要求，为提出中国式现代化作了理论准备。

改革开放和社会主义现代化建设的伟大成就为中国式现代化提供了充满新活力的体制保证和快速发展的物质条件。党的十一届三中全会以后，全党纠正了"以阶级斗争为纲"的错误路线，党和国家工作中心重新转到经济建设上来。在这一时期，中国共产党制定了到21世纪中叶基本实现社会主义现代化的"三步走"战略，对中国式现代化的时间表和路线图作了初步谋划。习近平总书记指出："实行改革开放的历史性决策，大力推进实践基础上的理论创新、制度创新、文化创新以及其他各方面创新，实行社会主义市场经济体制，实现了从生产力相对落后的状况到经济总量跃居世界第二的历史性突破，实现了人民生活从温饱不足到总体小康、奔向全面小康的历史性跨越，为中国式现代化提供了充满新的活力的体制保证和快速发展的物质条件。"①

（三）概括新时代中国特色社会主义伟大成就，初步构建中国式现代化的理论体系

党的十八大以来，中国特色社会主义进入新时代。中国共产党团结全国各族人民，在已有基础上继续前进，不断实现理论和实践的创新突破，成功推进和拓展了中国式现代化。中国式现代化理论在实践发展的基础上不断完善与丰富。习近平总书记对中国式现代化做了高度概括和深入阐述，系统回答了建设什么样的社会主义现代化强国、怎样建设社会主义现

① 《习近平在学习贯彻党的二十大精神研讨班开班式上发表重要讲话强调正确理解和大力推进中国式现代化》，《人民日报》2023年2月8日。

代化强国等关系到新时代党和国家事业发展的重大时代课题，逐渐完善和发展了中国式现代化理论，对中国式现代化理论体系的构建做出了重大原创性贡献。

中国式现代化理论体系的形成是思想认识不断深化的过程。党的十九届六中全会明确："习近平新时代中国特色社会主义思想，实现了马克思主义中国化时代化新的飞跃。"① 党的指导思想与时俱进的最新成果为中国式现代化提供了根本遵循。习近平总书记指出："进一步深化对中国式现代化的内涵和本质的认识，概括形成中国式现代化的中国特色、本质要求和重大原则，初步构建中国式现代化的理论体系。"②

中国式现代化理论体系的形成以一系列重大战略举措为支撑。习近平总书记指出，"我们在战略上不断完善，统筹推进'五位一体'总体布局，协调推进'四个全面'战略布局，深入实施科教兴国战略、人才强国战略、乡村振兴战略等一系列重大战略"，为中国式现代化提供了坚实的战略支撑。③

中国式现代化理论体系的形成以实践的不断丰富与拓展为现实基础。党的十八大以来，党和国家事业取得历史性成就、发生历史性变革，特别是消除了绝对贫困问题，全面建成小康社会，为中国式现代化提供了更为完善的制度保证、更为坚实的物质基础、更为主动的精神力量。

二 基本框架：中国式现代化理论体系的实践目标、内在逻辑、基本遵循

初步构建中国式现代化理论体系，既科学认识了中国式现代化的内涵与

① 《中共中央关于党的百年奋斗重大成就和历史经验的决议》，人民出版社，2021。
② 《习近平在学习贯彻党的二十大精神研讨班开班式上发表重要讲话强调正确理解和大力推进中国式现代化》，《人民日报》2023年2月8日。
③ 《习近平在学习贯彻党的二十大精神研讨班开班式上发表重要讲话强调正确理解和大力推进中国式现代化》，《人民日报》2023年2月8日。

本质，也在实践中科学概括了中国式现代化的中国特色、本质要求和重大原则，它们共同构成了中国式现代化理论体系的基本框架。正如习近平总书记指出："进一步深化对中国式现代化的内涵和本质的认识，概括形成中国式现代化的中国特色、本质要求和重大原则，初步构建中国式现代化的理论体系，使中国式现代化更加清晰、更加科学、更加可感可行"。① 深入研究中国式现代化理论体系，需要进一步理解中国式现代化的中国特色、本质要求和实践原则的丰富内涵，把握它们在理论体系中的地位，以及它们之间的内在联系。

（一）中国式现代化的中国特色反映了理论体系的实践目标

党的二十大全面生动地阐释了中国式现代化的中国特色。深入研究中国式现代化理论体系的基本框架，需要深刻把握"中国特色"的丰富内涵。"中国特色"的丰富内涵，主要表现在三个方面：其一，在道路层面，突出了一般性与特殊性的统一；其二，在实践层面，表现为现实与未来的统一；其三，在理论层面，表现为条件与结果的统一。

在道路层面，中国式现代化既遵循了现代化的一般规律，又彰显了现代化的中国特色。人类现代化实践是由一些共同的要素构成的。现代化的根本是人的现代化，实现"富裕"是基本目标，文明是具体表现，人与自然是实践场域，发展是实现方式。这些要素的综合，构成了人类现代化的基本问题，是任何现代化道路必须面对的课题。中国式现代化的中国特色不是绕过这些基本问题，而是从中国国情出发，在回答上述问题时，给出中国方案，在遵循现代化一般规律的基础上，彰显中国特色。

在实践层面，中国式现代化的中国特色是以现实与未来的统一形式表现出来的。中国式现代化是人口规模巨大的现代化，是全体人民共同富裕的现代化，是物质文明和精神文明相协调的现代化，是人与自然和谐共生的现代

---

① 《习近平在学习贯彻党的二十大精神研讨班开班式上发表重要讲话强调正确理解和大力推进中国式现代化》，《人民日报》2023年2月8日。

化，是走和平发展道路的现代化。这些鲜明的中国特色是基于中国国情客观地、现实地衍生的。但是，中国式现代化的中国特色更是基于实践发展，以可能性的形式存在的。正如习近平总书记在出席美国友好团体联合欢迎宴会上的演讲中用了"五个致力于"①，从现实与未来的统一，描述了中国式现代化的中国特色。

在理论层面，中国式现代化的中国特色表现为条件与结果的统一。人口规模巨大，既是中国式现代化面临的挑战，也为中国式现代化提供了红利；全体人民共同富裕，需要在更高的发展水平上，处理好公平与效率的关系；中国的社会制度、发展阶段、文化传统、文明底蕴等决定了在实现物质文明和精神文明协调发展时所面临的特殊制约；中国在自然资源禀赋上的特殊性，决定了其不能走西方国家先破坏后治理的老路；在发展路径上，以开放包容的姿态，构建人类命运共同体，强化"共商共建共赢"的全球治理观，走和平发展道路，是中国式现代化唯一正确的道路。所以，中国式现代化的中国特色，是由中国的基本国情决定的，因而在理论认识上表现为条件与结果的统一。

（二）中国式现代化的本质要求彰显了理论体系的内在逻辑

习近平总书记指出：党的二十大对中国式现代化的本质要求做出科学概括。这个概括是党深刻总结我国和世界其他国家现代化建设的历史经验，对我国这样一个东方大国如何加快实现现代化在认识上不断深入、战略上不断完善、实践上不断丰富而形成的思想理论结晶。② 党的二十大从 9 个方面对中国式现代化的本质要求作了集中概括，从性质、布局和价值 3 个层面论述了中国式现代化的根本性质，整体性推进中国式现代化的总体要求，以及中国式现代化立足中国、着眼世界的价值取向。中国式现代化的本质要求是彼此联系的有机整体，彰显了中国式现代化理论体系的内在逻辑，在理论体系

---

① 杜尚泽、李志伟：《习近平出席美国友好团体联合欢迎宴会并发表演讲》，《人民日报》2023 年 11 月 17 日。

② 习近平：《为实现党的二十大确定的目标任务而团结奋斗》，《求是》2023 年第 1 期。

中占据基础性地位。

第一，阐明中国式现代化的性质，是构建中国式现代化理论体系的基础，是明确中国式现代化本质要求的前提。党的二十大明确指出："中国式现代化是中国共产党领导的社会主义现代化。"① 坚持中国共产党的领导，坚持中国特色社会主义，是由中国式现代化的根本性质决定的，关系到中国式现代化的成败。同时，坚持中国共产党的领导，坚持中国特色社会主义，在中国式现代化的本质要求中具有决定性，对其他本质要求产生决定性影响，并蕴含于其他本质要求中。

第二，党的十八大明确："全面落实经济建设、政治建设、文化建设、社会建设、生态文明建设五位一体总体布局。"② 因此，坚持中国特色社会主义决定了推进中国式现代化，必须从经济、政治、文化、社会和生态文明"五位一体"总体布局着眼。党的二十大对"五位一体"总体布局做了新部署。反映在中国式现代化的本质要求上，即在经济建设上实现高质量发展，政治建设上实现全过程人民民主，文化建设上丰富人民精神世界，社会建设上实现全体人民共同富裕，生态文明建设上促进人与自然和谐共生。

第三，党的二十大明确提出，以中国式现代化推进中华民族伟大复兴，是新时代新征程中国共产党的使命任务。世界百年未有之大变局是实现中华民族伟大复兴的宏观背景，同时，中华民族伟大复兴对世界百年未有之大变局产生重大影响。因此，习近平总书记多次强调，全党要统筹中华民族伟大复兴战略全局和世界百年未有之大变局。推进中国式现代化既要着眼于中国，造福中国人民，又要促进世界共同发展。构建人类命运共同体，创造人类文明新形态，体现了中国共产党立足中国、放眼世界的价值追求，是中国式现代化民族性与世界性的一体表达，是中国式现代化着眼世界的实践印证。

---

① 习近平：《高举中国特色社会主义伟大旗帜 为全面建设社会主义现代化国家而团结奋斗——在中国共产党第二十次全国代表大会上的报告》，人民出版社，2022。
② 胡锦涛：《坚定不移沿着中国特色社会主义道路前进 为全面建成小康社会而奋斗——在中国共产党第十八次全国代表大会上的报告》，人民出版社，2012。

（三）中国式现代化的实践原则规定了理论体系的基本遵循

党的二十大着眼于全面建成社会主义现代化国家，对中国式现代化的实践原则做了详细阐释，并概括为"五个坚持"。深入研究中国式现代化理论体系的基本框架，需要从理论、历史与实践相统一的逻辑出发，全面准确把握"五个坚持"的科学内涵。中国式现代化理论体系的实践原则既蕴含着对世界各国现代化经验的历史总结，也蕴含着对中国式现代化实践成功经验的提炼概括，是中国式现代化理论体系的基本遵循。

通过总结世界各国现代化的历史经验，提炼概括中国式现代化实践的成功经验不难发现，不论是哪种社会制度下的现代化，都要面临五个方面的基本问题，即现代化的政治领导、实现路径、依靠力量、主要矛盾和精神面貌。立足中国，着眼世界，推进中国式现代化实践，也要从这五个方面入手。

从政治领导看，推进现代化进程需要先进的政党领导。其先进性主要体现在代表先进生产力的发展方向。中国共产党自成立以来始终是中华民族和中国社会先进生产力的代表。因此，在推进中国式现代化的实践中必须始终坚持和加强党的领导。

从实现路径看，各国现代化进程的历史起点不同，基础条件、制约因素也各不相同。因此，需要结合实际，探索适合本国国情的现代化道路。中国特色社会主义是中国共产党领导中国人民和中华民族开辟的符合中国国情的发展道路，是中国式现代化社会主义性质的基础，因此在实践中必须长期坚持。

从依靠力量看，现代化进程是社会深刻转型的过程，不断开创人类历史新纪元。在深刻转型的历史进程中，人民始终是历史的主体，是历史的创造者。因此，推进中国式现代化必须始终坚持以人民为中心的发展理念，不断实现发展为了人民、发展依靠人民、发展成果由人民共享，让现代化建设成果更多更公平惠及全体人民。

从主要矛盾看，现代化进程遵循人类社会发展的一般规律，在发展上表现为生产力与生产关系、经济基础与上层建筑的矛盾运动。立足当前中国社会的主要矛盾，推进中国式现代化实践，必须遵照人类社会发展的一般规律。深化改革开放，是在生产关系层面的持续性变革，通过不断调整生产关系，持续释放发展的活力与动能，因此必须长期坚持。

从精神面貌看，现代化进程充满艰难险阻，处处面临困难与挑战。因此，推进中国式现代化，全党全国各族人民要充分发扬斗争精神，以昂扬的姿态，全力战胜前进道路上的各种困难和挑战，依靠顽强斗争开辟事业发展的新天地。

三 科学方法：以理论、历史、实践统一
原则丰富和完善理论体系

初步构建的中国式现代化理论体系，不是封闭的、僵化的，而是随着实践发展不断丰富和完善。深入研究中国式现代化理论体系，需要不断探索丰富和完善该理论体系的科学方法。在促进理论体系丰富与完善的诸多要素中，不断丰富和拓展理论的范畴体系是基础，科学的世界观与方法论起到支撑作用，以科学世界观与方法论引领实践发展则为理论体系的丰富与完善提供不竭动力。

（一）不断丰富和拓展中国式现代化理论的范畴体系

中国式现代化理论体系包含一系列重大范畴，是庞大的范畴体系。从理论、历史与实践相统一的视角看，人类文明演进史、中国式现代化实践的形成与发展史，以及对人类现代化进程的理论概括，构成了中国式现代化理论范畴体系的三大重要来源。因此，丰富和拓展中国式现代化理论的范畴体系，应从以下三个方面入手。

其一，丰富和拓展中国式现代化理论的范畴体系要有广阔的历史视野。近代中国历史的起点也是中国式现代化理论与实践的起点。但是，在更为广阔的历史视野中，中华优秀传统文化所蕴含的宇宙观、天下观、社会观、道

德观同科学社会主义核心价值观的主张具有高度契合性。因此，中华优秀传统文化是丰富和拓展理论范畴体系的重要思想资源。中国式现代化开创了人类文明新形态，但是，这种"新"绝不是与历史相脱节的。吸收和借鉴中华优秀传统文化，"淬厉其所本有而新之"①，是"新"的历史维度。

其二，丰富和拓展中国式现代化理论的范畴体系要有宽广的实践视野。中国式现代化是立足中国、着眼世界的实践，既遵循现代化的一般规律，又彰显现代化的中国特色。人类现代化进程已有数百年历史，并仍在向前发展。各具特色的现代化理论不断生成，在不同程度上揭示了现代化的一般规律与特殊性。对人类现代化实践的历史总结、对正在发展中的人类现代化进程的展望与概括，为中国式现代化实践以及理论范畴体系的丰富和拓展提供了丰富的理论资源。

其三，丰富和拓展中国式现代化理论的范畴体系要有根本的理论遵循。习近平总书记指出："我们在认识上不断深化，创立了新时代中国特色社会主义思想，实现了马克思主义中国化时代化新的飞跃，为中国式现代化提供了根本遵循。"② 习近平新时代中国特色社会主义思想是中国式现代化的根本遵循。中国式现代化理论中的许多重大范畴，诸如"中国式现代化道路""中国共产党领导社会主义现代化""中国式现代化的中国特色、本质要求、重大原则"等，是从习近平新时代中国特色社会主义思想中合乎逻辑地提炼并发展出来的。因此，中国式现代化理论范畴体系的丰富和拓展要以习近平新时代中国特色社会主义思想为根本理论遵循。

（二）科学的世界观与方法论是丰富和完善理论体系的支撑

中国共产党历来重视以思想理论创新引领实践走向深入。不断丰富和完善中国式现代化理论体系是推进中国式现代化实践的必然要求。党的二十大报告指出："继续推进实践基础上的理论创新，首先要把握好新时代中国特

① 梁启超：《新民说》，商务印书馆，2016。
② 《习近平在学习贯彻党的二十大精神研讨班开班式上发表重要讲话强调正确理解和大力推进中国式现代化》，《人民日报》2023 年 2 月 8 日。

色社会主义思想的世界观和方法论，坚持好、运用好贯穿其中的立场观点方法。"① 因此，深刻领悟习近平新时代中国特色社会主义思想的世界观和方法论，是丰富和完善中国式现代化理论体系的科学支撑。

党的二十大对习近平新时代中国特色社会主义思想的世界观和方法论作了科学总结，将其概括为"六个必须坚持"。为丰富和完善中国式现代化理论体系提供了科学路径。中国式现代化是人口规模巨大的现代化。反映在理论创新上，必须坚持人民至上。人民至上不仅是一种价值立场，同时也是理论创新的方向。要让中国式现代化理论为人民所掌握，成为指导认识世界和改造世界的理论武器；中国式现代化是人类现代化实践的中国样本，创造了人类文明新形态。推进中国式现代化反映在理论创新上，必须坚持自信自立，依靠中国人自己，不断回答中国式现代化实践中的问题。中国式现代化是中国共产党领导的社会主义现代化，是前无古人的事业。反映在理论创新上，必须坚持守正创新。守正，就是坚持马克思主义基本原理不动摇，坚持党的领导不动摇，坚持中国特色社会主义不动摇。它们决定着理论的性质和实践的方向。创新，就是敢于说前人没有说过的新话，敢于干前人没有干过的事情，反映着时代步伐，关系到事业的成败。中国式现代化具有鲜明的时代特征，面临诸多时代问题。反映在理论创新上，必须坚持问题导向，在破解问题中推进理论发展。万事万物普遍联系、相互依存，因此，推进中国式现代化，需要统筹各方、整体推进。反映在理论创新上，必须坚持系统观念。中国式现代化以创造人类文明新形态为根本落脚点，是对人类文明最大的礼敬。反映在理论创新上，必须坚持胸怀天下，吸收人类一切文明成果，为解决人类面临的共同问题做出贡献。

（三）在攻坚克难中构筑理论体系丰富和完善的现实基础

认识与实践是彼此联系的，两者之间的关系是辩证的。认识是实践的先

---

① 习近平：《高举中国特色社会主义伟大旗帜 为全面建设社会主义现代化国家而团结奋斗——在中国共产党第二十次全国代表大会上的报告》，人民出版社，2022。

导，实践是认识的源泉。中国式现代化实践的不断拓展，是中国式现代化理论体系丰富和完善的不竭动力。当然，推进中国式现代化实践走向深入，面临许多艰巨的挑战，具有复杂性。正如习近平总书记指出："推进中国式现代化是一个系统工程，需要统筹兼顾、系统谋划、整体推进，正确处理好一系列重大关系。"① 着眼于新时代新征程，推进中国式现代化实践的艰巨性与复杂性，习近平总书记强调，要科学处理好"六对关系"。

从马克思辩证唯物主义的世界观与方法论看，这"六对关系"深刻揭示了社会历史运动普遍蕴含的对立统一规律。推进中国式现代化实践不断向前发展，关键在于能否从矛盾运动的对立统一性着眼，统筹协调好这"六对关系"。顶层设计与实践探索反映了认识与实践、抽象与具体的辩证统一关系；战略与策略反映了在实践发展中宏观与微观的辩证统一关系；守正与创新反映了在思想理论与实践道路上坚持与发展的辩证统一关系；效率与公平反映了在发展过程中工具性与价值性的辩证统一关系；秩序与活力反映了在实践过程中客观规律性与主观能动性的辩证统一关系；自立自强与对外开放反映了中国式现代化的民族性与世界性的辩证统一关系。

由此可见，推进中国式现代化的确是一个系统工程。在整体推进中国式现代化的实践中，各种关系错综复杂、相互交织、彼此影响。因此，必须从马克思主义世界观与方法论着眼，在纷繁复杂的矛盾中，抓住主要矛盾和矛盾的主要方面，善于运用辩证思维、系统思维、战略思维等，立足于对立统一规律，科学处理好上述关系，才能推进实践发展，为理论的丰富和完善提供实践资源。

四　理论品格：让中国式现代化更加清晰、更加科学、更加可感可行

中国式现代化理论体系的鲜明理论品格，由理论体系所承载的实践价值

_____

① 《习近平在学习贯彻党的二十大精神研讨班开班式上发表重要讲话强调正确理解和大力推进中国式现代化》，《人民日报》2023 年 2 月 8 日。

与历史使命决定。习近平总书记指出："初步构建中国式现代化的理论体系，使中国式现代化更加清晰、更加科学、更加可感可行。"① 这一重要论断，不仅充分肯定了初步构建的中国式现代化理论体系的实践价值，更强调了这一理论体系对推进中国式现代化的现实意义。中国式现代化理论体系的理论品格根植于理论体系所具有的实践价值。深入研究中国式现代化理论体系的理论品格，需要从理论与实践的辩证统一关系着眼，通过不断发挥理论引领实践的功能，持续彰显理论体系的理论品格。

（一）回应时代课题使中国式现代化更加清晰

中国式现代化的理论体系是顺应时代潮流、回应时代课题，应时而生的理论。正是在回应时代课题中，中国式现代化更加清晰。

中国式现代化的理论体系在历史的向度上，回应了中国式现代化"从何而来""向何处去"的问题。中国的现代化始于近代中国。在西方现代文明的冲击下，中华民族迫切地需要回应中国能否通过"近代化"实现"民族复兴"这一时代之问。在历史进程中，中国式现代化开创形成、丰富发展。如今，在新时代新征程，全面建成社会主义现代化强国，实现第二个百年奋斗目标的征程中，以中国式现代化推进中华民族伟大复兴已成为中国共产党的中心任务。创造人类文明新形态是中国式现代化的根本落脚点。这些论述回应了中国式现代化"向何处去"的问题。

中国式现代化的理论体系在理论的维度上，回应了中国式现代化"是什么"和"为什么"的问题。实践的发展依赖于理论的明晰。中国式现代化理论体系明确了中国式现代化的根本性质，即中国共产党领导的社会主义现代化。中国式现代化理论体系阐明了中国式现代化既符合现代化的一般规律又彰显了中国特色，既属于中华民族又对世界文明发展做出贡献，既遵循实践发展规律又尊重人类共同价值的性质，进而从一般性与特殊性、民族性

---

① 《习近平在学习贯彻党的二十大精神研讨班开班式上发表重要讲话强调正确理解和大力推进中国式现代化》，《人民日报》2023 年 2 月 8 日。

与世界性、科学性与价值性统一的视角回应了为什么中国式现代化是实现中华民族伟大复兴的唯一科学道路。

中国式现代化的理论体系在实践的层面上，回应了中国式现代化"怎么干"的问题。习近平总书记强调："推进中国式现代化是一个系统工程，需要统筹兼顾、系统谋划、整体推进。"① 中国式现代化理论体系从宏观和整体性视角高度概括了中国式现代化的中国特色、本质要求和实践原则，指明了推进中国式现代化实践的方向和原则。中国式现代化理论体系还对中国式现代化实践进行了许多详尽具体的部署，制定了"两个阶段"的战略目标，提出了统筹"两个大局"的实践要求，对"五位一体"总体布局进行了新的部署，对"四个全面"战略布局新谋划进行了理论阐发。中国式现代化理论体系从宏观到微观、目标与规划、方向和路径、战略与策略等方面对中国式现代化"怎么干"做出了积极回应。

（二）践行"两个结合"使中国式现代化更加科学

中国式现代化理论体系是践行"两个结合"的典范，彰显了理论体系的科学性，使中国式现代化更加科学。党的二十大报告指出："中国共产党人深刻认识到，只有把马克思主义基本原理同中国具体实际相结合、同中华优秀传统文化相结合，坚持运用辩证唯物主义和历史唯物主义，才能正确回答时代和实践提出的重大问题，才能始终保持马克思主义的蓬勃生机和旺盛活力。"②

中国式现代化理论体系是马克思主义基本原理与中国实际相结合的典范。马克思主义蕴含着丰富的现代化思想，但必须承认，由于时代条件的制约，马克思、恩格斯主要是从资本主义去认识现代社会的。正如马克思在《哥达纲领批判》中指出："'现代社会'就是存在于一切文明国度中的资本

---

① 习近平：《推进中国式现代化需要处理好若干重大关系》，《求是》2023 年第 19 期。
② 习近平：《高举中国特色社会主义伟大旗帜 为全面建设社会主义现代化国家而团结奋斗——在中国共产党第二十次全国代表大会上的报告》，人民出版社，2022。

主义社会。"① 虽然马克思主义根据人类社会演进一般规律明确提出"只有在伟大的社会革命支配了资产阶级时代的成果"② 时，才能实现落后国家乃至全世界文明的进步。但是，各个国家具体应该怎样推动这场"伟大的社会革命"，马克思主义并没有给出直接答案。中国式现代化理论体系的出发点是中国仍处于社会主义初级阶段，但社会主要矛盾已经发生转换这一基本国情；其落脚点是以中国式现代化推进中华民族伟大复兴，创造人类文明新形态。中国式现代化理论体系从始至终贯穿着马克思主义的价值主题，运用其基本原理解决中国实际问题，是践行"两个结合"的典范。

中国式现代化理论体系深深根植于中华优秀传统文化，是马克思主义与中华优秀传统文化相结合的典范。党的二十大指出："只有植根本国、本民族历史文化沃土，马克思主义真理之树才能根深叶茂。"③ 马克思主义以每一个人的解放与自由全面发展为主题，而中华优秀传统文化自先秦时代起就确立了"民本"的价值追求，因而两者在价值上高度契合；马克思主义在思维方式上注重辩证思维，反对抽象的形而上学，而中华优秀传统文化在致思取向上更注重"和谐"、"共生"与"同一"，两者在思维方式上是相容的；在人类解放路径上，马克思主义强调"个体"与"集体"的辩证统一，强调从个体自由通达社会整体自由，而中华优秀传统文化更是蕴含着丰富的集体主义思想，诸如"家国一体""家天下"等。中国式现代化理论体系充分彰显了马克思主义与中华优秀传统文化深度融合，反映在实践中，就是中国式现代化所蕴含的独特世界观、价值观、历史观、文明观、民主观、生态观等。

① 中共中央马克思恩格斯列宁斯大林著作编译局编译《马克思恩格斯选集》第 3 卷，人民出版社，2012。
② 中共中央马克思恩格斯列宁斯大林著作编译局编译《马克思恩格斯选集》第 1 卷，人民出版社，2012。
③ 习近平：《高举中国特色社会主义伟大旗帜 为全面建设社会主义现代化国家而团结奋斗——在中国共产党第二十次全国代表大会上的报告》，人民出版社，2022。

（三）实现更广泛的人民性使中国式现代化更加可感可行

人民群众是历史的创造者，这是马克思主义唯物史观的基本观点。实现每个人的"全面发展"，是马克思主义的最高理想。马克思指出："理论一经掌握群众，也会变成物质力量。"① 人类及其社会朝着更自由的方向"全面发展"，需要凝聚最广泛的共识，汇聚实现这一理想的磅礴动力。中国式现代化在理论上科学回答了世界人民普遍关切的现代化问题，在实践上打破了"现代化＝西方化"的迷思，在价值追求上以创造人类文明新形态向人类文明礼敬，进而实现了更为广泛的人民性，使中国式现代化更加可感可行。

中国式现代化理论体系回答了世界人民普遍关切的现代化问题。实现现代化是世界历史潮流，各民族国家都在谋求现代化的实践中艰苦探索。人类社会发展充满曲折与起伏，探索现代化道路的进程充满挑战与艰辛。当今世界仍处在马克思主义所指明的时代，同时又处于百年未有之大变局中。人类社会现代化的历史进程来到了历史的十字路口。中国式现代化理论体系不仅回答了中国人民普遍关切的问题，即我们需要什么样的现代化、怎样才能实现现代化，同时它也丰富和拓展了世界现代化理论，为广大发展中国家独立自主迈向现代化树立了典范，为其提供了全新选择，因而实现了更为广泛的人民性。

中国式现代化理论体系打破了"现代化＝西方化"的迷思。不可否认，人类现代化进程是由西方现代运动开启的，这种现代化运动从一开始就具有世界性，落后民族被卷入其中，"使未开化和半开化的国家从属于文明的国家，使农民的民族从属于资产阶级的民族，使东方从属于西方"。② 西方的现代化运动极大地推动了人类社会的现代化进程。但是，西方现代化运动有其不可克服的局限性，它既夸大了理性的作用，又将理性单一化、物化。为

---

① 中共中央马克思恩格斯列宁斯大林著作编译局编译《马克思恩格斯选集》第 1 卷，人民出版社，2012。
② 中共中央马克思恩格斯列宁斯大林著作编译局编译《马克思恩格斯选集》第 1 卷，人民出版社，2012。

现代化的特殊性披上了普遍性的外衣，使"现代化＝西方化"。在西方现代化运动的冲击下，落后国家自身的民族性被消解，多元发展的世界历史被一元化。中国式现代化打破这一迷思的根本原因在于，中国式现代化的世界意义恰恰是以其特殊性为前提的。这样，中国式现代化"展现了现代化的另一幅图景，拓展了发展中国家走向现代化的路径选择，为人类对更好社会制度的探索提供了中国方案"①，进而实现了更广泛的人民性。

中国式现代化理论体系以创造人类文明新形态为根本落脚点。纵观人类现代化进程，从制度层面看，既有资本主义制度下的现代化，也有社会主义制度下的现代化。中国式现代化创造了社会主义的文明形态，它不是苏联社会主义现代化的再版，而是体现了科学社会主义的先进本质，证明了在社会主义制度下，同样能够实现现代化。人类现代化进程从社会转型层面看是从传统社会向现代社会的转变。中国式现代化创造了中华文明的当代形态，为仍处于传统社会或处于转型中的民族国家提供了现代化经验。人类现代化进程从世界历史层面看表现为多样性的统一。中国式现代化创造了世界文明的崭新形态，向世界各种文明彰显了现代文明的多样性。中国式现代化向具有不同社会制度、不同文明底蕴的民族国家与人民，提供着不竭的现代化经验，进而实现了更为广泛的人民性。

---

① 《习近平在学习贯彻党的二十大精神研讨班开班式上发表重要讲话强调正确理解和大力推进中国式现代化》，《人民日报》2023 年 2 月 8 日。

B.8
中国式现代化的理论贡献与时代意义

王海燕[*]

摘　要： 　中国式现代化理论体系的构建与发展标志着我们党对中国式现代化的认识达到了一个崭新境界，具有重大的理论贡献和时代意义。中国式现代化是我们党深刻总结我国和世界其他国家现代化建设历史经验的思想理论结晶，是世界科学社会主义运动发展的最新理论成果，是对世界现代化理论和实践的重大创新，为全球提供了一种全新的现代化模式。中国式现代化展现的强大道路优势、理论优势，使中国式现代化具有更加重大的时代意义，为我国全面建设社会主义现代化国家提供了根本遵循，为发展中国家实现现代化提供了新选择，为世界社会主义的发展提供了强大活力与吸引力，为解决当今全球性难题提供了中国方案。

关键词： 　中国式现代化　理论贡献　时代意义　中国方案

以中国式现代化全面推进中华民族伟大复兴，是党的二十大明确提出的新时代新征程党的使命任务的核心内容。中国式现代化是党在长期追求和探索过程中形成的推进中华民族伟大复兴的重大实践和理论成果。党的二十大确立"中国式现代化"命题，意味着中国式现代化已经从道路的创造上升为理论的建构，标志着我们党对中国式现代化的认识达到了一个崭新境界。在2023年2月7日举办的学习贯彻习近平新时代中国特色社会主义思想和党的二十大精神研讨班开班式上，习近平总书记强调正确理解和大力推进中

---

* 王海燕，经济学博士，中央党校（国家行政学院）马克思主义学院科研秘书、副教授、硕士生导师，主要研究方向为政治经济学、公共经济学，研究重点为减贫治理、中国式现代化等。

国式现代化，"概括提出并深入阐述中国式现代化理论，是党的二十大的一个重大理论创新，是科学社会主义的最新重大成果"①。习近平总书记在党的二十大前后关于中国式现代化的一系列重要论述，初步构建了中国式现代化理论体系，该理论体系不断丰富和完善。中国式现代化理论体系的构建与发展是对中国共产党领导中国现代化实践的理论升华，不仅突破了原有的西方现代化理论，也是对马克思现代化理论的发展，是当代中国马克思主义、21 世纪马克思主义发展的最新重大成果，具有重大的理论贡献与时代意义。

一　中国式现代化理论体系的初步构建

党的二十大前后，习近平总书记关于中国式现代化的系列重要论述已初步构建了中国式现代化理论体系。中国式现代化理论体系架构庞大、内容丰富，就其核心内容来说主要包括根本性质、主要特征、本质要求、推进原则等。

（一）中国式现代化的根本性质

习近平总书记在党的二十大报告中强调指出："中国式现代化，是中国共产党领导的社会主义现代化。"② 这是对中国式现代化定性的话，是管总、管根本的。为什么要强调党的领导地位？这是因为，中国式现代化有其中国特色、本质要求、重大原则等，但起根本性、决定性、统领性作用的是中国共产党领导的社会主义现代化。

党的领导直接关系中国式现代化的根本方向、前途命运、最终成败。党的领导决定中国式现代化的根本性质。党的性质宗旨、初心使命、信仰信念、政策主张决定了中国式现代化是社会主义现代化而不是别的什么现代化。③ 我们党始终高举社会主义伟大旗帜，坚持和发展社会主义道路、理

---

① 习近平：《正确理解和大力推进中国式现代化》，《人民日报》2023 年 2 月 8 日。
② 习近平：《中国式现代化是中国共产党领导的社会主义现代化》，《求是》2023 年第 11 期。
③ 习近平：《中国式现代化是中国共产党领导的社会主义现代化》，《求是》2023 年第 11 期。

论、制度、文化，确保中国式现代化在正确的轨道上顺利推进，为中国式现代化提供科学思想指引、坚强制度保证和强大精神力量。党的领导确保中国式现代化锚定奋斗目标行稳致远。我们党始终坚守初心使命，坚持把远大理想和阶段性目标统一起来，一旦确定目标，就咬定青山不放松，接续奋斗、艰苦奋斗、不懈奋斗，从根本上超越了资本主义国家政党纷争、党派偏私，政策前后不一、朝令夕改的弊端。

党的领导激发建设中国式现代化的强劲动力。改革开放是决定当代中国命运的关键一招，也是决定中国式现代化成败的关键一招。党的十八大以来，我们党以巨大政治勇气全面深化改革，坚决破除各方面体制机制弊端，许多领域实现历史性变革、系统性重塑、整体性重构，为中国式现代化注入不竭动力。党的领导凝聚建设中国式现代化的磅礴力量。① 现代化的最终目标是实现人自由而全面的发展。我们党坚持党的群众路线，想问题、做决策、办事情注重把准人民脉搏、回应人民关切、体现人民愿望、增进人民福祉，推动中国式现代化建设成果更多更公平惠及全体人民，让人民以主人翁精神满怀热忱地投入现代化建设，凝聚起全面建设社会主义现代化国家的伟力。②

中国式现代化是社会主义现代化而不是别的什么现代化。在不同制度形态基础上建立的现代化，走不同道路建成的现代化，即使有着现代化一般规律的共性，但仍然有着本质区别。西方现代化是资本主义现代化，是以资本为中心、两极分化、物质膨胀、扩张掠夺的现代化。中国式现代化则是以人民为中心、共同富裕、精神富有、和平发展的现代化，展现出社会主义现代化的制度优势。社会主义现代化吸收了资本主义现代化的物质成果和其他有益成果，同时是对资本主义现代化的扬弃和超越。中国共产党领导则是中国社会主义现代化的根本保证。中国式现代化与其他社会主义国家的现代化比较，是在中国共产党领导下的中国特色社会主义现代化。中国共产党领导

---

① 习近平：《中国式现代化是中国共产党领导的社会主义现代化》，《求是》2023 年第 11 期。
② 习近平：《中国式现代化是中国共产党领导的社会主义现代化》，《求是》2023 年第 11 期。

的社会主义现代化是以经济建设为中心，坚持四项基本原则、坚持改革开放的社会主义现代化。中国共产党领导的社会主义现代化是世界上最大的马克思主义执政党在最大的社会主义国家建设的社会主义现代化，其重要程度、艰巨程度以及在世界上的影响力，超过了其他建设社会主义现代化的国家，对以中国式现代化推进科学社会主义在21世纪的振兴，具有世界历史意义。

（二）中国式现代化的主要特征

一个国家选择什么样的现代化道路，是由其历史传统、社会制度、发展条件、外部环境等诸多因素决定的。国情不同，现代化途径也会不同。实践证明，一个国家走向现代化，既要遵循现代化一般规律，更要符合本国实际，具有本国特色。中国式现代化既有各国现代化的共同特征，更有基于自己国情的鲜明特色。党的二十大报告明确概括了中国式现代化5个方面的中国特色，深刻揭示了中国式现代化的科学内涵，这既是理论概括，又是实践要求。[①]

第一，人口规模巨大的现代化。这是中国式现代化的显著特征。当前，全球进入现代化的国家也就20多个，总人口10亿左右。中国14亿多人口整体迈入现代化，规模超过现有发达国家人口的总和，将极大地改变现代化的世界版图。这是人类历史上规模最大的现代化，也是难度最大的现代化。超大规模的人口，既能提供充足的人力资源和超大规模市场，也带来了一系列难题和挑战。仅解决14亿多人的吃饭问题就是一个不小的挑战，还有就业、分配、教育、医疗、住房、养老、托幼等问题。因此，我们想问题、做决策、办事情，首先要考虑人口基数问题。

第二，全体人民共同富裕的现代化。这是中国式现代化的本质特征，也是区别于西方现代化的显著标志。中国式现代化坚持发展为了人民、发展依

---

① 习近平：《中国式现代化是强国建设、民族复兴的康庄大道》，《前进论坛》2023年第10期。

靠人民、发展成果由人民共享。现在，我们已经形成促进全体人民共同富裕的一整套思想理念、制度安排、政策举措。要在推动高质量发展、做好做大"蛋糕"的同时，进一步分好"蛋糕"，着力解决好民生问题，构建三次分配协调配套的制度体系，规范收入分配秩序，规范财富积累机制，依法引导和规范资本健康发展，逐步扩大中等收入群体、缩小收入分配差距，让现代化建设成果更多更公平惠及全体人民。

第三，物质文明和精神文明相协调的现代化。物质贫困不是社会主义，精神贫乏也不是社会主义。中国式现代化既要物质财富极大丰富，也要精神财富极大丰富、在思想文化上自信自强。要坚持两手抓、两手硬，促进物质文明和精神文明相互协调、相互促进，让全体人民始终拥有团结奋斗的思想基础、开拓进取的主动精神、健康向上的价值追求。要顺应人民日益增长的精神文化需求，建设具有强大凝聚力和引领力的社会主义意识形态，加强理想信念教育和"四史"宣传教育，培育和弘扬社会主义核心价值观，发展社会主义先进文化，推出更多优秀文艺作品，不断丰富人民精神世界，提高全社会文明程度，促进人的全面发展。

第四，人与自然和谐共生的现代化。尊重自然、顺应自然、保护自然，促进人与自然和谐共生是中国式现代化的鲜明特点。中国式现代化坚持可持续发展，坚持节约优先、保护优先、自然恢复为主的方针，坚定不移走生产发展、生活富裕、生态良好的文明发展道路，为实现中华民族永续发展开辟了广阔前景。要牢固树立和践行"绿水青山就是金山银山"的理念，坚持山水林田湖草沙一体化保护和系统治理，推进生态优先、节约集约、绿色低碳发展，加快发展方式绿色转型，提升生态系统多样性、稳定性、持续性，积极稳妥推进"碳达峰""碳中和"，以高品质的生态环境支撑高质量发展。

第五，走和平发展道路的现代化。西方国家的现代化充满战争、贩奴、殖民、掠夺等血腥罪恶，给广大发展中国家带来深重苦难。中国式现代化坚持独立自主、自力更生，依靠全体人民的辛勤劳动和创新创造发展壮大，通过激发内生动力与和平利用外部资源相结合的方式来实现国家发展，不以任何形式压迫其他民族、掠夺他国资源财富，而是为广大发展中国家提供力所能及的支持和帮助。

（三）中国式现代化的本质要求

中国式现代化的本质要求是：坚持中国共产党领导，坚持中国特色社会主义，实现高质量发展，发展全过程人民民主，丰富人民精神世界，实现全体人民共同富裕，促进人与自然和谐共生，推动构建人类命运共同体，创造人类文明新形态。习近平总书记在党的二十届一中全会上的重要讲话中指出，党的二十大对中国式现代化的本质要求做出科学概括。这个概括是党深刻总结我国和世界其他国家现代化建设的历史经验，对我国这样一个东方大国如何加快实现现代化在认识上不断深入、战略上不断完善、实践上不断丰富而形成的思想理论结晶。①

中国式现代化是中国共产党领导的社会主义现代化。坚持中国共产党领导、坚持中国特色社会主义是中国式现代化本质要求中的首要要求，在所有本质要求中起着统领作用。坚持中国共产党领导，明确了中国式现代化的领导力量。坚持中国特色社会主义，确定了中国式现代化的道路和方向。这两者决定和体现了中国式现代化的根本性质，关系到中国式现代化的兴衰成败，影响并深入其他本质要求之中。中国式现代化是经济文明、政治文明、文化文明、社会文明、生态文明五大文明的全面发展和整体进步，中国式现代化的本质要求必然要在"五位一体"总体布局中得到体现。实现高质量发展表明中国式现代化的经济建设是贯彻新发展理念的发展，旨在满足人民日益增长的美好生活需要。发展全过程人民民主，表明中国式现代化的政治建设，发展最广泛、最真实、最管用的民主，建设全链条、全方位、全覆盖的民主。丰富人民精神世界，表明中国式现代化的文化建设，以社会主义核心价值观为引领，巩固全体人民团结奋斗的共同思想基础。全体人民共同富裕，表明中国式现代化的社会建设，让现代化建设成果惠及全体人民，让人

---

① 习近平：《为实现党的二十大确定的目标任务而团结奋斗》，《求是》2023 年第 1 期。

民获得感、幸福感、安全感更加充实、更有保障、更可持续。促进人与自然和谐共生，表明中国式现代化的生态文明建设，坚持"绿水青山就是金山银山"，推动形成绿色发展方式和生活方式。中国式现代化不仅要造福中国人民，也必将促进世界共同发展。中国式现代化与世界各国共同推进人类社会现代化，推动构建人类命运共同体，是引领中国谋求人类进步、世界大同的旗帜。中国人民与各国人民共命运，以中国式现代化为人类社会现代化做贡献，在世界现代化的进展中更好地建设中国式现代化。中国式现代化创造了人类文明新形态，人类文明新形态既是中国式现代化的文明形态，也是中国式现代化本质要求的整合形态。无论是党的领导、中国特色社会主义，还是物质文明、政治文明、精神文明、社会文明、生态文明等，都融会成人类文明新形态，从总体上呈现了中国式现代化的本质内涵。

（四）中国式现代化的推进原则

中国式现代化是绝无仅有、史无前例、空前伟大的，因此，推进中国式现代化也是史无前例、极其艰难的。推进中国式现代化，一是必须要牢牢把握5个重大原则。即坚持和加强党的全面领导、坚持中国特色社会主义道路、坚持以人民为中心的发展思想、坚持深化改革开放、坚持发扬斗争精神。① 二是必须要统筹兼顾、系统谋划、整体推进，正确处理好一系列重大关系。

要牢牢把握好五大原则。党的全面领导是确保中国式现代化的正确方向和强大政治凝聚力等的关键。只有把党的全面领导贯通中国式现代化各领域、各方面，贯通中国式现代化全过程各阶段，中国式现代化才能有"定盘星"和"主心骨"，才能集聚万众一心、共创未来的强大力量。坚持中国特色社会主义道路，才能保证中国式现代化走正确的道路和方向。中国式现代化既不能走封闭僵化的老路，这是世界共产主义运动历史教训的总结；也

---

① 中共中央宣传部：《习近平新时代中国特色社会主义思想学习纲要》（2023年版），学习出版社、人民出版社，2023。

不能走改旗易帜的邪路，这是西方国家弊端及大多数发展中国家发展陷入困境的现实启示。坚持以人民为中心的发展思想是党的宗旨和价值要求，也是维护社会公平正义的根本要求。中国共产党领导的社会主义现代化最根本的就是要以人民为中心，维护人民根本利益，为了人民、依靠人民、成果由人民共享。坚持深化改革开放是确保中国式现代化动力和活力的根本保证。推进中国式现代化必须全面深化改革，破除体制机制的各方面弊端，为全面推进中国式现代化提供有利条件。坚持发扬斗争精神是我们面对各种风险挑战，战胜一切困难的关键。面对战略机遇和风险挑战并存、不确定难预料因素增多的形势，我们唯有继承和发扬敢于斗争的党的宝贵经验、精神，才能不断推进中国式现代化取得新的伟大成绩。

必须要统筹兼顾、系统谋划、整体推进，正确处理好一系列重大关系。一是正确处理顶层设计与实践探索的关系。① 中国式现代化是分阶段、分领域推进的，实现各个阶段发展目标、落实各个领域发展战略离不开顶层设计。同时，还要在实践中大胆探索，通过改革创新推动事业发展，决不能刻舟求剑、守株待兔。二是正确处理战略与策略的关系。要增强战略的前瞻性、全局性和稳定性，准确把握事物发展的必然趋势，谋划战略目标、制定战略举措、做出战略部署，长期坚持、一抓到底、善作善成。同时，把战略的原则性和策略的灵活性有机结合起来，把握好战略主动。三是正确处理守正与创新的关系。要守好中国式现代化的本和源、根和魂，毫不动摇坚持中国式现代化的中国特色、本质要求、重大原则，确保中国式现代化的正确方向。同时，把创新摆在国家发展全局的突出位置，大力推进改革创新，不断塑造发展新动能、新优势。四是正确处理效率与公平的关系。② 要坚持和完善社会主义基本经济制度，构建全国统一大市场，加快建立社会公平保障体系，深入推进司法体制改革，健全基本公共服务体系，扎实推进共同富裕取

① 中共中央宣传部：《习近平新时代中国特色社会主义思想学习纲要》（2023年版），学习出版社、人民出版社，2023。
② 中共中央宣传部：《习近平新时代中国特色社会主义思想学习纲要》（2023年版），学习出版社、人民出版社，2023。

得更为明显的实质性进展。五是正确处理活力与秩序的关系。要深化各方面体制机制改革，充分释放全社会创造潜能，鼓励各方面人才特别是青年人才创新创造，充分调动党员干部干事创业的积极性。健全国家安全体系，完善社会治理体系，正确处理新形势下人民内部矛盾，确保人民安居乐业。六是正确处理自立自强与对外开放的关系。必须坚持独立自主、自立自强，坚持把国家和民族发展放在自己力量的基点上，坚持把我国发展进步的命运牢牢掌握在自己手中，[1] 同时坚定扩大对外开放，以开放促改革、促发展。要加快构建新发展格局，坚决打赢关键核心技术攻坚战，维护好经济安全特别是粮食安全、能源安全、产业链供应链安全。

二 中国式现代化的理论贡献

中国式现代化是我们党深刻总结我国和世界其他国家现代化建设历史经验的思想理论结晶，是科学社会主义的最新成果，是对世界现代化理论和实践的重大创新，为全球提供了一种全新的现代化模式。

（一）中国式现代化是我们党领导人民长期探索和实践重大思想理论成果

中国式现代化解决了中国要建设什么样的现代化、怎么建设现代化的问题。建设社会主义现代化强国，实现中华民族伟大复兴，是中华民族的最高利益和根本利益。我们党团结带领人民追求民族复兴的历史，也是一部不断探索现代化道路的历史。习近平总书记指出，"中国式现代化，是我们为如何唤醒'睡狮'、实现民族复兴这个重大历史课题所给出的答案"[2]。

早在新民主主义革命时期，以毛泽东同志为代表的中国共产党人已经开

---

[1] 中共中央宣传部：《习近平新时代中国特色社会主义思想学习纲要》（2023 年版），学习出版社、人民出版社，2023。

[2] 中共中央宣传部：《习近平新时代中国特色社会主义思想学习纲要》（2023 年版），学习出版社、人民出版社，2023。

始思考中国的现代化问题，提出了要"解决建立独立的完整的工业体系"①的问题。社会主义革命和建设时期，以毛泽东同志为代表的中国共产党人，通过社会主义改造开启了现代化建设的历史征程，高度重视工业化对于现代化的重要意义，提出了"四个现代化"建设蓝图。改革开放和社会主义现代化建设新时期，以邓小平同志为代表的中国共产党人旗帜鲜明地提出走中国特色社会主义道路的重大命题，创造性使用"小康社会"这个重大概念，首次提出了"中国式的现代化"。以江泽民同志、胡锦涛同志为代表的中国共产党人持续探索和发展中国特色社会主义理论，在实践中进一步丰富和发展了现代化的道路、战略和目标。② 党的十八大以来，我们党在已有基础上继续前进，围绕解决现代化建设中存在的突出矛盾和问题，全面深化改革，不断实现理论和实践上的创新突破，成功推进和拓展了中国式现代化。习近平总书记站在新时代的高度，以全新的角度回顾了中国现代化建设的伟大历程，创造性地提出中国式现代化思想，这既是对中国共产党领导下百年现代化探索的总结，又是对中国特色社会主义道路的深刻把握，为未来中国现代化发展提供了理论指导。

中国式现代化在中国现代化史上，破解了近代以来中国走向现代化的茫然失措、曲折反复的难题。③ 中国式现代化，既没有照搬西方现代化模式，也不是其他现代化模式的翻版，而是在吸收借鉴人类现代化文明成果的基础上，"走自己的路"，④ 建设符合中国实际、具有中国特色的社会主义现代化。坚持党的全面领导，坚持中国特色社会主义方向道路的本质要求、推进原则等，解决了怎样建设现代化的问题。中国式现代化的实践和取得的成就，充分证明中国式现代化走得对、走得通，彰显了道路优势、理论优势。今天，中国已开启全面建设社会主义现代化国家新征程。中国式现代化思想已经清晰地

---

① 《毛泽东选集》第四卷，人民出版社，1991。

② 魏礼群、张占斌、王满传：《习近平总书记中国式现代化重要论述研究》，《前线》2022 年第 8 期。

③ 王海燕、张占斌：《中国式现代化的深刻内涵、战略安排和时代意义》，《中国党政干部论坛》2022 年第 9 期。

④ 王一鸣：《中国式现代化的世界意义》，《北京日报》2021 年 12 月 6 日。

展示了中国式现代化发展蓝图，明确了全面建设社会主义现代化国家的步骤，并对如何推进社会主义现代化新征程做了系统、科学的战略部署，为全党全国扎实推进社会主义现代化建设提供了科学指引。①

（二）中国式现代化是科学社会主义的最新理论成果②

在世界社会主义陷入低潮的情况下，中国共产党坚持以马克思主义为指导，坚持社会主义道路，艰辛探索，克服了苏联、东欧社会主义模式的缺陷，不断深化对现代化的规律性认识，在实践中开辟了中国式现代化道路，在理论上初步构建了中国式现代化理论体系。中国式现代化实现了对科学社会主义现代化理论的原创性发展，创造性地解决了发展落后的国家怎么实现社会主义现代化的问题，是马克思主义、科学社会主义的最新理论成果。

马克思主义揭示了以资本为中心的资本主义现代化的实质及其弊端，并从资本主义发展的固有矛盾出发证明了其必然消亡。并描绘了未来社会实现人类解放、维护人民利益、走共同富裕道路，致力于人的自由全面发展的制度。而且提出了跨越资本主义"卡夫丁峡谷"的重要理论，得出了东方社会可以实现不同于西方社会发展道路的重要结论，③ 为东方国家摆脱落后局面、实现现代化提供了重要理论支撑。但由于受客观条件等各种局限，马克思、恩格斯并未充分论述经济文化落后国家如何实现现代化。苏联及东欧地区的国家的社会主义实践未能找出一条成功的道路，列宁、斯大林等也未能在理论上为落后国家实现现代化提供指导。而且苏联、东欧地区的国家的失败将世界社会主义运动带入低潮，使世界对社会主义充满了质疑，这为人类社会走社会主义道路、探索社会主义现代化蒙上了厚厚的阴影。

---

① 魏礼群、张占斌、王满传：《习近平总书记中国式现代化重要论述研究》，《前线》2022 年第 8 期。
② 习近平：《在学习贯彻党的二十大精神研讨班开班式上发表重要讲话强调 正确理解和大力推进中国式现代化》，《人民日报》2023 年 2 月 8 日。
③ 魏礼群、张占斌、王满传：《习近平总书记中国式现代化重要论述研究》，《前线》2022 年第 8 期。

在世界社会主义运动陷入低潮，西方国家大谈"历史终结论"的时候，中国共产党高举社会主义的旗帜，积极深化对社会主义现代化的探索，最终形成了中国式现代化理论。中国式现代化克服了传统社会主义模式的缺陷，展示了马克思主义的强大生命力和影响力。中国式现代化理论对社会主义现代化根本性质、主要特征、本质要求、重大原则、重大关系等的规律性认识，实现了对科学社会主义现代化理论的原创性发展，科学地解决了发展落后的国家怎么实现现代化的问题。中国式现代化克服了传统社会主义模式中单一公有制、单一计划经济、单一按劳分配方式的缺点，成功探索了在社会主义条件下实行市场经济的新体制、新道路，主动参与和推动经济全球化进程，大力发展开放型经济，使社会主义制度焕发强大制度优势和竞争优势。中国式现代化是由中国共产党领导的社会主义的现代化，形成了对资本主义现代化的超越。中国式现代化取得的伟大成就彰显了马克思主义的生命力，使马克思主义以崭新形象展现在世界上，使世界范围内社会主义和资本主义两种意识形态、两种社会制度的历史演进及其较量发生了有利于社会主义的重大转变。中国式现代化展现出社会主义的强大生命力，使科学社会主义在中国重新焕发蓬勃生机，提升了社会主义形象，使社会主义在世界范围内的复兴繁荣和持续发展成为可能。

（三）中国式现代化是对世界现代化理论和实践的重大创新

中国式现代化不仅是对中国现代化百年探索实践的总结和理论升华，也借鉴和吸收了世界一切现代化经验。同时，还克服了传统社会主义现代化的缺陷，并且对西方现代化进行了深刻反思，打破了"现代化＝西方化"的迷思，是对西方现代化理论和实践的重大超越。中国式现代化不仅分析了中国社会主义现代化的发展规律，而且深入揭示了世界现代化发展的一般规律，为世界现代化发展提供了新图景。

中国式现代化是对西方现代化的深刻反思与超越。世界现代化进程是从西方资本主义国家开始的，而且当今世界主要的发达国家都是欧美国家和深受西方文明影响的资本主义国家，这就给人们一种错觉，似乎现代化就是西方化。实际上，资本主义现代化是建立在资本主义剥削制度基础上的，生产资料私有制和社会化大生产之间的矛盾是资本主义制度和西方现代化无法克服的固有矛盾，尽管资本主义制度和西方现代化模式也在不断演变，但其骨子里的资本至上、弱肉强食、两极分化、霸道强权的本性没有任何改变，其弊端日益明显。而且，当今发达的资本主义现代化国家，大多是有着长期发展、坚实基础的老牌资本主义国家。20 世纪以来，选择走资本主义现代化道路的国家中发展好的也没有几个。特别是第二次世界大战结束到 20 世纪 90 年代初期，一些发展中国家不顾国情和历史条件，全盘照搬西方现代化模式，结果"水土不服"，绝大多数陷入经济长期停滞、社会政治动荡的困境。中国式现代化深刻反思了西方现代化的弊病，清醒认识到西方现代化就是资本主义现代化，本质上仍然是以资本为中心的现代化，是两极分化的现代化、物质主义膨胀的现代化，是对外扩张掠夺的现代化。中国式现代化也把握了西方现代化发展的一般规律。习近平总书记深刻总结西方现代化历史道路，认为"西方发达国家是一个'串联式'的发展过程，工业化、城镇化、农业现代化、信息化顺序发展，发展到目前水平用了二百多年时间。我们要后来居上，把'失去的二百年'找回来，决定了我国发展必然是一个'并联式'的过程，工业化、信息化、城镇化、农业现代化是叠加发展的"。①

中国式现代化以马克思主义为理论指南，对马克思主义所说的经济基础和上层建筑的关系进行了深刻洞察，科学把握了人类社会历史发展的一般进程，以中国式现代化特殊性为基点，深入揭示了现代化发展的一般规律。实现了对马克思列宁主义、毛泽东思想和中国特色社会主义理论体系的创新和发展，特别是实现了对邓小平提出的中国特色社会主义理论体系中的"中国式的现代化"的新时代发展，达到了对中国式现代化建设的过去、现在和未来更高程度的理论自觉。中国式现代化以中国实践为依据、以中国道路为蓝本、以中国成就为基点，既深刻反思了苏联式现代化理论的单一性，又

---

① 中共中央文献研究室编《习近平关于科技创新论述摘编》，中央文献出版社，2016。

打破了西方现代化理论的一元性，构建了独树一帜而又旗帜鲜明的理论体系，不仅具有狭义的对中国现代化的分析，又上升到具有广义的对世界现代化发展方向的阐述。可以说，中国式现代化是对中国之问、世界之问、时代之问的全面解答，照亮了世界现代化理论光谱，书写了人类现代化思想、世界现代化理论的光辉篇章。

（四）中国式现代化创造了全新的人类文明新形态

在整个人类文明的发展变迁史中，中国式现代化是绝无仅有、史无前例、空前伟大的。中国式现代化深深植根于中华优秀传统文化，体现科学社会主义的先进本质，借鉴吸收一切人类优秀文明成果，代表人类文明进步的发展方向。中国式现代化在当下取得的成就和未来指向的目标以及对全人类的贡献，向世界展现了不同于西方现代化的新图景。

人类文明形态因多样而丰富，因丰富而多彩。世界上没有也不可能有放之四海而皆准的发展道路和发展模式。中国式现代化彰显了自身显著特征和优越性。中国式现代化从一开始就不是单一向度的，不是社会某个领域的简单变革，而是全方位的、深层次的。中国式现代化是经济、政治、文化、社会、生态文明建设全面推进的现代化，是物质文明、政治文明、精神文明、社会文明、生态文明协调发展的全链条、全方位、全覆盖的现代化，这样的现代化理念、现代化道路既切合中国实际，体现了社会主义建设规律，也体现了人类社会发展规律，形成了面向未来的人类现代文明的中国形态。这一人类文明新形态是我们党在充分吸纳人类一切优秀文明成果基础上的崭新创造，打破了文明形态的"西方中心论"，拓宽了人类文明迈向现代化的路径选择，为促进世界文明发展贡献了中国智慧、中国方案、中国力量。这一人类文明新形态不仅对中华民族伟大复兴具有重要意义，而且将对人类文明发展产生重大影响。坚定不移推进中国式现代化，促进人的全面发展和社会共同进步，推动人类命运共同体构建，就能引领人类文明新发展，不断为人类做出新的更大贡献。

三　中国式现代化的时代意义

中国落后的历史面貌、社会主义的国家性质、规模巨大的人口和复杂的国内发展环境等国情，以及新中国成立以来，特别是新时代以来中国式现代化取得的巨大成就，充分证明了中国式现代化道路的正确性和中国式现代化理论的真理性。中国式现代化展现的强大道路优势、理论优势，使中国式现代化具有更加重大的时代意义。

中国式现代化为我国全面建设社会主义现代化国家提供了根本遵循。中国式现代化是我们党深刻总结我国和世界其他国家现代化建设的历史经验，并对我国这样一个东方大国如何加快实现现代化进行不断探索而形成的思想理论结晶。中国式现代化破解了近代以来中国实现现代化的难题。实现现代化是近代以来中华民族的伟大梦想，但从洋务运动到辛亥革命都没有找到一条正确的发展道路。新中国成立后，中国共产党领导中国人民开始了社会主义现代化建设的艰辛探索，取得了重大成果。特别是党的十八大以来，我们党在已有基础上继续前进，围绕解决现代化建设中存在的突出矛盾和问题，全面深化改革，不断实现理论和实践上的创新突破，成功推进和拓展了中国式现代化。我们党在认识上不断深化，创立了习近平新时代中国特色社会主义思想，进一步加深了对中国式现代化内涵和本质的认识，为中国式现代化提供了根本遵循。我们党在战略上不断完善，明确"五位一体"总体布局和"四个全面"战略布局，深入实施科教兴国战略、人才强国战略、乡村振兴战略等一系列重大战略，为中国式现代化提供了坚实战略支撑。党的二十大集中概括了中国式现代化的中国特色、本质要求和重大原则，初步构建中国式现代化理论体系，使中国式现代化更加清晰、更加科学、更加可感可行。中国式现代化的中国特色、本质要求和重大原则是对推进中国式现代化的最高顶层设计。党的二十大后，习近平总书记进一步丰富和发展了中国式现代化理论体系，提出推进中国式现代化需要正确处理一系列重大关系等。中国式现代化理论清晰地展示了全面建设社会主义现代化国家的发展蓝图，并对如何推进社会主义现代化新征程做了系统、科学的战略部署，为全党全国扎实推进社会主义现代化建设提供了科学指引。

中国式现代化为发展中国家实现现代化提供了新选择。鸦片战争以后，中国逐渐沦为半殖民地半封建国家，成为世界上发展落后的大国。在中国实现现代化之前，还没有人口规模如此巨大、国内发展环境千差万别的发展中国家成功实现现代化。中国式现代化是从百废待兴、一穷二白的旧中国中发展而来。中国作为世界上最大的发展中国家，发展目标和发展问题与其他发展中国家具有很大的相似性。中国式现代化既遵循世界现代化发展的一般规律，又有自己的特色。中国式现代化的经验和理念是发展的、包容的、开放的。长期以来，"现代化"一词一直是西方现代化的代名词。通过战争、殖民、掠夺等方式获取利益，以资本为核心，以竞争民主和自由市场模式为主要制度的西方现代化模板，被包装成绝对的、唯一的、普适的、永恒的价值标准，似乎是世界所有后发国家通向更高水平发展阶段的必由之路。中国式现代化道路的开辟超越了西方现代化逻辑，提供了与西方现代化模式完全不同的新选择，为发展中国家实现现代化提供了更加实际、更易借鉴的道路。中国式现代化的发展奇迹向世界证明，经济文化相对落后的国家完全可以从本国实际出发，选择符合本国国情的发展道路，独立自主地实现发展和进步。中国式现代化为广大发展中国家提供了可分享、可借鉴的基本经验和案例样本，丰富和拓展了世界现代化的理论和路径。历史证明，中国式现代化是当代世界伟大而成功的政治实践，中国式现代化破除了西方现代化定于一尊的神话，破解了现代化就是西方资本主义的思维定式，为世界各国特别是发展中国家探索现代化道路提供了宝贵的发展经验和理论借鉴。

中国式现代化为世界社会主义的发展提供了强大活力与吸引力。中国式现代化拓展了社会主义现代化道路的新选择，使科学社会主义在中国重新焕发蓬勃生机，为当前世界社会主义发展开拓了光明前景。中国式现代化本质上是社会主义现代化，是坚持科学社会主义基本原则的现代化。中国式现代化的成功推进和拓展实现了社会主义现代化理论和实践的创新突破。马克思主义深刻改变了中国，中国也极大地丰富了马克思主义。中国共产党探索现代化进程所取得的显著成就是坚持以马克思主义为指导的必然结果；同时，中国式现代化的百年成就也极大地丰富了马克思主义现代化理论。在人类社会现代化的早期阶段，一直只有资本主义现代化一种模式。列宁领导俄国人民创立了世界上第一个社会主义国家，为人类社会的现代化进程开辟新方向、走向新道路、实现新未来带来了曙光和希望。但随着东欧剧变和苏联解体，社会主义处于弱势，世界社会主义运动陷入低潮。中国共产党在重要的历史关头，始终高举中国特色社会主义伟大旗帜，推动我国社会主义现代化建设取得举世瞩目的成就。中国式现代化的成功使社会主义制度焕发强大的制度优势和竞争优势，展现了社会主义的强大活力，提升了社会主义在世界上的形象和吸引力。中国式现代化促进世界范围内社会主义和资本主义两种意识形态、两种社会制度的历史演进及较量发生了有利于社会主义的重大转变。

中国式现代化为解决全球性难题提供了中国方案。当前，世界之变、时代之变、历史之变正以前所未有的方式展开。恃强凌弱、巧取豪夺、零和博弈等霸权霸道霸凌行径危害深重，和平赤字、发展赤字、安全赤字、治理赤字加重，人类面临的全球性问题数量之多、规模之大、程度之深也前所未有，动荡变革成为常态。面对诸多世界性难题，中国式现代化提出了中国方案，那就是推进构建人类命运共同体。习近平总书记强调指出："中华民族历来讲求'天下一家'，主张民胞物与、协和万邦、天下大同，憧憬'大道之行，天下为公'的美好世界。""世界各国人民都生活在同一片蓝天下、拥有同一个家园，应该是一家人。世界各国人民应该秉持'天下一家'理念，张开怀抱，彼此理解，求同存异，共同为构建人类命运共同体而努力。"[1] 这是人类社会走向光明的唯一正道。各国人民携手构建人类命运共同体，就要坚持对话协商、坚持共建共享、坚持合作共赢、坚持交流互鉴、

---

[1] 习近平：《携手建设更加美好的世界——在中国共产党与世界政党高层对话会上的主旨讲话》，《人民日报》2017 年 12 月 2 日。

坚持绿色低碳，推动建设一个持久和平、普遍安全、共同繁荣、开放包容、清洁美丽的世界；就要把握好发展和安全的有机统一，积极落实全球发展倡议、全球安全倡议和全球文明倡议；就要弘扬和平、发展、公平、正义、民主、自由的全人类共同价值，促进各国人民相知相亲，尊重世界文明多样性，以文明交流超越文明隔阂、以文明互鉴超越文明冲突、以文明共存超越文明优越，共同应对各种全球性挑战。

参考文献

中共中央党史和文献研究院编《习近平关于中国式现代化论述摘编》，中央文献出版社，2023。

人民日报理论部：《中国式现代化》，东方出版社，2021。

张占斌：《中国式现代化与高质量发展》，人民出版社，2023。

张占斌、王海燕等：《关于中国式现代化道路的答问》，国家行政管理出版社，2022。

黄刚：《中国式现代化对马克思主义中国化时代化的理论贡献》，《江苏师范大学学报》（哲学社会科学版）2023年第5期。

文建龙：《习近平对中国式现代化的理论贡献》，《江南论坛》2023年第7期。

贾向云：《中国共产党对中国式现代化道路的百年探索和理论贡献》，《党史文苑》2023年第5期。

王达阳：《中国式现代化：历史进程、鲜明立场和时代价值》，《邓小平研究》2023年第3期。

曹亚斌、刘芳丽：《中国式现代化道路：生成逻辑、显著优势及时代价值》，《学术探索》2023年第2期。

李永进、刘赟：《新时代中国式现代化话语体系的建构语境、核心内涵与时代价值》，《高校马克思主义理论教育研究》2022年第6期。

中共天津市委党校课题组、田野：《习近平关于中国式现代化新道路重要论述的理论贡献》，《天津行政学院学报》2022年第2期。

徐坤：《中国式现代化道路的科学内涵、基本特征与时代价值》，《求索》2022年第1期。

B.9
中国式现代化的战略目标与战略部署

蒲　实*

摘　要：　中国式现代化既有现代化国家的共同特征，也有基于自己国情的中国特色。全面准确把握中国式现代化的战略目标与战略部署，坚持以中国式现代化全面推进中华民族伟大复兴，首先要明确中国式现代化战略目标的三个维度，即经济现代化、国家治理现代化、人的现代化。从战略目标三个维度出发统筹兼顾、系统谋划、整体推进，才能更好、更快地推动我国"并联式"发展，落实中国式现代化战略部署。

关键词：　中国式现代化　战略目标　战略部署

习近平总书记在党的二十大报告中指出："从现在起，中国共产党的中心任务就是团结带领全国各族人民全面建成社会主义现代化强国、实现第二个百年奋斗目标，以中国式现代化全面推进中华民族伟大复兴。"一个国家走向现代化，既要遵循现代化一般规律，又要符合本国实际，具有本国特色。"我国现代化是人口规模巨大的现代化，是全体人民共同富裕的现代化，是物质文明和精神文明相协调的现代化，是人与自然和谐共生的现代化，是走和平发展道路的现代化。"深刻理解、准确把握中国式现代化这一重大论断，厘清中国式现代化的战略目标与战略部署，对于动员全党全国各族人民在新时代新征程夺取中国特色社会主义新胜利具有重大的现实意义和深远的历史意义。

＊　蒲实，中央党校（国家行政学院）科研部副主任、研究员、博士生导师，主要研究方向为农村经济理论和政策。

一　中国式现代化的战略目标

中国式现代化的目标是全面建成社会主义现代化强国。党的十九大提出"两步走"战略：从 2020 年到 2035 年基本实现社会主义现代化；从 2035 年到 21 世纪中叶把我国建成富强民主文明和谐美丽的社会主义现代化强国。党的二十大对全面建成社会主义现代化强国"两步走"战略进行宏观展望，结合我国当前所具备的基础发展条件以及所面临的国内外风险挑战，对中国式现代化的战略目标从三个维度——经济现代化、国家治理现代化与人的现代化——加以展开。

（一）经济现代化：中国式现代化的基础

尽管各个国家或地区的现代化各有特点，进程也多有差异，但其本质均是从传统农业社会向现代工业社会、现代信息社会发展演变的进程。其中生产力水平大幅跃进、经济发展水平大幅提高和人们生活水平的大幅提升是经济现代化的基本内容，也是现代化的经济基础。党的二十大报告提出，到 2035 年我国人均国内生产总值迈上新的大台阶，达到中等发达国家水平。中等发达国家水平是经济现代化的一个重要体现。何谓中等发达国家？20 世纪 80 年代"中等发达国家"一词开始盛行，通常指发展水平介于以美国、英国、法国、德国、日本等为代表的发达国家与以中国、印度、俄罗斯、巴西、南非等为代表的新兴经济体之间的"过渡型国家"。2022 年，15 个中等发达国家人均 GDP 平均值为 23294 美元，最低的为 15095 美元（见表 1），由此，在当前条件下人均 GDP 达到 2 万美元总体上可被视为中等发达国家，也可视其为我国 2035 年基本实现经济现代化的人均 GDP 入门目标。2022 年我国人均 GDP 为 85698 元[①]，折合 12471 美元，到 2035 年，要

[①] 《中华人民共和国 2022 年国民经济和社会发展统计公报》，国家统计局网站，2023 年 2 月 28 日，www.stats.gov.cn。

实现人均 GDP 达到 2 万美元的目标，则人均 GDP 年均增长速度需保持在 3.7% 以上，若人均 GDP 要达到 15 个中等发达国家目前平均水平，则年均增长速度需达到 4.9% 以上。由此可见，未来 13 年我国经济至少应当保持不低于 4% 的增长速度，才能如期实现达到中等发达国家水平的发展目标。

表 1 2022 年 15 个中等发达国家人均 GDP

国别	人均 GDP（美元）
塞浦路斯	31466
斯洛文尼亚	29502
西班牙	29421
爱沙尼亚	28631
捷克	27613
立陶宛	25036
葡萄牙	24522
拉脱维亚	22348
斯洛伐克	20890
希腊	20651
乌拉圭	20222
克罗地亚	18427
波兰	18280
匈牙利	17301
智利	15095

资料来源：国际货币基金组织（IMF）。

（二）国家治理现代化：中国式现代化的关键

国家治理体系和治理能力是国家制度和制度执行能力的集中体现。党的二十大强调，到 2035 年，基本实现国家治理体系和治理能力现代化，全过程人民民主制度更加健全，基本建成法治国家、法治政府、法治社会。这就要求必须加强和完善党的集中统一，完善人民当家作主制度，加快建成依法治国、依法行政的治理体系。中国共产党领导是中国特色社会主义最本质的特征，也是国家治理现代化的根本保证。要实现国家治理现代化，必须把党的领导落实到国家治理各领域、各方面、各环节：健全党中央领导体制，维护党中央权威和集中统一领导，完善党内充分民主、民主集中的相关制度，健全党决策执行、评估、监督机制，提高党把方向、谋大局、定政策的能力；坚持和完善人民代表大会制度、多党合作和政治协商制度、民族区域自治制度、基层群众自治制度，充分展现全过程人民民主的制度安排；坚持科学立法、民主立法、依法立法的立法工作格局，健全有法必依、执法必严、违法必究的法治保障制度，保障人民依法享有广泛的权利和自由并依法承担义务；构建配置科学、职能优化、权责协同的政府机构，优化行政决策、行政执行、行政组织、行政监督体制，切实厘清政府和市场、政府和社会的关系，提升政府调节经济、治理社会、服务公众的能力和效率。

（三）人的现代化：中国式现代化的本质

我国是中国共产党领导的社会主义国家，中国共产党的性质和宗旨决定了党一切工作的出发点和落脚点都是为了人民。中国人民的现代化是中国式现代化的重要体现，中国人民也是创造中国式现代化的根本力量。人是现代化的主体，创造着现代化的社会；人也是现代化的客体，在创造现代化社会的同时锻造和塑造自身。中国式现代化为了人民，党领导人民推进中国式现代化这一伟业，就是为了提高人的生活水平、增进人的福祉，中国人民在创造中国式现代化的过程中，能够不断提升自身文化素质、精神素养、道德情操，逐步实现自身全面的发展。2035 年基本建成社会主义现代化强国时，人的现代化要求生活水平和社会福祉大幅提高，人的身体素质、受教育程度、技能水平不断提升，公民文化素养、道德水平进一步提高，人的自由全面发展取得明显进展。

二 中国式现代化的战略部署

中国式现代化既有现代化国家的共同特征，也有基于自己国情的中国特色。西方国家通过"串联式"发展逐步实现国家现代化，而我国走的现代化道路是通过工业化、信息化、城镇化、农业现代化"四化"同步发展实现"并联式"发展的过程。推进中国式现代化是一个系统工程，需要统筹兼顾、系统谋划、整体推进。目前，全球已实现现代化的国家和地区的人口数量大约为10亿，中国作为人口大国，拥有超过14亿的人口迈入现代化，其规模已超过所有现存发达国家的人口总和。中国式现代化不仅改变了全球的现代化格局，而且将重塑国际社会发展态势，为其他发展中国家提供一种新的现代化路径，为解决人类问题贡献中国智慧和中国方案。

（一）以新发展格局推动高质量发展

坚持以推动高质量发展为主题，把实施扩大内需战略同深化供给侧结构性改革有机结合起来，增强国内大循环内生动力和可靠性，提升国际循环质量和水平，是实现中国式现代化的本质要求。从供给层面出发，高质量发展要求产业体系完整，具有较强创新力和核心竞争力；从需求层面出发，高质量发展要求不断满足人民群众多样化的需求。需求侧的改变会引发供给层面一系列连锁反应，新的供给体系将进一步催生新的需求。我国进入新发展阶段，发展不平衡不充分的问题依然突出，经济发展仍然存在许多卡点瓶颈，需要加快构建新发展格局，并以新发展格局推动高质量发展。

构建新发展格局是适应我国发展新阶段要求、实现高质量发展的必然选择。改革开放前，我国经济循环以国内循环为主，改革开放以来，我国逐步扩大对外开放，在2001年加入世界贸易组织之后，我国深入参与了国际分工并积极融入了国际经济循环，形成了市场与资源"两头"对外衔接的发展模式。这一模式在改革开放之初对于捕捉全球化所带来的机遇、增强国家的经济力量以及改善人民生活质量起到了显著的作用。然而，近年来，全球政治与经济格局发生了变化，逆全球化的趋势逐渐加强，国际上的单边主义和保护主义现象日益显著，国际经济循环动能有所衰减，而国内大循环活力日益强劲。面对国内外环境变化带来的新挑战，我国必须更多地依靠国内市场实现经济发展，充分用好、用活国内大市场优势。坚持问题导向和系统观念，着力解决制约加快构建新发展格局的主要矛盾和问题，全面深化改革，推进实践创新、制度创新，不断扬优势、补短板、强弱项，从全局高度准确把握加快构建新发展格局的战略构想，牢牢把握工作着力点。同步扩大内部需求和深化供给侧的结构性改革，加速科技领域的自主创新，促进国内经济循环畅通，在国际经济循环中塑造新的竞争优势；推动国内外产业深度融合，构建一个既自主又可控、安全可靠、竞争力强的现代化产业体系，稳固国内大循环的主体地位，增强在国际循环中的带动能力；进一步深化改革开放，增强国内国际双循环的动力和活力。

（二）以国家安全体系和能力建设统筹发展和安全

发展是执政兴国的第一要务，安全是安邦定国的头等大事，在总体国家安全观的顶层设计下，发展和安全相辅相成、辩证统一。安全构成了发展的基础条件，在任何领域内的安全隐患都可能对群众的直接利益产生负面影响，并潜在地损害国家的核心利益；反过来，持续的发展是消除风险隐患的有效手段，是维护安全的关键。统筹发展和安全，增强忧患意识，做到居安思危，是我们党治国理政的一个重大原则。但统筹发展和安全，不是为了安全而安全，而是不断提高应对风险和不确定性的统筹韧性，增强国家安全体系的适应力、防御力、恢复力，以及化危为机、转危为安的能力，使"统"得更高明、"筹"得更有效。

持续推进国家安全体系和能力现代化，需要准确把握国家安全形势变化的新特点、新趋势，根据变化的世情、国情不断地丰富和发展国家安全理论。完善集中统一、高效权威的国家安全领导体制，坚定不移地贯彻中央国家安全委员会主席负责制，进一步完善国家安全领导体制，不断深化对"两个确立"重大意义的认识，增强"四个意识"、坚定"四个自信"、做到"两个维护"，全面落实国家安全责任制；强化国家安全工作协调机制，完善重要专项协调指挥体系，健全国家安全审查和监管制度、危机管控机制等，确保国家安全工作高效协调；完善国家安全法治体系和战略体系，持续推动重要领域国家安全的立法，从整体上加强国家安全法治建设，以总体国家安全观为指导，根据国际形势变化完善国家安全战略，强化国家安全战略的指导性和可操作性；增强维护重点领域国家安全能力，加强重点领域安全能力建设，确保粮食、能源资源、重要产业链供应链安全，加强海外安全保障能力建设，维护我国公民、法人在海外合法权益，维护海洋权益，坚定捍卫国家主权、安全、发展利益。

（三）以创新发展推进中国式现代化

党的二十大报告提出，"坚持创新在我国现代化建设全局中的核心地位"，创新是引领发展的第一动力。新时代推进中国式现代化进程、构筑国际竞争新优势必然要求我国以技术创新为经济社会发展核心驱动力，加快向创新型国家转变。"国际经济竞争甚至综合国力竞争，说到底就是创新能力的竞争。谁能在创新上下'先手棋'，谁就能掌握主动。"2022 年中国创新指数为 155.7，与 2021 年相比增长 5.9%，与 2015 年相比年均增长 6.5%，[①]为推动高质量发展提供了有力支撑。但在基础研究、研发投入强度等方面，我国与西方发达国家相比仍有差距，唯有加大力度推动创新，才能突破技术封锁，重获竞争优势。

中国式现代化关键在科技现代化，新时代推进中国式现代化要求创新发展在数字经济、高水平科技自立自强以及围绕产业链部署创新链等方面发力。发展数字经济是把握新一轮科技革命和产业变革新机遇的战略选择，进入数字经济时代，互联网、大数据、人工智能、云计算与实体经济深度融合，信息和知识的数字化使数据成为关键生产要素，使算力成为经济技术发展的新动力，世界范围内经济技术竞争的数字化新赛道已然开启，把握数字经济发展是推进中国式现代化建设的重要着力点。实现高水平科技自立自强是应对关键核心技术"要不来、买不来、讨不来"的必然选择，我国科技创新已从"跟跑"为主转向"跟跑"、"并跑"和"领跑"并存，推进中国

---

① 《2022 年中国创新指数比上年增长 5.9%》，国家统计局网站，2023 年 10 月 20 日，www.stats.gov.cn。

式现代化必须进一步深入实施科教兴国战略、人才强国战略、创新驱动发展战略，实现高水平科技自立自强。围绕产业链部署创新链是提升我国在国际市场上产业链、供应链竞争力的重要举措，要以培养具有核心竞争力的主导产业为主攻方向，发展科技含量高、市场竞争力强、带动作用大、经济效益好的战略性新兴产业，推动短板产业补链、优势产业延链、传统产业升链、新兴产业建链，着力建设现代化产业体系。同时推动有效市场和有为政府的有机结合，助力前沿科技和国之重器的集成攻关。

（四）以增进民生福祉提高人民生活品质

我国所追求的民生是"全体人民共同富裕"的民生，中国式现代化是全体人民共同富裕的现代化，要在更高的水平上增进民生福祉、提高人民生活品质，贯彻以人民为中心的发展思想，兜牢民生底线，解决好人民群众急难愁盼问题。

注重缩小区域发展差异。通过深入落实各项区域发展战略，如协调发展战略、主体功能区战略等，建立一个以高质量增长为核心的区域经济布局和国土空间支撑体系。基于各地资源和环境的承载力，优化运用地区间比较优势，促进各种资源的合理分配和高效汇集，努力打造功能明确、优势互补、高标准发展的国土空间利用新模式。同时，深化西部大开发、全面振兴东北地区、推动中部地区崛起和东部地区的优先发展，确保通过发展缩小地区间差异。

注重缩小城乡发展差异。通过城市反哺农村，加强对农业的支持和带动，实现工业与农业、城市与农村之间的相互促进和补充，加速农业和农村的现代化进程。深化农业供给侧结构性改革，注重农业提质增效，促进乡村产业振兴，持续改进乡村的生产、生活和生态环境，持续优化村庄的人居环境，努力打造美丽宜居的乡村。建立并完善城乡要素公平交换和双向流动的政策体系，推动更多资源向乡村流动。完善对农村低收入人群和欠发达地区的支持机制，保持主要支持政策和财政投入的总体稳定性，持续推动脱贫地区的发展。统筹推进户籍制度改革和城乡基本公共服务均等化，健全农业转移人口融入城市生活的配套政策体系，加速推动农业转移人口融入城市。

注重缩小收入差距。努力扩大中等收入群体的比例，尤其是加大力度促进高校毕业生、技术工人、中小企业主、个体商户以及进城务工农民工等群体跨入中等收入行列。发挥收入分配的重要作用，平衡效率与公平，完善初次分配、再分配和第三次分配协调一致的分配制度。坚持以劳动报酬收入为主的分配方式，健全基于生产要素的分配政策，并加强税收、社会保障、转移支付等调节机制，以增加城乡居民在住房、农村土地、金融资产等财产性收入方面的收益。加强对高收入群体的规范和调节，在确保合法收入得到保障的同时，防止贫富分化，消除分配不公。完善个人所得税制度，规范资本收益管理，清除不合理的收入来源。

（五）以绿色发展促进人与自然和谐共生

绿色是永续发展的必要条件和人民对美好生活追求的重要体现，绿色发展是中国式现代化与西方现代化的显著差异。西方现代化一方面创造了丰富的社会物质财富；另一方面也极大地消耗了不可再生的自然资源，破坏了地球生态系统的原有平衡。中国式现代化要走出一条不同于西方模式的现代化道路，聚焦人民的生态需要，坚持以绿色发展促进人与自然和谐共生，坚持推进可持续发展，开启实现人类现代化的新路径。

在推进中国式现代化的新征程上，坚持绿色发展，建设美丽中国，促进人与自然和谐共生，要坚定不移地走生产发展、生活富裕、生态良好的文明发展道路。持续深入打好污染防治攻坚战。坚持精准治污、科学治污，全面拓展污染防治的深度与广度，持续深入推进环境污染防治，持续改善生态环境质量。加快推动发展方式绿色低碳转型。坚持把绿色低碳发展作为解决生态环境问题的治本之策，加快形成绿色生产方式和生活方式，厚植高质量发展的绿色底色。维护生态系统多样性，持续强化生态系统整体稳定性。站在维护国家生态安全、中华民族永续发展和对人类文明负责的高度，加强生态保护和修复，为子孙后代留下山清水秀的生态空间。积极稳妥推进"碳达峰""碳中和"。坚持从国家层面进行统筹，设定短期和长期时间表、任务书，落实好"碳达峰""碳中和"政策目标。健全美丽中国建设保障体系。统筹各领域资源，汇聚各方面力量，打好法治、市场、科技、政策"组合拳"，为美丽中国建设提供基础支撑和有力保障。

（六）以构建人类命运共同体推进高水平对外开放

中国丰富的开放实践及伟大成就，形成了日益完整的中国特色对外开放理论，以构建人类命运共同体推进高水平对外开放是中国式现代化的重要组成部分。党的十八大以来，以习近平同志为核心的党中央高度关注建设开放型经济，提出了"一带一路"倡议、建设自由贸易试验区和自由贸易港等一系列重要举措。当前，我国不同区域间凭借各自比较优势形成了相互补充、相互促进，陆海内外联动、东西双向互济的开放格局，并以区域节点城市为基点，进一步拓展开放的广度和深度。

当今世界，各国利益高度融合，人类是休戚与共的命运共同体，合作共赢是大势所趋，构建人类命运共同体是世界各国人民前途所在。当前，世界正面临百年未有之大变局，中国将坚定不移地走和平发展道路，推动经济全球化朝着更加开放、包容、普惠、平衡、共赢的方向发展。依托我国超大规模市场优势，夯实开放经济基础。坚持扩大内需战略基点，加快建设现代流通体系，推动内外贸一体化，加快形成强大的国内市场，更好地发挥消费对经济发展的基础性作用；持续办好重大展会，以国内大循环吸引全球资源要素，增强国内国际两个市场、两种资源联动效应。推动外贸外资稳中提质，提升开放发展质量。在外贸方面，推动货物贸易优化升级，创新服务贸易发展机制，充分运用现代化数字技术，打造数字贸易示范区，提升贸易数字化水平；在外资方面，合理缩减外资准入负面清单，吸引更多外资投向先进制造、节能环保、数字经济、研发等领域；在开放平台方面，稳步扩大制度型开放，实施自由贸易试验区提升战略，做好高水平开放压力测试，发挥好改革开放综合试验平台作用。深化对外经贸关系，拓展开放合作空间。持续深化"一带一路"经贸合作，以共商共建共享为基本原则，加快推进基础设施互联互通，支持中欧班列发展，高水平建设境外经贸合作区，积极推进"数字丝绸之路"建设；

夯实双边合作基础，促进大国协调和良性互动，深化同周边国家经贸关系，加强与发展中国家团结合作，扩大互利共赢。积极参与全球经济治理，凝聚全球开放共识。坚定维护多边贸易体制，全面深入参与世界贸易组织改革谈判，推动贸易和投资自由化、便利化，推动二十国集团、亚太经合组织等机制更好地发挥作用，深入参与金砖国家、上海合作组织等合作机制，促进国际宏观经济政策协调。参与全球性议题探讨和规则制定，持续在可持续发展层面深耕发力，提出中国模式，贡献更多中国智慧、中国方案，维护多元稳定的国际经济格局和经贸关系。提升风险防范能力，筑牢开放安全屏障。坚持以开放促发展、强安全，着力提升产业链供应链韧性和安全水平，在高水平对外开放中增强综合实力，加强事中、事后监管，完善外商投资国家安全审查等制度。

参考文献

习近平：《高举中国特色社会主义伟大旗帜 为全面建设社会主义现代化国家而团结奋斗——在中国共产党第二十次全国代表大会上的报告》，人民出版社，2022。

习近平：《决胜全面建成小康社会 夺取新时代中国特色社会主义伟大胜利——在中国共产党第十九次全国代表大会上的报告》，人民出版社，2017。

习近平：《中国式现代化是强国建设、民族复兴的康庄大道》，《求是》2023 年第 16 期。

习近平：《加快构建新发展格局 把握未来发展主动权》，《求是》2023 年第 8 期。

韩保江、李志斌：《中国式现代化：特征、挑战与路径》，《管理世界》2022 年第 11 期。

习近平：《把握新发展阶段，贯彻新发展理念，构建新发展格局》，《求是》2021 年第 9 期。

张占斌：《中国式现代化的共同富裕：内涵、理论与路径》，《当代世界与社会主义》2021 年第 6 期。

罗红杰：《中国式现代化的百年实践、超越逻辑及其世界意义》，《经济学家》2021 年第 12 期。

习近平：《中国共产党领导是中国特色社会主义最本质的特征》，《求是》2020 年第 14 期。

胡鞍钢：《中国国家治理现代化的特征与方向》，《国家行政学院学报》2014 年第 3 期。

B.10
中国式现代化的中心任务与实现条件

蔡之兵*

摘　要：　中国式现代化是实现中华民族伟大复兴目标的根本路径。作为全面建设社会主义现代化国家的首要任务，高质量发展是支撑中国式现代化五大特征的根本前提，也是大力推进中国式现代化的中心任务。从相关因素看，顺利完成高质量发展这一中心任务，已具有坚实基础。在理论指导上，已有习近平经济思想指明方向；在发展基础上，我国的产业发展、科研创新能力、基础设施水平都取得了明显进展；在动力支撑上，认识层面的转变、宏观层面的经济体制改革、中观层面的科技体制改革、微观层面的收入分配制度改革和实践层面的"久久为功"都在源源不断地释放发展动力。

关键词：　中国式现代化　高质量发展　习近平经济思想　全面深化改革

党的二十大报告提出，"从现在起，中国共产党的中心任务就是团结带领全国各族人民全面建成社会主义现代化强国、实现第二个百年奋斗目标，以中国式现代化全面推进中华民族伟大复兴"。[①]　与此同时，党的二十大报告也明确提出高质量发展是全面建设社会主义现代化国家的首要任务。因此，实现高质量发展就是中国式现代化的中心任务，能否顺利实现高质量发展目标将直接决定中国式现代化的成败。

＊　蔡之兵，中央党校（国家行政学院）经济学教研部副教授、硕士生导师，区域与城市创新工程首席专家，主要研究方向为国家和区域可持续发展。
①　习近平：《高举中国特色社会主义伟大旗帜 为全面建设社会主义现代化国家而团结奋斗——在中国共产党第二十次全国代表大会上的报告》，人民出版社，2022。

一 高质量发展是中国式现代化的中心任务

与其他国家的现代化道路截然不同，中国式现代化具有五大鲜明特征，分别是人口规模巨大、全体人民共同富裕、物质文明和精神文明相协调、人与自然和谐共生、走和平发展道路。显然，这五大特征的实现必然以高质量发展为前提，这就意味着高质量发展将是中国式现代化的中心任务。

支撑人口规模巨大的现代化需要高质量发展。从人的生存这一角度看，一个国家的现代化过程就是不断提升本国居民生活水平的过程。而居民生活水平的提高无疑会持续消耗各种资源和产品，这对一个国家的发展能力提出了巨大挑战。在这种背景下，一个国家的人口规模越大，所产生的各种需求规模就越大，对经济发展提出的要求和难度就会越高。因此，中国式现代化想要不断满足人民日益增长的美好生活需要，就必然要求实现高质量发展。只有不断地提高发展质量，国家的经济和产业发展水平才会不断提高，居民才得以充分享受各种发展的红利和现代化成果。

支撑全体人民共同富裕的现代化需要高质量发展。实现共同富裕是中国特色社会主义制度的必然要求，也是体现社会主义制度优越性的必然前提。在影响共同富裕的诸多因素中，发展质量是重中之重。2022 年，我国人均 GDP 已经超过 12000 美元，逐步进入了中等收入国家序列，这一成就的取得离不开过去几十年经济的高速增长。新时代下，随着国内发展阶段和国际发展环境的变化，支撑我国经济继续高速发展的要素条件、资源禀赋、外部力量开始出现显著变化，进一步提升居民收入水平的难度与日俱增。与此同时，也要看到，在取得巨大经济发展成就的同时，我国居民的收入差距也开始拉大，收入基尼系数长期高于 0.4 的国际警戒线水平①，这表明当前我国收入分配格局仍有较大的完善空间。更严重的是，较大收

---

① 《什么是基尼系数》，国家统计局网站，2013 年 1 月 1 日，www.stats.gov.cn。

入差距的存在抑制了居民的消费潜力，阻碍了内需对经济增长的促进和带动作用，也影响了发展模式的转型升级。从这个角度分析，加快推动收入分配制度改革从而扎实推进共同富裕进程，要求经济发展模式实现高质量转型。

实现物质文明和精神文明相协调的现代化需要高质量发展。1949年以后，党中央高度重视物质文明的发展，始终将完整工业体系和独立发展道路作为国家发展战略的核心要求，改革开放以来，党中央又确立了以经济建设为中心的发展战略。经过数十年持之以恒的努力，中国已经成为世界上唯一拥有联合国产业分类中所有工业门类的国家，物质生产能力较为发达，多项工业产品的产量位居世界前列。然而，在取得巨大物质文明成就的同时，我国的精神文明建设相对滞后，尤其是在中华文化的挖掘和开发上，我国的文化产业发展水平与世界主要文化强国的文化产业发展水平尚有距离，能够代表中华传统文化精髓的文化企业和品牌仍然不够多，这无疑也制约了中国式现代化发展模式的影响力。未来加快建设精神文明需要大力发展世界级的文化产业，这同样是高质量发展的必然要求。

实现人与自然和谐共生的现代化需要高质量发展。人与自然的和谐共生是满足人民日益增长的美好生活需要的必然体现。长期以来，人类社会与生态环境处于比较尖锐的冲突当中。党的十八大以来，以习近平同志为核心的党中央围绕人与自然和谐共生提出了一系列重大论断和战略部署，形成了习近平生态文明思想，明确指出人与自然和谐共生是中国式现代化的五大根本特征之一。显然，与传统发展模式相比，实现人与自然和谐共生挑战更大、难度更高，对发展模式转型也提出了更高要求。想要真正顺利地实现这一目标，就必然要在生态产品价值实现机制建设、生态补偿机制建设以及处理好不同类型国土空间关系等方面破解一系列难题，而这同样要以高质量发展为根本前提。

坚持走和平发展道路的现代化需要高质量发展。坚持走和平发展道路不仅是全体中国人民的普遍追求，也是中国共产党坚持构建人类命运共同体的必然选择。然而，想要始终坚持走和平发展的道路并不容易，近几年来，局部地区的冲突开始出现，世界的稳定和国家的安全在遭遇全新挑战。尤其是有些别有用心的国家对中国的遏制和打压态势明显，所采取的各种极端措施日益严重，如妄图通过一些"卡脖子"技术和装备来攻击中国的高科技产业，这严重损害和威胁了中国的发展利益和安全。因此，想要始终坚持走和平发展道路，首先就要确保发展的独立性和安全性，这就要求我们坚持以高质量发展为根本目标，加快推动经济、产业和科技体制改革，不断提升我国的产业竞争能力和原始创新能力，增强我国经济体系的发展韧性，确保我国的经济体系有充足的底气和足够的能力来应对各种风险和挑战。

二 完成中心任务的理论支撑——科学的指导理论

作为全面建设社会主义现代化国家的首要任务，实现高质量发展的难度可想而知。党的十八大以来，以习近平同志为核心的党中央着眼国内发展阶段和国际发展环境的变化，围绕高质量发展目标，基于多个不同经济领域的发展实际，提出了大量系统性、科学性和前瞻性的论断，形成了习近平经济思想，这是确保我国能够顺利实现高质量发展这一中心任务的理论支撑。从框架结构上看，习近平经济思想包括十四个方面的内容，从指导实践的角度看，包含创新、协调、绿色、开放、共享五大发展理念的新发展理念，显然是实现高质量发展的根本遵循。

创新发展是高质量发展的第一动力。各种经济学理论对创新与高质量发展的关系已经进行了大量研究，两者之间的密切关系毋庸置疑。然而，对绝大多数国家尤其是后发国家而言，通过维持一定的发展速度从而在尽可能短的时间内追上发达国家往往是国家发展战略的主要目标，这就使得很多国家在追赶和发展过程中逐渐形成了重视速度而非质量的观念。长此以往，后发国家就会陷入创新低谷从而难以实现高质量发展。在过去几十年，我国也曾经为了尽快赶上发达国家而实施了速度导向型的发展战略，虽然这一战略取得了举世瞩目的成就，但从当前经济发展形势看，尽快培育创新驱动型的发展模式已经迫在眉睫。党的十八大以来，习近平总书记多次强调创新发展的关键作用，明确创新发展在新发展理念中的首要地位，在全国范围内塑造了重视创新、依靠创新、促进创新的氛围，这为高质量发展目标的顺利实现奠定了坚实基础。

协调发展是高质量发展的必要前提。高质量发展必然要求激发各个地方发展经济的积极性。有文献指出，我国过去几十年的高速增长深度得益于地方竞争发展模式，这种发展模式通过激发地方的发展积极性和活力，显著加快了我国经济的发展速度。然而，也要看到，过于激烈的地方竞争行为也带来如地方保护、行政性垄断、市场分割、重复建设等一系列难题，这些难题的长期存在严重阻碍了我国超大规模市场优势的顺利发挥，也影响了高质量发展目标的实现。新时代下，以习近平同志为核心的党中央提出了区域协调发展战略，加快了全国统一大市场的建设速度，这对地方政府发展经济和产业的行为提出了更高要求，有效约束和规范了地方政府行为。区域一体化程度的大大提高，为各类市场主体提供了更为广阔的发展空间和更多的发展机遇，为高质量发展目标的实现扫清了市场障碍，奠定了市场基础。

绿色发展是高质量发展的必然要求。对后发国家而言，如何处理经济发展和生态保护的关系始终是一个重点难题。从投入产出的角度看，生态保护不仅需要投入大量的人力和物力，而且会对短期经济发展产生一定的阻碍，这也使很多国家难以下定决心走绿色发展的道路。实际上，在过去很长的一段时间，我国很多地方政府也采取了"先污染后治理"的发展思路，在实现地方经济发展水平快速提升的同时，生态环境遭到了严重破坏。党的十八大以来，习近平总书记多次强调绿色发展的重要意义，并对绿色发展的内涵与实现路径进行了总体部署，"绿水青山就是金山银山"的理念开始深入人心，各地开始将绿色发展置于发展战略的核心位置，对一些落后的和污染环境的产业和装备进行了大规模淘汰和改造升级。整个国家发展的生态性和绿色性显著增强，人与自然的和谐共生程度进一步提高，这也为高质量发展提供了承载能力更高的自然国土空间。

开放发展是高质量发展的必由之路。过去40余年，我国改革开放取得举世瞩目的成就，充分证明了对外开放道路的正确性。然而，近几年，个别西方国家一意孤行，屡屡挑起贸易纷争和实行贸易保护等行为，逆全球化潮流开始涌现，对我国的对外开放道路也带来了巨大影响和冲击。在这种情形下，我国并没有同有些国家一样选择"以邻为壑"的发展方针，而是始终旗帜鲜明地向世界宣告"中国开放的大门不会关闭，只会越开越大"，并采取了包括在多领域持续放宽外资准入条件、进一步自主降低关税水平、努力消除非关税贸易壁垒、大幅削减进口环节制度性成本、全面深化自由贸易试验区改革进程、加速推动自由贸易港建设进程等在内的一系列举措来贯彻落实更高水平对外开放的新要求，这既彰显了中国坚定不移对外开放和加快构建人类命运共同体的决心，也为高质量发展提供了持续不竭的动力。

共享发展是高质量发展的根本保障。从传统西方国家的发展理论看，影响经济发展的主要因素为要素投入的质量及其相互配置的关系，这也使大量国家在现实发展过程中会高度关注投入侧的发展问题。然而，随着西方国家周期性地出现经济危机，越来越多的人意识到发展要素的投入固然对发展质量具有直接影响，但发展成果的分配格局同样会影响发展质量，这是因为发展成果的分配会通过居民消费决定发展模式的稳定性和可持续性。党的十八大以来，以习近平同志为核心的党中央提出了精准脱贫战略并于 2020 年顺利完成了全面建成小康社会的目标，在 2020 年进一步提出要推动全体人民共同富裕取得更为明显的实质性进展，这充分表明党中央将共享发展同样置于发展战略和发展模式的核心地位，其将是高质量发展目标顺利实现的根本保障。

三 完成中心任务的实践支撑——良好的发展基础

除了科学系统的理论指导，我国完成高质量发展这一中国式现代化的中心任务还具有坚实的发展基础支撑。

首先，产业发展基础较好。自 1949 年以来，建立独立完整的工业体系就是我国发展战略的重要目标，当前我国已经成为全球唯一拥有联合国产业分类中所有工业门类的国家，41 个工业大类、207 个工业中类、666 个工业小类都被覆盖。不仅如此，我国产业体系的发展质量和技术含金量也不断提高，已经逐步由产业大国迈向产业强国。从产业规模看，2022 年，我国工业增加值超过 40 万亿元，占国民经济生产总值的比重约为 1/3。其中，制造业增加值占 GDP 的比重扭转了下滑的趋势，由 2021 年的 27.4%进一步回升至 27.7%，制造业规模连续 13 年居世界首位。从产业结构看，高新技术产业增加值和装备制造业增加值占规模以上工业比重持续上升，2022 年高新技术产业增加值占比已经为 15.5%、装备制造业增加值占比更是达到了 31.8%。① 2023 年以来，以新能源汽车、太阳能电池为代表的新能源产业更是逆势增长，产量和出口量稳居世界首位；光伏产量连续多年保持世界第一。从产业升级看，我国传统产业的转型升级和新兴产业的孕育壮大协调进行，传统产业转型升级速度加快，数字化绿色化转型成效明显，培育了包含新一代信息技术、高端装备、新材料、生物医药及高端医疗器械、消费品、新能源及智能网联汽车 6 个领域在内的 45 个国家先进制造业集群，有效支撑了制造强国建设。从产业形态看，我国产业体系的数字化、智能化水平不断提高，得益于移动通信技术的快速发展，我国在很短时间内就实现了 2G 跟随、3G 突破、4G 同步、5G 引领的跨越发展，建成了全球规模最大、技术领先的移动通信网络。在此基础上，我国工业企业的数字化水平不断提高，重点工业企业关键工序数控化率已经超过 58%，数字化研发设计工具普及率达到了 77%。

其次，科研创新能力较强。创新驱动是实现高质量发展目标的根本前提，党的十八大以来，党中央高度重视创新型国家建设，围绕增强国家创新能力，相关部门投入了大量资源，国家创新能力也显著提高。从创新能力的国际排名看，根据世界知识产权组织发布的《全球创新指数报告》，中国创新能力综合排名从 2012 年的第 34 位快速上升至 2023 年的第 12 位；根据欧盟委员会发布的《欧洲创新记分牌》评价体系，2014 年中国创新能力仅

---

① 《中华人民共和国 2022 年国民经济和社会发展统计公报》，国家统计局网站，2023 年 2 月 28 日，www.stats.gov.cn。

相当于欧盟的44%，而2023年中国创新能力已达欧盟的95%。从研发经费的投入规模看，我国的R&D（研究与试验发展）经费投入已经连续多年保持增长，2012年、2019年分别突破1万亿元和2万亿元，2022年更是首次突破了3万亿元。我国的研发经费投入强度也不断提高，这一指标已从2012年的1.91%上升至2022年的2.54%，这一研发经费投入强度不仅已处于发展中国家前列，与OECD（经济合作与发展组织）国家2.71%的平均水平也极为接近。从研发经费的投入结构看，基础研究经费投入规模和增速都表现优异，2022年我国基础研究经费投入突破2000亿元，稳居世界第二位，2022年我国基础研究经费投入占R&D总经费投入比重达到6.57%，连续4年保持在6%以上，有效促进了我国原始创新能力的提升。① 从研究成果的世界影响看，根据中国科学技术信息研究所发布的《2023年中国科技论文统计报告》，2022年，中国首次超过了美国，成为在各学科最具影响力的期刊上发表论文数量最多的国家，2022年我国学者共在这些一流刊物上发表了16349篇论文，占世界总量的30%以上。更值得强调的是，从学术论文的引用次数分析，2022年，我国农业科学、化学、计算机科学、工程技术、材料科学、数学6个学科成为论文被引用次数最多的学科，数学学科更是首次成为论文被引用次数最多的学科，充分体现出我国基础学科和基础研究取得了明显进展。

最后，基础设施水平较高。基础设施是现代经济发展的支撑，经过多年发展，我国交通、能源、水利和新型基础设施发展取得了历史性成就，现代综合立体交通运输体系、现代能源体系加快构建，基础设施整体水平实现跨越式提升，有力地支撑保障了经济社会发展，为中国式现代化取得更为明显的实质性进展提供了坚实保障。在高速公路网络建设上，2022年全国四级及以上等级公路里程已经超过516万公里。其中，高速公路里程和国家高速公路里程分别达到17.73万公里和11.99万公里，大量省份已经实现"县县通高速"的发展目标，极大地促进了区域一体化进程。在高速铁路网络建

---

① 《2022年全国科技经费投入统计公报》，中国政府网，2023年9月18日，www.gov.cn。

设上，"八纵八横"的高铁网络加速建设，2022 年高铁运营里程达到 4.2 万公里，继续稳居世界第一，全国铁路路网密度达到 161.1 公里/万平方公里，高速铁路对百万人口以上城市覆盖率超过 95%，高速公路对 20 万人口以上城市覆盖率超过 98%，为物流、人流、资金流的畅通流动提供了有利条件。① 在新型基础设施的建设上，新基建是培育新质生产力的关键要素，当前，我国传统基础设施与新型基础设施加速融合，信息通信网络建设规模全球领先，算力基础设施加速发展，信息通信服务能力大幅提升，这些有力地促进了经济社会等各项事业的快速发展。

四　完成中心任务的动力支撑——持续深化改革

从一般特征看，任何国家的现代化都是经济发展水平尤其是生产力水平不断提高的过程，这是现代化的根本动力。从特殊属性看，除了生产力和经济发展水平的提高，中国式现代化还是人口规模巨大的现代化、全体人民共同富裕的现代化、物质文明和精神文明相协调的现代化、人与自然和谐共生的现代化、走和平发展道路的现代化，这些特殊属性是中国式现代化有别于其他现代化模式的主要特征。从一般特征看，中国式现代化需要不断推动生产力和经济发展水平的提高，这是一般的发展过程。但从特殊属性看，中国式现代化还需要实现其他现代化道路难以实现的目标，也就面临更大的发展难题，如十几亿人口的共同富裕问题、后发大国的和平崛起问题等，这就必然要求中国探索出既能持续提高生产力和经济发展水平，又能攻克更多独有难题的高质量发展模式。在这个过程中，我们就必须通过持续深化改革来加快推动高质量发展。

在认识层面，要将坚持高质量发展作为新时代的硬道理，全方位贯彻落实习近平经济思想。党的十八大以来，以习近平同志为核心的党中央高瞻远瞩、统揽全局、把握大势，提出了一系列新理念、新思想、新战略，指导我

---

① 《2022 年交通运输行业发展统计公报》，中国政府网，2023 年 6 月 21 日，www.gov.cn。

国经济发展取得历史性成就、发生历史性变革，在实践中形成和发展了习近平经济思想。从整个思想体系和内容结构看，高质量发展是习近平经济思想的根本要求，经济进入新常态是高质量发展提出的时代背景，供给侧结构性改革是推动高质量发展的根本主线，以人民为中心是推动高质量发展的根本方向，构建新发展格局是推动高质量发展的根本路径，贯彻新发展理念是推动高质量发展的根本动力，实施国家重大战略是推动高质量发展的根本抓手。可见，在习近平经济思想的内容体系中，高质量发展具有举足轻重的地位，是体现和反映习近平经济思想目标追求、理论脉络、现实导向的核心概念。在这种背景下，推动高质量发展，就是要在我国实现经济活动中全方位、全领域、全环节贯彻落实高质量发展要求，不断攻克制约高质量发展的诸多难题，为发展模式的系统性变革提供有效支撑。

在宏观层面，要继续推动经济体制改革，理顺政府和市场关系，进一步增强市场主体活力。国内外实践都已证明，市场主体的活力越强，经济发展的动力就越强。党的十八届三中全会提出要使市场在资源配置中起决定性作用，并且更好地发挥政府作用，这是提高经济发展质量的根本路径。未来要加快深化经济体制改革，加快构建高水平社会主义市场经济体制，大幅度减少政府的干预过多和不当干预的问题，最大限度地释放各类市场主体的活力。

在中观层面，要继续推动科技体制改革，加快攻克重要领域关键"卡脖子"技术，进一步提高产业发展能力。高质量发展必然以高质量的产业体系为载体。从国内外形势看，当前制约我国发展质量持续提高的关键因素就是部分"卡脖子"技术的存在，其严重影响了我国产业体系的利益和安全。因此，未来要以实现高水平自立自强为根本目标，加快推动科技体制改革，完善党对科技工作领导的体制机制，推动科技创新力量布局、要素配置、人才队伍体系化、协同化，坚决破除影响和制约科技核心竞争力提升的体制机制障碍，加快攻克重要领域关键"卡脖子"技术，有效突破产业瓶颈，持续增强产业的发展能力和竞争能力。

在微观层面，要继续推动收入分配制度改革，提高劳动要素的收入份额，进一步释放居民消费潜力。在推动经济增长的"三驾马车"中，内需不足是我国经济发展模式的明显短板。进一步分析，导致这一短板的根本原因在于我国收入分配制度不完善，劳动要素的收入份额较小，居民消费的潜力难以发挥。从提高经济发展模式稳定性和内生性的角度出发，未来应以共同富裕为目标，坚持"增收"和"减负"并重。一方面，应加快推动收入分配制度改革，健全再分配调节机制，逐步提高居民部门和劳动要素的收入份额；另一方面，要加快完善社会保障体系，优化财政支出结构，提高社会民生的支出比重，通过降低居民的生活成本来降低居民的储蓄倾向和增强居民的消费意愿，最大限度地释放居民消费潜力。

在实践层面，要认识到高质量发展的长期性和艰巨性，做到持续发力、"久久为功"。实现高质量发展绝非一蹴而就，必然是一个需要经历多个发展阶段和实现多个发展目标才能达到终点的长期过程，认清这种长期性，就能保持发展的耐心，从而能客观地面对各种短期和长期困难。与此同时，由于高质量发展是同时涉及多个不同领域的系统工作，其复杂度和困难度可想而知，这就意味着高质量发展不是唾手可得的发展成果，也不是按部就班就能实现的发展目标，而是需要通过持续有效破解各类难题才能实现的动态进程，这就需要我们不断增强发展本领，持续推动高质量发展取得更为明显的实质性进展。

大力推进中国式现代化是第二个百年奋斗目标征程中的核心工作。在这个过程中，我们不仅现在会碰到各种各样的发展难题，未来还会遇到挑战更大、难度更高的其他问题。面对这种情形，只要我们坚持向改革要动力，始终聚焦重点领域、主要问题、关键环节，坚定不移地推动全面深化改革，就一定能够完成高质量发展这一中心任务并最终实现以中国式现代化完成中华民族伟大复兴的全局目标。

参考文献

蔡之兵：《"现代化＝西方化"的迷思及其破除》，《理论探索》2023年第3期。

陈劲、阳镇、朱子钦：《新型举国体制的理论逻辑、落地模式与应用场景》，《改革》2021 年第 5 期。

金碚：《关于"高质量发展"的经济学研究》，《中国工业经济》2018 年第 4 期。

逄锦聚、荆克迪：《加快完善更高水平的社会主义市场经济体制》，《政治经济学评论》2020 年第 5 期。

王一鸣：《百年大变局、高质量发展与构建新发展格局》，《管理世界》2020 年第 12 期。

张占斌：《全面建设社会主义现代化国家的逻辑进路、内涵特征与实现路径》，《东南学术》2022 年第 2 期。

B.11
中国式现代化的机遇挑战与前景展望

马小芳*

摘 要： 当前，世界百年未有之大变局加速演进，新一轮科技革命和产业变革深入发展，国际力量对比深刻调整，我国发展面临新的战略机遇和挑战。本报告从全球产业变革、我国科技能力、市场规模以及数字经济发展四个方面分析了中国式现代化的机遇，从科技创新力不强、城乡区域收入分配差距较大以及全球地缘冲突持续三个方面分析了中国式现代化的挑战，最后做出了中国式现代化的前景展望。

关键词： 中国式现代化 机遇挑战 前景展望

中国式现代化建设是一项伟大而艰巨的事业，前途光明、任重道远。当前，世界百年未有之大变局加速演进，新一轮科技革命和产业变革深入发展，国际力量对比深刻调整，我国发展面临新的战略机遇。同时，逆全球化思潮抬头，单边主义、保护主义明显上升，世界经济复苏乏力，局部冲突和动荡频发，全球性问题加剧，世界进入新的动荡变革期。我国改革发展稳定面临不少躲不开、绕不过的深层次矛盾，我国发展进入战略机遇和风险挑战并存的时期。在这样的大背景下，本报告分析了中国式现代化的机遇和挑战，最后给出了中国式现代化的前景展望。

---

* 马小芳，经济学博士，中央党校（国家行政学院）经济学教研部教授，主要研究方向为宏观经济、国际金融与国际贸易、产业政策与产业安全、"一带一路"建设等。

一　中国式现代化的机遇

党的二十大报告提出："从现在起，中国共产党的中心任务就是团结带领全国各族人民全面建成社会主义现代化强国、实现第二个百年奋斗目标，以中国式现代化全面推进中华民族伟大复兴。"当前，世界之变、时代之变、历史之变正以前所未有的方式展开，新一轮科技革命和产业变革深入发展，我国面临新机遇。

（一）新技术革命推动全球产业变革持续推进

以新一代信息技术、生物技术、新能源技术、新材料技术、智能制造技术为代表的新技术革命快速推进。技术的快速发展和应用将推动产业技术迭代升级，并促进产业形态、生产方式、国际分工发生根本变革，重塑全球产业体系。科技进步到产业变革的周期越来越短，新技术革命对产业的影响更加直接迅速，科技与产业融合趋势更加明显。5G、互联网、大数据、人工智能等技术的快速发展应用推动全球产业数字化转型，产业数字化和数字产业化交互发展，共同推进全球产业体系的数字化进程。科技对产业发展、经济增长，以及国家综合国力和全球影响力提高的作用更加明显，国家间竞争逐步回归科技竞争层面。新技术革命为中国企业在全球布局创造了新的机遇和空间，中国企业通过开展对外投资合作，整合海外优质技术资源，开展国际技术交流，推动技术引进和优势技术对外输出，中国式现代化助力世界经济发展。

（二）我国科技能力显著提高

随着我国持续增加对教育、科技创新的投入，科技能力显著提高，目前已经形成一支规模大、素质高的科学家和工程技术人才队伍，这为中国式现代化奠定了很好的基础。中国R&D（研究与试验发展）经费投入强度从2001年的0.94%提高到2021年的2.44%，已经超过英国（1.76%）、法国（2.20%）、加拿大（1.59%）、意大利（1.47%）、荷兰（2.18%）、葡萄牙（1.40%）、西班牙（1.25%）等国家，达到中等发达国家水平。2001~2020年，我国R&D人员全时当量从95.65万人年快速增加到523.45万人年，其中基础研究人员从7.88万人年增加到42.68万人年。随着科技投入的持续增长，我国科技创新的产出已经居世界前列。中国的ESI论文数量、被引用次数仅低于美国，居世界第二位。2021年中国R&D经费投入规模达到27864亿元，仅次于美国，居于全球第二位，占GDP比重提升至2.44%，已接近经济合作与发展组织（OECD）国家的平均水平。

（三）我国具有超大规模市场优势

超大规模市场和强大生产能力是我国的优势，也是我国实现中国式现代化的重大机遇。我国超大规模市场优势表现在三个方面。

一是超大规模的国内消费市场。从消费看，我国有世界最大规模的人口，城镇化率不断提升，国内消费快速增长。我国社会消费品零售总额已非常接近美国，成为仅次于美国的全球第二大消费市场。2022年人均国内生产总值为85698元，接近高收入国家门槛。随着经济保持中高速增长，居民收入和消费支出也将持续增长，同时居民消费还将向更高品质、更高性能的商品和服务升级，近年来中国在手机、个人计算机、无人机这类电子产品上不断有出色的品牌涌现。以华为、OPPO、小米等为主力的中国手机品牌共同构成世界手机产业的重要一极；大疆成为世界上最成功的消费级无人机品牌；电动汽车领域也在多年积累后百花齐放，迎来了出口的爆发式增长，形成了不亚于海外巨头的产品竞争力。大量中国的快消品牌正在依托中国极强的基础设施建设，实现更高的产品迭代速率。一个经济高度发达的国家，也一定需要实现主要消费品的国产替代。而中国巨大的国内消费市场，以及多层次的消费人群分布，给中国消费品的国产替代留下了巨大的发展空间。

二是超大规模的国内产品市场。从生产看，我国制造业规模全球第一，产业门类齐全，产业链完整。作为世界第一大工业国和制造国，2022年，我国制造业增加值占全球制造业增加值比重近 30%，传统产业和新兴产业共同支撑我国制造业规模不断扩张，制造业规模已经连续 13 年居世界首位。我国拥有超大规模的产品市场，"干中学"效应明显，产品生产规模越大，对提升产品质量、提高生产效率、实现创新越有益处。超大规模的国内产品市场形成了规模经济优势，同时为技术进步提供更多资金、人才和应用场景，有助于实现制造业高端化、智能化和绿色化转型。

三是世界最大的贸易体。2022 年，中国进出口总额已经超过 6.27 万亿美元，占世界进出口总额的 21%；早在 2013 年，中国的货物贸易进出口总额首次超越美国，成为世界最大的货物贸易国，此后一直稳居全球第一的位置。外贸出口从世界第 34 位升至第 1 位，占世界外贸出口比重从 0.7% 提高到 15%。利用外资从几亿美元增至 1734 亿美元，长期居发展中国家首位，在 2014 年和 2020 年还曾超越美国成为全球吸引外资最多的国家，目前是全球第二大吸收利用外资的国家。对外投资从零起步，21 世纪以来，中国企业对外直接投资开始明显加速，每年对外投资的规模比肩引进外资的规模，2021 年我国对外投资 1788 亿美元，对外直接投资流量连续 10 年位列全球前三，对外投资大国地位稳固。外汇储备从十分紧缺增至 3 万多亿美元，十多年高居世界第一。以开放促改革、促发展、促创新的作用十分明显，对外开放成为现代化建设的强大动力。

对外贸易是经济增长的"三驾马车"之一，是畅通国内国际双循环的关键枢纽。国际贸易可以促进市场相通、产业相融、创新相促、规则相联，推进高水平科技自立自强，提升产业链供应链韧性和安全水平。同时，可以拉紧与世界各国的利益纽带，发挥好经贸"压舱石"作用。通过进出口满足各国人民生产生活需要，让全世界分享中国大市场，促进共同发展，为世界经济注入新动力，推动开放型世界经济建设。对外贸易是满足人民美好生活需要的客观要求。我国社会主要矛盾已发生变化，人民群众对美好生活的需要日益增长，由"有没有"转向"好不好"。无论是货物贸易还是服务贸易、无论是出口还是进口，都与人民生活息息相关。外贸主体直接和间接带动就业超过 1.8 亿人，增加了居民收入。2021 年我国进口总值超过 17 万亿元，占全球比重已提高到 11.9%。大量优质消费品、先进技术设备、关键零部件和能源资源的进口既满足了产业升级的需要，也满足了消费升级的需要，增强了人民群众的获得感和幸福感。

（四）我国数字经济发展增速快、规模大

习近平总书记指出，"当今时代，数字技术、数字经济是世界科技革命和产业变革的先机，是新一轮国际竞争重点领域，我们一定要抓住先机、抢占未来发展制高点"。① 中国"十四五"规划已将数字经济放在突出位置，并提出 2025 年数字经济核心产业增加值占 GDP 比重提高到 10% 的目标。我国已是全球第二大数字经济体，数字经济发展势头强劲。数字经济是规模经济和范围经济最显著的行业，我国未来成长空间和带动传统产业转型升级、提升增长质量的空间广阔，潜力巨大。同时，我国是数字经济领域发展的先行者，且拥有发达的数字基础设施，数字技术广泛应用于远程办公、在线教育、线上医疗、新零售、人工智能等领域。

2018 年，中央经济工作会议将 5G、人工智能、工业互联网、物联网纳入新型基础设施建设。5 年来，以 5G、物联网、工业互联网、卫星互联网为代表的通信网络基础设施，以人工智能、云计算、区块链等为代表的新技术基础设施，以数据中心、智能计算中心为代表的算力基础设施的建设速度、建设规模全球领先，我国已建成全球规模最大、覆盖广泛、技术领先的信息基础设施，为数字经济和实体经济融合发展奠定了坚实的物质基础。关键数字技术取得突破，人工智能、物联网、量子信息等关键数字技术领域发明专利授权量居世界首位；互联网普及率从 2012 年的 42.1% 提高到 2022 年的 75.6%；"东数西算"工程加快实施，全国一体化大数据中心体系基本构建；数据资源供给快速增长，数据产量从 2017 年的 2.32ZB 快速增长至 2022 年的 8.1ZB；截至 2022 年底，全国已成立 48 家数据交易机构，数据要素市场规模迅速扩大，数实融合发展的技术基础加强。

---

① 习近平：《不断做强做优做大我国数字经济》，《求是》2022 年第 2 期。

我国数字经济发展增速快、规模大，2022 年我国数字经济规模达到 50.2 万亿元，稳居世界第二位，同比名义增长 10.3%，占 GDP 比重为 41.5%，数字经济年复合增长 14.2%。数字经济已成为我国经济稳增长、促转型的重要引擎，加快发展数字经济，可为高质量发展赋能。以农业、工业和服务业为代表的产业数字化稳定推进。2022 年我国第三、二、一产业数字经济渗透率分别为 44.7%、24.0% 和 10.5%。以工业数字化为例，截至 2023 年 6 月，工业企业关键工序数控化率、数字化研发设计工具普及率分别达到 60.1%、78.3%，较 2012 年分别提升 35.5 个百分点和 29.5 个百分点。在服务业数字化方面，共享经济、平台经济、直播经济等新业态、新模式、新动能蓬勃发展。2022 年，我国网络零售市场规模从 2012 年的 1.3 万亿元增长至 2022 年的 13.8 万亿元，年均增速达 26.7%；服务贸易数字化进程加快，可数字化交付的服务进出口额达到 2.5 万亿元。

随着全球数字经济建设需求旺盛，依靠良好的发展基础，中国数字经济龙头企业将积极布局海外市场，参与全球数字基础设施建设，未来中国数字经济领域对外投资合作规模将不断扩大。数字技术赋能传统领域，使制造业和服务业加速融合，传统领域企业对外投资合作呈现轻资产化、服务业投资比重上升、全球布局更加灵活等特点。借助 5G、大数据、云计算、人工智能等数字技术，研发全球化、资产管理全球化、生产服务平台全球化等快速推进。特别是在"一带一路"共建合作中，数字基础设施建设对互联互通的重要性不断加强，这方面的需求也日益突出。鉴于中国基础设施建设经验丰富，当前全球信息基础设施、融合基础设施、创新基础设施等数字基础设施建设的巨大需求将为中国企业"走出去"提供巨大市场机会。

二　实现中国式现代化的现实挑战

作为一个拥有超 14 亿人口的大国，中国式现代化未来进程并不会总是一帆风顺，中华民族的伟大复兴也绝不是轻轻松松、敲锣打鼓就能实现的，还将面临一些风险和挑战，而且，越是接近现代化的实现阶段，越可能会遇到更大的艰难险阻。中国式现代化新征程面临的现实挑战是实现现代化的强烈发展意愿与不平衡不充分发展之间的矛盾、推进高质量发展还存在许多卡点瓶颈、科技创新能力还不强、全球地缘冲突持续、地区安全环境不容乐观等。

一是我国科技创新力不强，关键性技术面临发达国家封锁。我国有诸多关键核心技术如高端制程芯片、光刻机、航空发动机等遭到西方国家"卡脖子"。目前，美国仍然是全球科技强国，拥有科技霸权，我国科技能力虽然显著提高，但很多核心技术严重依赖国外。当前，在单边主义和贸易保护主义盛行的国际背景下，全球产业链供应链呈现本土化、区域化、短链化趋势。一些国家企图"脱钩断链"，把世界经济政治化、工具化、武器化。如美国启动了一系列打造关键产业回归国内、重要产业迁向盟友、一般产业迁往非"竞争对手"国家的产业链新战略，具体动作包括召开供应链峰会、制定印太经济框架、建立芯片四方联盟、发布《通胀削减法案》和《芯片和科学法案》等。

二是城乡区域收入分配差距仍然较大。2021年，我国东部、东北、中部地区与西部地区居民人均可支配收入之比分别为1.63倍、1.11倍、1.07倍；城乡居民人均可支配收入之比为2.50倍；居民收入基尼系数也高达0.466，远高于0.3至0.35的合理区间。尤其是在社会总收入中，20%的高收入家庭收入占比45.8%，20%的低收入家庭收入仅占4.3%。如此大的收入差距，不仅意味着实现全体人民共同富裕的难度很大，而且直接影响着人民群众的获得感和幸福感，影响中等收入人群的扩大，进而动摇社会稳定的基础。

三是全球地缘冲突持续，地区安全环境不容乐观。现代化进程的连续性对于一个国家的现代化至关重要。俄乌冲突和巴以冲突给全球带来极大的不确定性。俄乌冲突爆发后国际安全形势发生深刻复杂变化，大国博弈演进加剧，世界进入新的动荡变革期。特别是能源、粮食价格上涨，全球通货膨胀压力骤增，西方国家仍在不断采取措施对俄罗斯进行经济制裁。俄乌冲突非但没有明显降温之势，反而有逐渐长期化扩大化的趋势。这给中资企业在俄乌及其周边地区开展贸易投资活动带来了不利影响，其海外项目的生产、建设、运营可能遭受严重冲击，并给中国海外资产和人员安全带来威胁和挑战。

三 中国式现代化的前景展望

实现现代化是几代人的追求和梦想，是新中国 20 世纪和 21 世纪的奋斗目标。中国式现代化的前景受自身努力和国际环境的共同影响。党的二十大确定的发展目标是全面建成社会主义现代化强国。总的战略安排是分"两步走"，从 2020 年到 2035 年基本实现社会主义现代化，从 2035 年到 21 世纪中叶把我国建成富强民主文明和谐美丽的社会主义现代化强国。

一是经济现代化。坚持以经济建设为中心不动摇，坚持稳中求进的工作总基调，推进经济高质量发展，现代化的中国必然是高质量发展的中国，必然是高品质的中国。努力做到稳增长与提质量并重，形成高质量发展的强大合力，才能不断筑牢实现中国式现代化的经济基础，夯实民族复兴的物质技术基础，在质量效益显著提升的基础上实现经济平稳较快增长，增长潜力得到充分发挥，2035 年人均 GDP 迈上新的大台阶，达到中等发达国家水平。"现代化"是一个有基本要求的发展阶段，较高收入水平是其重要标准。2021 年，我国人均 GDP 达到 12551 美元。高收入国家的门槛线是人均 GDP 达到 12695 美元，以美国的人均 GDP 7.1 万美元为顶点线，将这个高收入区间五等分，初步实现现代化至少要进入倒数第二档，即人均 GDP 达到 2.5 万~3.7 万美元，按 2.5 万美元这个下限算，就要求在未来十几年保持大约年均 5% 的增长率，还要考虑国内外通胀因素、人民币汇率变化以及人口变化等。乐观预期，到 2035 年我国有望达到人均 GDP 3 万美元左右。

二是政治现代化。树立正确的政治观、民主观、价值观，推进中国共产党的领导制度体系更加完善成熟，不断提升党科学执政、民主执政和依法执政的能力和水平，不断健全社会主义民主法治，深入发展全过程人民民主，彰显社会公平正义，推进完善国家行政体系。推进改革的系统性、协同性和整体性不断提升，在全面推进社会主义现代化建设中，全面推进深化改革、全面推进依法治国、全面推进从严治党，实现国家治理体系和治理能力现代化，不断增强中国在国际政治舞台的话语权和影响力。基本建成法治国家、法治政府、法治社会。

三是文化现代化。中国式现代化是物质文明和精神文明相协调的现代化。习近平总书记在学习贯彻党的二十大精神研讨班开班式上指出，中国式现代化"深深植根于中华优秀传统文化"，"借鉴吸收一切人类优秀文明成果，代表人类文明进步的发展方向"。中国的文化自信根植于中华优秀传统文化，将为实现中华民族伟大复兴提供精神动力，为建设社会主义现代化国家提供思想引领、文化滋养。爱国主义、集体主义、社会主义思想广泛弘扬，中华文明与其他文明交流互鉴，国家文化软实力与中华文明不断走向世界、影响世界、感召世界。

四是社会现代化。中国式现代化是全体人民共同富裕的现代化。党的二十大报告指出："我们坚持把实现人民对美好生活的向往作为现代化建设的出发点和落脚点。"坚持把人民对美好生活的向往作为奋斗目标，推进共同富裕，首先要通过全国人民共同奋斗把"蛋糕"做大做好，然后通过合理的制度安排把"蛋糕"切好分好。到 2035 年，我国发展的总体目标之一即人的全面发展、全体人民共同富裕取得更为明显的实质性进展，到 2050 年基本实现共同富裕。今天的中国已站上新的起点，7.7 亿农村贫困人口摆脱了贫困，中等收入群体超过 4 亿人。到 2035 年，人均 GDP 达到中等发达国家水平；更多高校和职业院校毕业生、技能型劳动者、农民工的收入得到提升；中等收入群体在未来 15 年超过 8 亿人。同时，人的发展更全面。到 2025 年，劳动年龄人口平均受教育年限将提高到 11.3 年；基本养老保险参保率将提升至 95%；到 2035 年，养老、健康服务产业进一步扩大，更多数字化、智能化图书馆、博物馆将丰富人们的生活。推进健康中国建设，人口预期寿命达到世界先进水平。推进形成现代社会治理格局，社会充满活力又和谐有序。做好基础性、兜底性民生建设，促进基本公共服务均等化，按照"幼有所育、学有所教、劳有所得、病有所医、老有所养、住有所居、弱有所扶"的"七有"目标，推进区域之间和城乡之间的基本公共服务均等化水平不断提升。

五是生态现代化。中国式现代化是人与自然和谐共生的现代化。党的二十大报告提出，尊重自然、顺应自然、保护自然是全面建设社会主义现代化国家的内在要求。"绿水青山就是金山银山"已成为全社会的共识和行动，中国探索出一条绿色发展之路。随着环境质量持续改善，人民群众幸福感越来越强，展望未来，站在人与自然和谐共生的高度谋划发展，我们的家园必定愈发美丽可爱，人们可以享受更多蓝天白云、清水绿岸、田园风光。到2025年，地级及以上城市细颗粒物（$PM_{2.5}$）浓度下降10%，地表水 Ⅰ ~ Ⅲ 类水体比例达到85%，重污染天气、城市黑臭水体基本消除，土壤污染风险得到有效管控。人们的生产、生活将更加绿色、更可持续。"十四五"末，单位 GDP 二氧化碳排放比2020年下降18%，非化石能源消费比重提高到20%左右。人与自然的关系将更加和谐。到2025年，森林覆盖率达到24.1%，湿地保护率达到55%。到2035年，将基本建成全世界保护规模最大、保护生态类型和生物多样性最丰富、惠及面最广的国家公园体系。统筹推进绿色生产生活方式，实现"碳达峰""碳中和"目标，生态环境根本好转，实现美丽中国的建设目标。

六是国家安全建设与和平发展。党的二十大报告指出，必须坚定不移贯彻总体国家安全观，把维护国家安全贯穿党和国家工作各方面全过程，确保国家安全和社会稳定。中国式现代化建设的必将是一个安全的中国。坚持国家总体安全观，既重视传统安全，又重视非传统安全，构建集政治安全、国土安全、军事安全、经济安全、文化安全、社会安全、科技安全、信息安全、生态安全、资源安全、核安全等于一体的国家安全体系。中国式现代化是走和平发展道路的现代化。对内求发展、求变革、求稳定，建设平安中国，对外求和平、求合作、求共赢，建设和谐世界；既重视国土安全，又重视国民安全，坚持以民为本、以人为本，坚持国家安全一切为了人民、一切依靠人民，真正夯实国家安全的群众基础。在全面建设社会主义现代化新征程上，统筹发展与安全，建设一个和平稳定的发展环境，确保中华民族伟大复兴进程不被迟滞甚至中断。

参考文献

习近平：《习近平谈治国理政》第二卷，外文出版社，2017。

习近平：《习近平谈治国理政》第三卷，外文出版社，2020。

习近平：《习近平谈治国理政》第四卷，外文出版社，2022。

韩保江、李志斌：《中国式现代化：特征、挑战与路径》，《管理世界》2022年第11期。

中国式现代化研究课题组、高培勇、黄群慧：《中国式现代化的理论认识、经济前景与战略任务》，《经济研究》2022年第8期。

中国社会科学院工业经济研究所课题组：《未来产业》，中国发展出版社，2023。

案例研究篇

B.12

南京：打造中国式现代化的城市范例

南京课题组*

摘　要：　科技创新是引领发展的第一动力，是打造中国式现代化城市范例的关键所在。南京作为江苏的省会和创新中心，具有实现高水平科技自立自强的良好基础，同时也面临着国际竞争挑战、创新资源吸引制约和创新链条融合制约等方面的挑战，要发挥在创新力、都市圈、产业链和数字化方面积累的优势，打造综合性国家科学中心、国家区域科技创新中心、全球化产业创新中心、现代化数实融合中心，以实现高水平科技自立自强为使命，努力成为全国乃至全球科技创新的"探索者"。

关键词：　高水平科技自立自强　中国式现代化城市范例　南京

* 课题组组长：张占斌，中央党校（国家行政学院）中国式现代化研究中心主任，中央党校（国家行政学院）马克思主义学院教授、博士生导师。课题组成员：王海燕，中央党校（国家行政学院）马克思主义学院科研秘书、副教授；王学凯，中央党校（国家行政学院）马克思主义学院副研究员；毕照卿，中央党校（国家行政学院）马克思主义学院讲师；张国华，公共经济研究会副研究员；张鹏洲，贵州省委党校（贵州行政学院）经济学教研部副教授。

科技创新是引领发展的第一动力，是打造中国式现代化城市范例的关键所在。习近平总书记在 2023 年考察江苏时，对江苏提出了在科技创新上率先取得新突破的殷切期望，强调要打造全国重要的产业科技创新高地，使高质量发展更多依靠创新驱动的内涵型增长。南京作为江苏的省会和创新中心，积极响应习近平总书记的重要指示和期望，以中国式现代化南京实践为背景，以推进实现中国式现代化为目标，以实现高水平科技自立自强为使命，以发挥引领性国家创新型城市建设优势为抓手，以走求实扎实的创新路子为路径，以建设自主创新先导区为蓝图，努力成为全国乃至全球科技创新的"探索者"。

一　南京实现高水平科技自立自强的基础条件

南京以习近平新时代中国特色社会主义思想为指引，全面贯彻党的二十大和二十届历次全会精神，深入落实习近平总书记视察江苏重要讲话指示精神，深入实施创新驱动发展战略，以服务实体经济发展为导向，促进产业转型升级，推动经济社会高质量发展，勇当国家科技和产业创新开路先锋。《南京市创新驱动、产业转型示范三年行动计划（2022—2024 年）》为服务高水平科技自立自强，提升产业基础高级化、产业链现代化水平，加快建设引领性国家创新型城市，争创综合性国家科学中心和国家区域科技创新中心提出了总体要求、重点任务和措施保障。奋力扛起"争当表率、争做示范、走在前列"光荣使命，在"创新驱动""市场主导""人才引领""转型示范"等方面积累了实现高水平科技自立自强的优势和条件。

（一）创新驱动提升南京科技竞争力

一是研发投入力度持续加大，推动科技创新能力提升。2022 年，南京 GDP 为 1.62 万亿元，全市研究与试验发展（R&D）经费支出为 645.3 亿元，经费投入强度为 3.82%，位居江苏第 2，全社会 R&D 支出占地区生产总值比重排名全国第 9 位。自 2018 年"创新名城"建设启动至 2021 年，南京 R&D 经费由 393 亿元增加至 645.3 亿元，3 年增幅达 64.2%，经费投入强度稳步提升。连续 3 年组织实施市级科技重大专项，围绕集成电路、新材料等高新技术领域投入资金 1.4 亿元。此外，积极的税收优惠政策减轻了企业现金流负担，增强了企业加大研发投入的信心。2018~2023 年，市区两级财政平均每年减免企业所得税超百亿元，在政策措施的有力带动下，全市企业研发投入年均增长率达 33.5%。

二是科研产出丰硕，促成科技成果转化为实际生产力。南京的科研成果和专利申请数量持续走高，为科技和经济的深度融合做出了积极贡献。2022年国家创新型城市创新能力评价结果显示，南京国家级科技成果奖数量位居全国第 3，万人发明专利拥有量达到 120.75 件，位居全国第 2。截至 2023年 6 月底，南京市万人发明专利拥有量已增至 132.77 件，半年增长 9.95%，增速迅猛。企业科技成果转化工作取得显著成效。2023 年上半年，南京市企业累计获得专利授权 23456 件，占南京专利授权量的 68.86%。通过知识产权质押融资、知识产权证券化，全市 285 家科创企业完成知识产权质押融资，总金额达 16.2 亿元。

三是重大创新平台建设和关键核心技术提速，科技创新动力充沛。以紫金山实验室、国家第三代半导体技术创新中心为典范，南京先后建有 180 余家省级以上的科技创新平台，助力产业创新能力快速提升。持续推动全域协同创新，南京加快优化"一院两带五园"创新空间规划，强化"两带"与"五园"的资源优势互补，着力塑造城市创新增长极。此外，南京始终坚持以国家重大战略需求为导向，针对数字技术、高端装备与智能制造等重点领域的关键核心技术问题，每年组织实施一批揭榜攻关项目。2023 年，江苏省科技厅围绕集成电路、生物医药、新材料、高端装备等重点领域，积极组织推进 89 项产业前瞻技术研发项目和 85 项重大科技成果转化项目，部署实施 15 项左右前沿引领技术基础研究重大项目，并取得重要突破。

（二）产业升级激发南京科技活跃力

一是科技新兴产业规模快速壮大。为满足多元化发展的市场需求，南京围绕新经济、新业态、新产业以及产业链高端环节，在新兴领域定向培育了一批具有发展潜力的创新产业企业。截至 2022 年底，南京全域累计培育国家制造业单项冠军企业 21 家、国家级专精特新"小巨人"企业 213 家、省级专精特新中小企业 647 家。2022 年，全市规模以上高技术制造业累计实现产值 4347.3 亿元，同比增长 10.9%。软件和信息技术服务业规模达 7408 亿元，同比增长 8.8%，整体规模排名全省第 1。2023 年上半年，全市高新技术产业产值占全市规模以上工业总产值比重达 55.1%，完成四批次累计超 1.7 万家科技型中小企业入库，同比增长 35.5%，总量居全省第 1。

专栏：构建"十百千万"梯次发展的专精特新企业群体

工信部第五批国家专精特新"小巨人"企业公示结束，南京市共有 107 家企业入围，总数超过前四批总和，新增数量居全国第 8，创历史新高。全市累计培育专精特新"小巨人"企业达到 213 家，总数实现翻番。近年来，对国家专精特新"小巨人"的关注度越来越高，全国第五批申报数量较第四批大幅增长，但通过评审的公示数量却较第四批下降 16%，评审通过率不到 25%。南京市强化精准培育，第五批国家级专精特新"小巨人"企业通过率超过 46%，位列全国万亿 GDP 城市第一。2023 年，江宁区新增国家专精特新"小巨人"企业 47 家，总数达 84 家，新增数、总数蝉联全省区县第一。

南京市将深入贯彻落实习近平总书记考察江苏时的重要讲话精神，把坚守实体经济、构建现代化产业体系作为强市之要，优化政策供给，强化用地、人才、金融等要素保障，培育壮大"2+6+6"创新型产业集群，不断增强产业链供应链韧性和竞争力，加快构建"十百千万"梯次发展的专精特新企业群体。力争到 2025 年，全市国家制造业单项冠军企业、国家专精特新"小巨人"企业、省级专精特新中小企业、创新型中小企业数量分别达到 30 家、300 家、1000 家、10000 家。

二是传统产业数字化转型升级步伐加快。随着传统产业不断壮大，生产成本和生产效率成为制约其市场竞争力进一步提升的主要瓶颈，倒逼传统产业数字化转型升级。2022 年启动《南京市制造业智能化改造和数字化转型实施方案（2022—2024 年）》，南京市全年实现智改数转项目 2896 项，全市工业互联网标识注册量、每万人拥有 5G 基站数均位居全省第一，处于全国领先地位。累计培育国家级智能制造示范工厂 3 家，省级智能制造示范工厂 27 家、示范车间 133 个。此外，南京市政府着力实施"宁创"品牌打造行动计划，2022 年累计发布应用场景 1278 个，开放合作需求超过 3000 个，总投资达 998 亿元。南京市建设信息基础设施、推进产业数字化、加快工业互联网创新发展等工作获国务院表彰激励。

三是产业链现代化建设加快部署。市场竞争的强大压力推动产业优化生产要素的配置，推动产业链上下游企业实现协同发展，实现产业优势的互补和资源的共享。近年来，南京市积极响应这一趋势，深入推进产业强链补链延链战略，聚焦重点产业，形成了结构优化、布局合理、富有竞争力的产业集群。南京市软件和信息服务产业、新型电力（智能电网）产业凭借其领先地位，同时入选了首批 25 个国家先进制造业集群。不仅如此，"2+6+6"创新型产业业务收入也逐年递增，2023 年上半年，这一收入同比增长 10%以上，显示出强劲的增长势头。其中，6 个未来产业的整体增速接近 30%，展现了南京市产业发展的巨大潜力。南京市通过精准施策，不仅强化了产业链的韧性，也提升了产业链的竞争力。这种产业链的优化升级将有助于推动南京市实现更高的产业发展目标，为全市经济的高质量发展提供了有力支撑。

（三）人才引领培育南京科技创造力

一是高等学校资源优势明显，基础研发后劲扎实。作为高等教育重镇，南京市拥有高等院校 51 所，3 座"大学城"环城而立，为创新型、复合型、应用型人才成长提供肥沃土壤。近年来，南京积极推动"中学生英才计划""强基计划""基础学科拔尖学生培养计划"的实施，开创多元化的人才遴选体系，制定特色的人才培养方案，普及普惠优质科创资源。

在最新出台的"人才强市 25 条"和"重点产业人才 7 策"中，南京市政府全面升级了面向高校院所的人才引育政策。充分考虑高校人才的现实需求，实行差异化生活保障支持，对全职从事基础研究和应用基础研究的青年学者给予 100 万元培养经费，提供长期稳定支持。近年来，各高校院所又推动了学科交叉融合和跨学科研究，为科技创新提供了丰富的创新要素和资源聚集。

二是科技创新企业承载复合型人才，深化产才融合。随着大数据、云计算等数字技术在实体经济中深度应用和发展，推进产才融合成为南京市人才培育工作重点。南京市贯彻《南京市推动高水平工业和信息化产业人才队伍建设工作方案》，积极探索数字化高技术人才与专业技术人才职业发展路径，加快培育既具备本领域专业素质，又掌握数字技能的复合型人才。近10 年，南京累计引进高层次创新创业人才 7701 人，培育创新型企业家 926人。在此基础上，南京市政府还推行实施博士后"宁聚"项目，鼓励企事业单位设立博站，对新设企业博站最高给予 60 万元资助，对企业全职在站博士后给予 2 年最高 15 万元生活补贴。聚焦产业人才，在全省率先建立起数字经济职称评审制度，让新兴产业人才得到科学的评价、引导和激励，不断壮大新兴产业人才队伍，促进产业链、人才链深度融合。

三是重大科创平台展现高层次人才集聚力，多措并举吸引海内外人才。南京市重大科创平台展现出强大的人才集聚力，得益于其积极与在宁高校共建硕士点、博士点，并通过联合培养模式，将高层次人才汇聚一堂。目前，全市范围内共建有国家博士后科研工作站 114 家、江苏省博士后创新实践基地 109 家、南京市博士后创新实践基地 151 家，为博士后人才提供了充足的科研资源和广阔的发展空间。为吸引高素质博士进站参与科研，南京市政府面向在宁博士后提供职称绿色通道、落户安居等各类优惠政策。在海外人才引进方面，南京打造了 4 个"类海外"环境的国际人才街区，为 3000 多名外籍专家、留学人才提供"一站式"服务。通过各类人才计划和奖励机制，南京不断优化"引"才、"留"才政策，激荡人才活水。

解读《以加快打造高水平人才集聚平台为总牵引 全面推进新时代
人才强市建设行动方案（2023—2025年）》

近年来，南京深入学习贯彻习近平总书记关于做好新时代人才工作的重要思想，广开进贤之路、广纳天下英才，推出"紫金山英才计划"等系列人才政策，不断优化人才事业支持和服务环境，人才集聚度、贡献度显著提升，2022年人才竞争力位居全国城市第6。根据市委、市政府部署要求，为加快创建国家高水平人才集聚平台，进一步将科教人才优势转化为高质量发展优势，制定推出"人才强市25条"和"重点产业人才7策"。

一、文件出台背景

2021年中央人才工作会议上，习近平总书记做出加快建设世界重要人才中心和创新高地战略部署，明确在一些高层次人才集中的中心城市建设吸引和集聚人才的平台。2023年以来，习近平总书记赋予江苏省"四个走在前""四个新"的重大任务，全市上下坚决扛起习近平总书记殷殷嘱托，聚焦打造具有全球影响力的产业科技创新中心主承载区，统筹区域科技创新中心、高水平人才集聚平台一体化建设，提出"人才强市25条"，作为当前和今后一段时期全市人才工作的总纲，同步推出"重点产业人才7策"，着力在关键领域先行突破，以人才强市支撑引领产业强市建设。

二、文件主要特点

"人才强市25条"提出了人才支持计划提优、人才创新载体提能、产才融合发展提速、人才合作开发提质、人才服务生态提升"五大行动"。"重点产业人才7策"从引才用才、配套机制、生活服务等方面为产业人才集聚提供支撑。主要是出于以下四个方面的考虑。

第一，突出整体布局。紧扣国家、江苏省交给南京的战略任务，坚持全域视野和大人才观，面向在宁高校院所、重大创新平台、国防科工单位、科技领军企业精准施策、有的放矢，推进校地人才发展通盘考虑，构建既有"高原"又有"高峰"的人才工作格局。锚定战略人才力量建设，打造科技创新"主力军"，以高素质人才队伍引领高水平科技自立自强、驱动高质量发展走在前列。

第二，聚力集成支持。深刻领会教育、科技、人才"三位一体"融合发展要求，综合发挥南京科教资源、产业基础、创新机遇等优势，坚持生态优先、计划牵引、平台支撑、服务托底，整合优化南京市人才、产业、科技、金融等政策措施，畅通人才"引育留用"全链条，聚力构筑大平台、引育大专家、攻关大项目、产出大成果。

第三，坚持深化改革。把改革作为激发创新创造活力的"关键一招"，遵循科研规律和人才成长规律，将资金更多投向人才发展、团队建设，完善人才薪酬激励等制度。坚持"谁用人、谁评价"，赋予用人主体人才自主认定权和举荐权。强化对青年人才的长周期稳定支持，在科技、人才计划中加大青年人才担纲领衔比重，在重大攻关实践中培养锻炼队伍。

第四，营造良好生态。把解决人才关切的"关键小事"当作"头等大事"，努力办成"暖心实事"，特别是在人才安居、子女入学、健康医疗等方面的问题，逐个专项制度化解决。立足人才发展需求，打造一批形式多样、喜闻乐见的主题活动。健全创新尽职免责机制、容错机制，营造鼓励探索、宽容失败的良好氛围。

三、文件重点内容

第一，关于发展目标，重点明确到 2025 年的工作目标，南京市人才资源总量达 450 万人，其中高层次人才占比超 10%，累计新增科技领军人才和创新团队 5000 人，培养引进博士、博士后 1.5 万人，组建人才攻关联合体和创新联合体超 100 个，在若干优势产业领域率先建成人才高峰，打造一批人才集聚度高、富有南京特色的人才社区，高水平人才集聚平台和人才强市建设取得突破性进展。

第二，关于政策措施，主要是五大行动。（1）人才支持计划提优行动，着眼国家战略需求和南京发展需要，提出战略科技领军人才攀峰、高层次创新创业人才汇聚、中青年拔尖人才树培、卓越工程师培育、"U35"强基五大工程，形成高端引领、梯次衔接的支持体系。比如，面向科技前沿和科技创新、产业发展制高点，联合在宁高校院所、科技领军企业协同引进顶尖人才，给予其 300 万元安家补贴和 1000 万~2000 万元资金支持，综合资助最高达 1 亿元。（2）人才创新载体提能行动，着眼加强对高层次人才的吸引力和承载能力，提出规划建设人才集聚平台核心区、高水平大学和一流科研机构、重大创新平台、高水平平台型新型研发机构等举措。比如，设立 6000 万元专项资金支持在宁高校院所一流学科发展，以及用于高层次人才的引进培育。（3）产才融合发展提速行动，着眼增强人才引领发展效能，推动优质项目、人才资源、创新要素向重点产业加速集聚，提出强化重点产业人才支撑、科技型企业梯度培育、人才技术攻关支持、省产研院改革引领、金融助推人才发展、科技成果向现实生产力转化等举措。比如，对促进产业结构优化有贡献的企业，给予核心技术骨干、专业技术人才 5 万~10 万元专项奖励。在现有 5.5 亿元"紫金山英才基金"基础上，新设人才创新双向赋能基金 20 亿元、重点产业人才基金 5 亿元。（4）人才合作开发提质行动，着眼自主培养与大力引进相结合，拓宽引才渠道、创新引才方法，提出支持用人主体发挥作用、积极有效引进人才、国际人才合作培育、都市圈人才共建共享等举措。比如，扩面实施高层次人才科技贡献奖励，对在宁高校院所、科技型企业工资收入达到一定标准的人才，给予个人最高 20 万元奖励；给予引才用才示范单位最高 50 万元奖励。（5）人才服务生态提升行动，着眼全方位生活服务需求，提出强化人才政治引领、完善"一揽子"服务保障、提高人才工作数字化水平等措施，积极营造近悦远来、富有竞争力的人才生态。

第三，关于组织保障，在市委、市政府统一领导下，各部门、各单位各板块各司其职并密切配合，合力推进人才新政的重要事项、重大举措和重点任务；加强过程跟进与考核问效，督促各单位把落实人才新政与做好人才服务、改进服务质量结合起来，提高人才工作科学化水平。

（四）试点示范彰显南京科技展现力

1. 多元产业创新及现代技术领域展现创新引领力

南京获批创建全省唯一的国家人工智能创新应用先导区，全市人工智能相关产业和服务已涵盖人工智能基础支撑层、技术产品层和应用示范层，集聚了400多家重点企业，在全国人工智能融合创新应用中起到先行先试、引领示范作用。此外，南京还以全国第二名的成绩入选了国家首批、全省唯一的新能源汽车换电模式应用试点城市，重卡换电团体标准被国家行标吸纳采用，体现出南京市在新能源技术应用方面的重要影响力。南京国家现代农业产业科技创新示范园区成为全国首批、长三角唯一的国家农业高新技术产业示范区，累计培育和引入农业科技成果650多项、发明专利975件，签约落地亿元以上产业项目34个。

2. 以包容性科创金融生态形成"科技—产业—金融"良性循环

科创金融改革试验区获批以来，南京市政府着力促进科创金融专业化发展，引导金融机构制定科创金融服务行动计划，研发专属金融产品。目前，全市已设立科创金融服务中心、科技支行等专营组织28家，创新推出一系列研发贷、科创贷、人才贷等特色产品。值得注意的是，南京还成功落地我国首批、江苏唯一的股债结合混合型科创票据。截至2023年，南京市新兴产业基金及市科创基金共引导设立子基金91支，总规模达到1279.6亿元，为"2+6+6"创新型产业集群发展提供了有力支持。为了实现金融资源与科创资源的高效对接，南京市依托高新园区和孵化器创新设立了首批6家科创金融服务驿站。

3. 开放引领作用推动创新与发展实现内外双循环

南京市积极促进国内国际双循环，通过高水平开放推动高质量创新发展。紧紧抓住"自贸试验区+服务业扩大开放""双叠加"机遇，累计形成190余项制度创新成果，其中包括"知识产权质押融资"等11项全国推广的经验案例，以及"搭建跨境直播服务贸易新场景"等3个被评为国家服务贸易创新发展最佳实践的案例。南京市还大力实施国际科技合作计划，2021年以来累计52个项目获得省国际科技合作项目支持，共立项132项市级国际联合研发项目，吸引世界500强等知名企业和研发机构在南京市建设高端研发机构58家。累计面向24个创新型国家或地区布局建设31家海外协同创新中心，南京市企业在海外设立了43家海外研发机构。江北新区、江宁区入选国家海外人才离岸创新创业基地，现有 2 家国家引才引智示范基地。

二 南京实现高水平科技自立自强的主要挑战

当前，世界正处于百年未有之大变局及新一轮科技革命和产业变革的历史交汇点，科技竞争日益激烈，关键核心技术成为国家安全和发展的重要支撑。南京的科技创新面临着国际科技竞争挑战日趋激烈、区域科技资源分布不均和创新链条融合制约三个方面的挑战。

（一）面对国际科技竞争日益激烈挑战，突破关键核心技术制约

1.国际科技竞争的压力和干扰

当前，世界科技创新正处于百年未有之大变局，各国都在加快推进科技创新，争夺科技制高点，以形成科技竞争优势。一些西方国家出于地缘政治和经济利益的考虑，采取各种手段限制和打压中国的科技发展，如对中国实施技术封锁、制裁、围堵等措施，给中国的科技创新带来巨大的挑战和风险，南京作为国家创新型城市，其科技研发也受到国际冲击的干扰。

2.国际合作与交流的限制和缺乏

国际合作与交流是科技创新的重要途径和手段。然而，目前受各种因素的影响，南京参与国际创新合作与交流方面还受到一些限制，如缺乏国际化人才和平台，缺乏国际话语权和影响力等，这导致科技创新不能充分利用全球创新资源，也不能有效参与全球创新治理。

3.基础研究与原始创新的优势不明显

基础研究是科技创新的源头，也是科技自立自强的关键。然而，南京在基础研究投入方面还存在不足，如基础科学投入不足、分配不均、使用不优等问题，进而存在原始创新能力不强、优势不明显，如重大原创性成果还不多、重点领域和关键环节还受制于人、国际竞争优势还不明显等问题。

（二）面对区域科技资源分布不均挑战，突破创新资源吸引制约

1. 科技人才的培养和吸引力不足

科技人才是科技创新的主体和资源，也是科技自立自强的基础和保障。然而，南京在科技人才的培养和流动方面还存在一些问题和困难，如教育质量不高、人才结构不合理、人才激励不充分、人才流失严重等，导致南京人才吸引力和留存力不强，优秀人才流失严重。

2. 金融服务存在缺乏创新和发展滞后

金融服务是科技创新的重要补充。然而，当前的金融服务方面还存在缺乏创新和发展滞后的问题，如金融机构对科技创新项目的风险偏好低、金融产品和服务的创新能力弱、金融监管和政策的配套不完善等，这导致科技创新项目难以获得金融支持、金融资源难以有效配置、金融市场难以良性发展。

3. 科技体制机制的障碍和不完善

科技体制机制是科技创新的保障。然而，南京在科技体制机制方面还存在一些障碍和不完善，如管理体制不顺畅、评价体系不合理、激励机制不健全、保护机制不完善等，影响了创新主体的活力和创新要素的流动。

（三）面对产业科技发展协同不畅挑战，突破创新链条融合制约

1. 产学研用协同创新不畅

目前产学研用协同创新方面还存在机制不健全、激励不相容、利益分配不合理等问题，导致科技成果转化效率低下，创新链条不连贯。特别是在关键共性技术和基础共性技术的研发方面，企业单独出资面临较大困难、政府的资金支持力度不够、高校和科研院所的回报期限较长，难以形成有效的利益契合机制。

2. 跨区域、跨领域、跨层级的产业链协同不畅

南京都市圈、长三角城市群的创新集群效应未显现，在重大项目、重点平台、重要领域等方面还缺乏有效的联动机制。在跨领域创新协同方面，南京还没有充分发挥自身在电子信息、生物医药、新材料等领域的优势，在与

其他领域如先进制造、节能环保、现代服务等的融合创新方面还存在一定差距。在政策衔接、资源整合、项目推进等方面还存在一些薄弱环节。

3. 数字化创新进程存在不足

南京在数字化促进科技自立自强方面还存在统筹不够、共享不够、能力不够、安全不够等具体问题，如没有形成数字政府、数字社会、数字经济等工作的合力，"信息孤岛"、各自建设、融合不够等现象依然存在；数据资源在确权、流通、交易等方面的法律法规和标准规范相对滞后，数据资源价值还未得到充分发挥；数字产业化和产业数字化水平仍有待提高；随着移动互联网、云服务的发展，存在传统安全措施难以适配、数据安全保护难度加大、个人信息泄露风险加剧等问题。

三 南京实现高水平科技自立自强的战略目标

加快实现高水平科技自立自强是推动高质量发展的必由之路。习近平总书记在参加十四届全国人大一次会议江苏代表团审议时强调，着力打造具有全球影响力的产业科技创新中心。这为南京应对新一轮科技革命和产业变革指明了前进方向。作为江苏省会、科教大市，南京市拥有丰富的科技创新资源和优势，是全国唯一的科技体制综合改革试点城市，也是国家创新型城市的排头兵。南京市坚持把科技创新摆在发展全局的核心位置，实施创新驱动发展战略，连续多年出台支持创新的市委一号文件。在实现高水平科技自立自强的道路上，南京应发挥在创新力、都市圈、产业链和数字化方面积累的优势，打造综合性国家科学中心、国家区域科技创新中心、全球化产业创新中心、现代化数实融合中心。

（一）发挥创新力优势突破关键核心技术，打造综合性国家科学中心

1. 建设一批国家级实验室和国家级工程技术中心，拥有一批国家级大科学装置和研究平台

南京已经建设有紫金山实验室、国家第三代半导体技术创新中心等研究

平台，180余家省级以上的科技创新平台。南京应继续加大投入，完善创新平台的建设和运行机制，提高创新平台的服务能力和水平，为科技创新提供高效的支撑和保障。支持多学科、多领域、多主体、交叉型、前沿性研究。南京应充分利用这些设施和平台，加强与国内外科研机构和企业合作，推动科技创新的开放共享，培育一批具有国际影响力的科研团队和创新领军人才。

2. 建设一批世界一流的大学和学科，培养一批高水平创新人才

南京是全国重要的高等教育基地，拥有南京大学、东南大学、南京航空航天大学等一批高水平的综合性和特色性大学，以及数学、物理、化学、材料、电子等一批国家重点学科。南京应加强高校之间的协同创新，推动高校与科研机构和企业的深度融合，构建高水平的人才培养体系，培养一批具有国际视野和创新精神的科技人才，提升高等教育和人才培养的质量和水平。

3. 承担一批国家重大科技项目和重点研发计划，开发一批具有原创性、前瞻性、战略性的科技成果

南京已经承担了一批国家重大科技项目和重点研发计划，涉及6G发展、生物医药、新能源等领域。南京应进一步加强顶层设计，优化科技资源配置，强化项目管理和评估，激发创新活力和动力，推动具有原创性、前瞻性、战略性的重大科技成果产生，提升原始创新能力和关键核心技术的突破能力。

（二）发挥都市圈优势加强创新要素集聚，打造区域性科技创新中心

1. 优质科技创新生态进一步完善

南京是全国唯一的科技体制综合改革试点城市，建立了"放权松绑"的人才科研特区，推进了科技体制改革、科技政策创新和科教资源集成，激发了科研人员创新创造活力。南京应深化科技成果赋权改革，赋予科研人员技术路线决定权、技术成果所有权和收益权，加快科技成果转化，构建科技创新的良好生态。加强科技保护机制，完善科技保护的法律和制度，加强科

技保护的力度和效果，保障科技创新的安全和利益，为科技创新提供保障和信心。

2.科创金融服务体系进一步形成

南京已经培育发展了一批科创金融专营组织和科创金融中介服务机构，针对各类科创企业的特点和需求，推出了一系列特色金融产品。南京应强化多层次资本市场的建设和运用，建设一批结构合理、配套完善、保障有力的科创金融组织，全方位提升科创金融的营商环境、加大政策牵引和人才支撑力度，提高科创企业融资可得性，全面形成与科创企业全生命周期相适应的金融服务体系。

3.科创中心城市辐射能力进一步加强

作为长江经济带的重要资源配置中心，南京积极参与扬子江城市群、南京都市圈建设，推动了产业、行业、企业的精细分工与协作共建，探索出了异地孵化、园区共建等跨区域产业合作新模式，扎实提升了中心城市的辐射能力。南京应拓展特大型中心城市辐射腹地，构建以南京为核心的区域一体化发展平台，加快跨市域重大基础设施建设，强化特大型中心城市枢纽地位和功能，打通沿江和西北向大通道，增强对皖北、豫南等中部地区的辐射。

（三）发挥产业链优势加快产业创新协同，打造全球化产业科技创新中心的"主承载区"

1.产业科技创新布局进一步优化

南京已经拥有了软件和信息服务、新型电力（智能电网）两大优势产业集群，新能源汽车、智能制造装备等六大战略性新兴产业集群，以及包括元宇宙、未来网络在内的六个未来产业集群，占据了国内产业集群制高点。南京应不断壮大"2+6+6"创新型产业集群，全力抢占未来产业新赛道，加快建成万亿级创新型产业集群。还应构建"一带两极三圈多点"的创新空间体系，以苏南自创区为核心，把沿沪宁产业创新带打造成产业科技创新中心的"主轴"，把南京、苏州打造成产业科技创新中心的"主承载区"，统筹推进南京科创圈建设。

2.科创资源配置效率进一步提高

作为全国首批工业互联网创新发展试验区之一，南京打造了低成本、跨平台、云原生、多终端和强安全的工业互联网操作系统，将信息技术与制造业深度融合，赋能企业产业链协同。南京还建立了产业联盟等融合发展合作组织，对接科技、金融、文化等多种资源，深度参与产业协同和社会协作。南京应强化产业链、创新链协同保障，拓展产业链、创新链协同领域，优化产业链、创新链协同机制。培育一批具有国际竞争力的数字经济龙头企业，构建贯通基础研究、技术开发、成果转化和产业创新全流程的产业链、创新链。

3.国际化产业创新网络进一步完善

南京已经设立了33个"海外创新协同中心"，与世界各国的高校和科研机构签订了正式协议，建立了科研合作关系，引进了国际优秀人才，充分利用全球创新资源，有效参与全球创新治理过程。南京应持续为开放赋能，积极"引进来"，以更加务实的合作集聚重点产业链；加快"走出去"，推进共建"一带一路"国际科技合作，主动参与全球产业治理，与世界互联，不断创新突破，推动南京对外开放的可持续发展。

（四）发挥数字化优势培育新业态、新场景，打造现代化数实融合中心

1.数字基础设施服务能力更加完善

南京作为全国首个双千兆省会城市，城乡千兆光网覆盖率高达100%，具备强大的信息网络服务能力和安全保障能力。同时，南京积极推进了包括人工智能算力中心、边缘数据算力中心在内的新型数字基础设施建设，大幅提升了数字政府、数字社会、数字经济建设水平。南京应推动数据集中和共享，推进城市治理技术融合、业务融合、数据融合，形成数字化合力，消除"信息孤岛"、融合不够等现象，实现跨层级、跨系统、跨部门、跨业务的协同管理和服务，实现数据的共享和价值化，促进产业链的优化升级。

2. 数字技术创新创造能力显著增强

南京是国家数字经济创新发展试验区的首批城市之一，拥有一批国家级和省级数字经济创新平台，累计建成了 3 家国家级智能制造示范工厂和 27 家省级智能制造示范工厂。同时，南京率先实现了城市治理、社会服务、公共安全等领域的数字化、智能化、网络化，打造了一批智慧城市示范项目。南京应加快数据资源的确权、流通、交易等方面的法律法规和标准规范的制定与完善，充分发挥数据资源的价值，激发数据资源的活力；加强数据安全的保护和管理，完善数据安全的法律和制度，保障数据安全和利益。

3. 数实融合进程保持领先

南京聚焦数字经济、数字产业和实体产业数字化转型升级持续发力，打造了全国领先的数字经济和实体经济融合策源地，建设了包括南京智能电网、南京智能制造在内的一批数字经济与实体经济融合的标志性品牌。南京应利用数字技术创造新的消费需求和消费场景，拓展数字消费的空间和领域，大力培育个性化定制、智能制造、网络制造、协同制造、体验式制造、绿色制造等新模式、新业态，释放数字消费的潜力和活力，推动"南京制造"向"南京智造"转变。

四 南京实现高水平科技自立自强的对策建议

南京作为一座充满活力的城市，正积极探索开辟适应新时代需求的科技自立自强之路。针对当前面临的国际、要素、产业方面的挑战，为了实现南京突破关键核心技术制约、增强创新资源集聚效应和推动创新链条深度融合的重要任务，本报告提出包括以新质生产力为导向、激活创新产业链条、完善创新要素支撑，以及深化科技体制改革四项措施，以期为南京科技自立自强之路的建设贡献对策建议。

（一）以新质生产力为导向

"新质生产力"是习近平总书记 2023 年 9 月在黑龙江考察期间提出的

一个令人耳目一新的词语。习近平总书记指出，整合科技创新资源，引领发展战略性新兴产业和未来产业，加快形成新质生产力。在此期间召开的新时代推动东北全面振兴座谈会上，习近平总书记再提"新质生产力"这一概念，并强调，要积极培育新能源、新材料、先进制造、电子信息等战略性新兴产业，积极培育未来产业，加快形成新质生产力，增强发展新动能。①"新质生产力"这一概念的提出和阐释，为我们增强发展新动能、构筑经济发展新引擎、塑造高质量发展新优势提供了重要指引。

区别于传统生产力，新质生产力具有丰富的内涵。从本源看，生产力是具有劳动能力的人和生产资料相结合而形成的改造自然的能力；而新质生产力不仅是指劳动能力，还包含创新能力。从经济学视角看，新质生产力是以科技创新为主导、符合高质量发展的生产力，以高效能、高质量为突出特征，代表生产力发展水平实现了新的跃迁。从社会学视角看，生产力是人们改造自然的能力，生产力即社会生产力，也称为"物质生产力"。社会发展的不同阶段，生产力水平呈现不同的质态。新质生产力是社会发展到更高阶段，生产力水平也随之发展提升而呈现的新质态，更具发展内涵、潜力和优势。从哲学视角看，生产力是对发展变化的力量的概括和总结规范。生产力包括劳动者、劳动资料、劳动对象三要素，还包含科学技术，其中任何要素的发展应用都会引起生产力的变化甚至变革。新的生产要素的组合对新质生产力的形成起决定性作用。

新质生产力形成的关键在于推进科技创新。科学技术通过应用于生产过程、渗透在生产力诸多要素中而转化为实际生产能力，将促进并引起生产力的深刻变革和巨大发展。党的二十大报告提出，必须坚持科技是第一生产力、人才是第一资源、创新是第一动力，深入实施科教兴国战略、人才强国战略、创新驱动发展战略，开辟发展新领域、新赛道，不断塑造发展新动能、新优势。当前，我国在载人航天、探月探火、深海深地探测、超级计算

---

① 《习近平总书记首次提到"新质生产力"》，人民网，2023 年 9 月 12 日，http：//politics. people. com. cn。

机、卫星导航、量子信息、核电技术、大飞机制造、生物医药等领域取得一系列重大创新成果，战略性新兴产业不断发展壮大，我国已进入创新型国家行列。要实施创新驱动发展战略，加快实现高水平科技自立自强，南京应集聚力量进行原创性、引领性科技攻关，坚决打赢关键核心技术攻坚战，加快实施一批具有战略性、全局性、前瞻性的国家重大科技项目，不断增强自主创新能力，从而以科技创新不断推动生产力发展水平的提高，加快形成新质生产力，全面推动高质量发展。

新质生产力塑造的核心在于培育战略性新兴产业。战略性新兴产业是引领未来发展的新支柱、新赛道。新时代以来，我国高度重视战略性新兴产业的培育，勇于开辟新领域、新赛道，加快打造支柱产业，在战略性新兴产业领域实现了一系列新突破，释放强劲生产动能。目前，我国新能源汽车产量累计突破 2000 万辆、工业机器人新增装机总量全球占比超 50%、超高清视频产业规模超过 3 万亿元、第一批国家级战略性新兴产业集群已达到 66 家，彰显产业基础好、市场需求大的独特优势。2023 年上半年，我国电动载人汽车、太阳能电池、锂电池"新三样"产品，合计出口同比增长 61.6%，拉动整体出口同比增长 1.8 个百分点；全国高技术产业投资增长 12.5%，高出全部固定资产投资 8.7 个百分点。当前，我国战略性新兴产业增加值在GDP 中占比已超过 13%，战略性新兴产业发展势头强劲。南京应以培育战略性新兴产业为重要目标，构建"2+2+2+X"创新产业体系，锚定"X"产业作为未来产业发展的新引擎，包括发展新一代人工智能、第三代半导体、基因与细胞等战略性新兴产业，不断推动科技创新和产业升级。

（二）激活创新产业链条，为科技自立自强补短板

1. 完善创新产业链供应链体系

落实南京市委、市政府《关于深入推进引领性国家创新型城市建设的若干政策意见》精神，加快构建新发展格局和高水平科技自立自强体系。依托国家自主创新示范区、综合性国家科学中心、紫金山实验室等重大平台，打造一批具有全球影响力的产业科技创新中心主承载区。相关部门应加

强对南京市产业链、供应链发展的监测和分析，尤其是要找准战略性新兴产业和传统优势产业中产业链、供应链存在的短板和断链，组织力量开展重大科技项目攻关，突破关键核心技术，提升南京市产业链、供应链的安全性和可靠性。

2. 优化区域产业链协同

立足产业规模优势、配套优势和部分领域先发优势，紧扣现代产业体系，聚力打造集成电路、生物医药、智能网联汽车、智能电网、航空航天等十大地标产业，加快建设 G312 等产业创新走廊，打造具有国际水平的产业创新高地，实现与沿线城市和园区的协作共赢，形成南京市区域产业创新中心。在培育发展新兴产业链中育长板，抓住新一轮科技革命和产业变革机遇，掌握关键核心技术，丰富和扩大国内外应用场景，完善包容审慎的监管环境，构建新兴产业发展生态。在改造提升传统产业链中锻长板，保持和发展好完整产业体系，推进新一代信息技术与制造业深度融合，加大企业设备更新和技术改造力度。根据南京各区域的特色和优势，形成区域产业链协同格局。

3. 优化科技创新生态环境，完善科技创新奖励机制

完善科技创新政策，加强知识产权保护，营造有利于创新创业的法治环境；增大对基础研究和应用研究的支持力度，完善科技计划和项目管理制度，加强对解决重大科学问题的顶层设计和战略布局，支持科研人员开展前瞻性、探索性、创新性的研究；建立健全科技成果奖励体系，坚持公正性、荣誉性，重在奖励真正做出创造性贡献的科学家和一线科技人员，控制奖励数量、提升奖励质量。

（三）完善创新要素支撑，为科技自立自强稳基础

增强高端要素供给能力，在人才、资金、数据等方面提供更多支持和激励，打造一批具有国际竞争力的创新型企业和团队。

1. 充分发挥科教资源创新能力，保证创新源头活水

发挥南京科教资源丰富优势，聚集"三张牌"，突破"卡脖子"，聚集

顶尖人才、科研机构、优质企业，在"卡脖子"关键领域拿出突破性成果，扩大创新辐射半径，提高科技影响力，加大科技创新和进口替代力度，增强核心控制力。建设一批高水平研究型大学和基础学科研究中心，集中力量建设一批国际先进、国内领先的优势学科。加强数学、物理、化学等基础学科领域研究，统筹支持基础学科、应用学科、新兴学科、交叉学科发展，建立健全人才评价和激励机制，组建一批高水平创新型人才队伍。

2. 拓展创新投入的可利用资金来源

加大激励力度，促进科技研发成果资本化、产业化，利用资本市场拓展研发资金来源。探索更加高效的财政投入方式，撬动天使、风投、创投等社会资本投入，形成以财政投入为引导、以企业投入为主体、以金融市场为支撑的科技创新、研发投入体系。南京市应增大对科技创新的财政支持力度，在重大平台建设、重点项目攻关、重点领域突破等方面给予优先保障。同时，南京市应完善多元化的科技金融服务体系，在风险投资、贷款贴息、担保补助等方面给予更多支持和激励。此外，南京市应加强对科技创新基金、科技型中小企业、创新型企业家等的培育和引导，促进社会资本参与科技创新。

3. 充分利用数据资源，提升创新效率效果

数据资源是创新的重要驱动力，也是南京经济的新增长点。随着数字经济、智能化、网络化等的发展，数据资源在科技创新中的作用日益凸显。南京市应充分利用数据资源；加强数据开放共享，打造数据创新平台，推动数据驱动的科技创新；加强数据安全保护，建立健全数据治理制度，防范数据风险和挑战；加强数据人才培养和引进，培育一批具有数据思维和数据能力的科技创新人才。

（四）深化科技体制改革，为科技自立自强固保障

南京市作为全国唯一的科技体制综合改革试点城市，坚持以问题为导向、以需求为牵引、以人才为核心，聚焦高新园区、科技金融、营商环境等领域，深化体制机制改革；推行"揭榜挂帅""赛马制"等新机制，优化科技计划项目

管理体系，激发科研人员创新创造活力，使创新创业生态"枝繁叶茂"。为了进一步提升综合创新实力，南京市将从以下三个方面加大科技体制机制改革力度。

1. 推进政产学研协同创新机制

强化政策的激励引导作用，深化政产学研合作，为高校、科研院所、企业营造有利于研发的政策环境，引导研发人才等创新要素向企业集聚，加快建立基础研究以政府投入为主、应用研究以政府引导为主、试验发展以企业投入为主的机制。充分发挥在宁高校、科研院所的科研优势和信息渠道优势，建立基础研究、应用研究、成果转化和产业化紧密结合、协调发展的机制，探索政产学研协同开展研发、共同培育新兴产业的有效途径。

2. 创新财政资金股权投资机制

继续深化科技成果所有权制度改革，创新财政资金投入方式，探索财政资金股权投资改革，对重大技术研发成果产业化等项目实施股权投资，变无偿拨款为资本金注入，变"奖补"为股权，以更大力度拓宽企业融资渠道，激发科技创新活力。以关键核心技术攻关为重点，灵活采取股权转让、股东（企业）回购以及清算解散等方式退出股权，提高财政资金的使用效率。同时，加强对市级科技创新基金、科技型中小企业、创新型企业家等的培育和引导，促进社会资本参与科技创新。

3. 提升科技成果转化服务水平

发展知识产权等市场化服务，完善知识产权服务产业链，支持高校、科研院所、企业建立知识产权管理机构。打造技术产权交易市场，搭建线上线下服务平台和体系，推动民间中介科技服务机构建设共享中试平台，提高科技成果转化效率和质量。依靠技术产权交易市场，促进高校、科研院所科技成果产业化，激励全社会增加研发投入。

B.13

坪山：高质量党建引领破解基层治理难题

坪山课题组*

摘　要：　当前，我国在党建引领基层治理特别是城镇社区治理、解决民生诉求上还存在一些共性难题。深圳市坪山区坚持以高质量党建引领基层治理，坚持以群众工作为导向、以党群服务中心为枢纽、以现代科技应用为支撑，持续向基层放权赋能，积极构建以人民为中心、共建共治共享的基层治理格局，走出了一条较好满足民生诉求的"七全融合"新模式，并取得了良好的效果，基层治理能力现代化水平不断提升，具有较强的实践和借鉴价值。

关键词：　坪山区　基层治理　高质量党建

习近平总书记在党的二十大报告中告诫全党，我们党作为世界上最大的马克思主义执政党，要始终赢得人民拥护、巩固长期执政地位，必须时刻保持解决大党独有难题的清醒和坚定。面对大党独有难题，尤其是反映在基层的破解之道，直接关系着我们党的执政基础。深圳市坪山区深入学习贯彻

---

* 课题组组长：牛先锋，中央党校（国家行政学院）马克思主义学院院长、教授、博士生导师，兼任中央党校（国家行政学院）中国式现代化研究中心副主任，主要研究方向为马克思主义基本原理。课题组成员：黄锟，中央党校（国家行政学院）中国式现代化研究中心副主任兼秘书长，中央党校（国家行政学院）马克思主义学院当代资本主义研究所所长、教授、博士生导师，主要研究方向为发展经济学、政府经济管理；王海燕，中央党校（国家行政学院）马克思主义学院科研秘书、副教授、硕士生导师，主要研究方向为政治经济学、公共经济学；王慧，中央党校（国家行政学院）马克思主义学院副教授，主要研究方向为党的建设；蒋茜，中央党校（国家行政学院）马克思主义学院副教授，主要研究方向为政治经济学；王巍，中央党校（国家行政学院）马克思主义学院副教授，主要研究方向为马克思主义发展史。

习近平新时代中国特色社会主义思想，紧扣区情实际，积极探索高质量党建赋能基层治理，坚持以改革创新和制度建设为抓手，着力打造"网格化管理、精细化服务、信息化支撑、多元化参与"的基层治理体系，在提升基层治理水平、优化基层公共服务、维护社会和谐稳定、促进群众安居乐业等方面发挥了重要作用，党建引领基层社会治理的效能不断显现，走出了一条基层社会治理满足民生诉求的新路，解决了基层民生诉求的现实问题，为解决"如何始终不忘初心、牢记使命"等重大问题提供了基层实践的重要参考。

一 高质量党建赋能基层治理解决民生诉求的共性难题

基层党组织处于服务人民的最前沿，服务功能是基层党组织政治功能的重要延伸，是"如何始终不忘初心、牢记使命"的重要要求，那么以高质量党建赋能基层治理必须把重点放到服务民生改善、解决民生诉求上来。但是基层党建引领基层治理与上级要求、人民期盼还存在不相匹配、不适应的问题，暴露出不少问题和短板。

1. 诉求发现难，影响党建工作质效

近年来，各层级、各部门纷纷建立诉求反映渠道，要求群众对属于其职责范围内的诉求通过相应渠道反映。如深圳全市共有民生诉求反映渠道 537个，改革前坪山区相关部门有电话、邮箱、微信公众号、App 等民生诉求受理渠道 161 个。而群众对党委和政府相关部门职责了解较为粗浅，找到部门难、找对部门更难，通过相应渠道反映诉求难上加难，导致群众诉求不能被党委和政府及时发现，党员联系群众的触角作用不能得到有效发挥，群众诉求未能在第一时间得到有效解决，直接影响党建工作质效。

2. 部门协调难，影响党建工作联动

各部门的"三定"方案往往以概要陈述式形式表达，颗粒度粗，难以清晰界定纷繁复杂的民生诉求的处置部门，且职责交叉导致许多诉求的处置需要多部门联动，如噪声治理从总体上看是生态环境部门的职责，但超时营业性文化娱乐噪声、机动车噪声、校园噪声等往往需要相关部门强力介入才能有效处置。职责的粗线条导致面对具体的民生诉求往往主办部门处置不了、其他部门不愿介入，部门之间相互扯皮，降低了处置效率、延长了处置周期。这使得党建工作主体责任落实不到位、部门监管责任落实不到位、协同联动机制落实不力，没有形成闭环，未发挥最大功效。

3. 数据共享难，影响党建工作信息化

目前，我国已实现 31 个省（自治区、直辖市）和新疆生产建设兵团、122 个中央国家机关的政务内网数据互联互通，但区县层面的部门数据分割依然严重。在政务数据分级分类有序开放的原则下，民生数据不是优先开放的"高价值数据"。加之有的人认为民生诉求数据等同于问题因而"不愿共享"，有的民生诉求数据采集不规范因而"不能共享"，数据要成为治理要素驱动问题研判、处置依然道路漫长。这样的状况会在一定程度上使党组织属于孤岛式建设，即信息分散且无法共享、无法通过信息化手段实现共享和协同、缺乏科学化的统一治理体系。

4. 群众参与难，影响党群关系实效

受到政府与群众信息不对称、双向沟通机制不完善、两者认知偏差大等制约，面对需要政府部门处置的与民生息息相关的诉求，群众有效参与较少。如各地普遍搭建 12345 市长热线等"网对网"参与通道。而市长热线回复时限多为"一般问题 5 个工作日，复杂问题 10 个工作日，疑难问题 15 个工作日"。处置周期较长、处置过程不公开、结果反馈不及时，导致群众低效甚至无效参与。而无效参与在实践中加剧了群众负面情绪，滋长了非理性诉求，增大了诉求解决难度，造成治理资源稀释、损耗，最终导致"反映"与"解决"的不良循环。这样的状况可能会使"小问题"变成"大问题"，引起群众不满，在一定程度上削弱党组织的亲和力、凝聚力和向心力，影响党群关系。

二 坪山区高质量党建赋能基层社会治理的具体做法

深圳市坪山区于 2017 年 1 月 7 日挂牌成立行政区，下辖 6 个街道 23 个社区，第七次全国人口普查常住人口为 55.13 万人。随着城镇化的快速发展，社区人口结构日益多元，群体诉求复杂多样，城中村、居民小区和产业园区等多种城市空间形态并存，社区管理幅度逐步加大，城市管理和城市治理呈现点多、面广、线长、变化快的特点。近年来，为深入贯彻落实习近平新时代中国特色社会主义思想，切实把群众大大小小的事办好，2020 年以来，坪山区委坚持以群众工作为导向、以党群服务中心为枢纽、以现代科技应用为支撑，持续推进以高质量党建引领基层治理改革，积极构建以人民为中心、共建共治共享的基层治理格局。

1. 党委全统领：坚持区委"统领"，推动改革一贯到底

坪山区以重构民生诉求解决工作体系为切口，推进党建引领基层治理改革，这是一项关乎基层治理基础性、全局性的系统工程，涉及不同部门、不同层级，其中关于职能的再明确、流程的再优化、队伍的再整合必须发挥各级党委统筹领导作用。为此，区委统揽全局、高位推动，连续 3 年把"社区党群服务中心+民生诉求系统"改革作为重点攻坚项目，作为"一把手"工程，由区委主要领导牵头领衔、专题研究、部署落实，以区委深改委名义先后出台改革实施、整体平推、持续深化 3 个指导性文件，相继制定"一支队伍"综合整治等 8 个配套文件。坚持 3 年锚定一个方向不换频道，按照"2020 年抓打版示范、2021 年抓全面覆盖、2022 年抓协同应用"的安排滚动推进。区委统筹整合各方资源，主导突破各部门信息壁垒，推动数据、视频等资源实现跨领域、跨行业、跨部门间的互联互通互享，形成上下协同、一贯到底的改革合力。

2. 支部全覆盖：坚持"党的一切工作到支部"，充分发挥党组织堡垒作用和党员先锋模范作用

坚持"支部建在小区上"，全面推行"党支部+业委会+物业服务企业"治理模式，有效激活基层组织体系的"神经末梢"，充分发挥党组织堡垒作用和党员先锋模范作用。在新建成或在建设、规划中且未成立业委会的物业小区，筹建党支部，由党支部牵头主导成立业委会，把党在小区的领导从源头上建立起来。在党支部、业委会没有充分发挥作用及物业纠纷较多的物业

小区，选优配强党支部，依法依规采取改选业委会、重新选聘物业公司等措施。强化小区平台功能，搭建党支部"群众工作平台"，引入党政社群服务资源参与小区治理；搭建业委会"法定权利平台"，推动党支部、业委会成员交叉任职，依法依规监管物业企业；搭建物业"日常服务平台"，由支部牵头成立小区议事会、妇女工作组、环保义工队等队伍，协同提升物业服务质效。

3. 平台全整合：党建聚合"全平台"，实现民生诉求"一网统管"

坪山区为充分发挥基层党组织整合资源的作用，改变多系统独立、条块割裂的现状，通过关停、迁移、合并等方式聚合"全平台"，即将邮箱、微信公众号、App 等 161 个民生诉求反映渠道接入统一的民生诉求系统，将它们整合为 12345 电话热线、"@坪山"微信平台、"政府信箱"网页 3 个主渠道，确保把群众咨询事项或反映问题全部纳入"一个工作平台"，实现"一条管道"受理。建立热点问题、重复投诉的"秒回"机制，实现民生诉求、网格采集、线下意见收集等渠道的事件全流程闭环管理。在系统搭建过程中，始终坚持"便捷留给群众，复杂交给后台"，支持文本、图片、小视频等事件上报形式，简化操作流程，一分钟内即可完成诉求上传。同步呈现受理、分拨、处置、反馈等进度条，便于群众掌握处置进度。诉求办结后，还可以进行打分评价，体验就像网购一样便捷。2022 年以来民生诉求系统受理诉求 16.7 万宗，办结率达 99.8%。

4. 职能全规范：建立党建职责清单机制，确保诉求联动、高效解决

保障群众诉求快速分拨解决的前提就是要厘清职能职责。坪山区建立党建职责清单机制，改变以往从部门"三定"规定职责的思路，转变为从群众急难愁盼的实际问题出发，以民生诉求为导向编制职责清单，已经编制形成 4 级 19 类 1691 项的"一网统管"职责清单，逐项明确处置责任主体、时限要求和处置标准，让群众的诉求都能清晰明确找到责任单位，完善了"知责明责、履责尽责"的责任链条，形成看得见、摸得着、横向联动、纵向一体、有机协同、层层传导的责任体系。以噪声问题为例，通过 4 级分类，仅噪声污染就划分为工业企业红线内噪声、超时营业性文化娱乐噪声、机动车噪

声、爆破噪声、校园噪声等29项，分别属于生态环境局、文广旅体局、交警大队、公安分局、教育局等10个职能部门管理。应基层治理发展变化需要，对于解决群众诉求过程中出现的新问题、新事项，区委统筹区司法局、区委编办介入，对疑难诉求和争议职责快处快裁，一般会在3个工作日内完成裁定，并按程序对清单职责内容进行动态调整。在争议事项协调、确定期间，建立"首问负责制"、"首办负责制"和属地兜底机制，确保优先解决好群众诉求。建立党建职责清单履行评估机制，阶段性分析部门民生诉求事件发生量、工作量、办结率及履职效能，并将其作为机构编制评估、编制资源分配、非编用人规模调整的重要依据。把落实民生诉求"一网统管"情况纳入各级党组织基层党建年度考核、党组织书记抓党建述职评议考核、部门领导班子和领导干部考核等重要内容，发挥考察考核指挥棒作用，形成鲜明工作导向。

5. 系统全下沉：智慧党建助推服务"下沉"，赋能社区基层治理

坪山区充分运用现代信息技术，以"智慧党建"为破题切入点，助推服务"下沉"，把精准服务社区基层治理的"最后一公里"变成"最美一公里"，为群众送上有速度、有温度的党建服务。如坪山区将民生诉求系统连同20万个感知设备、122万条民生数据的使用权限赋予社区，为每个社区装上"智能大脑"，让社区党委对群众急难愁盼问题能够实时感知、对社区各类关键点位能够全时监测、对突发紧急事件能够即时响应，实现"一个屏幕看社区、一个系统精治理"。与此同时，通过对诉求事件按流程权限分拨调度、限时办理，全年58.09%的事件调度到区级解决，30.36%的事件调度到街道解决，社区仅负责11.55%的事件，极大减轻了社区工作负担，社区由兜底承接转变为"吹哨"办理。此外，打造场景推动的基层治理2.0模式。以坪环社区为试点，推动高空抛物监测、智慧停车、民生诉求视频AI立案、电动自行车安全监管、无人机巡查、独居老人关怀赋能等一系列场景化应用有机融入群众生活，切实打造数字化、智能化的"未来社区"。与此同时，优化线下服务。坪山区主动推动党组织体系向治理"末梢"延伸，全区58个城市居民小区全部单独组建小区党支部，并以小区党组织为治理核心，推动报到党员、网格员、社区专职、社工等力量向小区集中，小

区党组织和党员在日常联系群众工作中，运用好民生诉求系统上报群众各类诉求需求，并力所能及地"在群众身边办好群众身边事"。

6. 数治全链条：打造"数链党建"，深挖大数据价值辅助科学决策

打造"数链党建"，就是把党组织牵头抓总和"大数据跑路"相结合，突破了党开展工作的时空局限性、资源分散性，用信息化手段推动民生诉求热点、难点问题得到快速精准解决，以党组织的"民呼我应"换来群众的"一呼百应"，密切了党群干群关系，有力强化了党组织在基层治理中的领导核心作用。民生诉求收集平台作为民生信息集散中心，积累了与民生问题紧密相关的海量数据，将这些数据向街道和社区开放使用，并通过技术手段深入挖掘、分析，能够为基层治理的科学施策、前瞻部署提供数据支撑。问题实时预警。建立民生诉求早报、提醒函制度，每天选编重点、热点和敏感事件短信，发送有关领导和职能部门，做到及早介入。运用云计算、人工智能等技术，通过设置预警触发阈值，对热点、高频、回潮的群众诉求进行自动推送、自动转办，实现主动治理、未诉先办。动态分析研判。坪山区将民生诉求大数据分析研判融入区、街道日常工作，建立专项议题制度，定期研究解决重点问题，分析基层治理态势。推行民生诉求专报机制，通过对民生诉求大数据梳理分析，推动"发现一个问题、解决一类问题"。比如，针对乱停车这个投诉集中的问题，推动交管部门多措并举新增停车泊位万余个，2023年机动车乱停放事件同比减少88%。加强督查督办。针对超期、推诿事件，系统自动识别，定期进行红黄牌通报，必要时由区委、区政府督查督办。在文明城市创建的攻坚阶段，用好全区视频监控共享平台，及时发现点位问题，快速调度处置，并建设文明创建智慧化系统，实现数据分析、可视化展示，全区文明创建工作效率得到明显提高。

7. 治理全参与：创新党建引领"四全"工作方法，党组织引领多方协同共治

坪山区通过党群共建，以党建引领"全过程、全覆盖、全方位、全天候"的"四全"工作方法，努力达到人人有责、人人尽责、人人享有的基层社会治理全参与的成效，形成党建引领、多方联动、整体推进、协同高效的党建共同体。坪山区委通过优化机构、职责、人事管理、考核、基层组织动员等方式，调动全区各级各部门协同推进改革。在街道体制改革中，专门设置党群服务部，归口街道党建办管理，让其专职负责民生诉求事项督办，一支队伍抓整治协调、社区党群服务中心建设等。在基层党组织，建立社区党委"民生面对面"、小区党组织"民情下午茶"工作机制，对于在系统中群众反映集中的诉求，推动职能部门、"两代表一委员"等直接到一线与群众面对面通报情况、宣讲政策、协商解决问题，避免群众诉求在线上"空转"。比如，龙田街道玺悦台小区党支部针对学区划分、公交站设置、公园建设等群众关切热点，邀请区住建、教育、交管等部门，现场答疑解惑、主动回应诉求。群众参与城市管理、社会治理的意愿日趋强烈，多元共治机制逐步顺畅，人民群众成为基层治理的直接参与者、最大受益者、坚定支持者。事件处置过程公开、可视，挤压了"灰色空间"，为效能评价和监督创造了条件，化解了群众对诉求"石沉大海"的担忧。对居民群众，用群众喜闻乐见的宣传方式推广民生诉求系统，引导让大家都参与进来、积极建言献策。在全区开展"金哨子""金点子"评选活动，对发现基层治理中的盲点隐患问题，或提出合理化建议、帮助改进工作的 50 名群众，颁发奖杯，用实际行动鼓励群众参与基层治理，取得了很好的社会反响。截至 2023 年，系统用户达 25 万人，占全区常住人口（55 万人）的 45%。党建引领"四全"工作方法缩短了群众与政府的距离，提升了群众获得感、幸福感、安全感。

三 坪山区高质量党建赋能基层社会治理的主要成效

坪山区深化党建引领基层治理、推进民生诉求"一网统管"改革以来，取得了良好成效，有力地破解了民生服务难题，群众诉求得到精准解决，基层社区减负增效明显，人民群众获得感、幸福感、安全感大大提升。

1. 强化了基层党组织核心作用

通过深化党建引领基层治理、推进民生诉求"一网统管"，实现了党组织牵头抓总和"大数据跑路"的高效结合，破解了基层党组织开展工作的时空局限性、资源分散性和民众参与性低等难题，推动民生诉求热点、难点问题得到精准快速解决，以党组织的"民呼我应"换来老百姓的"一呼百应"，密切了党群干群关系，有力强化了党组织在基层治理中的领导核心作用。在最先推行民生诉求"一网统管"改革的马峦街道坪环社区，社区党委书记王振说："记得刚到坪环社区担任书记时，我是居民眼中的'外来书记'，大家也称呼我为'王书记'，再到现在亲切的'我们书记'，这个简短的称呼变化，既是对我的一种褒奖肯定，更是对社区党委的一种拥护认可。"

2. 提升了基层智慧治理能力

通过引入现代信息化的硬件手段，为每个社区装上"智能大脑"，实现了"一个屏幕看社区、一个系统精治理"。通过召开区委理论学习中心组学习会、举办干部数据化能力提升培训班等措施，推动社区党委书记、各部门对民生诉求系统从"要我用"转变为"我要用"。各社区党委开始熟练运用民生诉求系统解决群众关心和反映的问题，比如，每当台风、暴雨期间，社区对辖区防汛易涝点、危险边坡的排查，过去主要靠"脚步丈量、蹲点值守"，现在则可以足不出户全天候通过视频监测，实现社区情况"底数清、情况明、判断准"。

3. 增强了为群众办实事效能

如何快速响应和解决民生诉求，对于保证城镇稳定和谐、有序运转，提升市民的幸福感和获得感至关重要，也是超大城市治理的重要命题。通过民生诉求"一网统管"，"把简单留给群众、把复杂交给政府"，推动民生诉求最大限度、最快速度得到响应并解决。目前，全区民生诉求事件处置时限压缩至原来的1/60，1天内办结事件达35.88%，3天内办结事件达60.52%，各类事件办结率达99.78%。以2021年为例，在民生诉求事件量同比上升73.56%的情况下，总办结率仍达99.78%；平均处置用时3.62个工作日，同比减少0.44个工作日，处置最快仅用时5分钟。

4. 畅通了公众参与治理渠道

居民群众可以通过"@坪山"微信平台实现民生诉求"一键直达"，借助企业版民生诉求系统，企业意见同样可以"一键直达"，让人人都是网格员、人人都是参与者，有力拓宽了公众参与治理的渠道方式。

5. 促进了中心任务落地落实

依托系统加强民生需求调查分析，找准群众所需所盼所想，从群众普遍关注、反映强烈、反复出现的问题出发，着力引导各社区党委主动对接重大项目、重点工程落地等，全力协助破解制约全区发展的掣肘问题，为"创新坪山、未来之城"高质量发展打下良好基础。比如，在文明城市创建的攻坚阶段，推广应用民生诉求系统，将文明创建、环境提升的所有点位全部纳入民生诉求系统"一网统管"，形成巡察、上报、整治、反馈、督办的全链条。用好全区视频监控共享平台，及时发现点位问题，快速调度处置，并建设文明创建智慧化系统，实现数据分析、可视化展示，全区文明创建工作效率得到明显提高。

四　启示与政策建议

面对"如何始终不忘初心、牢记使命"的大党独有难题，以高质量党建赋能基层社会治理，坪山区委交上了自己的答卷。坪山经验启示我们：以思想建设为引领，始终将党的领导贯穿基层治理全过程；以阵地建设为载体，夯实基层社会治理基础；以"七全融合"为基础，构建基层社会治理格局；以智慧治理为手段，破解基层社会治理难题；以民生诉求为目标，提升基层社会治理效能。

结合坪山经验，建议采取以下措施以高质量党建推动全国县区基层社会治理，破解民生诉求难题，为大党独有难题的基层解决之策提供重要参考。

第一，化理论为党性原则，践行初心使命，坚持以民生诉求驱动基层社会治理工作的价值逻辑，为解决大党独有难题提供基层实践参考。科学的理论是理性思维的体现，也是党性的思想基础。自觉用习近平新时代中国特色社会主义思想改造主观世界，提升思想境界，强化宗旨意识。始终秉承全心全意为人民服务的党性宗旨，践行宗旨为民造福，牢记使命担当，以民生诉求为目标，坚持以民生诉求驱动基层社会治理工作的价值逻辑，破解基层社会治理民生诉求共性难题，为解决大党独有难题提供基层实践参考。在市、县级层面构建统一的民生诉求系统，集成多渠道服务，改变多系统独立、条块割裂的现状，确保把群众咨询事项或反映问题全部纳入"一个工作平台"，实现"一条管道"受理；梳理市、区需要处置的事件，明确市级、市区联动办理事件等责任单位，构建全市层面的"一网统管"职责清单，并进行清单动态管理。坚持以群众诉求为导向，构建职责明确、流程规范的运行体系。无论是党领导基层治理还是服务群众，都需要上下形成合力，而形成合力的源头是必须厘清职能职责，因此需要以民生诉求为导向编制职责清单，优化流程管理。拓宽群众参与渠道，搭建社区共治平台，用好社会专业力量。坚持重心下移、力量下沉，做到线上线下精准投送、马上就办，推进民生服务下沉。增强街道为民服务能力，规范街道政务服务、公共服务、公共安全等事项，将直接面向群众、街道能够承接的服务事项依法下放。做好市政市容管理、物业管理、流动人口服务管理、社会组织培育引导等工作。优化街道政务服务流程，全面推进一窗式受理、一站式办理，加快推行市域通办，逐步推行跨区域办理。

第二，化理论为执政能力素养，把抓好党建作为最大的政绩，以高质量党建赋能基层社会治理共同体的建设。理论一经掌握，就会变成物质力量。我们党作为马克思主义执政党，有强大的真理力量。因此要把学习贯彻习近平新时代中国特色社会主义思想转化为执政能力素养，以实干担当促进发展，增强能力本领。坚持党的领导，拧紧建强城市基层治理"动力主轴"。始终将党的领导贯穿基层治理全过程，健全完善区、街道、社区三级联抓、一体指挥的互动机制，切实把党的政治优势、组织优势、密切联系群众优势转化为推动基层治理现代化的强大动力。始终坚持以阵地建设为载体，扭住"高质量"这个"牛鼻子"，解决"两张皮"问题，以高质量党建赋能基层社会治理共同体建设。构建功能集成、互联共享的"一站式"党群阵地体系，为群众提供更加泛在可及的服务。依托党群服务中心，系统规划空间布局，科学设置空间功能结构，将各项服务功能集中到党群阵地，打造"5分钟服务圈",实现治理、生产、生活在空间上的灵活切换、互联共享。探索在街道设置专门的党群服务和基层治理指导部门,协调区、街道有关部门,推动资源力量更加有序下沉到基层社区。以党建为引领,构建四级政府整体治理格局,健全省级决策、市级统筹、县级实施、街道落实的整体联动工作机制和协调联动治理工作机制,推动政务服务由碎片化治理向整体治理转变,加快形成共建共治共享的基层社会治理新格局。

第三,化理论为工作方法,倡导构建坪山特色的"七全融合"基层治理体系,为高质量强化民生保障服务提供基层治理参考。坪山切实用新时代党的创新理论武装头脑、指导实践,自觉践行"六个必须坚持",自觉贯彻落实党的二十大提出的重大战略部署和广东省委提出的"1310"部署,倡导构建坪山特色的"七全融合"基层治理体系,为高质量强化民生保障服务提供基层治理参考。坚持通过实施党建引领,构筑上下贯通、执行有力的"党委全统领+支部全覆盖+平台全整合+职能全规范+系统全下沉+数治全链条+治理全参与"的"七全融合"基层治理体系,以党建引领推进民生诉求综合服务改革,从而形成"核心领导—权责配置—能力发展—合作运转—责任追溯"的逻辑模型。把握"整体性治理"和"精准化趋向"核心特征,实现公共服务的智能化、精细化与场景化。要特别注重科技赋能提升民生保障服务质量,加强基层智慧治理能力建设推动长效机制建设。做好规划建设,市级、县级政府要将街道、社区纳入信息化建设规划,统筹推进智慧城市、智慧社区基础设施、系统平台和应用终端建设,强化系统集成、数据融合和网络安全保障,健全基层智慧治理标准体系,推广智能感知等技术。整合数据资源,实施"互联网+基层治理"行动,共建全国基层治理数据库,推动基层治理数据资源共享。完善街道与部门政务信息系统数据资源共享交换机制,推进社区数据资源建设,实行社区数据综合采集,实现一次采集、多方利用。拓展应用场景,加快全国一体化政务服务平台建设,推动各地政务服务平台向街道延伸,建设开发智慧社区信息系统和简便应用软件,提高基层治理数字化、智能化水平,提升政策宣传、民情沟通、便民服务效能。

B.14
文昌：以高质量发展推进中国式现代化

摘　要：　高质量发展是全面建设社会主义现代化国家的首要任务，也是中国式现代化的本质要求。"文昌是一个好地方"饱含着习近平总书记的美好祝福和殷殷嘱托，对文昌经济社会高质量发展也提出了更高要求和更大期待。文昌具有高质量发展的实践基础，推进重点领域改革取得重要进展，要推动实事求是的思想大解放，以中国特色自由贸易港建设、文昌国际航天城建设为引领，努力推动经济社会高质量发展。

关键词：　文昌　高质量发展　中国式现代化

　　高质量发展是全面建设社会主义现代化国家的首要任务，也是中国式现代化的本质要求。党的十八大以来，文昌市委、市政府全面贯彻党中央和海南省委、省政府关于中国式现代化与高质量发展的决策部署，文昌经济社会迈向高质量发展阶段。面对中国特色自由贸易港建设、文昌国际航天城建设的重大契机，文昌要抢抓机遇，努力推动经济社会高质量发展，在海南谱写中国式现代化新篇章的新征程中走在前做示范。

---

*　课题组组长：张占斌，中央党校（国家行政学院）中国式现代化研究中心主任、一级教授。课题组成员：张国华，公共经济研究会副研究员；汪彬，中央党校（国家行政学院）经济学教研部副教授；王学凯，中央党校（国家行政学院）马克思主义学院副研究员；毕照卿，中央党校（国家行政学院）马克思主义学院讲师。

一 关于"文昌是一个好地方"的解读

2022年4月，习近平总书记考察海南并亲临文昌，发表了"文昌是一个好地方"的重要讲话。这一讲话饱含着美好祝福和殷殷嘱托，对文昌经济社会高质量发展提出了更高要求和更大期待，是文昌经济社会高质量发展的旗帜引领和精神力量，对文昌经济社会高质量发展有着极其重要的指导意义。文昌人民深受鼓舞、信心满怀。课题组认真学习了习近平总书记关于海南工作的系列重要讲话和重要指示批示精神，把文昌高质量发展放在中国特色自由贸易港实践之中、放在中国式现代化新发展格局之中去研究，充分领会"文昌是一个好地方"这一带有指导意义的重要讲话精神。

（一）"文昌是一个好地方"的含义

习近平总书记提出的"文昌是一个好地方"有着三层含义。

第一层：文昌作为海南三大古邑之一，依海而建、缘海而兴、因海而美，文化底蕴深厚，人杰地灵，在历史上是一个"好地方"。

第二层：文昌生态环境优美，产业布局优势明显，海南自由贸易港和文昌国际航天城建设创新政策叠加，高质量发展其势已成，现在是一个充满希望的"好地方"。

第三层：文昌在推进中国式现代化进程中，充分利用地理优势、资源优势、生态优势、政策优势，加快建设高水平的现代化产业，努力激发人民内生动力，建设好美丽的家乡，实现更高水平的共同富裕，文昌的未来一定是人民更加幸福的"好地方"。

近几年，海南在实践中形成了"一本三基四梁八柱"战略框架，即坚持以习近平总书记关于海南工作的系列重要讲话和重要指示批示为一个根本遵循，以《中共中央、国务院关于支持海南全面深化改革开放的指导意见》《海南自由贸易港建设总体方案》《中华人民共和国海南自由贸易港法》为三个制度基石，以全面深化改革开放试验区、国家生态文明试验区、国际旅游消费中心、国家重大战略服务保障区为四个目标定位，以政策环境、法治环境、营商环境、生态环境、经济发展体系、社会治理体系、风险防控体系、组织领导体系为八个稳固支撑。习近平总书记对这一战略框架给予充分肯定，要求海南坚定走下去。

谋划文昌未来大发展，建设文昌这个"好地方"，必须完整、准确、全面贯彻新发展理念，必须把坚持高质量发展作为新时代的硬道理，必须把推进中国式现代化作为最大的政治，必须把"一本三基四梁八柱"战略框架贯彻好、执行好，特别需要在深化改革开放和体制机制创新方面有更大的作为，增强经济社会发展的强大动力，万众一心、久久为功，努力推动经济社会高质量发展，在海南谱写中国式现代化新篇章的新征程中走在前做示范。

（二）"文昌是一个好地方"的比较优势

从国际经验和我国发展实际来看，区域经济发展的一个重要基础是要正确认识和挖掘发挥自身的比较优势，围绕比较优势方面提升要素禀赋，通过要素禀赋的不断提升来提高产业的潜力和竞争力，以此逐步形成竞争优势。文昌经济社会发展有六个方面明显的比较优势，但从区域发展和国际发展的经验来看，比较优势也是动态变化的。特别是在开放的条件下，热带农业优势等比较优势可能不进则退。文昌需要进一步提升比较优势，要在开放中形成竞争优势方面下更大的功夫。

侨乡人文优势。文昌被称为"华侨之乡"，有 120 多万华侨分布在世界 50 多个国家和地区，是文昌对外开放的重要桥梁。文昌人杰地灵，名流辈出，先后涌现出 200 余位将军，出现了对中国乃至世界近现代史影响长达半个世纪的宋氏家族，被誉为"将军之乡"和"名人之乡"。

海洋海岸优势。文昌位于海南省东北部，东、南、北三面临海，海域辽阔，海洋及海岸线资源非常丰富，尚有未开发的土地储备、战略留白的木兰湾等，其开发价值和效益有很大的提升空间。近海海域拥有丰富的海洋水产资源，"海洋牧场"广阔，发展渔业、滨海休闲旅游业等海洋蓝色经济条件优越。

旅游资源优势。文昌旅游资源丰富，集阳光、海水、沙滩、植被、空气、海岛、风情、田园八大旅游资源于一体，是康养和休闲度假的好地方，加之有文化的传承和国际航天城建设，亮点明显，文昌是海南国际旅游岛的一个重要组成部分。

生态环境优势。文昌地处热带北缘沿海地带，属热带季风岛屿型气候，自然环境优美，气候温和，雨水充沛，植被丰富，椰树、棕榈及各种具有热带、亚热带特色的灌木林遍布全市，有"椰子之乡"的美誉。

航天发射优势。文昌位于北纬19度左右，属于低纬度地区，发射场可以借助接近赤道的较大线速度，以及惯性带来的离心现象，提升航天器发射的成功率。另外，由于文昌所属地域的黄赤夹角偏小，相同情况下可以大大减少火箭燃料消耗，提高经济效益，增强在国际卫星发射市场上的竞争力。在此基础上，可以建设空港配套的产业园。

热带农业优势。文昌热带高效农业资源十分丰富，以大型热带现代农业园区建设为载体，已经初步形成了热带农业生产规模化、品牌化和产业化经营，热带农业的优势凸显，形成了区域特色。

（三）"文昌是一个好地方"的战略定位

文昌在进一步提升现有比较优势的基础上，有可能形成新的竞争优势，战略定位就要从这个新的竞争优势角度来思考。文昌未来大发展需要有一个明晰的战略定位，建设世界一流水平的国际航天城、打造海南自由贸易港开放创新高地、培育浓郁侨乡椰乡特色的旅游目的地、构建国家南海发展战略服务保障基地，应当成为文昌的战略定位。

世界一流水平的国际航天城。以航天科技为主导，大力发展航天总装总测、卫星及应用、航天超算等高新技术产业，加快发展商业航天产业，打造国际航天发射中心、国际航天交流合作平台、航天教育创新平台、航天研发装配制造基地、空间数据开发应用基地和航天文旅基地，建设世界一流、对外开放、融合创新的世界级航天城。

海南自由贸易港开放创新高地。以构建自由贸易港政策制度体系为主导，培育市场化、法治化、国际化、便利化的营商环境，构建高水平开放型经济体制，借助"航天牌"培育空间科技创新产业，大力拓展国际航空航天应用合作。

浓郁侨乡椰乡特色的旅游目的地。以彰显文昌特色为主导，充分发挥航天、侨乡、椰乡等特色资源优势，擦亮"航天文昌、魅力侨乡"城市名片，积极打造文昌国际旅游消费中心示范区，建设具有浓郁侨乡椰乡特色的旅游目的地。

二　文昌构建高质量发展的实践基础

近年来，文昌全面落实党中央和海南省委、省政府关于高质量发展的决策部署，按照新发展理念的要求，把培育壮大现代化产业、促进城乡融合发展、扎实推动共同富裕、推进生态文明建设作为重中之重来抓，走出一条高质量发展之路。

（一）培育壮大现代化产业

建设商业航天发射场。在党中央和海南省委、省政府的支持下，文昌全力推动火箭产业链、卫星产业链、数据产业链"三链"的发展，打造航天产业集群，不断壮大"航天文昌"产业体系。在火箭产业链方面，以航天发射场为牵引，依托航天科技一院，聚焦总装总测、在分系统部件、元器件等产业链节点，以龙头企业吸引中下游生态产业聚集。在卫星产业链方面，以中国星网卫星需求为牵引，依托高频次商业发射场景，发挥卫星总装总测共享厂房平台作用，建设西工大省级重点实验室，聚焦航天科技五院、中国科学院微小卫星所等龙头科研院所，打造卫星研发和国际应用高端产业集群。在数据产业链方面，以应用场景为牵引，依托中国星网、中科院空天院、北斗通航大数据中心等头部单位，紧抓"国家航天局高分辨率对地观测系统海南数据与应用中心""国家航天局卫星数据与应用国际合作中心"的资源牵引作用，以智慧海南建设和社管平台运行为场景抓手，打造自贸港特色数据产业集群。

推进现代化渔业发展。推动现代化渔业产业园扩能提效，围绕高质量发展的要求，积极转化科研成果，打造集科研试验、养殖技术推广与示范、鱼文化科普体验等功能于一体的综合性产业园。探索"政府+企业+养殖户+市场"经营模式，推广水产综合保险和"政银担"金融合作服务，推动近海养殖入园上楼。加快铺前中心渔港建设，加速清澜港口岸改造，完善港口基础设施和集疏运体系，发展壮大港口经济区。推动近海渔业提质升级，巩固拓展休闲渔业试点成果，优化完善休闲渔业管理机制，引导渔民"往岸上走、往深海走、往休闲渔业走"。鼓励发展远洋捕捞、"海洋牧场"，培育壮大海洋新能源、海洋信息服务、涉海商务等新兴产业。

推进热带高效农业发展。积极开展世界同纬度热带果蔬资源开发合作，打造一批"新奇特"精品果蔬基地。加快推进椰子种植规模化、产业化，提高椰子产量和自给率，擦亮"椰子之乡"招牌。推动农业产业园向高新技术园区转型升级，延伸农业产业链，集中发展高新技术、战略新兴、低碳环保等产业。探索实施"管委会+平台公司"运营管理模式，完善高新技术主导产业入园正面清单，争创省级产业园区。推动椰子产业园加快发展，围绕椰子深加工、椰子文创、工业旅游等产业链，招引一批带头企业和分工企业，推动椰子小作坊向园区集聚，整合提升椰子产业链，打造规模化、标准化、品牌化椰子产业集散地，推动文昌椰子品牌走向全国、走向世界。

推进特色旅游发展。树立"文昌要振兴，旅游必先行"理念，加速景区景点升级开发，丰富旅游度假产品，推进旅游业走在前做示范。依托"航天之乡"的浓厚文化氛围，大力推动航天主题公园建设，高水平打造"航天+旅游"基地。依托七洲列岛海岛资源，引进龙头企业，谋划发展海洋旅游业、休闲渔业等业态。整合滨海、侨乡、椰林、乡村、工厂等资源，丰富发展滨海游、文体游、乡村游、生态游、观光游等产品。加快环岛旅游公路、旅游驿站、游客中心等基础设施建设，强化医疗保障、应急救援、外币兑换等服务功能，不断提高旅游服务水平。推出一批特色活动、建设一批"打卡胜地"。

（二）促进城乡融合发展

推进乡村全面振兴。全面落实粮食安全、耕地保护责任，制止"非粮化"、防止"非农化"，牢牢守住耕地红线。逐步完善农田水利基础设施，提升农业机械化和信息化水平。稳定重要农产品供给，高标准常年推进"菜篮子"基地建设。深化实施乡村建设行动，编制新一轮村庄规划，做好历史文化村落和古建筑的修缮保护和开发，不断完善农村公共基础设施，持续整治农村人居环境，建设宜居宜业和美乡村。促进农村土地流转，灵活运用入股、租赁、托管等方式，鼓励发展共享农庄、家庭农场、村集体企业等经营模式，盘活闲置农房和宅基地，提升村集体收入。

提升镇域经济实力。支持中心镇、重点镇做大做强，全力推进"一带三区四轴四心"建设；推动新区一体规划、协同开发、功能耦合，承接新区生产、生活、消费等配套功能；鼓励一些镇依托滨海旅游资源，打造第二、三产业融合发展示范镇；支持一些镇发展乡村旅游、热带特色高效农业，打造现代农旅发展示范镇；支持一些镇加快发展农产品加工、现代物流，以产业开发带动镇域经济发展。完善镇域经济考核、奖惩机制。推动垦地融合发展，促进空间规划、产业融入、土地利用、公共基础设施建设"四个一体化"。

打造现代品质城市。实施文化提升行动，加大历史建筑、历史遗存挖掘保护力度，推进博物馆、文化馆等公共文化基础设施建设，深度挖掘航天文化、华侨文化、红色文化等特色题材，组织创作一批彰显时代精神、突出文昌特色的优秀文艺作品，进一步彰显"文化之乡"的深厚底蕴。实施城市更新行动，提高城市绿化覆盖率，持续创建全国文明城市。

（三）扎实推动共同富裕

落实就业优先政策。持续推进就业驿站建设，健全就业公共服务体系，促进高质量充分就业。培育壮大市场主体，围绕海南自由贸易港产业发展、文昌国际航天城建设，着力打造一批创业孵化基地，支持和规范发展直播带货、跨境电商、文化创意、电子竞技、夜市经济等新就业形态，稳定就业主渠道。强化减负、稳岗、扩就业帮扶，落实中小企业扶持政策。不断完善劳动关系协调机制，保障劳动者待遇和权益。

推进健康文昌建设。实施预期人均寿命提升计划，为人民群众提供全方位、全周期健康服务。继续推进基层医疗卫生机构标准化建设，提高优质医疗服务综合承载能力。深化"三医联动"改革，建立基层卫生专业技术人才激励机制，推动市级医疗资源下沉基层，提升基层医疗机构防病治病和健康管理能力，全面实现"小病不进城、大病不出岛"。

完善社会保障体系。贯彻落实多层次医疗保障有序衔接、大病保险和医疗救助制度、异地就医结算。贯彻落实积极应对人口老龄化国家战略，加快发展普惠性养老托育服务。健全分层分类的社会救助体系。加强残疾人康复保障体系与医疗卫生体系联动，推进无障碍环境建设。合理调控新增住房总量占比，加快推进安居房、公租房、人才房建设，完善多主体供给、多渠道保障、租售并举的住房制度。

（四）推进生态文明建设

建立生态文明刚性制度。严格落实生态环保"党政同责、一岗双责"，协同推进经济高质量发展和生态环境高水平保护，全力打造全域生态文明示范区。深入推行河（湖）长制、林长制、田长制，推动河（湖）长与河（湖）共命运、齐进退、同荣辱。落实最严格的水资源管理制度，协同开展领导干部自然资源资产离任审计，严格执行生态环境损害终身追究和赔偿制度。压紧压实企业、养殖户主体责任，坚决杜绝污水直排、漏排、乱排，探索建立市场化、可持续的生态治理体系。

加快推进绿色低碳发展。加快推进"蓝碳""绿碳"试点，扎实开展红树林生态系统碳汇试点。全力推广天然气、太阳能等清洁能源应用，推动生产方式绿色化转型。加强生态文明宣传教育，积极推广"垃圾银行"、生活垃圾分类处理，严格落实"禁塑令"，强化白色污染治理，防范外来物种和"洋垃圾"。持续推广装配式建筑，加快新能源汽车推广进程，倡导绿色消费，形成节约适度、绿色低碳的生产方式和生活方式。探索生态产品价值实现机制，完善生态保护补偿机制。

巩固提升生态环境质量。持续打好蓝天、碧水、净土保卫战，坚持地上地下、岸上河流、陆海统筹的治理模式，一体化推进生态系统保护和修复，全面抓好中央生态环保督察、国家海洋督察和省级生态环保督察反馈问题整改。持续抓好大气污染防治"六个严禁、两个推进"，确保空气质量不断变好。强化土壤污染源头管控，加快推进"农业面源污染治理与监督指导试点市"创建工作。大力推进国土绿化工程，打造"生态走廊"，筑牢"生态文昌"绿色屏障。

三　文昌保障高质量发展的重点领域改革

改革开放是党和人民应对各种困难、大踏步赶上时代发展的重要法宝，是决定当代中国命运的关键一招，也是发展海南的关键一招。海南因改革开放而生，因改革开放而兴。努力成为新时代全面深化改革开放的标杆和示范，是党中央赋予海南的新的光荣使命。近年来，文昌用好用足改革开放这"关键一招"，全面推进重点领域改革，以保障经济社会高质量发展顺利推进。

（一）承接落实自由贸易港政策

保持以"闯"为基调、以"稳"为基础、远近结合、小步快跑的工作节奏，全力做好全岛封关运作准备，加快落实准备工作任务清单、项目清单、压力测试清单。加快推进反走私综合执法站点、社管平台二期项目、清澜港收回及"二线口岸"基础设施和查验设施建设，确保2025年底前文昌与全岛如期同步实现封关。聚焦"五自由便利，一安全有序流动"政策制度体系和监管模式，加快推动企业开办、税收优惠、人才引进等自贸港政策落地落实，吸引金融、人才等高端生产要素广泛集聚，最大限度释放政策红利。利用好加工增值30%免征关税等政策，实时跟进原辅料、企业进口自用生产设备、交通工具及游艇"零关税"政策清单和自由贸易港鼓励类产品目录，及时研究并提出增补建议。

（二）构建大招商的格局

坚持线上与线下、政府与机构、上门与办展相结合，实行领导领衔招商、专业团队招商、部门带头招商、以商招商，构建"大招商、招大商"的工作矩阵，为企业提供全生命周期服务。突出"选商"理念，严把项目审核关，限制"亩产低、高污染、施工差"项目盲目发展。围绕"4+1"现代产业体系及产业链，精准谋划项目，靶向开展招商，着力引进产业链关键环节、龙头企业和上下游配套企业。大力推行标准地模式，用好土地超市平台和"征租一体化"模式，实施土地全生命周期监管，努力实现项目"签约即拿地""拿地即开工"。完善项目退出机制，通过协议明确投资强度、施工进度和退出条件，确保招商引资和工程施工质量。围绕"文昌是一个好地方"开展全方位宣传，增强各地投资信心和发展预期。

（三）构建更高效能的管理格局

统筹推进行政事业单位改革，持续优化机构编制资源配置，构建与海南自由贸易港和文昌国际航天城发展需求相适应的行政体系。健全共建共治共享的社会管理制度，优化完善网格化中心服务职能，系统整合全市网格化工作力量，形成一张网覆盖、一支队伍管总的网格化管理体系。加快推进综治中心、社管平台、网格化服务管理、矛盾纠纷多元化解"四位一体"新机制建设，完善"一核两委一会"议事机制，健全村（居）民委员会议事规则。完善扁平化应急指挥处置体系，加强预案体系建设，推行应急预案分级分类管理，强化应急物资储备，提高防灾救灾和急难险重突发公共事件处置保障能力。

（四）推动制度的系统集成创新

围绕园区管理、营商环境、数据应用、社会管理、生态环境等领域，强化政策制度的系统集成和协同高效，推动形成更多高质量制度集成创新成果，不断提高制度创新能级。充分利用互联网、大数据、人工智能等技术，持续深化"放管服"改革，大力推行"极简审批""零审批""预审批"，力争在招商引资、招才引智、要素保障、项目建设、社会治理等方面形成一批制度创新案例，以良好的体制机制和营商环境，推动海南自由贸易港和文昌国际航天城高质量发展。

（五）运用好华侨华人资源力量

发挥"华侨之乡"优势，优化完善华侨工作专班运行机制，梳理解决"涉侨"历史遗留问题，持续"为侨办实事"，吸引更多华侨华人、港澳乡亲回乡投资兴业。办好海南文昌南洋文化节，建设高水平会展交流平台，深化同中国香港、中国澳门以及共建"一带一路"国家和地区在经济、文化等方面的交流。加快推进海外新生代创新创业孵化基地建设，探索发展离岸贸易、离岸数据、离岸科技创新交易等模式，努力把文昌打造成华侨华人参与海南自由贸易港建设的主要阵地。

四　文昌高质量发展的政策建议

"十四五"以来，文昌高质量发展进入加速发展期。按照新发展理念来衡量，经济发展质量稳步提升，经济结构进一步优化，改革开放持续深化，生态环境进一步改善，人民生活水平不断提高。2022年文昌多项经济核心指标年度排名进入海南省第一方阵，在高质量考核第一平台的9个市县中增速排名第一，在全省高质量发展综合考核中排名一类市县第二。2023年高质量发展总的标志是园区建设更快，围绕火箭产业链、卫星产业链和数据产业链构建的航天城产业链生态已初步形成。以新产业、新业态、新商业模式为核心内容的"三新"经济聚合加快。

当前，文昌高质量发展也面临一些严峻的挑战。应该说在海南建省初期，文昌由于具有比较鲜明的比较优势，在全省的经济社会发展中，属于第一方阵。建省以来文昌有了很大的发展和进步，成绩可圈可点。但是也要看到，其他市县也有了很大程度的发展，现在总体来看，文昌可能排在第二方阵中。前有榜样，后有追兵，需要正视发展中的堵点、痛点、难点，勇于破解这些难题，自强向上。一是有全球或全国影响力的产业特色还未真正地形成，主导性产业不够强不够大，特别是民营经济发展的特色还不是特别突出，存在"小散乱"等一些明显的短板。二是航天产业推进速度还不够快，配套的科技平台设施建设还不能够完全到位，在争取相关的配套政策方面存在不少堵点、痛点、难点。高科技的特色还不够鲜明。三是投资结构还不够优化，政府性投资占据主导地位，公共项目投资中政府投资占比远高于社会投资，政府投资对民间资本的引领作用还不够突出，还有待进一步加强。四是侨乡的潜力还有待深入挖掘，侨乡优势还没有充分发挥，以侨引资、以侨引智的成效还不够明显。特别是在面向东南亚合作的战略中，还有大量的工作需要做。另外，产业转型阵痛超预期、比较优势发挥不到位影响高质量发展。文昌受产业和环保政策调整影响，传统产业对经济增长的助力受抑制，新兴产业尚处于培育壮大期，航天、现代水产等产业带来的增量未能全面弥补传统产业的减量。

文昌推动经济社会高质量发展，必须坚持以习近平新时代中国特色社会主义思想为指导，完整、准确、全面贯彻新发展理念，形成共识、主动作为。

第一，以文昌国际航天城建设引领高质量发展。布局国际航天城产业，要以现代化产业为主。现代化产业是现代化发展的物质技术基础，是满足人民对美好生活向往的重要保障，是把握竞争战略主动权的核心关键。从定位来看，文昌的商业航天发射端，处在国内产业链的顶端，在国际上也具有一定的竞争优势，可以长期获得高端市场收益。要加快全域航天城建设，推动科技型创新机构和新型研发机构实质性运行，开展原创性、引领性科技攻关，打造科技创新高地。要大力发展火箭产业链、卫星产业链、数据产业链等高新技术产业，发展"航天+旅游""航天+制造""航天+康养""航天+育种"等产业，打造航天产业集聚地。要加快公共平台建设，带动商业航天产业集聚，打造商业航天胜地。要推动宇航产品、卫星数据和应用服务"走出去"，打造国际合作根据地。

第二，加快培育产业生态主导型企业。一般来说，产业生态主导型企业是指在产业生态中具有主导能力的企业，它们是行业标准的制定者、核心技术的研发者、终端市场的控制者、关键资源的整合者、产业生态的构筑者、发展方向的引领者和行业利益的分配者，对国家产业链、供应链安全稳定有着非常重要的作用。例如，在热带特色高效农业方面，要围绕航天育种、水产育种、种质资源研发，培育壮大一批重点企业。依托冯家湾现代化渔业产业园，打造近海养殖转型升级的"样板"企业；依托铺前中心渔港经济区，发展渔货贸易企业等，打好"蓝色"经济牌，打造"蓝色"经济的新型伙伴关系，提升发展"蓝色"经济的能力和水平。做大做强"文昌鸡""文昌椰子""蓬莱胡椒""迈号咖啡""龙楼四宝""铺前马鲛鱼"等特色农产品品牌企业，积极参加国内和国际行业标准的制定。应抢抓创新驱动、数字化转型发展机遇，加快培育一批产业生态主导型企业。

第三，引领民营经济健康高质量发展。民营经济是推进中国式现代化的生力军。近年来，党中央始终高度重视民营经济健康、高质量发展。现在民营经济发展面临一些困难和挑战，为了更好地应对这些困难和挑战，民营经济需要实现高质量发展，这既有经济内涵也有政治内涵。其中经济内涵源自高质量发展对民营经济发展提出的更高要求，政治内涵则源自社会主义基本经济制度和中国式现代化的内在要求。文昌大部分民营经济以传统劳动密集型行业为主，虽然有些特色产业，比如围绕着文昌鸡、椰子、咖啡、渔业等开发产业，但总体看体量还不够大，数量也有限，需要加大培育力度。在新技术推动下，面临数字化、智能化转型，一些高耗能、高排放民营企业将被资源节约型和环境友好型企业代替，一些家族经营制民营企业也要逐渐建立现代企业制度。当前，要持续优化稳定、公平、透明、可预期的发展环境，稳定和激活资本，充分激发民营经济生机活力；要建立亲清的政商关系，采取更加直接、更加精准的政策举措，激发民营企业内生动力；要强化价值引领，引导民营企业履行社会责任。

第四，充分重视华侨在高质量发展中的能动作用。文昌是著名侨乡，有120多万华侨华人分布在泰国、马来西亚、新加坡、越南等50多个国家和地区。在文昌境内的归侨、侨眷约有38万人，没有海外关系的人很少。文昌人"闯出去"始于"下南洋"，这是一条充满艰辛、血泪的冒险之旅。在海外拥有众多华侨华人是苦难历史对当代文昌的馈赠，也是助力新时代文昌高质量发展的重要外部资源。长期以来，文昌籍华侨心怀爱国爱乡的赤子情怀助力家乡发展，做出了独特的贡献。推进文昌经济社会高质量发展，要进一步发挥好海外华侨华人的作用，要把海外侨胞、侨务资源和侨务工作置于文昌中国式现代化发展中加以考量；要明确定位侨胞价值、侨务改革、侨联建设、侨乡文化、侨务资源等方面的独特作用并形成政策体系；要学习"晋江经验"，把海外华侨华人当作重要发展资源，当作高质量发展不可或缺的力量；要努力改善整体社会环境，创造更多更好的机遇，增强经济社会高质量发展对海外华侨的吸引力；要创新体制机制来提升侨乡的国际影响力，把文昌办成特区中的特区，以侨乡建设为重点，争取形成海外华侨总部基地。

第五，发挥生态优势，推动康养产业发展。养老是重要的民生热点话题，面向老年人的健康管理、生活照护、康养医养等服务和产品拥有广阔市场。随着全民健康意识的不断提升，不仅是老年人，其他不同年龄段人群对身心健康调养的需求也越来越高，更愿意为健康消费。文昌全年无冬，具备避寒气候优势。拥有热带雨林资源，海滨、温泉、森林等资源组合良好，具备发展资源引领型康养产业的巨大潜力和优势。生态优势和文化魅力是展现"文昌是个好地方"的最有利之处，海南各地都在积极推动康养产业发展，文昌依靠自己的比较优势成为广受欢迎的康养地区。在文昌，"康养+旅游""康养+乡村体验""康养+过冬"等多业态发展模式，推动康养产业不断集聚发展。推动康养产业发展，提升服务水平是关键。可以预见的是，旅居康养作为一种融合康复养生、医疗服务和旅游休闲的全新形态，必将迎来广阔的发展前景。文昌要加强康养产业人才的培养和储备，建立一些市场化的教育机构；要创新健康养老服务机制，探索实施医养签约、医中办养、养中设医等医养结合服务模式。

第六，统筹新型城镇化和乡村全面振兴。统筹新型城镇化和乡村全面振兴对于实施扩大内需战略、推动高质量发展、促进共同富裕有着重要的作用和意义。在文昌发展面临的结构性问题中，城乡发展不平衡不充分依然是最主要的问题之一。海南建省办大特区以来，城乡居民人均可支配收入都有一定增长，但是农民人均可支配收入增长还存在一些短板。如何在进一步的发展中让城乡居民人均可支配收入普遍增长，特别是使农村居民人均可支配收入普遍增长，是需要高度重视的重大问题。截至2022年，全国的农村人均可支配收入是2.17万元，海南省的农村人均可支配收入为1.91万元，低于全国平均水平。文昌市的农村人均可支配收入为2.02万元，高于海南省的平均水平，但仍低于全国的平均水平。统筹新型城镇化和乡村全面振兴，要从根本上加强有利于城乡融合发展的重点环节，加快缩小城乡发展差距。一是提升乡村产业发展能力。乡村振兴的基础在于产业，只有实现农村产业振兴，才能带动社会、文化、生态等全面振兴。二是加强新型城镇化带动作用。在新发展阶段推进新型城镇化，需要重点发展市域经济和小城镇经济，通过加快其非农产业发展，增强对乡村产业和经济发展的带动效应。三是增强深化改革的促进效应。进一步深化体制机制改革，促进乡村振兴与新型城镇化双向赋能。围绕推动城乡融合发展，促进城乡要素资源双向流动，特别是引导城市资金、人才、技术向乡镇流动，明确深化改革的重点和难点。从更长远的角度来看，如何在城乡统筹发展中推动人的全面发展，以及优先投资于人的全面发展，是需要认真考虑的重中之重。

第七，探索与东盟国家企业的合作。从中国特色自由贸易港建设来看，当前要尽快向东盟国家单边开放，这是一篇发展的"大文章"。从近现代经济发展史看，英国和美国都先后实施了80余年的单边开放政策。通过实施单边开放政策，英美均实现了全球优质要素的有效集聚，相继成为全球经济中心、贸易中心、金融中心。为此，需要顺势而为，跳出现有"增量拓展、对等开放"的合作框架，以向东盟国家单边开放尽快实现我国市场规模优势与东盟国家经济活力优势的叠加，释放东盟国家经济增长的巨大潜力。向东盟国家单边开放，将增强中国市场在区域分工协作中的特殊作用，提升东盟国家对我国高速发展的正向认知与期待，在开放合作中强化各自功能作用，促进亚太区域经济一体化进程。文昌要先行一步，探索与东盟国家企业的合作，推动企业设立跨境渔业加工园区，合理布局捕捞、养殖、加工、保鲜、运输等产业链；要发挥文昌渔业种苗研发、养殖等技术优势，开展现代渔业养殖技术援助与能力建设，并向东盟国家扩大渔业及相关技术服务出口。

第八，推进土地整备利益统筹。土地整备是土地储备的升级，是土地收储的政府行为。从深圳经验来看，2018年深圳市政府推出《深圳市土地整备利益统筹项目管理办法》，提高了土地整备项目的经济效能。近年来，文昌推进零散建设用地指标集中转移到更有产业潜力的地方。结合"三条河"整治，统筹利用回收鱼塘、乡村建设用地、设施农用地和耕地等资源，统筹做好生态整治、产业升级和乡村振兴，取得了显著的经济效益。采取"公司+农户""基地+农民"的方式，集中资源，规模化经营复耕地，遏制耕地非农化、非粮化，稳定粮食种植面积和产量。文昌要推进土地整备利益统筹工作，包括收回土地使用权、房屋征收及房屋拆迁、城市化转（收）地收尾和土地遗留问题处理、土地置换、填海造地、对零散地进行整合、储备用地管理等。土地整备利益统筹，从广义来说，还属于土地征收的范畴，是土地征转国有化过程中历史遗留问题的"一揽子"解决方法之一。下一步文昌在推进城乡土地制度改革方面，还有一定的空间，还需要有更大的创造。

第九，争取国家对文昌航天超算中心电价的支持。文昌航天超算中心是全国唯一面向航天领域的超算中心，是海南省"十四五"和"智慧海南"的重点项目，得到了国家发展改革委、中央军民融合办和海南省重点专项支持。计划2025年底在轨卫星达到300颗。项目第一期建设500个标准机柜，目前正在投入运营中。总规划建设有2000个标准机柜、可以容纳30000台高性能大容量服务器的文昌航天超算大数据中心。超算中心不仅需要占用土地，而且处理数据耗电量巨大。据测算，在没有特殊电力优惠或补贴的情况下，电费占其运营成本的 60% 以上，企业压力特别大。算力是数字经济时代的新型生产力。2022 年末召开的中央经济工作会议提出优化重大生产力布局，加强国家战略腹地建设的重要思想，文昌算力产业发展符合这一要求。建议通过省委、省政府向国家发展改革委和南方电网请求支持，在企业用电价格方面给予一些倾斜性支持。要统筹推动超算中心与绿色电力的一体化融合，探索分布式新能源参与绿电交易，提升超算中心集群电力供给便利度，降低发展成本。

第十，推动营商环境持续优化。优化营商环境是文昌经济社会高质量发展的现实要求。习近平总书记在"4·13"重要讲话中强调，海南要"加快形成法治化、国际化、便利化的营商环境和公平开放统一高效的市场环境"。① 这是习近平总书记和党中央对海南提出的明确要求。对文昌来说，持续优化营商环境是一项系统工程，涉及市场监管、公共服务等多领域的制度安排，既要着力解决短板弱项、疏通堵点难点，又要注重建立长效机制，确保营商环境持续优化。营商环境优化是一个永无止境的动态过程，当前要致力于打造办事效率高、投资环境优、企业获得感强的投资目的地。要聚焦强化投资激励、便利市场主体准入，助力市场主体发展壮大，打造公平有序的市场环境；要聚焦提升政务服务水平、深化审批制度改革，优化提升服务效能，打造高效便利的政务体系；要聚焦加强政务诚信建设、平等保护合法权益，持续营造公正透明的法治环境；要聚焦拓宽完善常态化政企沟通渠道、营造宜业宜居生态，构建亲清政商关系。

第十一，加快健全城市社区服务体系。社区是城市公共服务和城市治理的基本单元，是承载人民群众美好生活的重要空间。能否在家门口享受到优质普惠的公共服务是"关键小事"，更是"民生大事"。近些年，文昌城市社区服务体系持续健全，但仍要看到，与居民高品质、多样化的服务需求相比，社区服务还有提质增效空间，需要补短板、强弱项，切实提升服务品质和效能。中央经济工作会议强调，实施城市更新行动，打造宜居、韧性、智

---

① 袁宇：《让营商环境成为海南的"金饭碗"》，《海南日报》2022 年 6 月 8 日。

慧城市。近日，国务院办公厅转发国家发展改革委《城市社区嵌入式服务设施建设工程实施方案》。为此，文昌要增加服务供给，补齐服务短板，创新服务机制，加快推动城市公共服务设施有机嵌入社区、公共服务项目延伸覆盖社区。重点搞好"一老一小"等重要人群的社区服务，以关键突破带动整体推进，切实增进群众幸福感。在发展嵌入式社区服务过程中，要注重发挥政府引导、市场主导作用，遵循市场规律，激发各类经营主体活力，推动设施配套化、服务多元化，不断提高服务水平。

第十二，推动实事求是的思想大解放。党的二十大上，习近平总书记再次号召推进思想大解放。中国式现代化的发展进程就是一个不断解放思想的过程。没有实事求是的思想大解放，就不会有改革大突破。思想解放的程度决定着中国式现代化建设的力度，决定着高质量经济社会发展的力度。当前改革又到了一个新的历史关头，因循守旧没有出路，畏缩不前坐失良机。在全面深化改革问题上，一些思想观念往往来自体制内，这些问题在全国具有一定的普遍性，在文昌也有一定程度的反映，文昌在解放思想方面也存在一些短板和不足。思想不解放，就很难拿出创造性的改革举措。要坚持解放思想和实事求是的有机统一，一切从文昌实际出发，敢闯敢干，大胆实践，推动全面高质量发展。即将召开的党的二十届三中全会，将对全面深化改革和推进中国式现代化作出战略性的部署，文昌要紧紧抓住这个大的历史机遇，增强抢抓机遇的责任心和历史担当，全面深化自身的改革，对体制机制进行不断的创新突破，增强推进中国式现代化的活力。

第十三，加强党对高质量发展的全面领导。中国式现代化的本质要求首要的就是坚持中国共产党领导。党的全面领导不是空谈，不是坐而论道，而是要坚持发挥党总揽全局、协调各方的领导核心作用。总揽全局就是统揽各项工作，整体推进党和国家各方面事业，统揽国家治理，坚持和完善中国特色社会主义制度、推进国家治理体系和治理能力现代化；协调各方就是领导各级各类组织和广大党员、干部、群众一体行动，形成推动高质量发展的强大合力。文昌在加强党对高质量发展的全面领导方面已经取得了很好的成绩，还需要继续再上新台阶。加强党的领导优势的发挥关键在人。要通过制度设计和政策安排努力提高干部素质和能力，要发挥党校等机构的重要作用，加大多种形式的干部培训力度，切实拓宽干部的眼界，提高胸怀和能力、水平，坚决守住生态保护和干部廉洁的两条底线，要以高质量党建引领经济的高质量发展和社会的全面进步。

B.15
亦庄：高质量党建引领高质量发展

亦庄课题组*

摘　要：　北京经济技术开发区以高质量党建引领高质量发展，为全国经济技术开发区蹚出一条高质量发展的新路子。经过多年探索实践，北京经济技术开发区形成了以高质量党建引领高质量发展的"一领两队两支撑"工作布局，面对新时代新征程，北京经济技术开发区实现再发展、再创业、再提升，需要继续回答好新时代的重大课题。

关键词：　亦庄　北京经济技术开发区　高质量党建　高质量发展

回首北京经济技术开发区（简称"北京亦庄"）走过的 30 年，面向未来全面建设社会主义现代化的 30 年，新时代新征程上的北京经济技术开发区正处于一个新的历史起点。面向未来，北京经济技术开发区需要以饱满的精神状态和专业的工作态度推动各方面工作全面进步、全面发展，坚持以高质量党建引领高质量发展，为全国经济技术开发区蹚出一条高质量发展的新

---

*　课题组组长：张占斌，中央党校（国家行政学院）中国式现代化研究中心主任、一级教授，公共经济研究会学术委员会执行主任；王满传，中央党校（国家行政学院）公共管理教研部主任、教授，中国行政体制改革研究会常务副会长兼秘书长。课题组成员：祝灵君，中央党校（国家行政学院）党的建设教研部副主任、教授；樊继达，中央党校（国家行政学院）研究生院副院长、教授，公共经济研究会秘书长；黄锟，中央党校（国家行政学院）中国式现代化研究中心副主任、教授；吕品，中央党校（国家行政学院）党章党规研究中心副主任、党的建设教研部党章党规教研室主任、教授；雷强，中央党校（国家行政学院）党的建设教研部副教授；张博，中央党校（国家行政学院）党的建设教研部副教授；王学凯，中央党校（国家行政学院）马克思主义学院副研究员；毕照卿，中央党校（国家行政学院）马克思主义学院讲师；朱柯锦，公共经济研究会副秘书长、合作部主任；张国华，公共经济研究会副研究员。

路子。这不仅是北京经济技术开发区、北京市亟待思考和解决的重大现实问题，也关系到全国经济技术开发区整体的未来走向。

一 以高质量党建引领高质量发展的时代大势

党的二十大明确提出高质量发展是全面建设社会主义现代化国家的首要任务。这是党和国家基于中国特色社会主义进入新时代的历史方位、社会主要矛盾与发展格局重要变化，着眼于我国发展阶段、发展环境、发展条件以及面临的机遇与挑战，对中国经济发展阶段的科学判断，也是当前和今后一个时期做好经济工作的根本要求。

（一）新时代高质量发展的核心内涵

高质量发展的本质在于实现中国式现代化，着力于网络化、数字化、智能化等新质生产力的提升，建立新的生产关系，建立新的经济基础，着力解决发展不平衡不充分问题。

如何加速高质量发展？党的二十大报告指出："高质量发展的具体内容是构建高水平社会主义市场经济体制、建设现代化产业体系、全面推进乡村振兴、促进区域协调发展、推进高水平对外开放。"主要体现在以下六个方面。

一是聚焦经济建设这一中心工作和高质量发展这一首要任务。经济高质量发展仍然是推动全面实现高质量发展的基础与关键，需要完整、准确、全面贯彻新发展理念，在创新、协调、绿色、开放、共享的新发展理念指导下，坚持质量第一、效益优先，推动经济实现质的有效提升和量的合理增长。

二是坚持稳中求进、以进促稳、先立后破。必须坚持在维护稳定的同时，寻求和推动持续进步，特别是要通过推动发展和改革来增强和维护社会的稳定性，并在此过程中先建立新的基础，防止在转型期间出现真空，确保经济社会的平稳过渡。

三是以科技创新引领现代化产业体系建设。现代化经济体系是与高质量发展阶段相适应的经济系统，是一个具有创新力的体系，是一个协调平衡的体系，是一个以人民为中心的体系。

四是扩大高水平对外开放。高质量发展还涉及处理好内需和外需的关系，实现国内国际两个市场、两种资源的优势互补，推动形成全面开放的新格局。高水平对外开放的内在要求是持续营造市场化、法治化、国际化一流营商环境，对标国际高标准经贸规则，优化外商投资环境。

五是深入推进生态文明建设和绿色低碳发展。人与自然和谐共生是中国式现代化的中国特色之一，推进生态文明建设和绿色低碳发展是实现中国式现代化的应有之义。为此，必须从政策制定到社会生活的各个层面转变传统发展观念，将环境保护和可持续发展作为核心价值。

六是切实保障和改善民生。着眼就业、教育、文化、社保、医疗、住房等公共服务体系，从满足基本需求到提高生活质量，从物质富有到精神富足，全方位促进人民幸福与社会发展。

（二）新时代高质量党建的核心内涵

高质量党建是伴随高质量发展产生的一个相对概念。2015 年党的十八届五中全会首次提出"新发展理念"，对新时代党的经济工作作出新的战略部署，指明了前进方向。2020 年召开的党的十九届五中全会将"新发展理念"作为牵引，将"高质量发展"作为目标，形成了立足新发展阶段、贯彻新发展理念、构建新发展格局，推进高质量发展的"三新一高"经济方针。此后，在实践中逐步形成了"高质量党建引领高质量发展"的基本思路，并为党的文献、实践探索所吸收，成为各地区、各部门抓党的建设和抓经济发展的基本思路。

高质量党建的目的是加强党的全面领导，主攻方向是"大党必须解决的独有难题"，主要内容是加强党的政治建设，加强党中央集中统一领导；加强党的思想建设，坚持不懈用习近平新时代中国特色社会主义思想凝心铸魂；坚持党的制度建设，完善党的自我革命制度规范体系；坚持党的组织建设，建设堪当民族复兴重任的高素质干部队伍，增强党组织政治功能和组织功能；加强党的作风建设，坚持以严的基调强化正风肃纪；坚持党风廉政建设，坚决打赢反腐败斗争攻坚战持久战。

（三）新时代以高质量党建引领高质量发展的核心内涵

新时代以高质量党建引领高质量发展包括三个层面的内涵。一是党建引领经济发展，是党领导经济工作的历史经验。纵观党领导经济工作的历史，不论是在党局部执政时期还是全面执政时期，党的建设与经济建设、经济发展始终密不可分。党的建设搞得好，党组织、党员干部的积极性调动起来了，经济建设、经济发展就有动力、有活力。

二是以党建引领、推动、保障经济发展。党建引领经济发展沿着正确方向前进，党建为经济发展提供强大的综合动力，党建为经济发展营造良好环境、保障经济成果为大家公平享有，是党建引领经济发展的三项核心机制。说到底，党建和经济发展是上层建筑和经济基础的关系，离开了上层建筑的推动，经济基础也很难得到改善和革新。

三是党建和经济发展都要做到高质量，是党建引领经济发展的目标。党的二十大以来，党建围绕党的政治路线来展开，集中表现在党建围绕中国式现代化这个最大的政治来展开，围绕高质量发展这个新时代的硬道理来推进，在中国式现代化的伟大实践中形成了以高质量党建引领高质量发展的基本格局。

二　新时代高质量党建引领高质量发展的亦庄实践

自高质量党建引领高质量发展的要求提出以来，北京经济技术开发区坚持以习近平新时代中国特色社会主义思想特别是习近平经济思想为指导，坚决贯彻落实党中央决策部署，按照中共北京市委的统一要求，在北京亦庄工委领导下一手抓经济社会发展，一手抓党的建设，以高质量党建引领、推动、保障高质量发展。

经过多年探索实践，北京经济技术开发区形成了以高质量党建引领高质量发展的"一领两队两支撑"工作布局，呈现以下基本特点。

（一）坚持党对高质量发展的全面领导，把高质量发展这一新时代的硬道理落到实处、变成现实

北京经济技术开发区坚持党建引领，首先是坚持以习近平新时代中国特色社会主义思想为指导，坚决贯彻习近平总书记和党中央关于北京经济技术开发区的重要要求，按照中共北京市委的部署要求，以思想引领和政治引领带动北京经济技术开发区各方面工作。要坚持党组织对政治方向、政治立场、政治原则的引领，如果方向偏离了、立场动摇了、原则缺失了，发挥党组织的作用就无从谈起了。在新时代新征程上，最大的政治就是中国式现代化，要牢牢把握高质量发展这一社会主义现代化强国建设的首要任务。对于北京经济技术开发区而言，就是要紧紧扭住自身功能定位，自觉融入首都发展和京津冀一体化发展大格局，为全局谋一域、以一域为全局，真正发挥好首都实体经济压舱石作用。

（二）高质量推进干部队伍建设特别是领导班子建设，为高质量发展提供坚强有力的政治保证

北京经济技术开发区结合经济技术开发区的特殊领导体制、管理体制和运行机制，超越传统的干部人事制度，实行岗位聘任制度。建立从个人能力和贡献本位出发，凭能力上岗、按贡献取酬的干部薪酬体系和工作激励制度，形成了独具特色的干部管理制度。北京经济技术开发区既坚持"三个区分开来"要求，为干事创业的优秀干部撑腰鼓劲；又贯彻落实干部能上能下制度，建立末位淘汰机制，构建"能者上、庸者下、优者进、劣者出"的人员聘用机制，激活干部队伍一池水。特别是注重加强党工委班子建设和各级各类党组织班子建设，以关键少数引领带动大多数，按照民主集中制原则把领导班子建设的整体效能激发出来，转化为推动北京经济技术开发区发展的动力，使"领导班子强"成为高质量发展的核心竞争力。

（三）高质量推进人才队伍建设，为高质量发展提供源源不断的人才资源

北京经济技术开发区结合人口年轻化、高知化的发展趋势，立足吸引人才和留住人才，为人才立足、创业、发展提供了优惠的政策支持、资金支持和工作生活条件支持，不断拓展人才发展空间，以更多更好的公共产品和优质服务留住人才、支持人才、激励人才。在此基础上，北京经济技术开发区逐步扩大人才总量、改善人才结构，对标北京国际科技创新中心"三城一区"主平台建设、"四区一阵地"功能定位，特别是按照"勇当首都高质量发展开路先锋"要求，加强适应新时代高质量发展要求的人才队伍建设，面向全国全球招贤纳才，统筹抓好以科技人才为龙头、以经济社会发展急需人才为牵引、以其他各方面人才为延伸的北京经济技术开发区人才队伍体系建设，全力打造新时代的北京经济技术开发区人才中心和创新高地。

（四）高质量推进党的基层组织建设，为高质量发展提供最为广泛的基层基础支撑

北京经济技术开发区涵盖机关党组织、事业单位党组织、社区党组织、农村党组织、国有企业党组织、"两新"党组织、学校党组织、科研院所党组织等多种类型基层党组织，工作范围广、难度大。同时，北京经济技术开发区作为经济功能区，其核心功能是推动经济发展、加强科技创新；作为人口聚集区，其改革发展离不开简约高效协同的社会治理、城市管理等拓展功能。面对经济功能区和人口聚集区多项功能相融合的情况，党的基层组织建设需要围绕中心、服务大局，从北京经济技术开发区的实际出发，统筹增强这些党组织的政治功能和组织功能，通过政治功能的强化来把准党组织的前进方向，通过组织功能的强化来增强党组织的活动力量，依托各级党组织活动阵地特别是党群活动中心，发挥这些党组织在北京经济技术开发区实现高质量发展中的功能。

（五）高质量推进党风廉政建设和反腐败斗争，强化正风肃纪，为高质量发展提供风清气正的政治生态支撑

北京经济技术开发区贯彻落实习近平总书记关于党的自我革命的重要思想，坚持刀刃向内、坚持把自己摆进去，在全区形成勇于自我革命、勇于担当作为的浓厚政治氛围。贯彻落实习近平总书记关于全面从严治党的重要论述，始终从严从实管理干部，严肃查处有关党组织、党员领导干部的腐败问题，查处一个、警示一批，始终把严的主基调贯彻下去。在北京亦庄这样资源集中、资金富集、发展势头迅猛的较发达地区，绝不能让高质量发展的宝贵成果损失、葬送在少数腐败分子手上，党的建设必须和经济社会发展同步推进、一体建设，党风廉政建设和反腐败斗争一刻也不能停止，强化正风肃纪一刻也不能停止，既加强教育管理，又加强警示督导；既注重解决存量问题，又注重遏制增量问题；努力打造高质量发展的样板和政治生态良好的样板。

三　打造党建引领的北京亦庄高质量发展新时代

面对新时代新征程，北京经济技术开发区实现再发展、再创业、再提升，需要回答好四大时代课题：如何全面加强党的建设，以党的建设新成效引领北京亦庄党建实现高质量发展？如何在新的历史起点上全面深化改革、推进党的自我革命，在新一轮经济科技竞争中处于领先地位，实现北京亦庄高质量发展？如何确定下一个30年北京亦庄发展方向和定位？如何拓展高质量党建引领高质量发展的北京亦庄之路？这四个问题相互联系、不可分割，既是新时代新征程全区上下面临的必答题，也为应对时代挑战、破解发展难题提供了探索思路。

（一）"七大工程"推进北京亦庄党建高质量发展

作为北京建设国际科技创新中心"三城一区"主平台和世界领先科技

园区主要承载区，北京亦庄承担着重要角色。特别是作为包含中国软件名园、国际开源社区、北京数据特区的国家级信创产业基地，北京亦庄应以中国共产党章程、制度及管理办法为遵循，创新智慧党建。以云平台为基础，通过互联网、移动互联网和物联网把党员干部和各种智能机器联系起来，在"更高的数字维度"上创新党的政治建设、思想建设、干部建设、人才建设、组织建设、廉政建设、党群服务中心建设，探索适应人工智能时代的网络化、数字化的制度创新，以"降维打击"推动反腐倡廉工作，积极推进高质量党建。

1. 政治建设工程：从遵循政治路线到提升政治能力

第一，加强党的政治领导。坚持用习近平新时代中国特色社会主义思想武装头脑、指导实践、推动工作，不仅需要增强"四个意识"、坚定"四个自信"、做到"两个维护"，还必须在政治立场、政治方向、政治原则、政治道路上同党中央保持高度一致，确保党的团结统一。第二，遵循党的基本路线，"把推进中国式现代化作为最大的政治"。党的政治建设的核心是坚持党的基本路线不动摇，聚焦经济建设这一中心工作和高质量发展这一首要任务，把中国式现代化宏伟蓝图一步步变成美好现实。第三，不断提高政治判断力、政治领悟力、政治执行力。党的各级领导干部要善于从政治上观察和处理问题，强化政治责任、保持政治定力、把准政治方向、提高政治能力、增强斗争精神。

2. 思想建设工程：从凝心铸魂到坚持"三个务必"

第一，用习近平新时代中国特色社会主义思想凝心铸魂。必须把马克思主义看家本领学精悟透用好，通过深入系统学习并践行习近平新时代中国特色社会主义思想，坚持学思用贯通、知信行统一。第二，遵循党的思想路线，解放思想、实事求是、与时俱进、求真务实。自觉坚持党的思想路线，一切从实际出发，理论联系实际，实事求是，在实践中检验真理和发展真理，加强调查研究，坚持问题导向，把马克思主义基本原理与具体实践结合起来，创造性地开展工作。第三，坚持"三个务必"。中华民族伟大复兴绝不是轻轻松松、敲锣打鼓就能实现的，需要时刻保持斗志昂扬的精神状态。

3. 干部建设工程：大力培养从优秀到卓越的干部队伍

第一，把新智慧领导干部视为首要人力资源，树立相应的用人观。新智慧领导干部不仅要熟悉马克思主义经典理论，熟悉信息前沿理论和最新技术，还要能够团结社会各界为实现中国式现代化而艰苦奋斗。第二，以"大数据和人工智能选育管用工程"建设新智慧领导干部队伍。通过大数据测算，用好"优培计划"、海外招聘、国内"双一流"高校应届毕业生招聘等渠道，全面优化优秀年轻干部来源。第三，以"从优秀到卓越人才全生命周期培养工程"培养更多新智慧领导干部。新任公务员进入北京亦庄开始即加入区党校干部和人才创新学院联合建设的"新智慧领导干部进修工作坊"，每年完成马列经典阅读、科技能力训练、人文素养提升等学习训练工作。第四，以"新智慧领导干部创新创业工程"激励约束领导干部。对标华为干部任用机制，激励北京亦庄领导干部签订奋斗协议，制定增加工资、发放奖金、提供虚拟股权、颁发北京亦庄优秀干部荣誉称号等激励措施。第五，以"新智慧领导干部推荐工程"打开干部发展空间。通过"新智慧领导干部创新创业工程"脱颖而出、建功立业的领导干部，可以留在北京亦庄继续奋斗，创建新的企业和发展新的事业，打开职业发展空间，拓展事业发展空间。

4. 人才建设工程：建立从创客到极客的人才队伍

第一，建立需求导向的分层分类人才生态体系。通过多种方式建立全球知名专家、国外华人科学家、高学历青年科技人才；中青年科技创新领军人才、工程师、高技能人才、文艺人才、中医特殊人才等多种人才生态体系。第二，以"从创客到极客全生命周期培养工程"加强人才"选用育留"。亦城优秀人才对应初级创客，亦城杰出人才对应二级创客，亦城领军人才对应三级创客，亦城顶尖人才对应四级创客（极客）。第三，以"人才多途并进群建功立业工程"激励人才发挥作用。建立毛遂自荐机制，面向全球吸引和发现符合北京亦庄产业发展方向的特殊人才。第四，建立全球极客大奖，吸引顶尖人才。对标诺贝尔奖的高端定位和评选奖励机制，联合极客网设立全球科技极客奖，以奖励各个领域做出突出贡献的极客，提升北京亦庄对各种人才的吸引力、聚集力和影响力。

5. 组织建设工程：从党建创客创新创业工程到党建品牌生态体系建设工程

第一，以"新智慧党建工程"提高党务工作效率。整体推进智慧党建，以网络化、数字化、智能化推动党建工作标准化、实时化、共享化，设置"三会一课"、主题党日、民主评议、发展党员、组织关系转接、党员量化考核等模块，实现党建工作"横向到边，纵向到底"全覆盖，建立线上线下相结合的工作格局。第二，以"党建创客创新创业工程"推进党的基层组织建设。对于建立党总支的"两新"组织，给予类似二级创客的支持力度；对于建立党委的"两新"组织，给予类似三级创客的支持力度；对于二级党建创客和三级党建创客，参照创客标准，给予荣誉。第三，以"党建品牌生态体系建设工程"全面推进基层党支部建设。创立北京亦庄党建生态品牌，明确战略定位、设计元素、培育过程、宣传路径；结合机关党建、国企党建、"两新"党建、街道党建、党群服务中心建设，构建行业品牌体系。

6. 廉政建设工程：从"不想腐"的自觉到"不敢腐"的震慑

第一，以"新思想教育工程"培育"不想腐"的自觉。加强新时代廉洁文化建设，对党员干部进行全生命周期管理，引导党员干部加强党性修养，算清廉洁政治账，清清白白做人，干干净净做事，引发"不想腐"的自觉。第二，以"新透明监督工程"建立"不能腐"的制度。汇集组织部门、政府部门和互联网上的数据，进行大数据挖掘，把握腐败发生发展规律，建立信息预警机制，实现"人在干、云在算、天在看"，实现"不能腐"的约束。第三，以"新精微反腐工程"强化"不敢腐"的震慑。通过领导信箱和网上投诉等渠道，依据大数据分析，对腐败分子进行"降维打击"，定点清除，加大"不敢腐"的震慑。

7. 党群服务中心建设工程：从组织建设到共建共享

第一，以"党群服务中心基建工程"加强红色地标建设。以人民为中心，从政治高度高质量建设党群服务中心。党群服务中心必须有足够大的空间，处于交通便利的位置，方便党员和群众出入。坚守中华优秀传统文化根脉，从传承文化高度建立党群服务中心。党群服务中心应该是凝聚中华民族情感的礼堂。在党群服务中心，儿童可以过儿童节，少年可以举行成人礼，青年可以举行婚礼。党群服务中心应该是永久性地标建筑。对标党校系统礼堂，坚守马克思主义这个魂脉，从意识形态高度建设党群服务中心。在乡镇、街道党群服务中心建筑的上层，需要有马列主义文化室，为党员和群众建构思想信仰空间，成为凝聚民族精神的中国地标。第二，以"党群服务中心多功能建设工程"加强思想政治建设。党群服务中心将具备六大功能，包括党群工作统筹中枢、党群教育培训中枢、政务办理中枢、公共服务聚合中枢、社会和企业信息汇聚中枢、社会和企业发展资源整合中枢，是集党性教育、党群活动、志愿服务为一体的多功能综合性服务阵地，是党员和群众的"充电站"，青少年的"创客堂"，新就业群体的"暖心站"，流动党员的"新支部"和传统文化的"新阵地"，以便利的服务、多元的活动"聚民心、暖人心、筑同心"，切实将党建成果转化为发展成果。第三，以"党群服务中心运行机制建设工程"提升服务能力。一是党群服务中心的运营需要党领导多元社会主体参与，提供更多的项目，增加党员和群众的选择，提升群众满意度。二是通过制度设计和政策设计引导工商企业提供资金支持，提升社区美誉度。第四，社会组织提供公益活动，积累社会资本。社会组织进入活动中心，提供免费服务或者优质低价服务，扩大社会影响力，获得社区美誉度。第五，提升社区美誉度。作为党群服务中心的主人，社区党员和人民群众不仅是各种服务的需求者，享受各种服务，也是各种服务的提供者，作为社区的志愿者提供各种服务。面向未来，党群服务中心应建立开放的运营机制，利用透明机制加强监管，与社会信用指数结合起来，有效约束党群服务中心的多元参与主体。

（二）"五维体系"党建引领北京亦庄创新全面发展

在一个因企业而生的新城中，北京亦庄面临的挑战是如何利用党建引领持续提升区域凝聚力和向心力。从理论上来说，需要以党建信息化、党建责任区为基础，抓住主要矛盾，更加科学地统筹推进"书记项目"、重大工程、创新项目，以及服务群众等重点工作，促进党建工作与业务工作"深度融合"，实现"党建全统领、区域全覆盖、力量全动员、服务全响应、问题全处理"。

1. 政治引领：以美好愿景、战略定位引领发展方向

第一，以北京亦庄美好愿景和战略定位引领未来发展。对标中国梦和中国式现代化，对标北京发展愿景和战略选择，确立北京亦庄发展愿景。作为北京建设国际科技创新中心"三城一区"主平台和世界领先科技园区主要承载区，北京亦庄要加强政治引领，坚持面向世界科技前沿、面向国家重大需求、面向首都经济主战场，聚焦前沿技术攻关、聚焦成果转化落地、聚焦科技企业培育、聚焦创新生态打造，打造中国式现代化的"北京亦庄样板"。第二，向国际友人讲好中国故事，引领世界友人加入北京亦庄。通过富有中国特色的党建活动，通过开放创新的党建联盟活动，就像商鞅南门立木一样，赢得国际友人的信任，特别是外商和国际高端人才的信任。要让国际友人理解社会主义才是人类政治发展的方向，中国正在引领世界社会主义运动的发展，与北京亦庄人民共建共治共享发展成果，是富有智慧的选择。第三，向人民群众讲述新时代党的故事，引领人民群众跟党走，走入北京亦庄。进入中国特色社会主义新时代，中国共产党顺应网络社会崛起之势，把握新一轮科技革命和产业变革的战略机遇，提出建设网络强国、数字中国和智慧社会战略，统筹发展和安全，开辟中国式现代化道路。通过面向未来的科技感十足的党建活动，通过高新科技公司的党建联盟活动，让群众看到北京亦庄的科技力量，让群众看到中国科技的创新活力，理解"把推进中国式现代化作为最大的政治"，坚定不移听党话、感党恩、跟党走，不断汇聚推动高质量发展的强大力量。第四，向国内外企业讲北京故事，引领工商企业投资北京，投资北京亦庄。通过富有首都特色的党建活动，通过共享发展的党建联盟活动，让国内外企业了解北京亦庄"勇当首都高质量发展开路先锋"，看到北京亦庄的发展前景，投资北京亦庄，成为北京亦庄发展红利的创造者和分享者。

2. 思想引领：从砥砺创业精神到创建党建品牌生态

第一，充分发挥党群服务中心引领和教育党员和群众的主阵地作用。在北京亦庄党群服务中心（现在的北京经济技术开发区工委党校、北京市非公经济组织党校）建立党群服务中心大脑，以街道党群服务中心和亦企服务港为主阵地，加强对党员（包括外来党员）和居民（包括外来居民）开展多层次、多维度思想教育。坚持以习近平新时代中国特色社会主义思想凝心铸魂，赋能党员和群众。创新思想教育方式，不仅引导党员和群众学习北京亦庄历史，学习北京亦庄党建先进模范，还要回顾党员个人入党以来的思想发展历程，引导党员和群众自我引领、自我教育，形成党员和群众喜闻乐见的思想引领方式方法。第二，以"北京亦庄创业精神"引领北京亦庄党员和群众进行二次创业。以伟大建党精神为源头，对标特区精神，对标西城"红墙意识"，系统研究从第一次创业的小红楼精神到第二次创业的北京亦庄创业精神，立足北京亦庄，面向未来，探讨和砥砺北京亦庄创业精神。为了抓住从弱人工智能向强人工智能飞跃的战略机遇，需要探讨新质生产力和新生产的关系，探讨新经济基础和新上层建筑的关系。北京亦庄应该是科创之城、文艺之城、极客之城、智慧之城，北京亦庄创业精神应该包含科学、人文、极客、共享等元素。第三，以"党建品牌生态体系"引领广大党员和群众跟党走。通过融媒体全面宣传北京亦庄党建品牌。利用抖音、快手、Tiktok 等平台传播党建品牌，以扩大影响力。从总体上来说，北京亦庄融媒体传播生态比较好，传统媒体《亦城时报》内容丰富，但是在抖音、快手等新媒体应用方面比较欠缺。未来应公开招聘具有新媒体工作经验的极客型人才，通过抖音和快手及其他路径向国内宣传北京亦庄党建品牌，提升北京亦庄知名度、美誉度，树立北京亦庄的"网红"形象。

3. 组织引领：从建设战斗堡垒到发挥党建联盟作用

第一，充分发挥基层党支部的战斗堡垒作用。坚持大抓基层、大抓支部、强基固本的工作导向，以党的组织体系建设为重点，不断强化组织功能，提高基层党组织创造力、凝聚力、战斗力。聚焦党建与产业深度融合，努力实现业务发展与党建工作的强力"共振"。例如，建设亦企服务港区域统筹，N 个行业党组织和党建联盟纵向推进，X 个园区党组织、非公企业党组织和社会组织党组织全面覆盖的组织体系。第二，充分发挥党员尤其是党的各级领导干部的模范带头作用。立足事业发展需要，加强党员干部的政治历练、思想淬炼、实践锻炼、专业训练，建设忠诚、干净、有担当的高素质专业化干部队伍。充分发挥"两新"组织青年在推进科技攻关、企业发展、社会治理现代化中的关键作用。第三，充分发挥党建联建作用。有效利用亦企服务港，发挥其在党建联建中的积极作用。通过举办"党建链串起产业链"活动，以进企参观、座谈交流、圆桌沙龙等多种形式，促进企业间的技术和业务交流。通过"党建链串起产业链"，北京亦庄持续聚"链"成势，不断探索党建工作和产业发展双向促进模式，服务惠及北京亦庄四大主导产业以及科技服务产业、应急救援产业、绿色能源产业等产业链条。

4. 文化引领：从建设超级 IP 到建设品牌联动

第一，通过科技与创新的融合，培育北京亦庄的独特精神和文化。以超级 IP 引领实现"主流思想共管、文化资源共享、文化活动共联、文化产业共通、文化历史共护、文艺创作共赢、文旅合作共促、工作经验共鉴"，进一步强化"我是亦城人"的思想共识，在继往开来上凝聚亦城之力。第二，建议以"中华麋鹿超级 IP 创新工程"为引领，打造全国科文融合产业样板区。聚焦北京亦庄主导产业，以南海子郊野公园的中华麋鹿为北京城（包括北京亦庄和大兴）的吉祥物，赋予其城市文化内涵，打造可持续展示的产业发展成果、优质创新生态的产业超级 IP，贯穿北京亦庄的各种品牌，融会京东方、中芯国际等知名企业故事，打造具有中国气质的城市文化符号，提升北京亦庄知名度。配合国家和北京的总体宣传策略，使"中华麋鹿"逐渐成为东西方社会都能认可的标识。第三，加强"党建品牌"与"企业品牌"联动。通过选取蓝箭航天和金风科技的品牌案例，展示如何以党建品牌赋能企业品牌，形成可复制和推广的联动模式。

5. 廉政引领：从信誉指数到亲清政商关系

第一，以党员干部信誉指数建设引领社会信誉指数建设。顺应透明社会的发展趋势，建立"信用北京亦庄"平台和党员干部信用制度，建立群众和企业信用制度，形成人人讲信用的良好社会风气。同时，发展公益积分制度，包括群众公益积分和企业慈善公益积分体系，以促进形成共建共治共享的社会环境。第二，全面从严治吏，引领政风行风建设。对党政系统工作人员进行廉政教育。围绕廉政风险、纪律作风等方面，采用理论与案例相结合的方式，强化全体人员廉洁意识，筑牢红色底线。每一名工作人员都要牢牢把握住清廉奉公的"底线"和"红线"。围绕"强党建、稳秩序、促发展、保安全"的主线，督促工作人员增强廉洁自律意识。第三，塑造亲清政商关系，引领社会生态建设。亲清政商关系是指为企业着想、为企业服务，并与企业保持清白联系的国家与企业之间的关系。未来可构建系统集成、协同高效的清廉数智监督平台，包括廉情中心、亲清关系分析中心等，以大数据监督手段释放监督潜能，并通过亲清政商关系巩固风清气正的政治生态。

（三）构建党建引领的北京亦庄高质量发展之路

1. 加快创新发展：加快建设高水平科技自立自强的创新生态体系

第一，聚焦集成电路、信创产业、高级别自动驾驶等国家战略任务。一方面成立工作"专班"推动；另一方面借鉴华为集团治理模式，以培育产业集群为主线，整合人才、平台、资金、土地、数据等要素，推动产学研用深度融合，构建形成从基础研究、技术攻关、成果产业化、科技金融到人才培养的"有灵气、有灵魂"的复杂创新生态体系。第二，以"党务政务企务社会事务大模型工程"实现智慧党建、智慧政府和智慧社会建设大跨越。作为包含中国软件名园、国际开源社区、北京数据特区的国家信创产业基地，北京亦庄不仅要做好智慧党建工程，还要抓住从语言大模型向多模态大模型发展的战略机遇，引入具有自主知识产权的大模型企业。第三，以"开源共享工程"加速构建国家信创产业高地。开源共享是信息经济的基本特征，是世界通行的创新模式。通过拥抱开源、学习开源、用好开源，北京亦庄可利用国际开源社区集聚全国乃至全球的经济资源。第四，推进数字经济、科文融合、生物医药与大健康等战略任务。利用党建联盟机制，推广"人单合一"管理模式，推动去科层化，加快"灯塔"企业的孵化过程。坚决纠治形式主义、官僚主义，破解制约创新的体制机制，赋予创客团队用人权、决策权和分配权，加快孵化"灯塔"企业。

2.加快协调发展：从区域协调发展到产业协调发展

第一，以党建联建促进北京亦庄内部各地区和外部地区的协调发展。加速北京亦庄核心区和新扩区的协同联动，促进创新链、产业链、资金链、人才链在核心区和新扩区的深度融合，形成更加聚集、更有活力的产业集群。以党建联建带动北京国际科技创新中心"三城一区"的协同创新，对接中关村、怀柔、昌平三大国家实验室，围绕信创产业、生物医药等重点领域开展合作，加快建立以国家实验室为龙头的协同创新体系，组建成果转化联合体，推动"三城"科技成果落地转化。引导北京亦庄龙头企业加大对津冀供应链产品采购量，促进产业链加快向天津、河北延伸，全力支持雄安新区建设，打造优势互补、良性互动的京津冀高端智能制造产业走廊。持续强化援蒙援疆合作，深化与平谷区结对协作。加强与广州、天津、十堰等国家级经开区合作。加强央地合作，积极对接实业类央企，推动与中国华能集团有限公司、中国航天科技集团有限公司合作项目落地。第二，以习近平文化思想促进科技和文化产业协调发展。以"中华麋鹿超级IP创新工程"引领北京亦庄科创文化产业跨越式发展，共同塑造体现首都风范、北京亦庄风韵的文脉标志和精神标识。对标海尔超级IP，有奖征集"中华麋鹿超级IP形象"。围绕"中华麋鹿超级IP形象"，采用竞赛、对赌等方式促进动漫产品创作，带动北京亦庄文化产业的繁荣。参与《山海经》《封神演义》等各种文化产业的投资项目，推进弘扬中华优秀传统文化创造性继承和创新性转化，以"北京亦庄科幻工程"引领北京亦庄科文融合，以"北京亦庄百花齐放工程"繁荣科文融合产业，以科文融合推动产业立区与文化兴城。第三，推进科技与金融协调发展、协同创新。强化政策统筹，在加强财政、货币等政策协调配合的同时，把非经济性政策纳入宏观政策取向一致性评估，确保同向发力、形成合力。促进金融资源和科创要素深度融合，更好地以资金链服务创新链、锻造人才链、做强产业链，强化"四链"融合，为中国式现代化的北京亦庄实践提供有力支撑。支持金融机构创新金融产品和服务，鼓励政策性金融机构和社会资本参与北京亦庄建设。

3. 加快绿色发展：建设以麋鹿和梅花为标识的北京亦庄

深入学习贯彻习近平生态文明思想，坚持山水林田湖草沙一体化保护和系统治理，以中华麋鹿为超级 IP 引领"森林绕城、绿道连城、碧水穿城、湿地润城、公园遍城、农田留城、景观靓城、文化兴城"八大建设，加快树立中国没有"城市病"的城市标杆。第一，建立和完善生态治理创新智慧平台，打造开放的"城市生态大脑"。加快建立和完善"天空地"一体化环境监测网络和智慧环境综合平台，利用海量数据采集和模型融合分析，建立智能化动态闭环管理。第二，建立需求导向的北京亦庄生态环保产业体系。以"无废城市"建设为导向，面向社会进行治理项目招标，通过对赌等措施创建环保公司，推进环保产业发展。推进产业环保化，协同推进降碳、减污、扩绿、增长。构建绿色低碳产业体系，打造一批"零碳车间""零碳工厂"，着力打造"零碳新城"。第三，以北京南海子郊野公园为基础打造北京亦庄国际会客厅。到 2035 年，北京将建设成为承担我国重大外交外事活动的首要舞台、引领全球科技创新和交流合作的中心枢纽、展现中国文化自信与多元包容魅力的重要窗口、彰显我国参与全球治理能力的国家交往之都。对标北京北部的奥林匹克森林公园（5A 级景区），以北京南海子郊野公园为主体，建立北京东南地区的国际会客厅。第四，以"呦呦鹿鸣人鹿亲近工程"引领生态环境建设。人鹿亲近工程就是让人在开放的环境中和中华麋鹿亲近起来。目前，南海子郊野公园的麋鹿主要生活在保护区内，人们很难接近。未来将逐步放开麋鹿活动范围，允许人们亲近麋鹿。实施自然人和法人麋鹿供养制度。参照麋鹿保护区环境，统筹山水林田湖草沙非建设空间。第五，以"梅花喜欢漫天雪工程"提升生态品位。相对于广东、江苏等地的经开区气候而言，北京亦庄在寒冷的冬季显得比较萧条。但是，可以把北京亦庄的这种相对劣势转化为相对优势。针对中国人喜欢梅花的特征，北京亦庄可以选择梅花作为主要种植品种，在寒冷的冬天展现北京亦庄独特面貌。与北京以梅花闻名的"梅园"进行联建，全面引进冬梅、蜡梅和春梅多个品种。第六，建立"党建+生态治理"创新组织体系。加强北京亦庄生态环保行业党委建设。建立绿色发展基金，推进生态环保产业化，推进产业生态环保化。建立"党员创客+生态治理"创新项目库，公开揭榜。建立健全生态环保企业的党组织。为没有党支部的生态环保组织指配党建联络人员。建立生态治理志愿者队伍。

4. 加快开放发展：从加快"两区建设"到推进企业"走出去"

第一，以"两区建设"推进制度化对外开放。加快建设国家服务业扩大开放综合示范区，鼓励跨国公司设立地区总部和研发、制造、销售、贸易、结算等功能性机构。中国（北京）自由贸易试验区，推动投资、贸易、金融、政府治理等领域制度创新，加快建立与国际通行规则相衔接的制度体系。第二，推进高质量招商引智工作。深入推进高水平制度型开放，建立和完善外资企业发展监测平台，建立和调整外资外贸企业目标清单，建立专业化外资招商队伍、国际合作招商网络、国际产业沙龙、国际合作基金、外资招商数字化管理平台、外资企业特色园区，建立国际化服务平台，制定外资外贸扶持政策。第三，加大推进企业"走出去"力度。发挥龙头企业国际影响力，拓展面向国际国内的双向科技对接通道。大力支持国家海外人才离岸创新创业基地建设，推动挂牌一批离岸创新中心。支持"独角兽"企业、专精特新企业、高新技术企业拓展外贸业务。

5. 加快共享发展：从"党群服务中心红色地标工程"到"北京亦庄之心+七有五性"工程

第一，以"党群服务中心红色地标工程"促进共享发展。以北京亦庄党群服务中心为阵地，探索流动党员"党性修养+技能培训+推荐就业+志愿服务"机制，把流动党员变成人才，融入北京亦庄发展生态；探索党群服务中心为外来群众服务机制，探索新市民积分机制；以党群服务中心为基地，建立文艺创客创意创新创富创业孵化中心，建立青少年科创中心，建立新市民创业中心，着力打造人才愿意来、留得下的共享发展环境。第二，以"城市12345热线变成城市12345热心工程"提供更好的服务。把群众工作当作招商引资来办，不断增加"民心银行"存款。对标开发区首席审批服务官，探索12345市民服务热线工作首席办理官制度。在北京亦庄乃至更大范围内选聘群众工作能手作为首席办理官，签订奋斗者协议。以首席办理官为核心，建立专业办理团队，对热线内容进行分类，抓住人民群众最关心、最直接、最现实的利益问题，探索新的办理流程和方法路径，更快更好提供服务。精准发现和服务 1% 的热线高频用户。要像对待企业家一样，"加强对困难群体和特殊人群的关爱照护"，做好这些"困难户"的服务工作。党政干部要与这些用户"结亲戚"，党员干部要带领家庭按照中国"走亲戚"的习惯，"以党的持续的温暖化解群众心中的坚冰"。第三，以"北京亦庄之心+七有五性"工程加快社会建设。所谓"北京亦庄之心"，就是以人民为中心，围绕北京亦庄不断发展的高新产业优势，高水平提供公共服务，持续增进民生福祉。集聚"亦城之心"文化综合体、亦城书院、综合文化活动中心、亦城科技展示中心等资源，通过北京亦庄科文融合云平台，实现人民群众云端享受公共服务，而且可以向协同共建单位开放。第四，建立需求导向的北京亦庄社会建设产业体系。以"北京亦庄之心+七有五性"工程为导向，面向社会进行治理项目招标，通过人才奖励、集体持股、对赌等方式创建各种创业公司，全面推进社会建设快速发展。围绕生物制药和大健康产业，申请成立"中医药科研和成果转化实验特区"。建立北京亦庄智慧医疗平台，向全国开放，利用 5G+远程医疗技术为全国乃至全世界提供医疗服务。

在实现强国建设、民族复兴宏伟目标的全局工作中，北京经济技术开发区不能缺位、责无旁贷，要立足自身，放眼全国和全世界，既要增强大有可为、大有作为的信心，又要树立敢于担当、善于作为的信念，以高质量党建引领高质量发展，力争在坚持和加强党的全面领导、落实以人民为中心的发展思想、以高质量党建引领高质量发展等方面走在北京市各区和全国各经济技术开发区的前列，为全国经济技术开发区的发展作出表率，为以中国式现代化推进强国建设、民族复兴伟业作出北京亦庄新的更大贡献。

B.16
毕节：统一战线服务国家治理能力现代化

毕节课题组 *

摘　要：　国家治理体系和治理能力现代化是新时代全面深化改革总目标的重要组成部分，特别是在脱贫攻坚与疫情防控两场战役的双重阻击下，举全国之力、聚民族之心，让世界见证了中国制度的优越性、治理体系的协同性、治理能力的高效性。毕节试验区作为多党合作示范区，见证了从"摆脱贫困"到"全面小康"、从"生态恶化"到"青山绿水"、从"人口膨胀"到"人力资源"的发展巨变，探索形成了统一战线参与贫困治理、多党合作服务改革发展的"毕节经验"，丰富了中国新型政党制度的基层实践形式，为毕节更好服务国家治理能力现代化提供了重要的实践基础和实践启示。

关键词：　统一战线　国家治理能力现代化　毕节试验区

统一战线作为凝聚人心、汇聚力量的强大法宝，历来是为党的总路线、总目标服务的。随着统一战线面临的"时"与"势"，肩负的改革使命与发展任务向纵深推进，统一战线围绕中心服务大局的作用更加重要，服务"四个全面"战略布局的作用更加凸显。党的二十大进一步诠释了"四个全面"在全面建设社会主义现代化国家中的重要意义，紧密契合"创新"与

---

* 课题组组长：陈驰，中共毕节市委党校政协培训中心副主任、讲师，主要研究方向为国家治理现代化。课题组成员：李庄，中共毕节市委党校党委委员、副校长，主要研究方向为统一战线理论与实践；王振，贵州省社会主义学院科研处副处长、副教授，主要研究方向为统一战线理论与实践。

"中国式现代化"两者的关系。习近平总书记在 2015 年中央统战工作会议上指出："要把推进'四个全面'战略布局作为当前统一战线的主要任务。"肯定了统一战线的优势所在，强调了统一战线服务于"四个全面"战略布局的重要内涵。全面深化改革作为"四个全面"战略布局的重要一环，其最终目标是实现国家治理体系和治理能力现代化，促进我国社会主义制度不断完善，充分发挥我国社会主义制度的优越性，更好地为人民谋幸福，为中华民族谋复兴探新路、育新机、开新局。毕节从"试验"向"示范"的升级转型，形成了统一战线参与贫困治理、多党合作服务改革发展、探索基层治理路径的成功范式。几十年的实践经验充分彰显了统一战线服务毕节试验区推动国家治理现代化的责任与担当，见证了毕节试验区从"摆脱贫困"到"全面小康"、从"生态恶化"到"青山绿水"、从"人口膨胀"到"人力资源"的发展巨变。

一 统一战线服务毕节试验区推动国家治理现代化区域实践经验

国家治理体系和治理能力现代化是新时代全面深化改革总目标的重要组成部分，是彰显国家雄厚经济实力与综合国力的有力支撑，是促进国家经济社会各方面繁荣稳定的根本保障。统一战线作为中国共产党治国理政的重要法宝，在推动与实现国家治理体系和治理能力现代化进程中，以其独特的制度优势、参与优势、政治优势发挥着不可替代的关键作用。毕节试验区成立伊始，便受到党中央、国务院、全国统一战线社会各界的鼎力支持，展现了中央统战部、各民主党派中央、全国工商联、中华职业教育社"一对一"帮扶毕节试验区的实践壮举，成为统战工作一致性和多样性协调发展的生动典型，让地方治理融入国家治理，让现代化治理思维替代传统性治理思维，不断完善统一战线治理的制度体系，形成各方广泛参与的治理格局，将统一战线基层制度治理的优势发挥到极致。

（一）毕节试验区成立以来的巨变彰显了统一战线制度体系的活力

统一战线服务于国家治理，坚持以"五大关系"为发展导向，形成了内容丰富、范围广泛、意义重大、优势互补的统一战线制度，其是中国特色社会主义制度体系的一个重要组成部分，例如人民代表大会制度、中国共产党领导的多党合作和政治协商制度、民族区域自治制度、宗教信仰自由与依法管理制度等，彰显了我国政党制度的优势和特点，是与国家其他制度相辅相成又相对独立的一项立国治国的制度。随着全面深化改革的持续深入和社会主义市场经济体制的不断完善，我国社会在原有工人、农民、知识分子阶层基础外，又产生了非公经济人士、科学技术创新人员、海外留学人员等新的社会阶层，他们成为新时代统一战线工作的中坚力量，是中国特色社会主义事业新的建设者和践行者。统一战线倡导"大团结、大联合"的统战思想，团结一切可以团结的力量，调动一切可以调动的积极因素，为了共同目标而奋斗是统一战线的主旨核心。发挥统战优势，关键在于统战实践，特别是形成具有中国特色的多党合作制，开创性地解决了一国多党派并存共谋发展的问题，并使其成为国家治理、民族复兴的发展源泉。毕节试验区作为多党合作的示范区，其丰富的多党实践经验不断激发统一战线制度的创新活力，是全国多党合作帮扶贫困地区成效显著最有力的验证。

毕节试验区是一个革命老区，是贵州省脱贫攻坚的主战场，重任在肩，不忘初心，负重前行。摆脱绝对贫困、创新致富模式、树立示范标准成为整个试验区经济社会发展的首要目标，也为统一战线制度体系的完善提供了明确方向。首先，围绕多党合作制建立了定点帮扶机制，促成了8个民主党派与全国工商联结对帮扶毕节7县1区的实践壮举，形成了民革与纳雍、民盟与七星关、民建与黔西、民进与金沙、农工党与大方、致公党与七星关、九三学社与威宁、台盟与赫章、全国工商联与织金点对点的帮扶关系，通过精准施策，立足科技、教育、医疗、产业、人才等领域，提供人力、物力、财力、智力支持，是统一战线制度智力密集、联系广泛、人才荟萃的优势体现；其次，围绕协商民主制度，以中央统战部牵头建立的定点联系帮扶制度、联席会议机制、专家指导组工作机制、东部十省市统一战线参与毕节试验区建设制度等，引进先进科学理念与技术，激发试验区内生发展动力，走出了一条"广泛参与，同心共建"之路，为"智志双扶"的地区实践烙上统战"同心烙印"；最后，围绕毕节试验区多民族聚居的特征，通过利用统战干部挂职锻炼机制，下派帮扶党派或省市统战干部深入基层一线，特别是针对少数民族聚居县，如金沙县、威宁县、赫章县等，严格遵照国家民族政策法规，尊重各民族传统文化习俗，因地制宜制订帮扶计划，让民族政策得以全面落实，让民族生活得以全面小康，让民族精神得以全面弘扬。

（二）毕节试验区成立以来的巨变形成党的领导与各方广泛参与共同治理的格局

毕节试验区的改革历程，离不开党中央、省委、省政协和统战部门的高度重视和大力支持。党的十八大以来，以习近平同志为核心的党中央十分关心毕节试验区建设，1 次亲临视察指导、2 次提出重大政策支持、3 次提出重要指示批示、多次讲话关心关怀，特别是 2018 年 7 月 18 日的重要指示，赋予了新时代毕节"努力建设贯彻新发展理念示范区"的重大使命，强调了统一战线要在党的领导下继续支持毕节试验区改革发展，在坚持和发展中国特色社会主义实践中不断发挥好中国共产党领导的多党合作制度优势，充分肯定了统一战线帮扶试验区的改革成效，为地方发展与地方治理构建大统战格局提供了有力支撑，为统一战线全面参与毕节试验区改革发展注入了强大动力，形成了党的领导与各方广泛参与共同治理的发展格局。

统一战线的巨大帮扶，换来了毕节试验区的巨大改变。在各方的广泛参与下，毕节试验区形成了具有统战特色的发展格局，特别是在基础设施改造、民生工程建设、创新人才培养方面，自上而下全面布局，体现了统一战线共同参与和共同治理的独特优势，有效推动了"五位一体"地方建设的发展进程。首先，在基础设施改造方面，申报了一批关乎人民福祉的基建项目，如先后组织专家学者考察团为试验区指导制定各类发展规划 46 个，援建乡镇卫生院、村级卫生室 140 多个，修建 130 所"海联卫生室"，帮助毕节试验区新改扩建各类学校 200 多所等，改善了试验区基础设施薄弱的治理面貌；其次，在民生工程建设方面，完成了一批成绩斐然的惠民工程，如在毕节试验区推广的五大"同心工程"，紧扣地方交通、环保、水电、商贸、教育等薄弱环节，通过"同心"品牌效应，以各民主党派为主体，申报并实施了如民革中央"同心·博爱工程"、民建中央"同心·思源工程"、农工党中央"同心·助医工程"、致公党中央"同心·致福工程"等，极大改善了试验区生产生活的治理水平；最后，在创新人才培养方面，造就了一批勇于创新、敢于冒险的青年才俊，如近年来统一战线加强了党外干部教育培训、储备、选拔等工作，帮助毕节培训了很多致富带头人、技术人员、扶贫干部等，汇聚各领域归国人员参与毕节建设，培训各类人才近 33 万人次，资助贫困学生近 12000 名，充分发挥了统一战线人才荟萃、智力密集、联系广泛的优势，补齐了试验区人才匮乏的治理短板。

（三）毕节试验区成立以来的巨变彰显了统一战线基层制度治理的优势

基层治理直接关乎广大人民群众切身利益，创新基层社会治理体制机制需要社会大众的广泛参与，积极搭建基层民主协商平台是流动人口参与社会治理的途径之一。基层协商制度作为统一战线制度体系的重要组成部分，自建立之初便开启了我国各级党委、政府与基层民众共参共建、共商共议、共治共享的民主协商时代，发挥了统一战线凝心聚力、矛盾协调、诉求表达、同心共筑的沟通作用，彰显了统一战线基层治理中的制度优势。基层治理的核心问题，主要源于社区治理和农村治理两大方面。随着改革开放的大门越开越大，改革红利与改革政策不断从中央向地方、从城市向农村延伸，将发展的重心主要集中于基层治理。在实现国家治理体系与治理能力现代化征程中，必须以基层治理现代化为依托，加强各党派、各阶层、各团体、各组织与人民大众的直接交流，形成通力合作、共渡难关的社会协同、公众参与的治理体制，让统战工作能真正下沉，让协商民主能真正落实，让基层治理能真正有效。

毕节试验区如今彻底撕掉了绝对贫困的标签，统一战线的过程参与和实践总结成为如期打赢脱贫攻坚战的催化剂，围绕精准扶贫、易地搬迁等帮扶措施，以移居新址适应难、传统乡村治理差、生态保护意识弱等基层问题为导向，积极开展统一战线帮扶工作，下派干部深入基层，参与建立了一系列民主协商机制，如"百姓评说员"协商机制、"三个一元"机制、"党建+积分"机制、"村委会+自管委+十户一体"机制等，基本形成了"办事不出村、生活有保障"的基层治理格局；同时，统一战线坚持以加强基层群众主人翁意识为导向，协助推进基层便民服务大厅、矛盾纠纷调解室等基建工作，创条件、搭平台、畅渠道，让主动参与和积极发声成为基层协商治理的常态，以自我规范促行为自觉，从根本上形成基层自治的自我意识，才能领会统一战线民主协商的真正内涵。

二　统一战线服务毕节试验区推动国家治理现代化区域实践启示

2019年9月20日，习近平总书记在中央政协工作会议暨庆祝中国人民政治协商会议成立70周年大会上发表了重要讲话，指出："新形势下，我们必须把人民政协制度坚持好、把人民政协事业发展好，增强开展统一战线工作的责任担当，把更多的人团结在党的周围。"这为新时代人民政协工作部署提出了新要求、开拓了新局面，明确了只有坚持在中国共产党的领导下，发挥政协与统战两大优势，加强和改进人民政协工作，才能更好地服务于党和国家的中心任务。统一战线作为人民政协成立和发展的基本依据，是实现全面小康、国家治理现代化的重要法宝，是一条贯穿于中国革命、建设、改革的爱国主义战线，其主要任务就是坚持党的领导，坚定不移走中国特色社会主义道路，正确处理好一致性和多样性关系，形成大统战工作格局，为国家治理体系和治理能力现代化提供根本保障、根本方法、根本原则和根本路径。毕节试验区改革发展至今，全国政协和统一战线功不可没，其面对一个偏远落后地区，并没有听之任之，而是积极响应投身帮扶，自上而下全方位覆盖，以真心换发展，以行动促改变，形成了具有统战特色的"毕节之治"基层实践样板。

（一）坚持党的领导是统一战线服务于国家治理能力现代化的根本保障

国家治理，是关乎"五位一体"、国防和党建等各领域的整体治理，是政党、阶层、阶级、城市、社区、乡村等各方面的局部治理，也是一项需各行各业、社会各界共同参与、共同努力的同心治理。中国共产党领导的统一战线，不是一般意义上的联盟与合作，而是为了实现党的共同理想与共同目标，团结各政党、阶级、阶层而建立的爱国战线。坚持党的领导是做好统一战线工作的第一原则。当前，面对世界百年未有之大变局加速演进，全球治理体系和国际秩序变革加速推进，不确定、不稳定因素显著增多，对我国国家治理体系和治理能力提出了新的要求与挑战。坚持党的领导，是巩固统一战线，实现各项治理制度化、规范化、民主化的重要推手，让不同社会群体利益得以统筹兼顾，有利于调动各方面积极性，使人民民主更加广泛。

为了实现全面建成小康社会这一宏伟目标，来自世界各地、五湖四海的精英人才齐聚一堂，让更多的知识分子、非公人士、领导干部致力于基层一线的脱贫攻坚，既感光荣，又负责任。统一战线是这样想的，也是这样做的。党的十八大以来，习近平总书记先后对毕节试验区作出了3次重要指示批示，可见关注之广、重视之深，明确了统一战线对毕节试验区的重要意义，肯定了统一战线帮扶贫困地区的实践经验，让统一战线肩负起试验区未来更多的使命任务与责任担当。在党中央的坚强领导下，统一战线扎根毕节、支援毕节、发展毕节，为毕节自身治理体系的建立与治理能力的培养，创造了物质基础、提供了经济保障、形成了"造血"功能，改变了毕节试验区一穷二白的生存窘境。在党和国家的大力支持下，统一战线帮扶毕节的决心是一致的，让毕节试验区感受到了来自爱国战线的温暖，激发了试验区人民打赢脱贫攻坚战的信心与决心，提振了统一战线各级帮扶主体的精气神。因此，坚持党的领导，是统一战线助力毕节试验区奋勇迈向下一个"一百年奋斗目标"最有力的基本遵循和根本保障。

（二）坚持大统战工作格局是统一战线服务国家治理能力现代化的根本方法

统一战线"五大关系"指的是"政党关系、民族关系、宗教关系、阶层关系、海内外同胞关系"。正确认识"五大关系"的重要内涵是构建大统战工作格局的基本前提和根本方法。围绕大统战格局，自上而下，从内到外，无不彰显统一战线在领导力、执行力、组织力、号召力方面的优势，是国家综合治理能力的集中体现。随着中国特色社会主义进入新时代，统一战线所肩负的历史使命与重任也在不断改变，战线规模和人员力量正逐步拓展壮大，涵盖的阶级与阶层将更加多样，文化的交融将更加广泛。如何确保统一战线能行之有效地构建大统战工作格局，掌握统一战线"五大关系"核心要义是关键所在，即从"商、交、化、责、融"五个方面，分析"五大关系"的相互作用及其在国家治理现代化中的具体表现。例如从"商"出发，就是要致力于协商民主，大家的事由大家商量着来办，提升协商能力，完善协商机制；从"交"出发，就是要增进沟通交流，无论是政党、阶层，还是民族、宗教，加强彼此交往交流交融，是维护统一战线稳定繁荣的人为基础；从"化"出发，就是要推进各统一战线主体间文化碰撞的法治化进程，要在求同存异中找到志同道合的契合点；从"责"出发，就是要肩负社会责任，勇于冒险、敢于创新、善于行事，激活社会新活力，共享发展新成果；从"融"出发，就是要贯彻国家新发展理念，将国家战略部署融入统战工作全局，为祖国统一、民族复兴作出应有的贡献。因此，坚持大统战工作格局提升国家治理现代化水平，就是坚持处理好"五大关系"和谐稳定有序的发展。

毕节试验区在全面建成小康社会的道路上，后发赶超、持续发力，探索出了一条属于西部贫困地区脱贫攻坚的发展之路。作为试验区脱贫经验之一的多党合作制，成为统一战线帮扶毕节试验区的成功实践，是政党关系在履行国家义务、团结协作的地区实践样板；同时，毕节试验区是一个少数民族聚居区，56 个民族中有 46 个民族集中于此，是统一战线不可或缺的重要力量，也是试验区脱贫攻坚的重点和难点。聚焦地区实际，处理民族关系，既简单也复杂。简单在于少数民族人民具有坚韧不拔的团结精神，复杂在于多种民族文化不同程度地交织碰撞，因此毕节试验区秉持"同呼吸、共命运"的民族理念，以交流化矛盾，以沟通促融合，增进各民族间的了解，加强各族群众对伟大祖国、中国共产党、中国特色社会主义的认同；在宗教关系方面，毕节始终坚持党的宗教工作基本方针，尊重和保护宗教信仰自由，积极引导宗教团体与社会主义相适应；在不同阶层与海内外同胞关系方面，试验区通过统一战线获得非公有制经济人士和广大港澳台及海外留学人员的倾力相助，在营商环境、创业平台、服务保障方面给予充分支持，鼓励各经济主体融入家乡建设。毕节试验区坚持从"五大关系"出发，维护好大统战工作格局，巩固好统一战线在毕节试验区的优势作用。

（三）坚持一致性和多样性的统一是统一战线服务国家治理能力现代化的根本原则

习近平总书记指出，"做好新形势下统战工作，必须正确处理一致性和多样性关系。""只有一致性、没有多样性，或者只有多样性、没有一致性，都不能建立和发展统一战线。"强调了统一战线的一致性和多样性是辩证统一的关系。一致性，作为统一战线工作所追求的最终目标，是思想统一、政治统一、行动统一的基础和前提。而多样性，则代表着统一战线的多元性，是统一战线实力彰显的综合表现。自改革开放以来，纵观统战发展历程，统一战线社会阶层结构发生了翻天覆地的变化，不再是简单地以农民、工人、知识分子为主导，而是产生了新的社会组织和新的职业阶层，涵盖范围更广，涉及人员更多，丰富了多阶层的队伍建设，与我国多党派、多民族、多宗教一道，形成了统一战线多元化的组成架构，造就了当代中国社会的多样性与差异性。求同存异是统一战线处理一致性和多样性关系的一贯方针，特别是面对复杂多变的社会格局，必须始终坚持政治思想的一致性，充分发挥民主、自由、平等、包容的多样性，才能真正凝聚共识、激起共鸣，建立起最牢不可破的统一战线。

统一战线在毕节试验区的生动实践是坚持"求同存异"的永恒主题、正确处理一致性和多样性关系的真实写照。首先，统一战线各级组织、社会团体为毕节实现全面小康这一共同目标齐聚一堂，旨在探索一条符合西部贫困地区实际的小康之路，体现了统一战线帮扶目标的一致性和帮扶主体的多样性；其次，中国共产党领导的统一战线，始终坚持以党的旗帜为旗帜、以党的方向为方向、以党的意志为意志，因地制宜制定了"一揽子"差别化政策与精细化措施，体现了统一战线政治思想的一致性和制度机制的多样性；最后，统一战线围绕中心服务大局，紧扣顶层设计，响应国家号召，为毕节在脱贫攻坚、乡村振兴、共同富裕上持续探索治理能力现代化发展新路径，体现了统一战线战略决策的一致性和治理方法的多样性。因此，统战工作一致性与多样性的客观存在和发展促进了大团结、大联合统战格局的形成和延伸。

（四）坚持顶层设计和基层对接是统一战线服务国家治理能力现代化的根本路径

以人为本是我们党的根本宗旨和执政理念，我们党和政府高度重视人民的生命健康，不惜一切经济代价，将人民安危摆在首位。改革的实质是让国家富强、民族复兴、人民幸福，而针对我国国情制定的顶层设计，必须呼应基层群众的意愿和期盼。坚持顶层设计和基层对接的良性互动，就是坚持从群众中来，到群众中去，老老实实问需于民，才能真真正正求得真知。顶层设计需要群众基础，加强民主协商制度的完善和运用，是统一战线服务基层治理的根本路径，也是国家顶层设计的实践参考。国家的根基在于人民，人民的福祉在于国家，两者相互依存、相互影响。习近平总书记曾强调，改革开放的一次次突破和创新，无不来自人民的一次次实践和智慧。统一战线作为凝聚人心、汇聚力量的爱国战线，是国家主要的政治基础和人民基础，也是国家基层治理的主要参与者和实践者。因此，做好统一战线民主协商制度的工作落实，是实现基层治理现代化和完善顶层设计的必由之路。

　　毕节试验区围绕基层治理，应群众之所需，完善顶层设计架构，制定了一系列符合地方实际的惠民政策、惠企政策、惠农政策，内容涵盖了招商引资、农业产业、金融融资、创业就业、内外贸易等。通过市委、市政府、市政协和统一战线的走访调研，积极组织社区、乡村以座谈会、业委会、群众会等形式，畅谈地方发展，整合群众诉求，找准改革的着力点和切入点，对症下药才能药到病除。特别是面对基层较为复杂的民族和宗教等工作难点，统一战线的民主协商制度起到了非常重要的桥梁作用，极大地改善了少数民族和宗教信仰的基层治理面貌，提升了地方群众对国家顶层设计的认知度。时至今日，改革开放已经历了 40 多年，要推进改革，必须坚持国家顶层设计和基层的良性互动，只有两者有机结合，才能让顶层设计"接地气"，让基层探索有活力。

B.17
长治：发展新型农村集体经济的实践探索

长治课题组*

摘　要： 长治市对发展壮大农村集体经济进行了积极的探索，紧紧围绕实施乡村振兴战略，构建了发展新型农村集体经济的制度体系，涌现了一批生动鲜活的实践案例，同时也存在一些亟须补齐的短板和弱项。总结和推广地方发展和壮大新型农村集体经济的有益经验，对于推进全面乡村振兴、探索农村的中国式现代化实现路径，具有重要意义。

关键词： 长治　新型农村集体经济　乡村振兴

发展新型农村集体经济是推进农业农村现代化、促进农民持续增收的重要途径。2023年7月7日至11日，本报告调研组赴山西省长治市深入开展调研活动，先后听取了长治市委组织部、市农业农村局，屯留区、平顺县、襄垣县、长子县、沁县，长治市农村集体经济发展有限公司、长治市农村集体经济发展协会等单位的介绍和汇报，走访了上党区振兴村、上党区南宋镇东掌村、上党区八义镇红绿彩村、潞城区史回镇小常村、潞城区店上镇北村、壶关县集店镇岭东村、壶关县龙泉镇石堡寨村、长治市农村集体经济发展有限公司、上党区西火镇"西火三农"平台公司、壶关县店上镇红太阳

---

* 课题组组长：黄锟，中央党校（国家行政学院）中国式现代化研究中心副主任兼秘书长、教授，主要研究方向为发展经济学、政府经济管理。课题组成员：王海燕，中央党校（国家行政学院）马克思主义学院科研秘书、副教授，主要研究方向为政治经济学、公共经济学；席鑫，中央党校（国家行政学院）出版集团副研究员，主要研究方向为政治经济学；刘子琦，中央党校（国家行政学院）公共管理教研部博士，主要研究方向为政府经济管理；陈天骄，中央财经大学财政税务学院学生，主要研究方向为财政学。

农旅开发有限公司、潞城区农村产权交易平台等近20个调研考察点位。调研发现，长治市对发展壮大农村集体经济进行了积极的探索，紧紧围绕实施乡村振兴战略，构建了发展新型农村集体经济的制度体系，涌现了一批生动鲜活的实践案例，同时也存在一些亟须补齐的短板和弱项。总结和推广地方发展和壮大新型农村集体经济的有益经验，对于推进全面乡村振兴、探索农村的中国式现代化实现路径具有重要意义。

一 主要做法

近年来，长治市紧紧围绕实施乡村振兴战略，以党建引领为根本，以农民增收为目标，以产业发展为抓手，统筹资源、创新机制、因村施策、示范带动，高位推进了新型农村集体经济提质增效行动，坚持"富村"与"强村"并行、"输血"与"造血"并重，创新构建了"政府+协会+平台公司+合作社+农户"的运行模式，新型农村集体经济发展取得了突出成效。

一是优化体制机制，强化政策支撑。长治市委、市政府将发展集体经济作为一项重要任务，成立发展壮大村级集体经济工作领导小组，形成了市级统筹、县级负责、乡镇实施、村级落实的市、县、乡、村四级联动工作机制，成立了长治市农村集体经济发展有限公司、长治市农村集体经济发展协会，在12个县区62个乡镇成立了集体经济发展平台公司，构建了"政府+协会+平台公司+合作社+农户"的"五加"工作框架，出台了《长治市发展壮大村级集体经济若干措施》《全市发展壮大新型农村集体经济重点任务清单（2022年）》等文件，同时配套出台多项扶持政策，在财政投入、土地政策、金融等方面全面支持帮扶。

二是坚持党建引领，加强内部管理。长治市在村级集体经济发展中，坚定发挥基层党组织的领导核心作用，选优配强集体经济发展的"领头雁"，2317个行政村党支部书记通过"本村选、外面引、上级派、公开聘"等方式选拔担任新型农村集体经济组织理事长，95%的村实现村党支部书记、村委会主任、合作社理事长"一肩挑"。在此基础上，长治市加大村级集体经济组织负责人培养选拔力度，优化集体经济组织内部管理，完善新型农村集体经济组织成员（代表）大会、理事会、监事会等内部治理结构，建立健全财务预算决算、开支审批、收益分配、内部控制等配套管理制度，规范集体收益分配，让新型农村集体经济发展成果更多惠及村民。

三是坚持项目支撑，加强实践创新。长治市依托项目发展村级集体经济，一方面，建立村级项目库，"清单化"管理、"图表化"推进、"手册化"指导，全市 2436 个行政村储备项目 2562 个，落地实施产业项目 1057 个，涵盖山区开发、绿化造林、生态保护、乡村基础设施建设和农业产业化经营等，其中，山西省道地中药材产业集群、壶关县店上省级农业产业强镇、沁县蔬菜全省农业产业全产业链等成熟项目正逐步推广，辐射带动村集体经济发展壮大；另一方面，加大项目扶持力度，引导各类扶持基金向村级集体经济项目倾斜，已完成了 15 个共计 10 亿元的项目签约，让发展集体经济项目化，集体经济发展内容项目化。

四是加强改革探索，深化农村改革。长治市依托改革探索增强新型农村集体经济发展活力。其一，探索政经分离，出台《长治市加强农村集体经济组织管理的指导意见》，明晰村集体组织功能、管理职责，通过事务分离、账户分设、资产分管、核算分立，实现村级集体经济组织与村民委员会会计核算分账管理。其二，探索股份权能改革试点，在潞城区开展农民持有集体资产股份继承和有偿退出试点，探索股权管理和流转的原则和程序；在上党区开展农村集体资产股权抵（质）押贷款试点，实现股权抵（质）押和村集体授信贷款，解决集体经济发展融资难题。其三，深化农村土地制度和农村宅基地制度改革，开展农村土地确权登记颁证，完善承包合同 58 万份，出台《长治市农村自建房管理条例》《宅基地审批管理办法》，加强对农村宅基地的规范和管理，在壶关县岭东村、襄垣县虒亭村等探索闲置宅基地盘活利用路径，完善集体所有权、农户资格权、宅基地使用权等权利内容实现形式。

五是树立底线意识，强化资产监管。长治市在发展新型农村集体经济的同时重视经营风险的控制，力求实现集体资产保值增值。其一，全面开展

"清化收"工作，健全"一本账"，村村形成合同管理和新增能源收费办法，建立健全农村集体资产年度清查和农村集体资产定期报告制度，建立农村集体资产明细台账，规范资产管理。其二，建立农村产权交易平台，织密"一张网"，构建县、乡、村三级产权交易服务提醒制度，打通"算、管、易、结"四个环节，实现村集体"三资"管理信息化、规范化、可视化，已达成村集体产权平台交易 6494 笔，成交额 8487 万元。其三，对村集体经济合同存在的租金拖欠、面积不准、口头协议等问题集中处理，围绕"摸排情况、决策程序、合同文本、资金收缴、备案管理"五个方面，整改不规范合同 5.3 万份，全市 2436 个行政村平均增收 8.4 万元。

二 成效和问题

长治市发展新型农村集体经济取得了积极成效，促进了农村基础设施和公共服务不断完善、农村集体资产盘活增值、地方特色产业发展壮大、培育新型集体经济组织、农民收入显著增加。

一是农村基础设施和公共服务完善。长治市农村集体经济的发展带动了基础设施的建设和公共服务的完善，为继续扩大新型农村集体经济规模创造了条件。同时，新型农村集体经济的发展也为改善和提高村庄的公共服务水平创造了条件，村容村貌改善、村民精神文化生活丰富，特别是在提供农村养老服务方面。上党区振兴村实现"老人就地养老"，每年为 60 岁及以上老人发放 1200 元养老金、70 岁及以上老人发放 1500 元养老金，提供免费体检和日间照护。

二是农村集体资产盘活增值。各县乡村依托新型农村集体组织，将闲置的建设用地、机动地、四荒地等集体资源，房屋、校舍、机械设备和公共服务设施设备等集体资产，以及集体兴办的厂房、仓储设备、商业门面等，采取拍卖租赁、承包经营、股份合作等方式开发利用，增加村集体收入。长子县西张沟村利用 110 亩荒坡地吸引瑞道丰煤石综合利用项目投资，村集体获得征地收入 400 万元，后续还将帮助解决部分村民就业问题。

三是地方特色产业发展壮大。长治市立足资源禀赋培育了中药材、小杂粮、食用菌等优势特色产业，各县乡村因地制宜发展规模种养殖、设施大棚、农产品加工等农业产业，开发农家乐、民宿、休闲农业等新业态，增加村集体收入。平顺县围绕上党中药材发展新型农村集体经济，全县中药材种植面积达 67.07 万亩，产值 20.37 亿元，中药材种植重点村 126 个，实现村均增收 6 万元，并进一步将中药材与旅游、休闲、康养等产业融合，建设了振东芦芽特色康养小镇。

四是培育新型集体经济组织。长治市各县乡村以集体经济组织为依托，整合各类资源，引导村集体、企业、社会组织多方合作，以强强联合、以强带弱、"抱团取暖"等方式，形成各个经营主体优势互补、分工合作、共同发展的格局。襄垣县村级股份经济合作社结合自身条件，采用"合作社+国企""合作社+帮扶单位""合作社+贤人能人""合作社+专业合作社""合作社+产业大会"的形式，因地制宜发展特色产业。

五是实现农民收入显著增加。长治市不断拓宽农村集体经济增收渠道，农民作为股东可按比例分红。从整体看，2016~2022 年，长治农村居民人均可支配收入从 11863 元增加至 19437 元，城乡居民人均收入比从 2.37 降至 2.12，农民增收成效显著，城乡收入差距逐步缩小。

同时，长治市进一步促进新型农村集体经济高质量发展还存在转型压力较大、发展路子不宽、"造血"能力不足等不容忽视的问题。

一是转型发展压力大。长治新型农村集体经济发展时间不长，对政策扶持和财政补贴的依赖程度较高，2022 年长治市农村集体经济组织总收入 20.36 亿元，其中经营性收入占 22%、补助收入占 27%。同时，部分产业规模不大、附加值不高、效益不明显，农村集体经济组织承接项目能力较弱。

二是专业人才匮乏。由于农村人口外出务工，长治市农村地区普遍面临劳动力、人才缺乏的问题，特别是资源匮乏、交通不便、发展落后的农村，人口流失问题更加严重。2022 年，长治市常年外出务工劳动力增加 10.87 万人、增幅为 32.37%，劳动力的匮乏制约了农村集体经济的发展。同时，新型农村集体经济对劳动者的技能要求更高，由于生产、经营管理等专业人才普遍缺乏，部分附加值较高的产业经营无法开展，初级农产品"装筐就卖"的现象比较普遍，制约了长治市农村集体经济向更高水平、更高质量转型。

三是资金来源单一。当前长治市新型农村集体经济资金来源以政府扶持、财政补贴为主，发展资金需求大、组织运营成本高，且处于发展初期需要大量资金注入，农村集体经济存在融资难、融资贵、融资慢的问题，且社会资本参与积极性不高，经营主体不善于运用市场手段获得资金支持，长期处于维持型经营阶段，难以保障可持续性。

四是新型农村集体经济产业链后端薄弱。长治市新型农村集体经济以农产品直接销售和初级加工后直接销售为主，新型农村集体经济全产业链尚未发展成熟，农村集体经济组织缺乏深度开发能力，产品附加值低。尚未形成本土知名品牌，宣传营销能力偏弱，导致产品只能在本地周边或山西省内销售，在一定程度上制约了新型农村集体经济的发展和壮大。

三　启示和建议

长治市勇于跳出传统依靠煤炭能源发展的"老路"，探索发展新型农村集体经济的"新路"，形成了资源资产开发型、居间服务创收型、产业发展引领型、抱团致富创新型等发展模式，进而带动本地农民增收致富，推动乡村全面振兴，其做法和经验具有开创性和参考性。

一是坚持党建引领，打造人才队伍。长治以农村基层党组织为领导核心，在新型农村集体经济发展过程中既不越位也不缺位，整合政府帮扶资金、引入社会资本、联合各类主体，发展村民、组织村民、带领村民，不断提高集体经济发展的平衡性、协调性、包容性。建立健全人才选拔、使用工作制度，搭建沟通实践平台，利用"岗位大练兵"、现场观摩会、知识竞赛等方式，打造一支胜任本职岗位、认真履职尽责的乡村振兴人才队伍。

二是优化制度设计，激发市场活力。长治市充分发挥政府"立规矩"

"定标准""抓实施"的优势，破除束缚集体经济发展的体制机制障碍，激发集体经济发展的持久动力。在此基础上，激发各个市场经营主体活力，成立新型集体经济协会，以帮助农村集体经济组织对接社会资本、共建农业产业园；发挥平台公司孵化企业、扶持优质项目的优势，通过借款、参股、奖补、招股等方式，为集体经济组织提供项目资金整合、公司管理、电商服务、技能培训等综合服务，推动集体经济提质增效。

三是激发团结意识，凝聚集体力量。长治市新型农村集体经济的发展有赖于村集体的组织动员力、号召力和凝聚力，强有力的"两委"班子、运行机制健全的集体经济组织和高度自治的成员群体共同唤醒了集体意识，催生了强大的集体荣誉感和使命感。集体经济组织负责人谋划发展项目，探索发展新思路，集体成员通过入股、托管等方式与集体建立紧密的利益联结机制，负责人和村民两者构建了紧密的共同体，共商共治、同谋发展。

四是坚持"抱团"发展，实现共同富裕。长治在发展新型农村集体经济过程中，聚焦缩小发展差距，坚持"先富帮后富，强村带弱村"，探索建立村企联手共建、弱村"抱团"聚力的发展格局，实现集体与成员共享共富共荣。以"抱团发展、百花齐放"为切入点，打破农村地域、行业领域、行政隶属等限制，因地制宜引导村庄互联共建、资源共享，推动实现群体共富、城乡共富、区域共富。

在继续扩大发展优势的同时，未来长治市发展和壮大新型农村集体经济应积极处理好潜在问题。

一是既要盘活人才存量，又要大力引进人才。乡村振兴人才是关键，长治发展壮大新型农村集体经济需强化人才队伍建设。应创新本土人才培育、创新乡村人才引进、发挥好"三支队伍"（包村领导、驻村工作队和第一书记）作用，培养农村集体经营队伍。其一，本着"人才就在身边"的理念，发掘乡村能人巧匠、返乡创业者并将其纳入"乡土人才库"培养，让本地农民转化为集体经济发展的新型农民。其二，吸引和引进乡村振兴人才，出台针对应届毕业生的人才引进政策，增强地方吸引力，同时，加大对高素质科技创新人才的引进力度，吸引"带技术、带项目、带资金"的高科技人才和团队来长治工作和科研，鼓励企业回到农村创办生产基地，实现产业导流回村，提高新型农村集体经济竞争力。其三，加强基层干部能干事、能干成事的本领，强化实干导向，激励干部担当作为，保护干部干事创业积极性。

二是加强全产业链建设，提高新型农村集体经济产品附加值。长治市大力发展规模种植、养殖业并取得了一定成果，下一步应在延长产业链、建设全产业链上发力。建议完善农业产业化基础设施和公共服务，畅通产前、产中、产后以及产业链上中下游的各环节，搭建信息平台，为原料商、加工商、采购商、投资商、营销商提供技术服务、公共服务、信息服务等系统性服务。鼓励和引导发展程度较高的农村集体组织成立农业公司，大力提升食用菌、道地中药材、小米、西红柿等地方优势特色产品附加值，用工业化模式、市场化思维提升本地农业产业化水平。借助山西省专业镇建设，将新型农村集体经济发展与县域经济发展相结合，打造本县、乡、村"名片式"产品，以优质农业产品促进新型城镇化建设。

三是发展壮大新型农村集体经济要处理好"六对"重要关系。其一，处理好"有为政府"和"有效市场"的关系。在新型农村集体经济发展的初期阶段，存在要素流通瓶颈、体制机制障碍、发展资金不足等问题，政府可通过整合资源统筹规划、联合村社全域推进、完善基础设施建设等方式，引导新型农村集体经济发展，解决微观层面产业经营规模小、产业层级低和市场对接难的发展困境，又可搭建市场与村集体连接的中间机制，增强村庄凝聚力与村民认同感。但随着新型农村集体经济的发展壮大，需明确政府治理边界，避免政府过多干预市场而导致发展僵化，应探索政府逐渐退出机制以释放市场活力，让市场经营主体盘活农村的沉睡资源，实现农村各类要素资源化升值。其二，处理好集体经济和农业特有功能的关系。农业具有食品保障、原料供给、就业增收、社会稳定等多种功能，发展新型农村集体经济需要优先保证农业特有功能。特别是处理好发展新型农村集体经济与保障粮食生产的关系，粮食安全是"国之大者"，农业保的是生命安全、生存安全，是极端重要的国家安全，无论情况发生何种变化，都应保证农业生产、保证国家粮食安全。同时，要处理好发展新型农村集体经济与维护社会稳定的关系，在新型农村集体经济发展壮大的过程中，应规范土地流转与使用，合理利用农民土地，依法依规盘活闲置宅基地，让土地出租收入惠及农民。其三，处理好发展新型农村集体经济和乡村建设的关系。发展新型农村集体经济与乡村建设互相依靠，缺一不可，新型农村集体经济能够支持乡村的建设，良好的乡村建设也是新型农村集体经济存在的前提。县、乡、村三级均应适当投入资金，加强基础设施建设和公共服务提供，为发展新型农村集体经济、吸引资金投入创造良好的营商环境。新型农村集体经济组织应承担社会责任，按照一定比例将经营所得利润转化为农村基础设施建设和公共服务资金投入，改善乡村基本公共服务，反哺当地发展。其四，处理好第一、第二、第三产业之间的关系。农村集体经济以农业为根基，需跳出传统农业经营思维，大力发展非农产业，以现代化经营方式撬动农村第一、第二、第三产业发展，让新型农村集体经济发挥"放大效应"，将农村"绿水青山"等生态资源、土地征收留用地、林地等资源要素整合，让要素转化为资产、将农民转化为股民、将资金转化为股金，提高新型农村集体经济的发展质量，实现第一、第二、第三产业协调发展。其五，处理好实体经济和农业金融的关系。资金是产业发展最重要的影响因素。当前，长治市财政已为新型农村集体经济的发展投入了大量的资金，下一步可由相关职能部门出台政策，规范引导社会资本为农村集体经济发展服务，在提供担保贷款、简化审批手续、降低借款利率等方面发挥积极作用，为正处于起步与壮大阶段的新型农业经济及产业提供优质的信贷和资金支持，确保各级新型农村集体经济主体不会因资金问题而陷入发展困境。同时，要注意控制债务规模，将长治市村集体债务增幅规模控制在合理范围内，持续监控债务规模，对于负债较高的经营主体加强监管，降低新型农村集体经济组织的经营风险。其六，处理好集体经济和共同富裕的关系。实现共同富裕是发展新型农村集体经济的最终目标。当前，长治市部分地区市场资源丰富、区位条件优越的村集体搭上了发展的"快车"，新型农村集体经济取得了丰硕成果，但部分无产业、无资产、无区位的"三无"村庄则因发展基础不足在竞争中落败。需依托"村村抱团"模式解决不同县、乡、村内部的集体经济发展失衡问题。同时，新型农村集体经济组织内部应注意公平分配，深化集体经济产权制度改革，以制度形式规定新型农村集体经济组织的分红比例，农民自有耕地、林地承包经营权入股集体经济，提高持股农民分红所占比例，缩小农民收入差距，让农民共享新型农村集体经济发展成果。

B.18
中色大冶：国有资源加工型老企业的高质量发展

中色大冶课题组*

摘　要： 国企改革三年行动开展以来，中色大冶全面贯彻"两个一以贯之"，着力创新体制机制，加快建立现代企业制度，竞争力、创新力、控制力、影响力、抗风险能力进一步增强。中色大冶根据国家发展大计，确定以绿色高质量发展为重点，以提高核心竞争力和增强核心功能为方向，谋划新一轮国有企业改革。

关键词： 中色大冶　国有资源加工型老企业　高质量发展

高质量发展是全面建设社会主义现代化国家的首要任务，这是党的二十大做出的一个具有全局性、长远性和战略性意义的重大判断。加快发展方式绿色转型，是党中央立足全面建成社会主义现代化强国做出的重大战略部署。中央企业是国家综合国力和先进生产力的代表，必须胸怀"两个大局"、牢记"国之大者"，以服务国家战略为导向，以提高核心竞争力和增强核心功能为重点，主动自觉实践绿色高质量发展，着力推动质量变革、效率变革、动力变革，努力在全面建设社会主义现代化国家新征程中做出更大的贡献。

---

* 课题组组长：张占斌，中央党校（国家行政学院）中国式现代化研究中心主任、一级教授，主要研究方向为马克思主义政治经济学、发展经济学。课题组成员：黄锟，中央党校（国家行政学院）中国式现代化研究中心副主任兼秘书长、教授，主要研究方向为政府经济管理、发展经济学；王学凯，中央党校（国家行政学院）马克思主义学院副研究员，主要研究方向为政府经济管理、发展经济学；毕照卿：中央党校（国家行政学院）马克思主义学院讲师，主要研究方向为马克思主义政治经济学；张国华，公共经济研究会副研究员，主要研究方向为马克思主义政治经济学。

一　研究背景

中国有色集团大冶有色金属集团控股有限公司（以下简称"中色大冶"）是中央企业中国有色集团境内最大的出资企业，中国 500 强企业，位于中国青铜文化发祥地——湖北黄石。中色大冶始创于 1953 年，是我国"一五"期间 156 个重点项目之一。经过 70 余年的建设发展，中色大冶已成长为集地勘、采矿、选矿、冶炼、加工等于一体的国有特大型铜工业联合企业。主要拥有在产冶炼企业 1 家，在建冶炼企业 1 家，在产矿山 4 座，铜加工企业 1 家，"城市矿产"拆解利用企业 1 家，以及动力物流、机械加工、建筑施工等企业。目前年生产能力为采选 430 万吨、阴极铜 100 万吨、黄金 20 吨、白银 1000 吨、硫酸 250 万吨、铁精矿 24 万吨、铜杆 30 万吨，阴极铜市场占有率位列全国第五。

中色大冶拥有企业技术中心、博士后科研工作站、国家认可实验室、有色金属冶金与循环利用研发中心和重点实验室，拥有"双闪"冶炼工艺智能化冶炼厂、铜电解清洁生产示范项目、奥斯麦特冶炼系统、美国南线低氧光亮铜杆连铸连轧生产线以及先进的浮选厂，在国际国内同行业中具有一定的影响力。

国企改革三年行动开展以来，中色大冶全面贯彻"两个一以贯之"，着力创新体制机制，加快建立现代企业制度，竞争力、创新力、控制力、影响力、抗风险能力进一步增强。中色大冶根据国家发展大计，确定以绿色高质量发展为重点，以提高核心竞争力和增强核心功能为方向，谋划新一轮国有企业改革。近年来，中色大冶通过技术改造升级，已成为老企业焕发新青春的样板。

在看到中色大冶发展取得成绩的同时，也要清醒地认识到当前企业在绿色高质量发展方面面临的问题。

可持续发展面临的问题。一方面，企业经营管理水平与国内外第一方阵同类企业整体上相比还有差距，企业盈利能力依然偏弱，资源配置效率不高，深化改革任务艰巨，部分企业难以本质扭亏；另一方面，境内企业资源储备不足，国际产能合作难度加大，资源获取及开发项目缺乏保障性来源，对未来持续发展难以形成更为有力的支撑。

技术创新能力存在的问题。近年来，中色大冶在技术创新上取得了巨大成就，但主要集中于局部的技术创新，缺乏产业系统性创新，缺乏原始创新和基础领域的创新，技术创新能力亟待提高。

市场和环境保护面临的问题。近年来，中色大冶作为国有老企业，尤其是冶炼加工老企业，在没有前端资源优势的情况下，遭遇市场和环保的双重压力。一方面，由于企业创新能力不足，经济效益提高缓慢，经营压力长期得不到缓解；另一方面，由于长期粗放型发展，企业绿色发展滞后。曾有一段时间，企业环保问题往往通过"打补丁"的方式整改，存在的问题长期积累。

整体竞争能力面临的问题。多年来，中色大冶经历了几次技术更新改造，在扩能降耗上起到了积极作用，但随着近年来国内外铜冶炼技术的迅猛发展和技术更新换代，企业在生产成本、产品能耗、综合回收、生态环保等方面与第一方阵企业整体还是逐渐拉开了差距，整体竞争能力不强，亟须进行系统改造提升。

传统产业转型升级的问题。传统产业转型升级直接关乎现代化产业体系建设全局，推动传统产业转型升级，不能当成"低端产业"简单退出。必须加快建设以实体经济为支撑的现代化产业体系，一手抓传统产业升级，一手抓战略性新兴产业发展壮大。

中央生态环境保护督察通报的问题。2021 年 9 月，中央第六生态环境保护督察组通报中色大冶 4 个方面 8 项问题，暴露出企业在生态环境保护和污染防治方面存在诸多短板和弱项。中色大冶把中央生态环境保护督察当作对环保工作的全面体检，更是一次政治体检，决心以高品质的生态环境建设支撑企业高质量发展。

课题组以中色大冶转型升级案例为研究样本，研究国有资源加工型老企业经济发展和生态环境保护的平衡点，这种升级路径对于其他国有老企业具有借鉴意义。

二　发展机遇和挑战

有色金属作为一种重要的战略资源，在保障国家经济安全方面有着不可替代的作用，有色金属行业的持续健康发展直接影响我国经济高质量发展。当前，受国内外复杂形势影响，中色大冶发展面临机遇和挑战。

（一）"双碳"目标下有色金属产业面临的机遇

2022 年，工业和信息化部、国家发展和改革委、生态环境部三部门联合印发《有色金属行业碳达峰实施方案》。方案指出，要强化技术节能降碳，推进清洁能源替代，建设绿色制造体系。确保 2030 年前有色金属行业实现碳达峰。方案提出，"十四五"期间，有色金属产业结构、用能结构明显优化，低碳工艺研发应用取得重要进展。"十五五"期间，有色金属行业用能结构大幅改善，绿色低碳、循环发展的产业体系基本建立。

绿色循环低碳发展，是当今时代科技革命和产业变革的一个重要方向，有色金属产业是我国碳排放的重要来源领域之一，"双碳"目标的提出为我国有色金属工业发展带来了新的机遇。一是"双碳"目标将催生出一批新需求。在推进"双碳"目标背景下，新的需求增长点逐渐浮现。例如，有色金属产业将在清洁能源的生产、存储和应用方面扮演重要角色。光伏、风电、多站融合变电站建设、输配电网扩建、新能源电池、新能源汽车等领域的需求将拉动铜等有色金属产品产量的长期增长，为有色金属产业持续发展提供重要支撑。二是"双碳"目标将催生一批新技术。随着碳减排深入推进，有色冶金流程得以重构，跨界融合发展成为一种趋势。本是同源的有色金属、钢铁、化工三大产业，在科技方面存在很多相通性，三大产业企业流程再造、融合发展，形成跨行业的联合型企业或复合型企业。从我国近年来行业发展态势看，一方面，绿色转型正在深刻改变传统生产方式，推动产业高端化、智能化、绿色化发展，形成许多新的增长点；另一方面，我国传统产业转型升级需求和绿色消费需求正在催生巨大的绿色市场，各类生产更加注重以优质资源投入产出更高质量、更具多元价值的产品。

（二）新一轮科技革命和产业变革、关键材料需求为发展带来新机遇

当前，大数据、人工智能等前沿技术不断取得突破，新技术、新业态、新产业层出不穷，我们正在经历一场更大范围、更深层次的科技革命和产业变革。科技革命和产业变革的加快不仅在需求端引导有色金属产业升级，同时也在供给端助力有色金属产业发展。有价金属高效富集技术、重金属粒子吸附技术、碳捕获与封存技术的突破，将会加快有色金属产业绿色化发展，推动建立绿色低碳循环发展产业体系。

随着一些战略性新兴产业的崛起，对有色金属关键材料的需求不断增加，为有色金属产业的高质量发展提供了广阔空间和动力源泉。例如，近年来国产大飞机、航空发动机、新能源产业、集成电路等有色金属重点应用领域获得较大发展，"十四五"期间更将实现新的突破，这意味着对有色金属材料必然会提出质和量的新需求。这一切带给有色金属产业重大的发展机遇，有助于促进有色金属企业不断向高端迈进。

（三）"双碳"目标下有色金属产业面临的挑战

《有色金属行业碳达峰实施方案》聚焦"十四五"和"十五五"两个碳达峰关键时期，提出了2025年前和2030年前的阶段性目标。到2025年有色金属行业力争率先实现碳达峰，比全国的碳达峰时间至少提前5年，有色金属产业面临的挑战和任务更为紧迫。

当前，我国有色金属产业的发展仍然主要依靠传统化石能源，实现"双碳"目标，必须尽快改变这种格局，有色金属产业必须走利用清洁能源的技术路线。然而，部分地区电网建设滞后，调峰能力不足，储能电价相关政策缺失，而清洁能源生产受自然条件的影响较大，具有较强的波动性，可能出现清洁能源消纳、存储、输送受阻的情况。当前我国有色金属产业发展尚不具备大规模清洁能源的接入条件，技术上不成熟，成本也较高，有色金

属碳减排与能源使用结构上的矛盾短期内难以解决。

有色金属产业的二氧化碳排放主要集中在金属的冶炼环节，冶炼环节的碳排放量约占有色金属产业总排放量的80%，其原因在于有色金属的冶炼主要采取火法冶金和电冶金的方式直接或间接消耗化石能源，产生大量二氧化碳，对环境影响较大。"双碳"目标要求推进传统化石能源碳减排及大力发展风电、光伏发电，提高新能源发电量，这将不可避免地增大终端电价上涨的压力，导致整个行业能源使用成本的上升。

（四）"走出去"战略面对诸多挑战

当前，国际产能合作是我国有色资源企业"走出去"战略的主要内容。我国有色资源企业开展的国际产能合作，以基础设施建设、生产线建立、设备工具提供为主要内容，有直接投资、工程承包、技术合作、装备出口等多种形式。当前，基于规则的全球化已经陷入停滞，世界经济贸易增长的黄金期结束了；基于开放的全球贸易投资开始减速，贸易政策出现从推动货物、服务、人员、资金、数据等跨境往来自由便利转向所谓高标准、去风险化、保护主义；基于合作的全球供应链体系正在重塑，从离岸制造到回岸制造、近岸制造、友岸制造，世界正在形成两大平行的贸易和产业体系；中美战略竞争正演变为守成大国对新兴大国的制裁、打压和阻遏。

随着科技的进步和新兴矿业国家的崛起，全球有色金属产业的供应、贸易和消费格局正在发生深刻的变化。在供应方面，非洲、南美洲、东南亚等地区逐步成为重要的有色金属矿产资源供应地，与我国有色金属产业形成竞争关系。在贸易方面，美国、澳大利亚、日本等国家的矿业巨头通过兼并重组等方式，形成具有垄断特征的国际有色金属企业，在全球有色金属市场中掌握了话语权。

三　转型发展的突破口

践行新发展理念，实现高质量发展，是中色大冶未来一段时间最重要的任务和目标。转型发展突破口的设计和寻找，体现了中色大冶发展方式的重大转变以及其自我革命的实践精神。

（一）实施矿山尾矿库闭库工程

处理矿山尾矿是企业生产的最后一道工序，是实现企业可持续发展的重点，也是实现企业转型最重要的一环。矿山尾矿与企业治污成本关系密切，处理得当能使企业在成本与利润的核算中找到平衡点，实现经济效益、社会效益与环境保护效益三者统一，是企业实现现代化转型的关键。

2021年，中央生态环境保护督察组曾就"丰山铜矿尾矿库生产水直排长江、废水总量超定额、截洪沟建设滞后"等问题提出督察意见，中色大冶高度重视，把落实整改督察意见作为企业转型的契机，实施一系列整改措施，推动企业走现代化转型之路。

公司成立以主要领导任组长的督察整改领导小组，以及班子成员为组长的10个工作专班，要求工作专班结合督察通报实际问题，坚持"立行立改、标本兼治、同步推进"的原则，制定整改方案，确保整改工作和整改效果落实落地。

中色大冶以习近平生态文明思想为指导，坚决贯彻落实习近平总书记关于长江"共抓大保护、不搞大开发""留一江清水，惠泽子孙万代"的指示精神，深入剖析问题发生的原因，制定针对性措施，形成发展方案。针对企业尾矿库现存主要环保问题，开展尾矿库安全风险管控，重点完善尾矿库截洪沟建设和防渗截渗措施，消除环境隐患。尾矿库闭库严格按照闭库设计施工，闭库后尽快完成生态恢复。将矿山开发与生态环境保护有机结合，建立矿山开采、生态修复长效机制。

中色大冶修订公司矿产资源管理制度，把绿色矿山建设作为推动矿业发展的重要方向，统筹推进山水林田湖草沙系统治理，健全长效机制，打造绿色矿山。有规划地统筹开展矿山资源开发利用、地质环境治理、生态环境保护和土地复垦工作，在矿山生命周期结束后，及时绿化复垦，将矿山由碳排放主体转变为碳吸收主体。按照绿色矿山建设要求，逐步解决老矿山历史遗留环境问题，形成矿山生态环境保护的新局面。

（二）实施老旧设备升级改造工程

淘汰落后产能，是实现传统产业现代化转型的关键。中色大冶以"涤故更新"的勇气，实施老旧设备升级改造工程，特别是在冶炼厂升级改造中积极探索产业现代化之路。

中色大冶积极落实习近平总书记关于生态文明建设的指示精神，优化升级冶炼厂转炉设备，在解决无组织排放问题的前提下，推进生态效益与经济效益协同发展。一是降低碳排放。在保证安全的前提下，对转炉厂房主要区域、通道、转炉本体相关设备设施进行密封，优化转炉滑动烟罩，减少漏风。二是开展转炉系统环境提升改造。中色大冶委托有资质的第三方机构或单位开展转炉改造升级设计工作，在确保厂房结构安全、完成加固工程的基础上，抬高转炉厂房屋面，安装厂房顶部集烟系统，优化环集管网，新建环集收尘与脱硫系统。三是实现全厂火法工艺优化升级。中色大冶加快建设了高浓度二氧化硫烟气制酸及余热回收系统，降低全厂总烟气产出量和化石能源消耗量，全面提升工艺指标、降低能耗。

中色大冶为实现产业现代化转型，确保冶炼厂外排废水稳定达标，结合厂区实际情况，按照"当下改"与"长久立"相结合的原则开展冶炼厂废水收集处理系统的优化整改工作，通过实施厂区雨污分流及污水处理站升级改造，实现"雨污分流、分质处理、梯级回用"，实现废水稳定达标排放。一是加强生产废水全程监控。如增设在线监测设备，多渠道、多角度、全方位开展污水排放与净化监测，开发手机端环保监测数据查询与预警功能，拓宽监测渠道；增加冶炼厂清水池在线监测，全方位扩大监测范围。二是对原有水沟进行防渗处理。对曝气沟进行防渗处理，在清理曝气沟淤泥的基础上，铺设碎石，在沟底和沟壁灌注混凝土，铺设防渗膜，再灌注混凝土，最后在混凝土表面铺设玻璃钢防渗（防腐）层，达到污水防渗的目的。三是实施厂区雨污分流及污水处理站升级改造。委托有资质的第三方机构或单位重新设计厂区雨污管网，增设初期雨水收集池，实现雨水、工业废水和生活污水彻底分流。四是加强防尘设施建设。对精矿库、石英库、粉煤库等建设防尘设施，减少粉尘无组织排放；对物料运输环节加强覆盖和密封管理，减少抛撒，加强地面清扫，减少运输扬尘。

中色大冶冶炼厂、铜绿山矿、铜山口矿、丰山铜矿建立下沉社区长效机制，制定《下沉社区制度》，定期开展下沉走访工作，核查、反馈、处理、通报人民群众关注的环境问题，并将中央生态环境保护督察整改工作进展情况告知周边居民，做到生态环境保护与经济发展协同推进。

（三）实施40万吨高纯阴极铜建设工程

按照中国有色集团提出的"聚焦实业、突出主业、专注专业"经营原则及"321"发展战略部署要求，中色大冶为完善铜冶炼产能布局，扩大冶炼规模和提高综合盈利能力，提升市场竞争力，实现高质量发展，决定投资新建40万吨高纯阴极铜清洁生产项目。40万吨高纯阴极铜清洁生产项目将采用世界先进的闪速熔炉、闪速吹炼、永久不锈钢阴极电解等工艺技术，具备自动化程度高、环保效果好等优点，将成为中国有色集团在国内铜产业核心基地，为集团公司进入全球铜产业领先行列提供支撑，是中色大冶实现二次创业、再次崛起，打造现代化铜企业的"压舱石"。

项目坚持最大化的效益产出，突出高质量发展。强化战略协同体现"大效益"，从构建铜产业新发展格局、提升国际循环质量和水平的高度，从统筹利用中国有色集团海外资源角度出发，将项目布局在长江黄金水道南岸，来自海外的矿石通过皮带廊从码头直通厂区，高纯阴极铜等产品通江达海，走向世界。

项目坚持最严格的环保标准，引领行业绿色发展。强化源头治理，摒弃了原料适应性较好的冶炼技术，选用对原料品质要求更加苛刻的铜冶炼工艺，只为控制原料杂质成分，建立绿色供应体系。强化过程管控，对生产流程各环节产生的所有水、气、尘、渣做到应收尽收，并采用最先进的环保新技术、新装备进行处理利用，做到资源"吃干榨尽"，对金、银、硒、碲、铂等稀有贵金属充分回收利用。

四 转型发展新成效

经过 70 余年的建设发展，中色大冶始终坚守"为中国铜工业发展作贡献"的初心和"代表'国家队'参与全球竞争"的使命，光荣与梦想交织成波澜壮阔的历史画卷。传统产业的转型面临的一系列"阵痛"考验着中色大冶的决策者们。他们敢于直面企业存在的问题，以科技引领产业升级，在保护生态环境的基础上，注重企业社会责任与经济效益的协同、平衡与发展，使中色大冶的转型卓有成效。

（一）技术含量更高

中色大冶近年来狠抓绿色低碳技术攻关，加快先进适用技术的研发和推广应用。通过建立完善的绿色低碳技术评估、交易体系，加快创新成果转化。强化创新人才培养模式，鼓励各级单位与高等院校联合培养。开展绿色新技术试点应用，使厂区的技术含量更高，同时带动产业的转型升级，既提升了产业水平又实现了降低污染、减少排放和经济循环发展。

实现绿色低碳关键技术科技攻关。围绕节能环保、清洁生产、清洁能源、环境污染治理、重金属污染治理、绿色工艺与装备、固废危废资源无害化处置、土地复垦、生态修复等，中色大冶继续加强低碳、零碳、负碳技术研发，推进绿色矿山、绿色生产、绿色制造技术集成创新，推动矿山数字化、智能化与绿色化改造，构建全生命周期的绿色技术创新体系。

强化基础研究能力建设。依托中国有色集团现有研究中心和重点实验室，结合湖北高校科研优势，推进产学研深度融合。聚焦地质找矿、环保治理和功能材料领域，加强基础理论、基础方法研究，推进绿色勘查、绿色找矿、减排降碳、低碳冶金、新功能材料制备机理等方面的技术装备基础研究，建立基础研究体制机制，完善开放合作机制。

建设绿色技术创新载体。培育壮大绿色技术创新主体，充分利用中色大冶的湖北省有色金属资源开发与综合利用工程技术研究中心和有色金属冶金与循环利用重点实验室，打造节能减排绿色技术创新平台，统筹各业务平台建设，建立协同机制，在资源共享、产品研发、产业链互补、人财物协同等方面形成内部合力，推动各业务平台绿色发展。

促进绿色适用技术推广应用。建立绿色科技成果转化平台，建立完善知识产权制度体系，建立绿色科技成果转化激励制度，推动绿色科技成果向绿色矿山、绿色生产、绿色制造、绿色建筑转化。加强绿色技术创新的交流与合作，推动绿色创新技术"引进来、走出去"。完善绿色技术创新成果应用政策体系，加速创新成果转化应用，打造中部有色行业绿色技术创新引领区。

形成绿色技术试点示范。开展绿色技术应用示范，发挥创新引领，推动四大业务板块绿色协同发展，实施低碳发展战略，逐步建立低碳企业评价标准、指标体系和激励约束机制，培育低碳标杆企业，增强企业低碳竞争力。积极引进低碳技术服务，推动绿色低碳技术在各板块应用转化。

强化人才队伍建设。建立完善的人才培养体系，打造多种形式的高层次人才培养平台，培育一批领军人物和高水平技术人才；强化生态环境保护组织机构和人才队伍建设，充分发挥公司生态环保专家库和第三方专业机构的智囊团作用，加强国家"双碳"、节能减排、碳交易等方面专业人才队伍建设，提升中色大冶环保专业化管理水平。

（二）生态环境更好

中色大冶近年来特别重视环境保护，在提升经济效益时注重履行社会责任，把经济增长与环境保护协调发展放在优先位置，通过产业现代化的转型，实现可持续发展，使矿山更青、流水更绿、空气更清了。

中色大冶通过技术手段赋能矿山生态保护、制定公司矿产资源管理制度，对矿山生态环境进行综合治理，不断优化矿山生态环境。一是中色大冶开展数字化矿山试点，打造绿色矿山、花园矿山。中色大冶在总结经验的基础上推广应用，推动损贫指标动态管理、生产计划动态编制和设计协同平台等数字化技术深度应用，完成各系统集成融合，探索大数据分析、生产模拟、智能决策等智能化技术高阶段应用；二是修订公司矿产资源管理制度，把绿色矿山建设作为推动矿业发展的重要方向，统筹推进山水林田湖草沙治理，健全长效机制，打造绿色矿山。有规划地统筹开展矿山资源开发利用、地质环境治理、生态环境保护和土地复垦工作，在矿山生命周期结束后，及时绿化复垦。

中色大冶在产业现代化转型时，十分注重对"水"的治理。中色大冶现已完成冶炼厂雨污管网及污水处理改造工程，完成污酸车间清污分流改造，确保废水稳定达标排放。强化推动丰山铜矿尾矿库和赤马山铜矿尾矿库生态环境建设，完成丰山铜矿和赤马山铜矿的尾矿库闭库工程，完成丰山铜矿尾矿库截洪沟及渗滤液收集系统建设；完善铜山口矿尾矿库截洪沟建设；加强现有尾矿库的日常巡查和管理。通过制定铜绿山尾矿库四周截洪方案，增强回用水能力，保证尾矿库废水不外排；通过拆除生产设施、治理堆存尾砂、实施闭库工程等方式，实现赤马山矿生态修复，使产区水质得到改善。

（三）绿色理念更强

发展理念是发展行动的先导，是发展思路、发展方向、发展着力点的集中体现。中色大冶把深入学习贯彻习近平生态文明思想作为头等重要的政治任务，通过开展常态化理论学习和专题讲座，增强全体员工对绿色发展理念的政治认同和思想认同，切实提高推动绿色发展的自觉性和主动性。以中央生态环境保护督察整改为契机，坚决扛起绿色发展大旗，积极践行绿色发展理念，以企业的高质量发展开启环境友好型企业新征程。

从发展思路看，编制《大冶有色金属集团控股有限公司绿色发展规划》、《大冶有色金属集团控股有限公司环保白皮书》和《碳达峰行动方案》，把绿色低碳发展作为一项多维、立体、系统的工程，统筹企业效益与低碳转型、绿色生产与绿色消费的关系，明确企业绿色转型的目标任务和路线图，积极探索生态优先、绿色发展、高质量发展的新路径，全面构建企业绿色转型发展的体制机制。

从发展方向看，以推动高质量发展和实现碳达峰、碳中和为目标，致力于转变发展方式，通过供给侧结构性改革，压减低效益产品产量，提高高效益产品产量，优化有色金属品种布局、区域布局和产业链布局。以改革创新和技术进步为强劲动力，以"四矿两厂"为基本产业格局，推进现代化、数字化、智能化建设。深化污染防治攻坚，大力实施节能降耗、清洁生产、绿色矿山建设，着力构建绿色低碳循环发展产业体系，能源资源利用效率不断提升，清洁生产水平不断提高，绿色制造体系基本构建，绿色成为中色大冶高质量发展的鲜明底色。

从发展着力点看，深入推进大气、水、尘、重金属和土壤污染治理，依法合规处置危险废物，加强尾矿库环境风险防控，加快推进矿山生态修复，改善矿区生态环境，稳步提升发展质量。以减污降碳协同增效为总抓手，统筹企业发展与绿色低碳转型，推进绿色采选、绿色冶炼、绿色加工，把绿色低碳发展的理念真正融入企业生产经营的全过程，加快产业结构优化升级，大力推进工业节能降碳，全面提高资源利用效率。积极推行清洁生产改造，推进绿色低碳技术的攻关和应用，努力建设成为绿色低碳的资源节约型、环境友好型企业。加强设备和能源管理体系建设，加快推进高耗能落后机电设备淘汰和工艺装备优化升级，深入推进节能降耗，提高清洁能源使用水平，促进企业发展与生态环境保护、资源可持续利用相得益彰、良性互动，实现企业效益和发展质量共同进步的绿色高质量发展。

五　绿色高质量发展的启示

中色大冶历史底蕴厚重，发展前景广阔。在习近平生态文明思想的指引下，以推进绿色发展为使命，主动服务和支撑国家重大战略，积极探索绿色低碳的生产方式，加快建立绿色低碳循环发展产业体系，成效显著。特别是在中央生态环境保护督察问题整改、国企改革三年行动、创新驱动发展、党的建设等方面亮点突出，为新时代国有资源加工型老企业绿色高质量发展探索了新路径并做出了突出贡献。

（一）坚持以党建为引领

习近平总书记强调，坚持党的领导、加强党的建设是国有企业的"根"和"魂"，是国有企业的独特政治优势。中色大冶集团党委以深化"大学习、大融合、大提升"为主线，推动党建工作全面融入企业发展的各个环节，以高质量党建推进绿色高质量发展。

其一，坚持党建引领方向，将政治优势转化为发展优势。坚持以习近平新时代中国特色社会主义思想为指导，以习近平总书记三次重要指示批示为根本遵循，从整体战略上把党建工作放到企业发展大局中谋划，使党建工作成为企业科学发展价值链上的重要环节。运用"大党建"考核体系，持续推动政治站位与战略方向、党的领导与治理效能、组织体系与攻坚克难、队伍建设与担当责任、群团合力与服务发展等方面统一融合，发挥国企党建独特优势，有效完成国有企业承担的经济责任、政治责任和社会责任。

其二，推动党建与生产经营融为一体，把促进绿色高质量发展成效作为检验党建的重要标尺。把党建与企业发展战略相结合，坚持"走出去"不动摇，立足"做强做优"不懈怠，守住"资源报国"不放松，勇当"两个主力军"不松劲，踔厉奋发、勇毅笃行，在新发展格局中奋力书写绿色高质量发展新篇章。积极弘扬"工匠精神"，设立职工技术创新工作室，以组织方式互联、活动载体互通、资源优势互补、工作难题互解为途径和方法，促进将党的组织优势转化为企业的治理效能。

（二）坚持以绿色发展为方向

绿色化、低碳化是高质量发展的关键环节，是构建高质量现代化经济体系的必然要求。中色大冶因绿色发展而变，因绿色发展而兴，在转型发展中以绿色发展的理念指导企业的生产实践。

其一，正确处理两个关系。一是绿色高质量发展与企业经济效益的关系。着力构建绿色低碳循环经济体系，有效降低发展的资源环境代价，不断塑造发展的新动能、新优势，持续增强发展的潜力和后劲。二是环境保护重点攻坚与企业协同发展的关系。抓住主要矛盾和矛盾的主要方面，对突出的生态环境问题采取有力措施，不断增强各项工作的系统性、整体性、协同性，强化目标协同、部门协同、政策协同。

其二，推进产业绿色化、低碳化发展。绿色低碳发展是实现有色金属高质量发展的重要组成部分。"十四五"期间有色金属企业将严格落实能耗"双控"目标和碳排放强度控制要求，推动产业减量化、集约化、绿色化发展。一方面增加初级加工产品进口，严格控制高耗能、低附加值产品出口；另一方面支持资源高效利用，持续提升关键工艺和过程管理水平，提高一次资源利用效率，从源头上减少资源能源消耗。

其三，在消费结构上推进绿色低碳发展。一方面，坚决控制化石能源消费，提高可再生能源消费比重，加快形成清洁高效低碳的用能结构，推动现有单位节能降耗及新的产能向绿色低碳方向看齐，控制和降低单位能耗碳排放量，高标准谋划"双碳"行动；另一方面，大力淘汰落后产能，持续提高能源资源利用效率，多措并举推进总量减排、源头减排、结构减排，构建绿色高质量发展新格局。

其四，开展好矿产资源综合利用。有色金属产业要想实现低碳排放，就应当在采矿、选矿、冶矿、加工等多个环节实现矿产资源的综合利用，尤其是对于二次资源而言，更应当加大资源利用力度。综合利用二次资源能够有效解决矿产资源短缺的问题，同时也能够控制环境污染问题，使各项资源得到综合利用与回收，进而控制有色金属矿产企业在生产过程中带来的污染问题，减轻环境的压力。

（三）坚持多渠道提升矿产资源保障能力

中色大冶资源控制量偏低，矿产资源全球布局不够，缺乏大型核心铜矿山项目，矿山铜产量较低，国内自有资源保障水平不高，高端铜产品比重较低，贵金属材料业务协同发展不足，深加工材料规模小、品种少。多渠道提升矿产资源保障能力，是中色大冶现实的选择。

其一，统筹资源获取与规模发展。要坚持对各业务板块的发展进行统筹优化，明确要以矿产找资源、工程换资源、贸易争资源、科技提升资源、深加工节约资源五种途径抢抓资源，为增产打下坚实基础。国家应进一步加大用于找矿和资源勘查的支出保障，并出台相关鼓励政策，降低勘查成本，提高社会资本对风险勘查投入的积极性。

其二，提升境外资源开发能力。我国有色金属产业已经深度融入世界经济，同全球很多国家的产业关联和相互依赖程度比较高。要促进资源要素跨国、跨区域流动与高效集聚，加快高质量"引进来"和高水平"走出去"，构筑互利共赢的全球产业链、供应链利益共同体。

其三，争取开放发展中的战略主动。我国有色金属资源对外依存度高将长期存在，战略性新兴产业快速发展，优质资源竞争更加激烈。引导"走出去"的企业采用参股、控股等多种形式投资全球铜矿等有色金属资源，建立与资源所在国利益共享的对外资源开发机制，建设稳定的优质、低成本海外资源供应基地，提高矿产资源保障能力。引导"走出去"的企业提升属地化员工招聘使用比例，逐步拓展属地化员工向核心技术和管理岗位的晋升通道。

（四）坚持创新发展

传统企业转型发展的本质就是创新，即打破固有结构，将新的生产资料和方式等引入传统产业并重新组合，以实现企业可持续发展的创新行为和过程。

其一，坚持以创新为发展动力。中色大冶要深化改革的自觉性和主动性，持续释放企业发展的动力和活力，进一步确立创新核心地位，各类创新要素向企业集聚，企业主动开展技术创新、管理创新、商业模式创新，培育一批高水平科技领军人才。

其二，坚持以技术创新为重点。技术创新是提高企业生产效率、能源利用效率和工业污染防御治理效率的重要驱动力，是传统企业在新时代新发展阶段继续生存和发展的基础。近年来，中色大冶以技术创新为关键，让技术创新和生产经营充分结合。强化采选、冶炼、材料加工等环节的技术研发，实现了冶化技术升级换代。

（五）坚持推动传统产业转型升级

建设现代化产业体系是党中央从全面建设社会主义现代化国家的高度做出的重大战略部署。中色大冶的经验就是一手抓传统产业升级，一手抓战略性新兴产业发展壮大。

其一，传统产业是现代化产业体系的基底。产业发展是一个动态的历史进程。产业高端化、智能化、绿色化发展不等于把传统产业当成所谓的低端产业简单退出。我国有色金属传统产业体量大，传统产业转型升级直接关乎现代化产业体系建设全局。因此，要深入实施传统产业基础再造工程、重大技术装备攻关工程。

其二，把握好传统产业升级的节奏和力度。让传统产业向现代化转型、低端产业向高端化升级，要长短结合、稳扎稳打，既要做好战略谋划，统筹推进传统产业改造升级和战略性新兴产业培育壮大，又要落实落细各项具体部署，促进各类要素合理流动和高效集聚。

（六）坚持产品高端化、品牌化

对于企业来说，高质量发展一定是有效益的发展。所谓效益导向就是指企业在生产经营中要以经济效益为中心开展各项工作，坚持产品高端化、品牌化，促进效益最大化。

其一，推进产品高端化发展。一方面，必须以国家重大需求为牵引，以补齐高端产品为方向，找准关键指标，加快实现对高端产品与新材料的追赶和超越；另一方面，要在健全创新体系、攻克关键技术、突破关键材料、提高产品质量四个方面持续发力，力争实现新的突破。

其二，打造具有国际影响力的品牌。要持续推进品牌建设，打造具有国际影响力和竞争力的一流品牌，加快建设世界一流企业，为产业转型升级、增强文化软实力提供有力支撑。

B.19

北元集团：混合所有制企业的
绿色转型高质量发展

摘　要： 在"双碳"目标背景下，北元集团践行以循环低碳、绿色发展的理念构建产业链，将绿色发展作为推动企业高质量发展的重要引擎。北元集团通过汽轮机通流改造、循环水系统节能改造，回收利用各类乏汽，建设余热锅炉，以及实施自动化控制节能技术等让节能降碳效果更显著，为集团产业结构转型和绿色发展奠定了扎实基础。未来集团推动绿色转型高质量发展应大力发展光伏项目、深层盐穴压缩空气储能、伞梯式新型发电技术试验项目等，把"新能源+储能+二氧化碳消减+化工"作为转型升级新路径，全力构建全流程智能制造、绿色低碳的现代产业体系，实现企业转型升级高质量发展。

关键词： 北元集团　循环产业链　节能降碳措施　绿色发展

节约资源是保护生态环境的根本之策，也是高质量发展的内在要求。党的十八大以来，以习近平同志为核心的党中央把生态文明建设摆在全局工作的突出位置，强调要节约集约利用资源，推动资源利用方式根本转变，加强节能降耗，发展循环经济，促进生产、流通、消费过程的减量化、再利用、资源化。党的二十大报告指出，推动经济社会发展绿色化、低碳化是实现高质量发展的关键环节。陕西北元化工集团股份有限公司（以下简称"北元

---
* 课题组组长：刘延财，陕西北元化工集团股份有限公司党委副书记、总经理。课题组成员：安文霞，中国人民大学汇贤公益大讲堂负责人；任喜萍，中国社会科学院金融研究所博士后。

集团")积极走安全、绿色、低碳、循环发展的新路子,扎实开展节能降碳和绿色发展工作,在管理制度建设、业务能力提升、能源结构优化、余热利用改造和新技术引进等方面深入研究和大力投入;同时,结合化工、电力、水泥、电石四大板块,氯碱、火电、冶金、建材、井矿盐五大行业特点,加大绿色节能技术的开发与应用,构建能源管理体系,提高能源利用效率,真正成为绿色发展理念道路上坚定的实践者、探索者。

一 循环经济产业链概况

当"循环经济"一词还未在西部地区引起足够重视之时,北元集团就已着手打造循环产业示范企业。北元集团以循环低碳、绿色发展理念构建产业链,从百万吨聚氯乙烯循环综合利用产业链出发,引进电石板块,弥补产业链空缺,最终将循环经济产业链推向整个园区,充分利用园区企业多余资源,并将公司内部多余资源提供给园区需求企业,带动园区经济快速发展。北元集团自主探索出了具有北元特色的循环经济产业模式,具有低成本、高质量的竞争优势,依托天然资源与园区资源,加之先进的管理理念,形成强大的市场竞争力,为化工乃至众多传统产业的绿色转型升级提供了更多可借鉴的经验(见图1)。

(一)子公司锦源化工循环经济产业链概况

北元集团子公司锦源化工有限公司(以下简称"锦源化工")内部实现循环经济产业链小循环。锦源化工坚持"源头削减、过程控制、末端治理"的工作方针,将循环经济理念融入运营的全过程,通过创新和节能技术不断提高产品能效,选择低污染、高产出、高附加值的产品,并持续完善碳排放管控体系,以减少产品全生命周期碳足迹。锦源化工建成并运行50万吨/年电石资源综合利用项目。兰炭生产装置生产的兰炭作为电石装置的原料,伴生的煤气用于白灰生产装置加热或余热机组发电;白灰生产装置生产的白灰作为电石生产装置的原料,白灰与兰炭结合生产电石供聚氯乙烯装

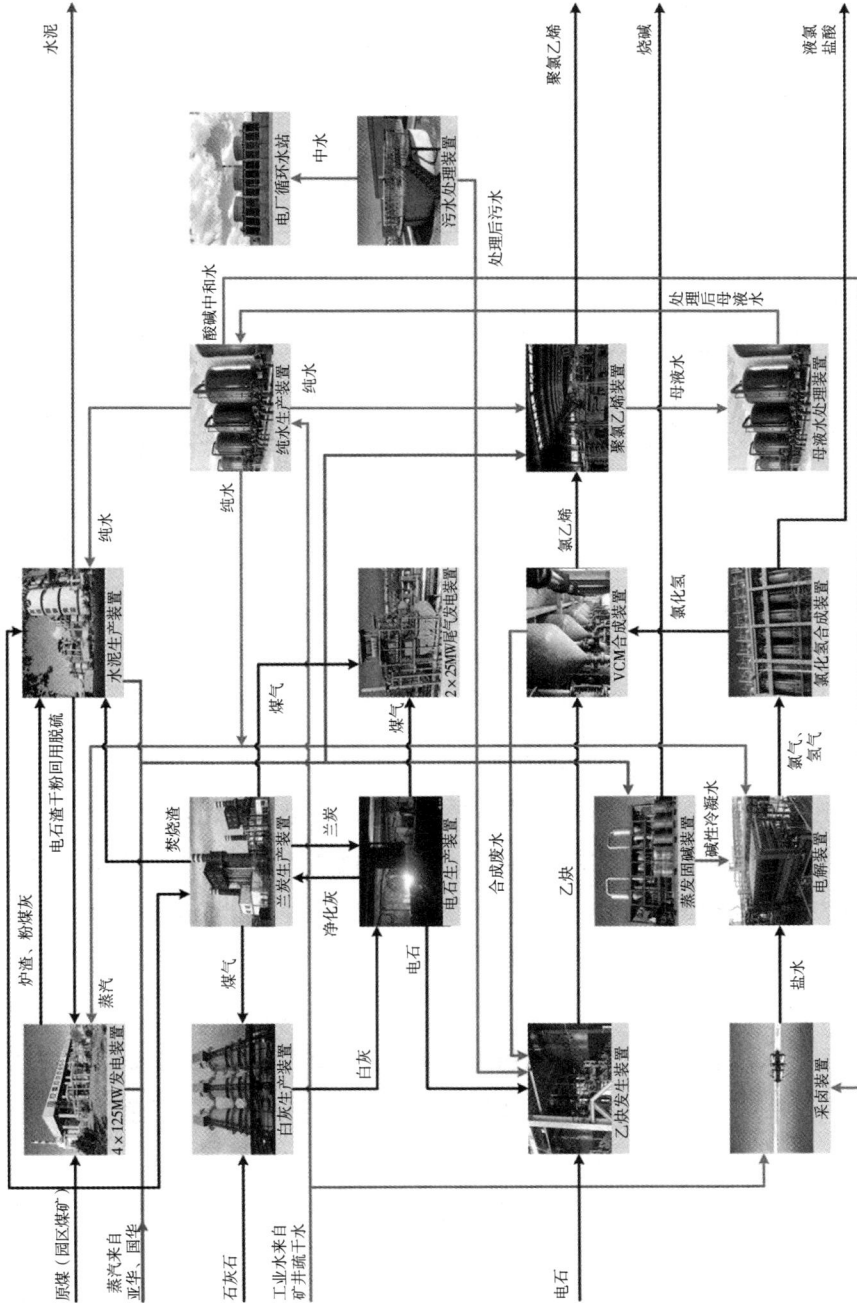

图 1 陕西北元化工集团股份有限公司循环经济产业链

置使用，电石炉伴生的煤气供余热机组发电，主要用于电石装置。另外，电石装置产生的散点除尘灰用于热电装置脱硫或水泥装置生产水泥，净化除尘灰回用于沸腾炉燃烧，沸腾炉产生的焚烧渣用于水泥装置生产水泥，实现工业废渣的循环利用、"吃干榨尽"，持续提升绿色发展水平（见图2）。

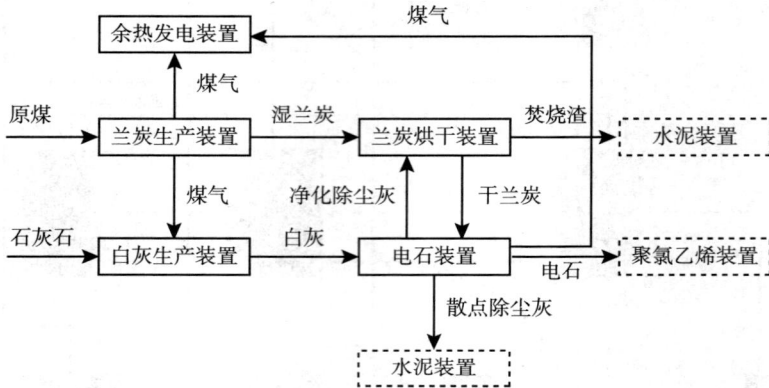

图2　陕西北元集团锦源化工有限公司循环经济产业链

锦源化工一直致力于从源头出发，近年来不断实施"三废"资源化利用改造，完善循环经济产业链，降低生产成本，实现绿色发展。2019年，完成了电石炉净化除尘灰回用于沸腾炉的改造，将电石净化除尘灰由外倒垃圾场处置方式改造为用作沸腾炉燃烧燃料，不仅节约了固废处置成本，而且每年节约标准煤约5000吨。2021年，锦源化工完成了循环流化床锅炉的改造，由气固混合燃烧锅炉改造为纯燃气锅炉，实现了煤气的100%利用发电。2022年以来，公司不断将电石生产系统中产生的散点除尘灰、炭材焚烧渣回用于水泥装置生产水泥，使固废利用率由2018年的65%提升至2023年的95%。2023年，公司获工业和信息化部颁发的国家级"绿色工厂"荣誉称号，标志着锦源化工绿色制造迈上了新台阶，实现了新突破。

总体来说，锦源化工大力布局新材料、新工艺等战略性新兴产业，注重产业链间的循环利用，通过实施电石炉净化除尘灰返炉燃烧、电石散点除尘灰收集利用改造、热电装置空冷翅片手动冲洗改为全自动冲洗等多项技改项目，不断加大节能降碳力度，推动能效水平进一步提升。同时，锦源化工将继续发挥国家级绿色工厂的示范引领作用，持续提升绿色发展水平，为北元集团绿色发展之路做出更大贡献。

（二）北元集团循环经济产业链

北元集团坚持"低碳生产、高效利用、源头控制、综合治理"的环保管理方针，内部以聚氯乙烯装置为核心，集电力、水泥、电石、采卤等装置形成了循环经济。即以100万吨/年聚氯乙烯装置为核心，采卤装置为氯碱装置提供盐水，热电装置为化工装置和水泥装置提供电力和蒸汽，电石装置为乙炔装置提供电石。水泥装置利用乙炔装置产生的电石泥废渣、热电装置产生的炉渣、粉煤灰、脱硫石膏等生产水泥，同时设置余热锅炉生产蒸汽供聚氯乙烯装置使用。另外，聚氯乙烯装置产生的母液水经过深度处理回用制纯水，生产污水经过处理回用于产生乙炔，热电装置产生的煤水、中和水回用于采卤装置采集卤水。整个生产过程基本没有废弃物排出，资源在生产全过程得到高效利用，形成了一个生态产业链条（见图3）。

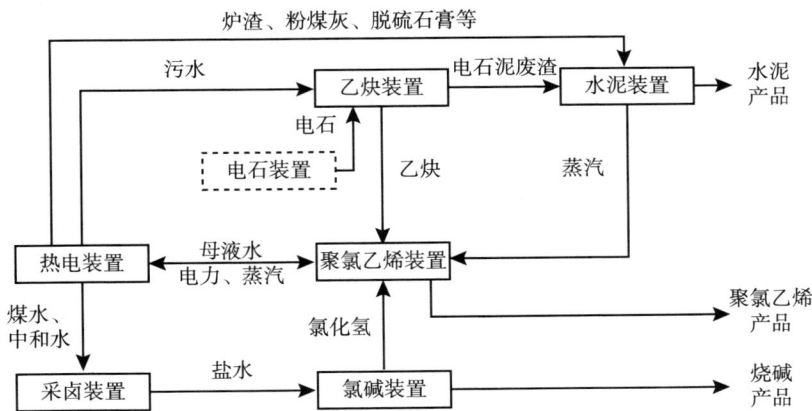

图3 北元集团循环经济产业链

党的二十大报告指出，加快节能降碳先进技术研发和推广应用是实现"双碳"目标的有效途径。北元集团近年来斥巨资实施节能降碳改造，降低综合能源消费量和碳排放总量，扩充产业链条，坚持产业结构改革。2018

年，投资建设了水泥余热锅炉，回收利用回转窑窑头窑尾余热生产蒸汽供化工装置区使用，年节能量达1.7万吨标准煤。2020年，投资建设了母液水深度处理装置，将聚合装置产生的母液水经过处理送除盐水装置生产除盐水，同时将污水处理装置处理后的生产污水回用于乙炔装置，实现了污水的"零排放"，年节约新鲜水用量达100万吨。同时，北元集团依据存量产业伴生氯的特点向下游延伸，正在建设甘氨酸、碳酸酯类装置，提升企业核心竞争力，并形成较为完整的生态产业链条。在这条生态产业链条上，已形成38种牌号树脂产品、7种碱氯酸、10种水泥类产品和3种电石类相关产品，形成特色产品序列体系，为提升企业核心竞争力的建设提供了有力的技术支撑。

（三）北元集团与园区企业循环经济产业链概况

北元集团结合工业园区内的企业，实现园区内部企业资源的合理配置。在园区循环链中，北元集团使用亚华热电蒸汽用于10万吨/年聚氯乙烯装置；也可使用神木化工多余氮气，解决氮气不足的问题；集团与锦界煤矿之间修建了输煤廊道，将煤利用输煤廊道供给集团，瑞水厂的矿井疏干水通过地下管网向集团供应。北元集团目前正在积极与国华电厂沟通，计划使用国华电厂多余蒸汽供募投项目使用，同时将蒸汽冷凝水或纯水送往国华电厂，形成热能循环链。通过循环经济产业链，园区内物料得到综合利用，为集团产品走向国内、国际市场打下坚实基础（见图4）。

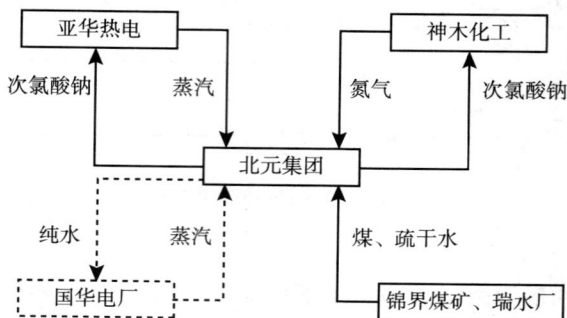

图4　北元集团辐射园区循环经济

二 绿色转型发展的管理机制

北元集团毫不动摇坚持党的领导，持续加强党的建设，将党建工作贯穿混合所有制改革全过程和混改企业经营发展的各个领域，开创了"国"进"民"不退的样例，实现了民营企业与国有企业合作共赢、优势互补，取得了"1+1>2"的最佳效应，打造党建引领混改上市企业高质量发展的特色样本。"唯改革者进，唯创新者强，唯改革创新者胜。"近年来，北元集团逐步规范绿色发展管理机制，建立健全管理机构和管理队伍，按照《中华人民共和国节约能源法》和《重点用能单位节能管理办法》等国家法律法规，成立了节能减排工作领导小组，聘任能源管理负责人和专职能源管理人员，明确划分职责，逐级把关，以解决企业存在的环保问题。2022 年 6 月，集团通过了能源管理体系认证。通过节能降碳目标责任制、高耗能设备淘汰更新、编制绿色低碳标准等形式降低能耗，提升企业核心竞争力。北元集团先后获得全国石油和化工行业党建思想政治工作先进单位、中国企业文化建设先进单位、全国安全文化建设示范企业、全国工人先锋号、全国国有企业党建课题研究成果一等奖、陕西省国资委先进基层党组织、陕西省国资委文明单位标兵等荣誉。

（一）组建专职管理队伍

北元集团深入贯彻落实国家"双碳"工作目标，依据《碳排放权交易管理办法（试行）》、《中央企业节约能源与生态环境保护监督管理办法》、《工业企业温室气体排放核算和报告通则》（GB/T32150-2015）、《企业温室气体排放报告核算方法与报告指南 发电设施（2021 年修订版）》、《中华人民共和国职业分类大典》和《国务院关于印发 2030 年前碳达峰行动方案的通知》（国发〔2021〕23 号）等要求，扎实开展碳排放管理工作，落实节能降碳，切实履行责任。一是成立了以董事长为组长的"碳排放管理领导小组及监督管理机构"，将制度优势转化为治理效能。二是积极聘任分管生产的总工程师为公司能源管理负责人，聘任一批专职能源管理人员和专职碳排放管理人员，将政策持续贯彻落实到公司治理、生产经营各个环节，提升经营运行效率。

1.专职能源管理人员

专职能源管理人员有助于帮助企业降低能源成本，提高能源效率，减少环境影响。专职能源管理人员主要负责制定公司能源管理相关制度，建立并落实节能目标责任制；编制并推进能源需求计划、节能计划、节能项目实施计划，并进行能耗控制目标的实施与考核；负责能源介质的计量、统计、分析及成本核算；编写公司能源利用状况报告，对公司用能状况进行分析、评价，提出节能工作的改进措施并组织实施；负责国家鼓励、支持的节能科学技术的研究、开发、示范和推广，促进节能技术创新和应用；按照国家要求，定期开展节能咨询评估、能源审计认证等工作。

2.专职碳排放管理人员

专职碳排放管理人员的设置有助于企业优化能源使用，控制碳税和排放成本，提升生产效率和品牌形象。公司组织专职碳排放管理人员参加专业培训并取得职业证书。专职碳排放管理人员有碳排放监测员、核算员、核查员、交易员、咨询员。碳排放监测员主要负责制定碳排放数据质量控制计划，建立监测体系，开展监测活动，编制和报送碳排放数据质量控制计划报告。碳排放核算员主要了解掌握碳排放监测、核算、报告及核查的相关方法，测算公司在社会和生产活动中各环节直接或间接的二氧化碳排放量。碳排放核查员主要根据碳排放核算方法与报告指南及相关标准和技术规范，对公司的温室气体排放量和相关信息进行全面核实、查证，编制真实、完整、准确的温室气体排放报告。碳排放交易员主要研究碳市场运行规律，分析市场走势，为碳排放管理领导小组提供决策建议；制定碳排放履约和碳指标交易方案，把控资金风险，定期分析碳市场行情。碳排放咨询员主要负责制定公司实现"双碳"目标的战略工作规划；及时获取碳排放管理相关法律法规和标准，了解行业和碳排放发展动态，组织或参与规划调研、研判发展趋势和报告编制等工作。

（二）建立健全制度体系

北元集团以"低碳生产、高效利用"为企业环保理念，坚持不懈地走清洁生产道路，建立健全绿色发展制度体系。企业加强了环境应急管理和环境监测管理，出台了《能源管理办法》和《碳排放管理办法（试行）》，2022年全年累计综合能源消费量为206.46万吨标准煤，较上年降低4.20万吨，同比下降1.99%；碳排放总量较上年减少26.80万吨，同比下降4.06%。其中《能源管理办法》规范了公司能源的购入、贮存、使用、平衡与调度、输出及能源数据的统计与分析，强化能源在使用过程中的监督与计量工作，提高能源利用率，保护和改善环境，实现生产系统节能减排、经济运行。《碳排放管理办法（试行）》规范了碳排放数据管理、碳排放履约管理、碳排放控制管理、碳排放指标交易和碳资产保值增值管理，提升了全生命周期的碳足迹管理，为减碳固碳工作奠定了扎实的基础。

北元集团同步建立了"能源管理体系"和"碳排放管理体系"，成功获取《能源管理体系认证证书》。制定了能源管理方针和碳排放管理方针，明确了能源管理、碳排放管理的目标和指标。编制了《能源管理手册》和《碳排放管理手册》，配套发布了体系程序文件，对体系中文件控制、记录控制、信息沟通、监视和测量装置的购买、使用、维护、控制、能源评审、能源基准与能源绩效参数设定、监视、测量与分析、能力与培训、内部审核、管理评审、新产品开发、合规性评价、新改扩建设备设施设计控制、能源统计等多方面管理制定了管理程序。

（三）建立节能减碳目标责任制

北元集团围绕"生产过程的优化控制与最佳设计"开展各项节能减排工作，每年制定下发《节能减排工作计划》《节能降碳工作实施方案》，明确能源消费总量、碳排放总量、主要产品单位综合能耗、产品碳排放强度、产值能耗等节能降碳目标，分解下发至各分公司、子公司及装置。通过月度、季度考核的方式，对碳排放总量和强度目标完成情况进行奖惩。方案中同步下达年度节能降碳重点工作任务，制定时间节点、明确责任人和工作标准，实时跟踪工作完成情况，督促全员行动，完成节能降碳目标。2022年公司开展环保设施升级、自动化智能化提升、能源高效利用等15项技术改造项目，估算总投资30310万元。

（四）辨识淘汰低能效设备

北元集团围绕设备安全、稳定、经济的运行目标，强化设备前置管理，全面提升设备健康水平、运行效能。近年来，集团按照国家相关规定，对照高耗能落后设备淘汰相关目录，辨识出集团的高耗能设备，同时根据耗能设备参数，对照相应设备能效评价值及能效等级标准，核算耗能设备的能效等级，对三级以下能效等级的设备及高耗能淘汰设备制定更新淘汰制度，更新市场能效等级高的设备，提升设备整体能效水平。集团累计完成 800 余台耗能设备的更换，年节电约 600 万度，年节能量 730 万吨标准煤，减排二氧化碳约 0.3 万吨。

（五）积极参与绿色低碳标准编制

北元集团积极参与绿色低碳发展的标准编制工作，已完成 4 项行业标准编制，分别为《氯碱行业离子膜法电解工艺碳排放核算要求》《烧碱、聚氯乙烯行业清洁生产评价指标体系》《烧碱企业能效评价技术规范》。目前正在参与《低碳经济企业评价导则》《工业零碳工厂评价通则》《绿色低碳产品评价通则》3 项标准的编制，在全方位、全过程推行绿色规划、绿色设计、绿色建设和绿色生产方面有了新思路。

（六）建立健全科技创新管理机制

"双碳"目标下，化工行业发展机遇与挑战并存，科技创新正是解困"密钥"之一。近年来，北元集团以习近平新时代中国特色社会主义思想为指导，强化科技创新与生产经营、创新成果与产业发展的有机衔接。集团为确保科技创新工作的顺利开展，制定了《科技创新成果管理办法》《科技创新项目管理办法》《知识产权管理办法》等基本制度，并衍生各类管理细则与规范，包括"项目制+薪酬制"管理、专利评审管理、科技信息管理等重点推进的配套制度规定等，以实现集团产业转型升级及经营管理提质换挡为目标，不断壮大科技创新管理体系建设工作。

三 实施节能降碳技术措施

回首过去二十年耕耘，北元集团一次次实践创新，一次次攻坚克难，最终探索出了一条原料绿色、生产绿色、排放绿色、产品绿色、回收绿色"五位一体"的循环经济发展新路径。近年来，北元集团高度重视先进技术的应用，持续推动设备全生命周期精细化管理，投资2亿元实施节能降碳技术改造，通过引进汽轮机通流改造、新型节能型氯化氢合成炉、零极距离子膜电解槽等行业新型技术，实施循环水系统节能改造合同能源管理项目，回收利用各类乏气，建设余热锅炉、碳酸钠制备、氢气吸附等先进节能减碳装置，并实施自动化控制节能技术，节能降碳效果显著，累计可节能量约16万吨标准煤，减排二氧化碳约40万吨。为集团的产业结构转型和绿色发展奠定了扎实基础。

（一）汽轮机通流改造

国家发展改革委、国家能源局联合印发《关于开展全国煤电机组改造升级的通知》（发改运行〔2021〕1519号），旨在通过实施煤电机组改造升级，进一步降低煤电机组能耗，提升灵活调节能力和清洁高效水平。为此，北元集团汽轮机通流改造项目对现有100万吨/年聚氯乙烯循环综合利用项目配套4×125MW发电机组2#、4#汽轮机进行通流改造。主要进行通流运行、优化主汽门和调门调节方式、优化喷嘴式与喷嘴组结构以及供汽系统改良优化等改造，改造后使汽轮机汽耗率由9926.32kJ/kWh下降至9350kJ/kWh，折合标准煤约21.71g/kWh，年节能量约4.24万吨标准煤，减排二氧化碳约11万吨。在2023年石化行业设备管理与技术创新成果表彰大会上，北元集团申报的《汽轮机通流改造节能减碳增效》创新成果荣获一等奖。

（二）循环流化床锅炉改造

北元集团在化工节能环保方面加大建设，推进循环流化床锅炉改造项目等 12 个节能项目，为实现"双碳"目标提供新的技术支持。集团电石装置配套 2 台 130t/h 中温中压循环流化床锅炉和 2 台 25MW 中温中压空冷凝汽式发电机组，改造前锅炉燃料为矸石煤、煤泥、煤气混合燃烧。为了实现节能减排，将现有 2 台 130t/h 循环流化床锅炉由燃煤锅炉改造为纯燃气锅炉。项目主要对燃气输送管道、锅炉本体、喷氨系统、脱硝系统、炉前燃气系统进行改造，改造后燃料完全由电石炉尾气、焦化炉尾气供应，取代煤矸石、煤泥等固体燃料，提高了燃烧效率，年节能量约 5.47 万吨标准煤，减排二氧化碳约 14 万吨。项目使用纯煤气发电，减少了煤炭的使用量，使公司的余热得到回收利用，杜绝了煤气的外排及浪费，且各项环保数据均处于超低排放水平，锅炉热效率由原来的 88% 提升至 91.55%。

（三）循冷却水系统节能改造

北元集团的循冷却水系统节能改造项目按照"按需供给、整体优化、自动检测、设备节能"的原则，采用 EMC 模式，完成各循环水系统的整体优化设计和改造。通过分析换热器传热效率及系统匹配情况、评价凉水塔运行状况、系统管路损失情况、优化设计系统流程等措施减少无效能耗。采用高效节能技术、智慧平台控制和大数据等先进技术，实现循环水系统智能化控制，合理控制水量的分配，降低能耗，提高水泵及冷却塔运行效率，年节电 1955 万度，年节能量约 0.24 万吨标准煤，年减排二氧化碳约 1.1 万吨。循环水系统因为设计阶段富余量比较大，且与实际用能不匹配，使用过程中存在能源浪费现象，随着运行时间的增加，水泵的运行功率下降比较明显，能源消耗增大，因此循环水系统节能改造工作尤为重要。

（四）电机变频改造

北元集团为积极响应国家"双碳"政策，对高耗能配电系统各类风机变频器进行了改造和节能电动机更换。电机变频改造项目对集团 90 台高低压风机、泵类负荷通过采用变频闭环控制电机进行节电改造，主要将负荷率为 30%~90% 的未达到满负荷且长期处于工频运行的电动机通过增加变频器达到降频率、降功率运行的目的。年节能量约 0.42 万吨标准煤，年减排二氧化碳约 2 万吨。实际运行数据表明，安装变频器可以节电 30% 左右，放到整个电力行业来说，节能空间非常大。一些西方发达国家的变频器使用率已经达到了 70%，国内也在逐渐改进，使用变频器节电将会更加广泛。

（五）乏汽回收利用改造

北元集团积极推进水泥余热锅炉乏汽回收等 7 个余热利用项目，热电装置在运行过程中除氧器、疏水扩容器等产生大量对空排放的具有低位热能的蒸汽。这些具有回收价值的能源长期得不到有效的利用，能源浪费严重。因此对除氧器、疏水扩容器乏气进行回收，年节能量约 3350 吨标准煤，年减排二氧化碳约 9240 吨。系统投入运行后，除了能够收到可观的经济效益外，还可实现降低除氧器溶解氧的效果。大大提高了热力系统的安全性，间接减少了烟尘和硫化物、二氧化碳的排放，也可大大降低排气噪声，起到了环保的作用。

（六）合成系统无汞化改造

北元集团的合成系统无汞化改造项目主要是将合成、精馏及聚合一条生产线进行无汞化改造。从设备仪表选型、反应过程控制等方面优化整体工艺设计，水系统由强制循环改为自然循环，系统自动化程度提高 50%（以现场人员操作频次来衡量）。建成规模为年产 20 万吨粗氯乙烯的无汞合成装置，彻底解决电石法聚氯乙烯生产中的汞污染问题，实现企业绿色生产。同时可将项目副产蒸汽全部回收利用，每年节约标准煤约 1.78 万吨。针对电石法聚氯乙烯用汞生产工艺，《关于汞的水俣公约》提出了多项管控要求，其中包括到 2020 年，电石法聚氯乙烯单位产品的汞使用量比 2010 年下降 50%；采取措施降低对原生汞矿的依赖；控制汞向环境的排放；支持无汞催化剂和工艺的研发；在缔约方大会已证实基于现有工艺的无汞催化剂技术和经济可行性，且在全球范围内均可采购的 5 年之后，不允许使用汞；向缔约方大会报告替代技术进展情况和为淘汰汞所做出的努力。因此，无汞化的改造对于聚氯乙烯行业的发展起着决定性作用。

（七）合成炉升级改造

北元集团的合成炉升级改造项目将现有四台副产 0.25MPa、120℃ 对空排放的蒸汽合成炉改造为副产 0.8MPa、180℃ 的中压蒸汽二合一氯化氢全石墨合成炉，将蒸汽并入中压蒸汽管网，全部充分有效利用。全石墨合成炉采用分段冷却的热补偿结构，合成炉视镜段及高压过渡段采用纯水强制循环冷却，充分利用氯化氢合成热副产蒸汽，热回收效率达 90% 以上。年节能量 0.92 万吨标准煤，年减排二氧化碳约 2.9 万吨。该项目可以采用自动点火工艺，现场可以无人值守；合成炉点火开车时无须打开炉门，可减少氯化氢泄漏事故的发生，确保安全、环保生产，同时热回收率可大大提高。

（八）新型离子膜节能技术应用

北元集团的新型离子膜节能技术应用项目从降低电耗出发，对比行业先进离子膜电解槽技术，将伍德迪诺拉常规极距离子膜电解槽更换为节能技术先进的新型膜极距离子膜电解槽，电解槽阴阳极内部结构均有变化，改造后膜极距无间隔条增大有效面积，同等电流密度下零极距电槽电压降低 180mV。吨碱耗电可降低 120 度，年可节约标准煤约 500 吨。新型膜极距离子膜电解槽在烧碱行业节能降碳领域占据了极大的市场和优势，是推动烧碱行业绿色发展转型的动力源泉。

（九）建设解析气中氢气回收利用装置

北元集团解析气中氢气回收利用项目是将聚氯乙烯装置中 VOCs 治理项目尾排气进行提氢，每小时可回收氢气 467 立方米，等量替代 1 台制氢电解槽的氢气产生量。全年可节约用电 1965 万度，折合标准煤 2415 吨。同时项目设计余热锅炉，每小时生产 1MPa、184℃ 饱和蒸汽 2.7 吨，蒸汽并入中压蒸汽管网使用，年产蒸汽量 21600 吨，折合标准煤 2048 吨，合计年节约标准煤 4463 吨。因聚氯乙烯行业精馏尾气深度处理装置均存在氢气放空损失的问题，该项目的实施可有效解决类似问题，实现节能降碳的目的。项目在回收利用氢气的同时，副产蒸汽作为化工装置区的热源，更可在精馏排空尾气非甲烷总烃原指标的基础上持续降低，进一步保障环保 VOCs 在线检测达标，实现环保、节能、降碳的目标。

（十）建设烟气制碳酸钠装置

北元集团建设烟气制碳酸钠装置项目依托现有变配电所、控制室及公用工程，建设生产能力为碳酸钠溶液 4 万吨/年的生产装置，装置主要由烟气风机、吸收塔、吸收塔冷却器、吸收塔循环罐、配碱罐、碱性冷凝水冷却器、碳酸钠成品罐及配套泵组组成。装置露天布置，占地面积约 713 平方米。该项目采用公司自身研发的烟气（含约 7% 的二氧化碳）与烧碱制备纯碱技术生产碳酸钠溶液，回用于盐水精制过程中。年可消减二氧化碳 1.67 万吨。该项目采用烟气与烧碱制备碳酸钠，相关原料、产品均在公司内部循环，在后期可预见的纯碱价格上涨的情况下，项目的投用不但可以大大减少公司的烧碱产品购买成本，还可以大大减少运输成本。加之该项目为环保项目，因此产品具有极强的竞争力。项目拟采用绿色环保工艺路线，通过碳减排等提升企业的环保水平，生产产品均为企业自用，从而有效增加企业经济效益。

（十一）建设水泥余热回收利用装置

国家政策大力倡导能源梯级利用、循环利用和能源资源综合利用。余热资源可用于发电、驱动机械、加热或制冷等，因而能减少一次能源的消耗，并减轻对环境的热污染。北元集团现有 2×3000t/d 水泥熟料生产线，水泥窑窑尾烟气余热全部用于原料烘干，窑头烟气直接排放，造成大量的能源浪费。项目在现有 2 条水泥窑窑头分别新建 1 台余热锅炉，生产蒸汽供给烧碱、聚氯乙烯生产装置利用，以达到进一步降低生产成本、节约能耗、改善环境的目的。项目建设内容为新建 2 台 12.5t/h 和 1.8t/h 双压窑头 AQC 余热锅炉及相应的辅助设施，配套的给水、除氧等系统依托热电装置。项目每年可外供蒸汽约 18 万吨，项目利用水泥窑窑头余热作为热源每年可节约标煤 1.7 万吨，每年减排二氧化碳约 4 万吨。

（十二）建设母液水深度处理装置

北元集团建设母液水深度处理装置项目，针对母液水水质特点，采用臭氧氧化工艺对母液水中的有机物进行降解，出水 COD 小于 5ppm，满足离子交换树脂制纯水指标要求。将母液水制为纯水进一步回收利用于聚合装置。同时采用空冷器对制氢装置排放的纯氧进行预除水后作为母液水深度处理装置制备臭氧的氧源。母液水深度处理装置投运后，可将生产废水回用乙炔发生，实现了公司生产废水的近零排放。每年节约新鲜水量约 110 万吨。项目投运后，实现了公司 100 万吨/年聚氯乙烯循环经济项目废水"零排放"，年可减排 COD 约 33 吨，总氮约 13.4 吨，产生废水约 130 万吨，具有较好的节能减排效益。

（十三）自动化、智能化节能

密闭电石炉智能冶炼生产项目将锦源化工 6 台电石炉进行智能优化改造，通过短网电压电流在线检测、烧穿电压电流在线检测、电极综合参数在线检测、冶炼关键工艺参数在线检测、低压补偿运行参数在线检测实现增产节能的目的。主要采用的节能技术有电石炉上料、自动上料及料仓连锁、电极自动压放优化、自动冶炼控制优化、风机频率自控、电石炉炉门自控等，年节能量约 0.58 万吨标准煤。

热电智能云项目采用上海全应科技有限公司自主研发的"全应热电云"工业互联网平台，能够为热电生产企业提供实时在线端到端的生产工艺优化与控制，有效降低发电标煤耗，提高机组运行经济性。"全应热电云"采用智能边缘控制器实时采集锅炉运行、汽轮机运行、供热管网关键数据，利用工业大数据和人工智能算法在云端构建热电生产系统端到端数字孪生模型体系，实时计算最优热电生产控制参数，指导岗位运行人员精准操作，实现节能目标，年节能量 0.42 万吨标准煤。

离子膜电解槽自动检测评估系统项目在 PI 系统建立数据采集模块，检测电解槽的总电压、总电流、槽温、产碱量，实时监测电解槽的各类指标。通过指标变化判断离子膜真空，判断涂层是否损坏，延长离子膜电解槽使用寿命。同时设置电流效率监测、吨碱耗电监测模型，实现单条线电流效率和吨碱耗电在线自动计算功能，设置了高、低限报警，及时提示岗位人员调整对应参数，降低电耗，年节能量 0.82 万吨标准煤。

四　绿色转型发展的方向

任重道远，唯有实干。北元集团将全面贯彻落实党的二十大精神，坚决全面贯彻新发展理念，紧密围绕"能耗双控目标，做精主业，进军新能源，坚持绿色低碳高质量、多元融合"的发展思路，优化升级存量，稳步拓展增量。开拓风光新能源产业，实施"源网荷储"一体化升级，大力发展光伏项目、深层盐穴压缩空气储能、伞梯式新型发电技术试验项目等，把"新能源+储能+二氧化碳消减+化工"作为转型升级新路径，抓核心技术攻关、抓科技成果转化、抓募投项目建设，全力构建全流程智能制造、绿色低碳的现代产业体系，实现企业转型升级高质量发展。

（一）大力发展光伏项目

北元集团积极推进绿色转型升级发展，在光伏、电解液、甘氨酸等领域都有重要探索。集团总投资约 15 亿元，新建 300MW 光伏发电装置，同时通过对现有产业项目所有生产装置强光侧墙体、屋顶的核算，建设 8.85MW 分布式太阳能发电装置，用于现有装置的电力供应，提升新能源消耗占比。项目总装机容量 308.85MW，按照榆林市年有效利用小时数 1557 小时计算，年节能量 4 万吨标准煤，减排二氧化碳约 27.9 万吨。同时，集团还加快了 12 万吨/年甘氨酸、募投项目配套产氯装置项目、电解液—碳酸酯类联合装置项目的建设，并取得了显著进展。

（二）深层盐穴压缩空气储能

北元集团积极推进深层盐穴压缩空气储能技术路线论证。集团拥有135万吨/年原盐采输卤装置，主要开采奥陶系下统马亚沟组十亚段岩层储存的岩盐，盐层深 2669~2692 米。盐穴储能具有储存容量大、储存压力高、清洁环保、安全可靠、经济性好等优点，对于优化能源结构、促进清洁能源生产、保障国家能源安全意义重大，是实现国家可持续发展和绿色发展战略的重要选择之一。同时，北元集团结合自身实际需求，根据所在的锦界工业园状况，考虑周围十几家大型化工高耗能用电企业潜在需求，结合厂区周边及锦界工业园周围拟建设的光伏发电，形成源、网、荷、储综合能源示范项目的大趋势，准备建设新型压缩空气储能项目，力图实现节能降耗减碳运行新模式。未来通过该技术后续的推广应用，将有效推动电力系统运行和管理模式重大变革，有效支撑能源革命，大幅减少化石能源消耗及污染物排放，提升可再生能源发电比例，改善生态及人居环境，为建立我国"安全、经济、高效、低碳、共享"的国家能源体系做出重要贡献。

（三）伞梯式新型发电技术试验项目

发展清洁能源是"十四五"时期我国深入实施能源消费和供给革命的重要组成部分。北元集团积极研究拟建设 1 套伞梯式新型发电技术试验项目，机组由空中系统和地面系统组成。集团充分利用神木市治沙基地场址交通道路相对畅通的特点，实现"地面防沙治沙，空中采风发电"的立体绿色发展模式。神木市锦界镇风能资源很丰富，选择因地制宜的方式建设全球领先的高空风能发电站，有着良好的展示和示范作用，在全球范围内都有重要的标杆意义。合理有序发展风能等清洁能源，强化智能电网建设，建立可持续的清洁能源开发利用模式，构建起绿色低碳、安全高效的现代能源体系，对锦界镇能源结构优化、生态环境保护及美丽乡村建设具有重要意义。

（四）煤化工废水制氢及综合利用研究

焦化、煤化工、石化、制药等行业产生大量高盐高 COD 废水和含有机物的杂盐，这类废水和杂盐的处理已成为制约煤化工、石化等行业发展的瓶颈，开发高盐废水或氯化钠杂盐等高值化利用技术显得尤为重要。为此，北元集团拟研究实施煤化工废水制氢及综合利用项目，构成新能源与高耗能产业一体化集成系统，该系统的电力能源需求一部分用化学储能模块和物理储能模块供高耗能装置转化，另一部分可直接供高耗能装置模块转化，同时进行化工消碳产品模块和化工产品的主产品和副产品的转化，有效解决了现有技术中新能源电力灵活性不足及高耗能产业受限的问题，进而构建新能源和高耗能产业兼容并蓄一体化集成系统，该系统可有效促进产业融合、资源整合和低碳发展，具有良好的经济、社会和环境效益。同时，绿氢的获得可减少氢气制取对煤和天然气等传统化石能源的依赖，助力实现碳减排的目标。

（五）活性纳米碳酸钙资源综合利用

北元集团拟建设 20 万吨/年活性纳米碳酸钙生产线、500t/a 电石渣制纳米碳酸钙中试研发装置。项目每生产 1 吨活性纳米碳酸钙产品需要消耗 1 吨电石渣、0.44 吨二氧化碳。厂区原有 110 万吨/年聚氯乙烯所产生的电石渣可用于生产附加值较高的活性纳米碳酸钙。厂区拟建 25 万吨/年 CCUS 捕集及应用项目，并将捕集自备燃煤电站锅炉排放的二氧化碳用于本项目生产，可满足生产需求，每年可消减二氧化碳约 10 万吨。根据北元集团实际情况和条件，确定合理的产品方案和规模。中试研发装置建设的目的主要有三个，一是打通由实验室小试技术到工业化放大之间可能存在的技术堵点；二是进行技术人才和操作工人的培养培训；三是开发新产品，可持续开发各种用途的活性纳米碳酸钙新产品及小批量特殊用途的特种产品。如研发高附加值的食品级高纯高白轻质碳酸钙产品、小批量的电子级高纯高白纳米碳酸钙产品等。

（六）二氧化碳回收利用项目

北元集团拟建设 15 万吨/年二氧化碳回收项目。该项目建成后，产生的二氧化碳可直接作为碳酸酯类联合装置的原料生产碳酸二甲酯，进一步

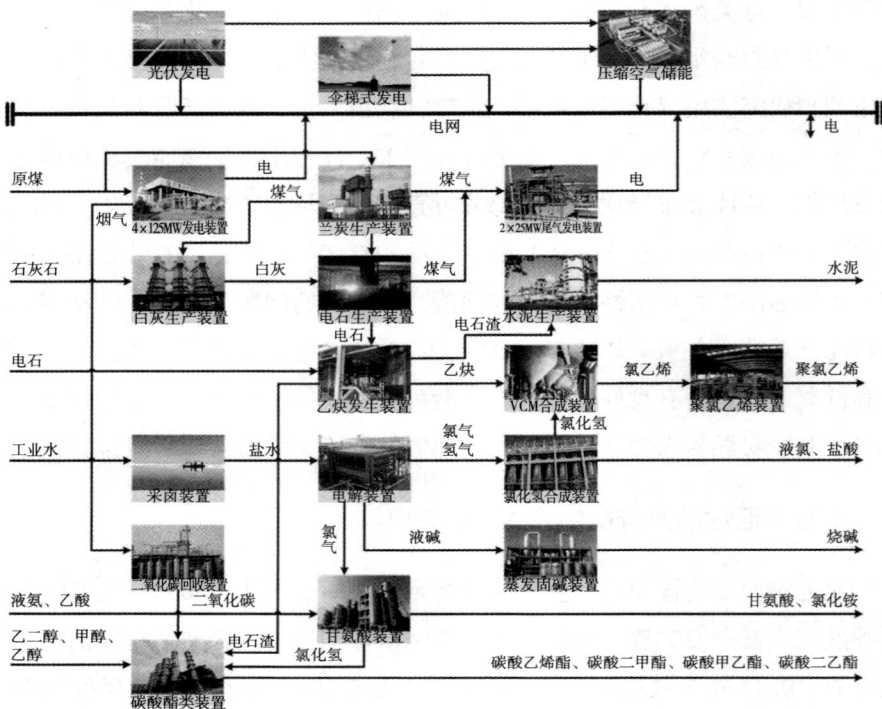

图5　北元集团未来发展产业链条

完善循环经济产业链条。该项目气源为现有热电装置锅炉烟气，其中二氧化碳浓度为11%~15%，氮气浓度为61%~72%。项目目标产品为气体二氧化碳、食品级液体二氧化碳、干冰、电子级二氧化碳，联产工业氮气。通过对国内外几种常用的提纯二氧化碳技术的分析、综合比较，项目采用两步法：第一步是采用避碳脱硫脱硝技术，对烟气进行降温除尘、脱除烟气中的酸性杂质并去除水汽，再通过变压吸附法将二氧化碳提浓到90%以上；第二步用吸附精馏法将二氧化碳提纯到99.9%以上。通过变压吸附的方法将PSA碳捕集空气中的氮气提取并提浓到99.5%，更大限度地利用了原料资源和能耗。

后　记

党的二十大明确提出"以中国式现代化全面推进中华民族伟大复兴"的战略要求，对新时代新征程党的中心任务、首要任务、重大原则、战略举措做出明确阐释和系统部署。2023 年中央经济工作会议明确要求"必须把推进中国式现代化作为最大的政治"。加强中国式现代化重大理论和现实问题研究成为理论界的重要任务。

中央党校（国家行政学院）中国式现代化研究中心（RCCM）是 2022年 5 月由中央党校（国家行政学院）校（院）委会批准成立的具有跨学科性质的研究机构，挂靠中央党校（国家行政学院）马克思主义学院。首任主任由第十三届全国政协委员、中央党校（国家行政学院）一级教授张占斌担任。中国式现代化研究中心旨在加强中国式现代化的基础性、系统性、整体性、战略性和前瞻性研究，积极构建中国式现代化的理论体系、话语体系、政策体系，努力提高学术影响力、决策影响力、社会影响力，尽快成为在国内外能够发挥重要引领作用的新型智库和跨学科学术研究交流平台。

中国式现代化研究中心成立以来，开展了一系列学术活动，在社会上产生了较大影响。连续举办两届"中国式现代化论坛"，邀请国家领导人、省部级领导、著名专家学者和企业家参加，成为中国式现代化领域具有重要影响力的高端对话交流平台；承担中央有关部门和中央党校（国家行政学院）重大课题，就中国式现代化重大理论和现实问题开展研究和咨询；受中国外文局委托编写《中国式现代化问答》《中国式现代化词条》等，参与中国式现代化外宣工作；与中国网开展战略合作，联合推出中国式现代化深度解读系列节目，加强理论宣传；与省级党校（行政学院）合作开展中国式现代化地方实践调查研究，与中央党校出版集团合作组织出版《中国式现代化故事》系列丛书，重视实践经验总结。

为了深度整合研究资源和研究平台，拓展研究领域，中国式现代化研究中心决定出版中国式现代化蓝皮书，并得到中央党校（国家行政学院）领导和科研部的支持，列入校（院）重点支持计划。蓝皮书着力深化中国式现代化重大理论和实践问题研究，持续聚焦时代性、前瞻性、整体性重大问题，展开重点难点问题研究，推动中国式现代化的理论创新、实践创新、政策创新；着力构建中国式现代化发展指标体系，持续发布中国式现代化年度发展指数和发展趋势，展现各地中国式现代化的实践进展、存在的问题、影响因素；着力开展调查研究和案例研究，持续聚焦各地中国式现代化实践探索，把握发展历史、现状、未来走势，总结经验模式和发展规律，提供决策咨询。

蓝皮书计划得到校（院）委和校（院）科研部、马克思主义学院、公共经济研究会的倾力支持，也得到了一些领导同志和专家学者担任学术顾问、学术指导的帮助。党和国家的需要以及各位领导、专家学者的支持帮助是我们组织编写好蓝皮书的强大动力和重要保证，我们争取每年编写出版一册，努力提高学术影响力、决策影响力和社会影响力，把蓝皮书打造成为中国式现代化研究中心的综合性研究平台。

中国式现代化蓝皮书编委会

2024 年 2 月 2 日

Abstract

The Blue Book of Chinese Modernization: Report on the Development of Chinese Modernization (2024) consists of a general report, a thematic research chapter and a case study chapter. The general report is divided into two major parts: 2023 Chinese Modernization Development Report and 2023 Chinese Modernization Research Hotspots and Prospects. 2023 Chinese Modernization Development Report constructs a Chinese modernization index system from the five unique features of Chinese modernization, and based on the analysis results, it further puts forward the policy suggestions to promote Chinese modernization in a coordinated manner. 2023 Chinese Modernization Research Hotspots and Prospects Report uses CiteSpace Knowledge Mapping Software to analyze the development of Chinese modernization. Modernization Research Hot Spots and Prospects report uses CiteSpace knowledge mapping software to visualize and analyze the literature in the CNKI database of China Knowledge Network to explore the hot spots and trends of Chinese modernization research, and the study believes that the research on Chinese modernization is still in the stage of increasing the number of achievements and deepening the application of theories, and that, combined with the current practice of Chinese modernization and the future development of Chinese modernization, it is necessary to do the "ditching" in the following research. In light of the current practice and future development of Chinese modernization, it is necessary to achieve "vertical and horizontal gullies", "harmony and difference" and "taking root on the ground" in the subsequent research.

With the theme of "Comprehensively Promoting the Great Revival of the Chinese Nation through Chinese Modernization", the thematic research chapter focuses on the historical lineage and logic of Chinese modernization, ideological lineage and theoretical logic, background of the times and logic of reality, theoretical system and theoretical character, theoretical contribution and significance of the times, and the path of advancement and realization mechanism, strategic objectives and strategic deployment, central tasks and realization conditions, opportunities and challenges, and prospects, as well as the historical process and evolutionary laws of modernization in foreign countries. The study concludes that the CPC has explored and promoted Chinese modernization in the process of the New Democratic Revolution, the Socialist Revolution and Construction, the Reform, Opening-up and Socialist Modernization, and the New Era of Socialism with Chinese Characteristics, and that, although it has accumulated solid conditions for its sustained and rapid development, it is still faced with many challenges in the process of promotion, and it is necessary to continue to insist on the overall leadership of the Party over Chinese modernization, adhere to the principles of the Marxist-Unionist ideology, and promote modernization. It is necessary to continue to adhere to the Party's comprehensive leadership of Chinese modernization, adhere to the leadership and guidance of Marxism in Chinese modernization, adhere to promoting and expanding Chinese modernization based on the national conditions of the country, adhere to the pursuit of the fundamental value of putting the people at the center, and adhere to the reform and opening-up to provide a strong impetus for the construction of Chinese modernization; at the same time, Chinese modernization has demonstrated a strong road advantage and theoretical advantage, which makes Chinese modernization of a more significant significance for the time. At the same time, the strong road and theoretical advantages of Chinese modernization have made Chinese modernization more significant for the times, providing a fundamental guideline for the comprehensive construction of a modern socialist country in China, a new choice for developing countries to realize modernization, and a powerful vitality and attraction for the development of world socialism and Chinese solutions to the global problems of the present.

The chapter of Case Study focuses on the practice and exploration of Nanjing, Pingshan, Wenchang, Yizhuang, Bijie, Changzhi, Sinoscale Daye and Beiyuan

Group in promoting the process of Chinese modernization. Based on high-level scientific and technological self-reliance, Nanjing is building a city example of Chinese modernization by taking advantage of its accumulated strengths in innovation, metropolitan area, industrial chain and digitalization. Pingshan has built a people-centered grassroots governance pattern of common governance and sharing, and stepped out of a new model of "seven-integration" that better meets people's demands, and the modernization of grassroots governance capacity has been continuously upgraded. Wenchang has a practical foundation for high-quality development, taking the construction of a free trade port with Chinese characteristics and the construction of Wenchang International Space City as a leader, and striving to promote high-quality economic and social development. After years of exploration and practice, the Beijing Economic-Technological Development Area has formed a "one leader, two teams and two supports" work layout with high-quality party building to lead high-quality development, and will continue to answer the major issues of the new era. As a multi-party cooperation demonstration zone, Bijie has explored and formed the "Bijie Experience" of the United Front's participation in the governance of poverty and multi-party cooperation's service of reform and development, which provides important practical insights for the modernization of national governance. Changzhi has built an institutional system for developing a new type of rural collective economy around the implementation of the rural revitalization strategy, which is of great significance in exploring the path of modernization of the countryside in Chinese style. Sinoscale Daye accelerated the establishment of a modern enterprise system, and planned a new round of deepening reform of state-owned enterprises with a focus on improving green and high-quality development, and in the direction of improving core competitiveness and enhancing core functions. Beiyuan Group practices the concept of building industrial chain with the concept of recycling low carbon and green development, and takes green development as an important engine to promote the high-quality development of enterprises.

This book integrates knowledge, theory, practice and policy, persisting in Xi Jinping Thought on Socialism with Chinese Characteristics for a New Era as the guiding ideology and oriented to the real problems that need to be solved in the development of Chinese modernization. The main innovation of this book is that under the idea of combining theory and practice, it has systematically sorted out the development lineage of Chinese modernization, examined the opportunities, challenges and prospects for the future development of Chinese modernization, and under the guidance of Xi Jinping Thought on Socialism with Chinese Characteristics in the New Era, it has continued to focus on the exploration of the practice of Chinese modernization in various places, grasped the history of the development, current situation and future trend, and summarized the experience patterns and the laws of development.

Keywords: Chinese Modernization; Comprehensive Cvaluation of Chinese Modernization; Road Advantage

Contents

I   General Report

Abstract: This paper meticulously scrutinizes the strategic blueprint set forth by the 20th National Congress of the Communist Party of China, which aims to steer the comprehensive rejuvenation of the Chinese nation through the prism of Chinese modernization. This research proposes a Chinese modernization index system, comprising 5 primary indicators, 13 secondary indicators, and 55 tertiary indicators. The methodology employed, the average assignment method, facilitates a meticulous evaluation of the extent of Chinese modernization across provinces for the year 2022. The research outcomes underscore that among the five distinctive facets of Chinese modernization, the principle of harmonious human-nature coexistence emerges as paramount, closely trailed by the ethos of shared prosperity. Additionally, the modernization trajectory that supports a substantial populace, bridges material and spiritual civilization, and steadfastly pursues a peaceful development course, is equally pivotal. The analysis further unveils a pronounced regional disparity in fostering Chinese modernization across provinces, autonomous regions, and municipalities. Notably, the eastern region exhibits a significantly higher level of modernization compared to its central, western, and northeastern counterparts. Drawing on these insights, the paper articulates policy recommendations aimed at the holistic and harmonized advancement of Chinese modernization, underscoring the imperative of an equitable and inclusive strategy.

Keywords: Chinese Modernization; Chinese Modernization Index System; Comprehensive Evaluation

B.2 Hot Spots and Prospects of Chinese Modernization

Abstract: Chinese modernization, a new road for exploring the comprehensive construction of a strong socialist modernization country, has developed in the joint interaction of theoretical inheritance and continuity, historical refinement and witness, and practical failure and success, and has continuously become a key research theme in the academic circles at home and abroad. The article uses Cite Space knowledge mapping software to visualize and analyze the literature in the

CNKI database of China Knowledge Network to explore the hotspots and trends of Chinese modernization research. In terms of research time change, the number of studies on Chinese modernization has gone through two phases of "explosive growth-relative slowdown". In terms of research hotspots, the research on Chinese modernization in recent years mainly focuses on the development history, connotation and characteristics, achievements, valuable experience and significance of the times. In terms of research scholars and institutions, the research on Chinese modernization is in the state of "the number of researchers (colleges and universities) is large and widely distributed, but the cooperation is weak". At present, the research on Chinese modernization is still in the stage of increasing the number of achievements and deepening the application of theories. Combined with the current practice and future development of Chinese modernization, it is necessary to achieve the "gully", "harmony and difference" and "rooted in the ground" in the subsequent research.

Keywords: Chinese Modernization; Research Hotspots; Research Prospect; Visual Analysis

Ⅱ   Thematic Study

B.3   The Historical Lineage and Historical Logic of

Chinese Modernization   *Zhang Zhanbin, Gao Lifei* / 071

Abstract: China is an ancient civilization, but missed the opportunity of industrial and technological revolutions. 1840, the outbreak of the Opium War, China's society gradually degenerated into a semi-colonial and semi-feudal society, and passively started the exploration of modernization, forming the modernization movement marked by the Foreign Affairs Movement, the Hundred Days Reform Movement, the 1911 Revolution, etc. However, it was impossible to achieve modernization in the old China, which was semi-colonial and semi-feudal. 1921 saw the birth of the Communist Party of China (CPC), and China's modernization turned from passive to active. During the period of new democratic revolution, socialist revolution and construction, reform and opening up and socialist modernization, and the new era of socialism with Chinese characteristics, the CPC explored the formation and advancement of Chinese modernization, and kept moving forward towards the grand goal of realizing the great rejuvenation of the Chinese nation, and comprehensively promoted the great rejuvenation of the Chinese nation with Chinese modernization.

Keywords: Period of New Democratic Revolution; Period of Socialist Revolution and Construction; Period of Reform and Opening up and Socialist Modernization; Period of Socialism with Chinese Characteristics in the New era

B.4　The Ideological Lineage and Theoretical Logic of

　　　Chinese Modernization　　　*Niu Xianfeng*, *Shi Ruoshui* / 084

Abstract: The original meaning of modernization is the transformation of traditional society into modern society, and is a process of economic and social development and progress promoted by the productive forces, which has a starting point in time but not a lower time limit. Any nation, in order to come out of tradition and move towards modernity, has to go through a process of modernization, and the same is true of the Chinese nation. The transformation of China's traditional society into a modern society has gone hand in hand with the pursuit of national rejuvenation by Chinese children since modern times. In the process of modernization, the Chinese nation, under the leadership of the Communist Party of China, has come out with a Chinese modernization path that is different from the Western modernization model. The theory of Chinese modernization, which is based on Chinese practice, has had a development process of gradual improvement with the Party's exploration and practice of modernization.

Keywords: Chinese Modernization; Theoretical Logic; Historical Evolution

B . 5   The Era Background and Reality Logic of

Chinese Modernization   *Bi Zhaoqing* / 111

Abstract: Since the 18th National Congress of the CPC, Chinese modernization has been successfully promoted and expanded, and a new journey towards building a modern socialist country in all respects has begun. Domestically, the sustained and rapid development of Chinese modernization has accumulated solid development conditions; internationally, the current international pattern of development, relations among major powers and the international order are undergoing profound adjustments. The promotion of Chinese modernization faces challenges such as insufficient effective demand, innovation capacity not adapting to the requirements of high-quality development, a large gap in the space for modernization and development, an increase in the number of external risks and challenges, and new problems facing global economic growth. To continue to promote and expand Chinese modernization, it is necessary to adhere to the Party's overall leadership of Chinese modernization, adhere to the leadership and guidance of Marxism in Chinese modernization, adhere to promoting and expanding Chinese modernization based on the country's national conditions, adhere to the fundamental value of people-centeredness, and adhere to reform and opening-up to provide a strong impetus for the construction of Chinese modernization.

Keywords: New Era of Socialism with Chinese Characteristics; Opportunities and Challenges; Practical Paths

B . 6   Historical Process and Evolutionary Pattern of

Modernization Abroad   *Wang Xuekai*, *Song Liping* / 121

Abstract: Starting from British Agricultural Revolution and the European Commercial Revolution of the 16th century, modernization of the world can be divided into the budding, accelerating and upgrading stag. From the perspective of evolutionary laws, we can find that industrialization is the fundamental driving force of modernization, urbanization is an important carrier of modernization, marketization is an inherent requirement of modernization, democratization is an important condition of modernization, rule of law is an inevitable requirement of modernization, and internationalization is an inevitable result of modernization. Looking at modernization and human social changes, we can summarize some trendy characteristics, namely that modernization has different implementation modes, modernization and human social changes exhibit non-linear characteristics, with productivity changes as the fundamental driving force and having global influence.

Keywords: World Modernization; Industrialization; Changes in Human Society

B.7　Theoretical System and Theoretical Character of Chinese Modernization　　　　　　　　　　*Zhao Pei* / 134

Abstract: The theoretical system of Chinese modernization is composed of many important parts, including the formation process, basic framework, scientific method, and theoretical character. In the process of theoretical formation, it is a summary of the scientific path to realize the great rejuvenation of the Chinese nation; The practical objectives, internal logic and basic compliance of the theoretical system constitute the basic framework the theoretical system of Chinese modernization; In enriching and developing the theoretical system, it is necessary to follow the principle of unifying theory, history, and practice. The practical value of the theoretical system of Chinese modernization is to make Chinese modernization clearer, more scientific, and more perceptible, which is a vivid expression of the theoretical character of the theoretical system. The fully study of the theoretical system and theoretical character of Chinese modernization is of great significance for continuously enriching and developing the theory of Chinese modernization on the basis of practice and realizing the great rejuvenation of the Chinese nation with Chinese modernization.

Keywords: Chinese Modernization; A New Form of Human Advancement; Great Rejuvenation of the Chinese Nation; The Theoretical System

B.8 Theoretical Contributions and Contemporary Significance of Chinese Modernization *Wang Haiyan* / 153

Abstract: The construction and development of the theoretical system of Chinese modernization marks the great enrichment and development of the Party's understanding of Chinese modernization, which has reached a brand-new level and is of great theoretical contribution and significance for the times. Chinese modernization is the ideological and theoretical crystallization of our Party's profound summary of the historical experience of modernization construction in China and other countries in the world, the latest theoretical achievement of the development of the world's scientific socialist movement, and a major innovation in the world's modernization theories and practices, which provides a brand-new modernization model for the whole world. The strong road and theoretical advantages demonstrated by Chinese modernization have given Chinese modernization even greater significance for the times, providing a fundamental guideline for the comprehensive construction of a modern socialist country in China, a new option for developing countries to realize modernization, and a powerful vitality and attraction for the development of world socialism and a Chinese solution to the global problems of the present time.

Keywords: Chinese Modernization; Theoretical Contribution; Significance of the Times; Chinese Proposal

B.9 Strategic Objectives and Strategic Deployment of

Chinese Modernization *Pu Shi* / 171

Abstract: Chinese modernization encompasses both the common features of modernized nations and distinctive Chinese characteristics based on its own national circumstances. To grasp the strategic objectives and deployment of Chinese modernization comprehensively and accurately, and to steadfastly promote the great rejuvenation of the Chinese nation through the comprehensive advancement of Chinese modernization, it is imperative to delineate the three hierarchical levels of strategic objectives for Chinese modernization: economic modernization, modernization of national governance, and human modernization. Commencing from the three hierarchical levels of strategic objectives, it is through coordinated consideration, systematic planning, and holistic advancement that we can more effectively and expeditiously propel the "parallel" development of our country, thereby implementing the strategic deployment of Chinese modernization.

Keywords: Chinese Modernization; Strategic Objectives; Strategic Deployment

B.10 The Central Task and Realization Conditions of

Chinese Modernization *Cai Zhibing* / 182

Abstract: Chinese modernization is the fundamental path to realizing the goal of the great rejuvenation of the Chinese nation, and as the primary task of building a modern socialist country in an all-round manner, high-quality development is the fundamental prerequisite for supporting the five fundamental features of Chinese modernization, and also the central task of vigorously pushing forward Chinese modernization. From the perspective of relevant factors, there is already a solid foundation for successfully accomplishing the central task of high-quality development. In terms of theoretical guidance, there is already Xi Jinping's Economic Thought pointing out the direction; in terms of the development foundation, China's industrial development, innovation capacity, and level of infrastructure construction have all made significant progress; in terms of motivational support, the shift in the level of understanding, the reform of the economic system at the macro level, the reform of the scientific and technological system at the meso level, the reform of the income distribution system at the micro level, and the practical level of the "Long-term Efforts", are all releasing development momentum in a steady stream.

Keywords: Chinese Modernization; High-quality Development; Xi Jinping's Economic Thought; Comprehensive Deepening of Reforms

B.11 Opportunities Challenges and Prospects of
Chinese Modernization   *Ma Xiaofang* / 194

Abstract: At present, the world's unprecedented changes are accelerating, a new round of scientific and technological revolution and industrial changes are developing in depth, and the international power balance has been profoundly adjusted, so China's development is facing a new strategic opportunity. This paper analyzes the opportunities of Chinese modernization in terms of China's scientific and technological capabilities, market scale and the development of digital economy, and the challenges of Chinese modernization in terms of the weak scientific and technological innovation, the large gap between urban and rural income distribution and the global geopolitical conflicts, and finally gives the outlook of Chinese modernization.

Keywords: Chinese Modernization; Opportunities and Challenges; Prospects

Ⅲ Case Study

B.12 Nanjing: Creating an Urban Example of

Chinese Modernization   *Research Group of Nanjing* / 205

Abstract: Science and technology innovation is the first driving force to lead development, and it is the key to creating a city example of Chinese modernization. As the capital and innovation center of Jiangsu Province, Nanjing has a good foundation for realizing high-level scientific and technological self-reliance and self-improvement, and at the same time faces challenges in international competition, factor attraction constraints and scientific and technological integration constraints, etc. It should give full play to its accumulated advantages in innovation, metropolitan area, industrial chain and digitalization, and build a comprehensive national science center, regional scientific and technological innovation center, global industrial innovation center, modernization center and digital-real integration center. We should make use of our accumulated advantages in innovation power, regional science and technology innovation center, global industrial innovation center, modernization and integration center, and strive to become an explorer of science and technology innovation in the country and even in the world, with the mission of realizing a high level of scientific and technological self-sufficiency.

Keywords: High Level of Scientific and Technological Self-reliance; Example of a Chinese Modernized City; Nanjing

B.13 Pingshan: High Quality Party Building Leads to Crack the Problem

of Grassroots Governance   *Research Group of Pingshan* / 227

Abstract: In the face of the big party unique difficulties, especially reflected in the grass-roots crack, directly related to our party's ruling foundation. At present, there are still some common difficulties in our country in the party building to lead grassroots governance, especially urban community governance, to solve the demands of people's livelihood. Shenzhen pingshan mountain area adhere to high-quality party building to lead grass-roots governance, adhere to the mass work as the guide, to the party service center as a hub, supported by modern technology applications, continue to grass-roots decentralization and empowerment, and actively build a people-centered, common governance and sharing of the grass-roots governance pattern, out of a better to meet the people's livelihood aspirations of the "seven integration" new model, and achieved the "seven integration" new model. A new model of "seven-full integration" has been developed to better meet the demands of people's livelihood, and good results have been achieved. The level of modernization of grassroots governance capacity has been continuously improved, which is of strong practical and reference value.

Keywords: Pingshan District; Grassroots Governance; High-quality Party Building

B.14 Wenchang: Promoting Chinese Modernization with
High Quality Development *Research Group of Wenchang* / 239

Abstract: High-quality development is the primary task of comprehensively building a socialist modernized country and the essential requirement of Chinese modernization. "Wenchang is a good place" is full of good wishes and earnest instructions, and puts forward higher requirements and greater expectations for the high-quality development of Wenchang's economy and society. Wenchang has a practical foundation for high-quality development, and has made important progress in promoting reforms in key areas. It is necessary to promote the great emancipation of practical thinking, and to take the construction of a free trade port with Chinese characteristics and the construction of Wenchang International Space City as a leader in the efforts to promote the high-quality development of the economy and society.

Keywords: Wenchang; High-quality Development; Chinese Modernization

B.15 Yizhuang: High Quality Party Building Leads to High Quality Development　*Research Group of Yizhuang* / 258

Abstract: Beijing Economic-Technological Development Area (BDA) needs to lead the high-quality development by high-quality party building with full spirit and professional working condition, and wade out a new road of high-quality development for the national economic and technological development area. After years of exploration and practice, Beijing Economic-Technological Development Area has formed a "one leader, two teams and two supports" work layout with high-quality party building to lead high-quality development. In the face of the new era and the new journey, Beijing Economic-Technological Development Area needs to continue to answer the major issues of the new era to realize re-development, re-entrepreneurship, and re-improvement.

Keywords: Yizhuang; Beijing Economic-Technological Development Area (BDA); High-quality Party Building; High-quality Development

B.16 Bijie: The United Front Serves the Modernization of the Governance Capacity　*Research Group of Bijie* / 277

Abstract: The modernization of the national governance system and governance capacity is an important part of the overall goal of comprehensively deepening reform in the new era, especially in the face of the double obstacles of the battle of poverty eradication and the battle of epidemic prevention and control, in which the whole country was mobilized, the heart of the nation was gathered, and the battle was won, so that the world has witnessed the superiority of China's system, the synergy of its governance system, and the high efficiency of its governance capacity. As a demonstration area for multi-party cooperation, the Bijie Pilot Area, where the United Front has contributed to reform and development "for 35 years as one day", has witnessed the transition from "getting rid of poverty" to "comprehensive well-off", and from "ecological deterioration" to "ecologically sound". "ecological deterioration" to "green mountains and green water", from "population expansion" to "human resources". This has led to the formation of the "Bijie Experience" of the United Front's participation in poverty governance and multi-party cooperation in serving reform and development, which has enriched the grassroots practice of China's new political party system, and provided an important practical foundation and practical inspiration for Bijie's better integration into the modernization of national governance.

Keywords: United Front; Modernization of State Governance; Bijie Pilot Area

B.17   Changzhi: Practical Exploration of Developing a New Rural Collective Economy

Research Group of Changzhi / 288

Abstract: Changzhi City has actively explored the development and growth of rural collective economy, closely focusing on the implementation of the rural revitalization strategy, constructed a systematic system for the development of a new type of rural collective economy, and emerged a number of vivid and vivid practice cases, while at the same time there are some short boards and weaknesses that need to be remedied urgently. Summarizing and promoting the useful experience of local development and growth of new rural collective economy is of great significance for promoting comprehensive rural revitalization and exploring the realization path of Chinese modernization in rural areas.

Keywords: Changzhi; New Rural Collective Economy; Rural Revitalization

B.18　Sinostar Daye: High Quality Development of Old

State-owned Resource-Processing Enterprises

Research Group of Sinostar Daye / 298

Abstract: Since the three-year action of state-owned enterprise reform has been carried out, Sinostar Daye has comprehensively implemented the "two consistencies", focused on innovation of institutions and mechanisms, accelerated the establishment of modern enterprise system, and further enhanced its competitiveness, innovation, control, influence and risk-resistant ability. According to the national development plan, Sinosize Daye has decided to plan a new round of deepening reform of state-owned enterprises by focusing on the improvement of high-quality development, and taking the direction of improving core competitiveness and enhancing core functions.

Keywords: Sinostar Daye; Old State-owned Resource-processing Enterprise; High-quality Development

B.19　Beiyuan Group: The Road to Green Transformation and

High Quality Development of Mixed Ownership Enterprises

Research Group of Beyuan Group / 315

Abstract: Against the background of the "double carbon" target, Beiyuan Group has practiced the construction of industrial chains based on the concepts of recycling, low carbon and green development, and has taken green development as an important engine for promoting the high-quality development of the enterprise. Through the introduction of turbine through-flow renovation, energy-saving renovation of the circulating water system, recycling of various types of spent steam, the construction of waste heat boilers, and the implementation of automated control of energy-saving technologies, Beiyuan Group has made energy saving and carbon reduction more effective, laying a solid foundation for the transformation of the company's industrial structure and green development. To promote future green transformation and high-quality development, we should vigorously develop photovoltaic project, deep salt cavern compressed air energy storage, umbrella ladder type new power generation pilot project, etc. , and take " new energy + energy storage+carbon dioxide abatement+chemical industry" as the new path of transformation and upgrading, and make every effort to build the whole process of intelligent manufacturing, green and low-carbon modern industrial system, so as to realize the transformation and upgrading of enterprises and high-quality development. Upgrading and high-quality development.

Keywords: Beiyuan Group; Circular Industrial Chain; Energy Saving and Carbon Reduction Measures; Green Development

社会科学文献出版社

皮 书

智库成果出版与传播平台

❖ 皮书定义 ❖

皮书是对中国与世界发展状况和热点问题进行年度监测，以专业的角度、专家的视野和实证研究方法，针对某一领域或区域现状与发展态势展开分析和预测，具备前沿性、原创性、实证性、连续性、时效性等特点的公开出版物，由一系列权威研究报告组成。

❖ 皮书作者 ❖

皮书系列报告作者以国内外一流研究机构、知名高校等重点智库的研究人员为主，多为相关领域一流专家学者，他们的观点代表了当下学界对中国与世界的现实和未来最高水平的解读与分析。

❖ 皮书荣誉 ❖

皮书作为中国社会科学院基础理论研究与应用对策研究融合发展的代表性成果，不仅是哲学社会科学工作者服务中国特色社会主义现代化建设的重要成果，更是助力中国特色新型智库建设、构建中国特色哲学社会科学"三大体系"的重要平台。皮书系列先后被列入"十二五""十三五""十四五"时期国家重点出版物出版专项规划项目；自 2013 年起，重点皮书被列入中国社会科学院国家哲学社会科学创新工程项目。

权威报告·连续出版·独家资源

皮书数据库
ANNUAL REPORT(YEARBOOK)
DATABASE

分析解读当下中国发展变迁的高端智库平台

所获荣誉

- 2022年，入选技术赋能"新闻+"推荐案例
- 2020年，入选全国新闻出版深度融合发展创新案例
- 2019年，入选国家新闻出版署数字出版精品遴选推荐计划
- 2016年，入选"十三五"国家重点电子出版物出版规划骨干工程
- 2013年，荣获"中国出版政府奖·网络出版物奖"提名奖

皮书数据库　　"社科数托邦"
　　　　　　　微信公众号

成为用户

　　登录网址www.pishu.com.cn访问皮书数据库网站或下载皮书数据库APP，通过手机号码验证或邮箱验证即可成为皮书数据库用户。

用户福利

- 已注册用户购书后可免费获赠100元皮书数据库充值卡。刮开充值卡涂层获取充值密码，登录并进入"会员中心"—"在线充值"—"充值卡充值"，充值成功即可购买和查看数据库内容。
- 用户福利最终解释权归社会科学文献出版社所有。

数据库服务热线：010-59367265
数据库服务QQ：2475522410
数据库服务邮箱：database@ssap.cn
图书销售热线：010-59367070/7028
图书服务QQ：1265056568
图书服务邮箱：duzhe@ssap.cn

数 据 库 充 值 卡

S 基本子库
SUB DATABASE

中国社会发展数据库（下设12个专题子库）

紧扣人口、政治、外交、法律、教育、医疗卫生、资源环境等12个社会发展领域的前沿和热点，全面整合专业著作、智库报告、学术资讯、调研数据等类型资源，帮助用户追踪中国社会发展动态、研究社会发展战略与政策、了解社会热点问题、分析社会发展趋势。

中国经济发展数据库（下设12专题子库）

内容涵盖宏观经济、产业经济、工业经济、农业经济、财政金融、房地产经济、城市经济、商业贸易等12个重点经济领域，为把握经济运行态势、洞察经济发展规律、研判经济发展趋势、进行经济调控决策提供参考和依据。

中国行业发展数据库（下设17个专题子库）

以中国国民经济行业分类为依据，覆盖金融业、旅游业、交通运输业、能源矿产业、制造业等100多个行业，跟踪分析国民经济相关行业市场运行状况和政策导向，汇集行业发展前沿资讯，为投资、从业及各种经济决策提供理论支撑和实践指导。

中国区域发展数据库（下设4个专题子库）

对中国特定区域内的经济、社会、文化等领域现状与发展情况进行深度分析和预测，涉及省级行政区、城市群、城市、农村等不同维度，研究层级至县及县以下行政区，为学者研究地方经济社会宏观态势、经验模式、发展案例提供支撑，为地方政府决策提供参考。

中国文化传媒数据库（下设18个专题子库）

内容覆盖文化产业、新闻传播、电影娱乐、文学艺术、群众文化、图书情报等18个重点研究领域，聚焦文化传媒领域发展前沿、热点话题、行业实践，服务用户的教学科研、文化投资、企业规划等需要。

世界经济与国际关系数据库（下设6个专题子库）

整合世界经济、国际政治、世界文化与科技、全球性问题、国际组织与国际法、区域研究6大领域研究成果，对世界经济形势、国际形势进行连续性深度分析，对年度热点问题进行专题解读，为研判全球发展趋势提供事实和数据支持。

法律声明

"皮书系列"（含蓝皮书、绿皮书、黄皮书）之品牌由社会科学文献出版社最早使用并持续至今，现已被中国图书行业所熟知。"皮书系列"的相关商标已在国家商标管理部门商标局注册，包括但不限于LOGO（▧）、皮书、Pishu、经济蓝皮书、社会蓝皮书等。"皮书系列"图书的注册商标专用权及封面设计、版式设计的著作权均为社会科学文献出版社所有。未经社会科学文献出版社书面授权许可，任何使用与"皮书系列"图书注册商标、封面设计、版式设计相同或者近似的文字、图形或其组合的行为均系侵权行为。

经作者授权，本书的专有出版权及信息网络传播权等为社会科学文献出版社享有。未经社会科学文献出版社书面授权许可，任何就本书内容的复制、发行或以数字形式进行网络传播的行为均系侵权行为。

社会科学文献出版社将通过法律途径追究上述侵权行为的法律责任，维护自身合法权益。

欢迎社会各界人士对侵犯社会科学文献出版社上述权利的侵权行为进行举报。电话：010-59367121，电子邮箱：fawubu@ssap.cn。

社会科学文献出版社